Instituto Gallach

GEOGRAFÍA UNIVERSAL

EUROPA ORIENTAL Y EURASIA SEPTENTRIONAL

Es una obra de

OCEANO
GRUPO EDITORIAL

EQUIPO EDITORIAL

Dirección
Carlos Gispert

Dirección de producción y Subdirección
José Gay

Dirección de edición
José A. Vidal

* * *

Dirección de la obra
José María Prats

Edición
José Gárriz

Edición gráfica y maquetación
Esther Amigó
Manuela Carrasco
Mercedes Clarós
Victoria Grasa

Diseño de sobrecubiertas
Andreu Gustá

Preimpresión y producción
Antonio Corpas
Antonio Surís
Alex Llimona
Antonio Aguirre

Sistemas informáticos
María Teresa Jané
Gonzalo Ruiz

Instituto Gallach

Panorama del Kremlin, en Moscú (Rusia).

3

EUROPA ORIENTAL Y EURASIA SEPTENTRIONAL

DIRECCIÓN CIENTÍFICA
Carlos Carreras Verdaguer
Catedrático de Geografía Humana
Universidad de Barcelona

PRÓLOGO DE LA OBRA
Josep Mª Bricall Masip
Presidente de la Conferencia
de Rectores Europeos

COLABORACIÓN ESPECIAL
Joaquín Bosque Maurel
Profesor Emérito de Geografía
Universidad Complutense de Madrid

Aurora García Ballesteros
Catedrática de Geografía Humana
Universidad Complutense de Madrid

COORDINACIÓN GENERAL
José Mª Prats Estivill †
Licenciado en Filosofía y Letras

Es una obra:
Océano-Instituto Gallach

© MMI OCEANO GRUPO EDITORIAL, S.A.
Milanesat, 21-23
EDIFICIO OCEANO
08017 Barcelona (España)
Teléfono: 932 802 020*
Fax: 932 041 073
www.oceano.com

"La presente publicación se ajusta a la cartografía oficial
establecida por el poder ejecutivo nacional a través del
Instituto Geográfico Militar, Ley 22.963, y fue aprobada
por expte. P3 3119/5 de Diciembre de 1993".

IMPRESO EN ESPAÑA - PRINTED IN SPAIN

ISBN: 84-494-0637-4 (Obra completa)
ISBN: 84-494-0640-4 (Volumen III)

Depósito legal: B-36478-XLIII
9052100010700

EQUIPO CIENTÍFICO

Ana Alonso Cantorné
Licenciada en Geografía

Nuria Benach Rovira
Licenciada en Geografía

Ricardo Benach Rovira
Licenciado en Geografía

Ana Biosca Curell
Licenciada en Geografía e Historia

Joaquín Bosque Maurel
Profesor Emérito de Geografía

Julián Cabrerizo Sinca
Licenciado en Geografía

Carlos Carreras Verdaguer
Catedrático de Geografía Humana

José Mª Collazos Martínez
Licenciado en Ciencias de la Información

Jaime Domingo Coll
Licenciado en Antropología

Jorge Domingo Coll
Profesor Titular de Geografía
Universidad de Lérida

Jesús Enfedaque Echevarría
Profesor Titular de la EUFP
Universidad de Barcelona

José Antonio Ezquerra Ayerbe
Licenciado en Geografía

Aurora García Ballesteros
Catedrática de Geografía Humana
Universidad Complutense de Madrid

Lurdes García Lanceta
Profesora Titular de Geografía
Universidad de Barcelona

María Guillén Selva
Licenciada en Geografía e Historia

Amalia Inés Geraiges de Lemos
Profesora de Geografía Humana
Universidad de São Paulo

Rafael Giménez Capdevila
Licenciado en Geografía

Francisco José Giménez Rubio
Licenciado en Geografía e Historia

Carlos Gispert Gener
Licenciado en Filosofía y Letras

Manuel González Losada
Licenciado en Ciencias de la Información

Fernando Iniesta Vernet
Profesor de Historia de África
Universidad de Barcelona

Javier Laviña Gómez
Profesor de Historia de América
Universidad de Barcelona

María Isabel Lugo
Profesora de Historia de la Gastronomía
Escuela de Restauración y Hostelería de Barcelona

Miguel Antonio Llop Remedios
Profesor de Geografía e Historia

Luis Mallart Casamajor
Licenciado en Geografía

Mercedes Marín Ramos
Profesora Titular de Geografía
Universidad de Barcelona

Esther Martínez González
Doctora en Geografía

Edith Martínez Odriozola
Licenciada en Geografía e Historia

Marta Masdeu Tarruella
Licenciada en Geografía e Historia

Jaime Massó Cartagena
Jefe del Servicio de Programas de Actuación
Cartográfica
Instituto Cartográfico de Cataluña

Ana Mompart Penina
Licenciada en Geografía

Francisco Javier Mora Córdoba
Profesor de Geografía
Universidad de Pasto (Colombia)

Carmen Núñez López
Licenciada en Geografía e Historia

Lia Ossorio Machado
Profesora del Instituto de Geociencias
Universidad Federal de Río de Janeiro

María Eulalia Pahissa Campá
Licenciada en Geografía

Luis Pancorbo
Doctor en Ciencias de la Información
Corresponsal de RTVE

Antonio Plata López
Licenciado en Geografía

José Mª Prats Estivill
Licenciado en Filosofía y Letras

Sebastián Puigserver Roig
Licenciado en Antropología Cultural

Jose Mª Rabella Vives
Profesor de Cartografía
Universidad de Barcelona

Jesús Mª Rodés Gracia
Profesor de Política Internacional
Universidad Autónoma de Barcelona

Juan Romeu Ripoll
Licenciado en Geografía

Juan Domingo Ros
Catedrático de Ecología
Universidad de Barcelona

Rafael Rosaura Pacareu
Licenciado en Geografía

Juan Sabí Bonastre
Profesor Titular de Geografía Física
Universidad Autónoma de Barcelona

Juan Eugenio Sánchez
Profesor Titular de Geografía Humana
Universidad de Barcelona

Carmen Sauer Cazorla
Licenciada en Geografía

María del Mar Serrano Segura
Licenciada en Geografía

María Luisa Tormo Gil-Dolz del Castellar
Licenciada en Geografía e Historia

Ruth Urquizu Rovira
Diplomada en Planeamiento

Juan Varón Serrano
Licenciado en Antropología Cultural

Gary Wray McDonogh
Profesor de Antropología
University of South Florida

CARTOGRAFÍA
Cartografía. Colaboración Editorial
Distrimapas-Telstar
Cartotec
George Philip & Son Ltd.

SUMARIO

**EUROPA ORIENTAL Y
EURASIA SEPTENTRIONAL**

759 **ELEMENTOS FÍSICOS Y
POLÍTICOS**
*por J. Mª Prats, F. J. Giménez
Rubio, J. Sabí Bonastre, L. García
Lanceta, M. M. Serrano Segura*

760 **Europa Oriental**
De la Revolución de Octubre a los
acuerdos de Yalta
Principio y fin de la «guerra fría»
Civilizaciones a caballo de Occidente
y Oriente

766 **El nuevo mapa geopolítico de
Europa Oriental y Eurasia
Septentrional**
Los caminos del socialismo de estado

768 **La nueva Europa Oriental**
El fenómeno *Solidaridad* y el
precedente polaco
Hungría, ejemplo de evolución
pacífica
La increíble apertura del muro
berlinés
Los rápidos cambios de
Checoslovaquia
Bulgaria: nuevos vientos en los
Balcanes
Rumania: el violento final de
Ceausescu
La desintegración de Yugoslavia
Albania deja de ser un caso aparte

778 **Descomposición de la Unión
Soviética**
La xenofobia enfrenta a las
nacionalidades
El resurgir de los viejos conflictos en
Transcaucasia
Violencia interétnica en Asia Central
Moldavia: la pequeña Rumania
El cosmos eslavo no ruso
Los Países Bálticos
Los herederos de la U.R.S.S.

786 **Las grandes regiones y los
países integrantes de Europa
Oriental**
La Europa Centrooriental y
Danubiana
Europa Oriental Balcánica

Aspecto parcial de las montañas del Cáucaso, en Kabardino-Balkaria (Rusia).

Campesina de la llanura Central de Polonia.

Sucesivas transformaciones
de la economía
Los recursos agropecuarios y
pesqueros
Minería y energía en la base del
sector secundario
El comercio con los países europeos
Una gran diferenciación regional
876 **REPÚBLICA CHECA**
876 El secular anhelo de independencia
Geografía física: la importancia del
Cuadrilátero
Una población casi homogénea
De la economía estatalizada al libre
mercado
Regiones, provincias y ciudades
886 **ESLOVAQUIA**
886 La búsqueda de una identidad
nacional
El marco físico
La sociedad eslovaca
El marco económico
Provincias y ciudades
894 **HUNGRÍA**
894 **Un país de gran tradición occidental**
El medio y las regiones naturales
Fuertes contrastes climáticos
Un espacio de confluencia
Retroceso demográfico
El esfuerzo económico
Una agricultura en alza
Industrialización carente de recursos
El equilibrio del comercio exterior
Organización regional
918 **RUMANIA**
918 **Un enclave de raíces latinas**

789 **Grandes regiones y países de
Eurasia Septentrional**
El sector europeo
El sector asiático
El impulso colonizador ruso
Siberia, Asia Central, Extremo
Oriente y Transcaucasia
794 **El marco físico de Europa
Oriental y Eurasia Septentrional**
Grandes rasgos del relieve de
Europa Oriental
Los Alpes Dinámicos y los Balcanes
Los Cárpatos
Las grandes llanuras y las unidades
de relieve marginales
El relieve de Eurasia Septentrional
Los ríos
Los mares
Los lagos
818 **El clima de Europa Oriental y
Eurasia Septentrional**
Los climas de Europa Oriental
Líneas generales climáticas de
Eurasia Septentrional
828 **La vegetación de Europa Oriental
y Eurasia Septentrional**
Flora del sector europeo oriental

Flora y formaciones biogeográficas
de Eurasia Septentrional
842 **Los suelos de Europa Oriental y
Eurasia Septentrional**
Características edafológicas de las
tierras europeas orientales
Síntesis edáfica de las formaciones
biogeográficas de Eurasia
Septentrional
845 **Ecología y desarrollo en Europa
Oriental y Eurasia Septentrional**
847 **EUROPA CENTROORIENTAL
Y DANUBIANA**
*por J. Domingo Coll, M. M.
Serrano Segura, C. Sauer Cazorla,
F. J. Giménez Rubio*
850 **Tierras delimitadas por el hombre**
852 **POLONIA**
852 **Un país de fronteras móviles**
La llanura por antonomasia
Tres zonas de planicie
La montaña como contraste
Continentalidad climática y grandes
cuencas hidrográficas
La población
Diferenciación demográfica por
regiones

Fábrica de laminados de tubos en Sumgait, en Azerbaiján.

Alternancia de tierras bajas y cadenas montañosas
El clima y la vegetación
Características demográficas y distribución poblacional
Recursos minerales y energéticos
Política y economía
Diversificación agropecuaria
Variedad industrial
Los contrastes regionales

940 **BULGARIA**
940 **Un estado balcánico con alma rusófila**
Una superficie muy diversificiada
Las condiciones climáticas
Área codiciada a lo largo de la historia
Estancamiento demográfico
Panorámica de una evolución económica
La transformación de la agricultura
La expansión industrial
Las comunicaciones y el comercio
La diversidad regional
Las grandes ciudades del interior: Plovdiv y Sofía

959 **EUROPA BALCÁNICA MEDITERRÁNEA**
por J. Mª Prats, F. J. Giménez, A. Alonso Cantorné

962 **LOS PAÍSES ESLAVOS DEL SUR**
962 **Los pueblos sudeslavos**
Los eslovenos
Los croatas
Los serbios y montenegrinos
Los bosnios musulmanes

Los macedonios
Nacimiento y muerte de la primera Yugoslavia
La República Federativa de Yugoslavia
Yugoslavia después de Tito
La guerra yugoslava y la independencia de las repúblicas

970 **ESLOVENIA**
Un paisaje atractivo para una población industriosa

973 **CROACIA**
Desde Eslavonia hasta Dalmacia
Entre la división étnica y la creación de riqueza
Zagreb y las ciudades croatas

977 **BOSNIA-HERZEGOVINA**
El dominio del macizo dinárico
La máxima complejidad étnica y grandes recursos naturales

980 **MACEDONIA**
Un país encerrado entre montañas

981 **YUGOSLAVIA**
La complejidad fisiográfica como signo
Un pueblo diseminado con una capital hegemónica
Una difícil trayectoria económica

El Bastión de los Pescadores, en Budapest (Hungría).

988 **ALBANIA**
989 **Un país diferente**
Cuatro regiones naturales en el
«nido de águilas»
El clima y la vegetación
Luchas históricas por la
independencia
Una economía marcada por largos
años de colectivización
El importante papel de la agricultura
La organización territorial albanesa
Las ciudades albanesas

999 **EURASIA SEPTENTRIONAL**
*por N. Benah Rovira, R. Benah
Rovira, Ana Biosca, J. Mª
Collazos*
1002 **El relieve**
La plataforma de Europa Oriental
Los Urales
La plataforma siberiana
El relieve accidentado del sudoeste,
sur y este
Un escaso territorio insular
1014 **Clima, suelos y vegetación**
Clima de tundra
Clima subártico continental
Clima continental húmedo
Estepa y desierto de latitudes
medias
Climas locales
El impacto del clima sobre el factor
humano
1018 **Las aguas**
Los ríos de la plataforma de Europa
Oriental y de Caucasia
Los ríos siberianos
Los ríos de Asia Central
La superficie lacustre y glaciar
1025 **Las costas y los mares interiores**
La cuenca polar y los mares árticos
El mar Báltico
Mar Negro y mar de Azov
Los mares interiores
Mares del océano Pacífico
1028 **La población**
Distribución espacial de la población
Composición etnolingüística

Evolución contemporánea de la
demografía
Las grandes migraciones internas
1044 **Las actividades económicas**
La economía de la Rusia
prerrevolucionaria
El desarrollo económico planificado
Los antiguos espacios económicos
De la planificación al mercado
Los sectores económicos
El sector primario
La industria
Los principales subsectores
industriales
Transportes y comunicaciones
La viabilidad económica de los
estados independientes
1076 PAÍSES BÁLTICOS
1078 **ESTONIA**
1080 **LETONIA**
1083 **LITUANIA**
1085 **BIELORRUSIA**
1086 **UCRANIA**
1090 **MOLDAVIA**
1092 **RUSIA**
La Rusia Central
Moscú, la gran capital
La región Norte y Noroeste
La región de los Urales
El Medio y Bajo Volga
La Rusia europea del Sur
Siberia Occidental
Siberia Oriental
El Extremo Oriente
1122 TRANSCAUCASIA
1123 **AZERBAIJÁN**
1125 **GEORGIA**
1128 **ARMENIA**
1132 ASIA CENTRAL
1134 **Solar de pueblos turcos e iranios**
1134 **KAZAJSTÁN**
1138 **UZBEKISTÁN**
1140 **TURKMENISTÁN**
1141 **TADZHIKISTÁN**
1144 **KIRGUIZISTÁN**

ARTÍCULOS MONOGRÁFICOS

810-811   **Los problemas medioambientales en Europa Oriental y Eurasia
Septentrional.**
832-833   **El general invierno**
874-875   **El papel geoestratégico de Polonia**
916-917   **La cuestión étnico-nacional en la Europa del Este**
956   **La ciudad socialista, un modelo ya histórico**
986-987   **Kosovo, entre Serbia y Albania.**
1042-1043   **Siberia: el fin de la frontera interior.**
1074-1075   **Tecnología y complejo industrial militar.**
1120-1121   **Modificaciones territoriales en Asia Central.**

Detalle de las cúpulas de la Cámara Dorada de la Zarina, en el palacio de los Terems del Kremlin de Moscú (Rusia).

EUROPA ORIENTAL Y EURASIA SEPTENTRIONAL

Vista de la iglesia de San Iván Bogoslov, junto al lago Ohrid (Macedonia)

«Esta extensión del Imperio ruso hacia el Oeste se explica por la falta de toda frontera natural entre la Europa Central y la Oriental. Desde Kaunas (Kovno) hasta el Ural, los ferrocarriles no atraviesan ni un sólo túnel. Alguna colina, de vez en cuando, recorta el horizonte. Sólo los ríos, por la diferente inclinación de sus márgenes que con frecuencia se advierte, prestan cierta variedad a esta extensa llanura.»

Pierre CAMENA D'ALMEIDA, «Rusia europea y asiática», tomo VI de P. VIDAL DE LA BLACHE y L. GALLOIS, *Geografía Universal.*

ELEMENTOS FÍSICOS Y POLÍTICOS

Típico paisaje de la cuenca del Volga, en Chuvashia (Rusia).

El concepto Europa Oriental, que tiempo atrás incluía también a los países integrados en la antigua Unión Soviética a pesar de su carácter mayoritariamente asiático desde el punto de vista territorial, fue en esencia geopolítico hasta que en 1989-1991 se produjo la caída de los regímenes comunistas, la reunificación de Alemania y la desintegración de la propia U.R.S.S. Los resultados del fin de la Segunda Guerra Mundial tal como acontecieron en el este europeo, ensanchando las fronteras de la U.R.S.S. y creando una serie de repúblicas populares dentro de su órbita, no hicieron sino confirmar la necesidad de desarrollar algún concepto comprensivo de aquella realidad.

Para referirse a la U.R.S.S. y sus satélites europeos se pasó a hablar de «países de economía planificada» —cuando otros países, en contextos diferentes también planifican su economía— o, más ideológicamente, de «países más allá del telón de acero», expresión simbólica debida al político británico Winston Churchill, que quiso aludir así a la dureza de una frontera tras la cual existía carencia de las libertades ciudadanas propias de las democracias occidentales. Los mismos estados implicados (República Democrática Alemana o R.D.A., Polonia, Checoslovaquia, Hungría, Rumania, Bulgaria, Yugoslavia y Albania) se autodenominaron «socialistas», queriendo destacar el camino emprendido en la reforma de sus economías, a pesar de lo diferente y discutible de dicha reforma. Finalmente, para designar el conjunto se impusieron como más neutros semánticamente los vocablos Europa Oriental, contrapuestos a los de Europa Occidental bajo la óptica de que en ambos casos representaban distintos derroteros políticos y económicos.

Como terminología geopolítica, Europa Oriental ha perdido su carácter ideológico, pero la Geografía sigue ofreciendo a través de ella una solución para analizar de forma unitaria un grupo de estados vinculados al fin y al cabo por el medio físico y la herencia común de parámetros culturales y estructuras económicas vigentes durante decenios.

Al hablar de Europa Oriental, sin incluir ya a los países de la antigua U.R.S.S., se señala la distinción con el resto del continente, pero, con los antecedentes de la anterior geopolítica de bloques, queda claro que ni Grecia ni Turquía —ésta a través de Tracia—, que físicamente pertenecen al área europea oriental, quedan incluidas. Por otro lado, en esta obra se usa el concepto de Eurasia Septentrional añadido al de Europa Oriental, integrando en él a todos los países que formaron parte de la antigua Unión Soviética posterior a 1945. Globalmente, Europa Oriental y Eurasia Septentrional forman uno de los conjuntos planetarios más extensos, con más de veintitrés millones y medio de kilómetros cuadrados.

EUROPA ORIENTAL

Al tratar los conceptos de Europa Occidental y Europa Oriental, tan al uso, queda bien claro que la división del continente europeo en bloques fue arbitraria en muchos sentidos, en cuanto que existe una serie de características que tienen continuidad en las distintas partes de Europa. Esta aclaración no excluye, por ejemplo, la presencia de factores físicos propios del este de Europa, que es el caso que aquí se aborda y que le distinguen con su impronta.

Junto a los factores físicos, los factores políticos fueron de vital importancia para establecer una división entre Europa Occidental y Oriental. El fin del Imperio Austrohúngaro tras la Primera Guerra Mundial, que supuso la aparición de numerosos estados nacionales, por una parte, y las graves decisiones políticas tomadas al finalizar la Segunda Guerra Mundial, por otra —que convirtieron a la antigua Unión Soviética en líder indiscutido de Europa Oriental—, determinaron, durante años, la fisonomía de esta

Aunque existen factores específicos del este de Europa, la división entre Europa Occidental y Europa Oriental respondió sobre todo a determinantes geopolíticos. El fin del Imperio Austrohúngaro, por una parte, y la hegemonía adquirida por la hoy desaparecida Unión Soviética al finalizar la Segunda Guerra Mundial, por otra, configuraron esta área, que, bajo otros parámetros, sigue teniendo vigencia más allá de las fronteras de Alemania, Austria, Italia y Grecia. Arriba, monasterio de Rila, el más célebre de Bulgaria, fundado a principios del siglo XIII. A la izquierda, la ciudad croata de Dubrovnik, a orillas del Adriático.

área y de los países integrantes, los cuales, una vez desaparecida la República Democrática Alemana o R.D.A. y divididas Yugoslavia y Checoslovaquia, comprenden Polonia, República Checa, República Eslovaca, Hungría, Rumania, Bulgaria, Albania, Serbia, Croacia, Eslovenia, Bosnia-Herzegovina, Macedonia y Montenegro.

761

De la Revolución de Octubre a los acuerdos de Yalta

En el momento de estallar la Primera Guerra Mundial, en 1914, los países que hoy forman Europa Oriental se encontraban encuadrados en bandos diferentes, a consecuencia de la acción de dos actitudes imperialistas, la pangermana, de los Imperios Alemán y Austrohúngaro, y la paneslava del Imperio Ruso.

Los actuales países de Europa Oriental no existían prácticamente. Polonia estaba dividida entre Alemania, Austria-Hungría y Rusia; la República Checa, Eslovaquia y Hungría pertenecían al Imperio Austrohúngaro; los Países Eslavos del Sur estaban divididos entre Montenegro, Serbia y Austria-Hungría; Bulgaria y Rumania —ésta sin la parte de Transilvania, entonces austrohúngara— mantenían una independencia precaria, teniendo que luchar tanto contra las apetencias de Austria-Hungría y Rusia, como contra las de Turquía, mayores a medida que el Imperio Otomano veía reducirse sus antiguas posesiones, entre las que todavía figuraba Albania, aunque con cierto grado de autonomía.

A pesar de los análisis de Karl Marx, que pensaba que el triunfo de las tesis comunistas era imposible en un país como Rusia, por su elevado nivel rural, el 25 de octubre de 1917, según el calendario juliano imperante en Rusia, o el 7 de noviembre, según el calendario gregoriano que rige en el resto de Europa, el Partido Bolchevique, encabezado por Lenin, se hizo con el poder en Rusia, gracias a un golpe de fuerza. Así nació la Revolución de Octubre. Kerenski, que dirigía un gobierno moderado desde el mes de febrero, fue destituido y se constituyó la Unión de Repúblicas Socialistas Soviéticas, mientras que el Partido Bolchevique se convirtió en Partido Comunista.

En marzo de 1918, Lenin puso fin a la guerra con Alemania y firmó la paz de Brest-Litovsk, renunciando a una serie de territorios, entre ellos los Países Bálticos, que luego se convertirían en independientes. En Rusia no se pudo impedir, sin embargo, el desencadenamiento de una guerra civil que perduraría hasta 1920, y en la que las potencias occidentales intervinieron a favor de los rusos blancos o anticomunistas.

En 1924 falleció Lenin, siendo sustituido por Stalin después de una dura pugna por el poder. A partir de 1928, se impuso un régimen cada vez más rígido, cuya primera medida fue la aplicación de los planes quinquenales, que convirtieron a la Unión Soviética en una potencia industrial de primera línea, aunque en el orden agrícola aún tenía graves deficiencias, que con el paso del tiempo se acentuaron.

Mientras, la necesidad de frenar el imperialismo germánico permitió la creación y la nueva configuración de países que no iban a tener de momento una vida muy duradera ni estable: Polonia, Checoslovaquia, Hungría, Yugoslavia, Rumania, Bulgaria y Albania se vieron sometidas al juego de intereses, e incluso a las apetencias, de las diversas potencias europeas.

El estallido de la Segunda Guerra Mundial, iniciada en setiembre de 1939 con la ocupación alemana del territorio polaco, fue el punto de partida de una serie de invasiones que no tardaron en modificar de nuevo el mapa de Europa.

El 25 de octubre de 1917 (7 de noviembre en el calendario gregoriano), el Partido Bolchevique, liderado por Lenin, se hizo con el poder en Rusia, marcando el inicio de la Revolución de Octubre. En los años que siguieron a la muerte de Lenin (1924) y bajo el mandato de Stalin, el antiguo Imperio Ruso, transformado en la Unión Soviética, se convirtió en una potencia de primer orden. Tras la Segunda Guerra Mundial y a través de los acuerdos de Yalta y Potsdam de 1945, la U.R.S.S. consiguió imponer su dominio sobre Europa Oriental (incluida la parte de Alemania bajo su jurisdicción), al efectuarse el reparto de áreas de influencia con el bloque encabezado por Estados Unidos. Durante largos años, el mausoleo del creador de la Unión Soviética, Lenin, y el Kremlin de Moscú con la estrella roja (página siguiente) constituyeron el símbolo de un orden político y social específico, desaparecido a fines de 1991.

La guerra permitió que la influencia de la Unión Soviética se extendiera firmemente por Europa, a pesar de las reticencias de sus propios aliados occidentales. Finalmente y por los acuerdos de Yalta, firmados por Churchill, Roosevelt y Stalin en febrero de 1945, casi al fin de la guerra, la Unión Soviética conseguiría imponer su dominio político sobre Europa Oriental, al decidirse entre los tres grandes el reparto de áreas de influencia, que no hizo sino acentuar las diferencias entre una y otra Europa.

Principio y fin de la «guerra fría»

Si en el transcurso de la guerra habían luchado juntos dos países tan antagónicos como Estados Unidos y la Unión Soviética, las suspicacias no desaparecieron por ello, sino que se plasmaron en la creación de dos bloques: los Estados Unidos, con sus aliados de Europa Occidental, por un lado, y la Unión Soviética y los países de Europa Oriental, por otro. Al concluir la contienda, comenzó un

período de enfrentamiento indirecto entre las dos grandes potencias, conocido por «guerra fría», y se acuñó el término «telón de acero» para definir la separación entre el Oeste y el Este. Los países comunistas trataron de difundir su modelo de sociedad, en contra de los intereses occidentales, que deseaban a su vez imponer el suyo.

Entre los mismos países comunistas existieron fuertes divergencias ideológicas. La República Democrática Alemana, Polonia, Checoslovaquia, Hungría y Bulgaria mantuvieron una mayor relación de dependencia respecto a la Unión Soviética, reafirmada militarmente con las intervenciones en Hungría y Checoslovaquia. Sin embargo, Yugoslavia, Albania y, en cierto modo, Rumania, prefirieron buscar su propia vía hacia el pretendido socialismo.

Los países de Europa Oriental se dirigieron, al igual que los de la Europa Occidental, hacia la creación de unidades supranacionales, que les permitieran un mayor aprovechamiento de su economía, como ocurrió con el COMECON, o hacia la configuración de una fuerza militar capaz de disuadir a las potencias

occidentales de cualquier veleidad intervencionista, como fue el caso del Pacto de Varsovia.

El COMECON, o Consejo de Ayuda Mutua Económica (CAME), nació en 1949 y aglutinó en un principio a la Unión Soviética, Bulgaria, Checoslovaquia, Hungría, República Democrática Alemana, Polonia y Rumania; también estaba Albania, pero este país abandonó la organización en 1962. En los años siguientes, se adhirieron países de orientación soviética ajenos a Europa: Mongolia, Cuba y Vietnam. En cuanto a Yugoslavia, dentro de la línea autónoma impulsada por Tito, no se convirtió en miembro de pleno derecho del COMECON pero se vinculó al mismo a partir de 1964 como país asociado. El COMECON no pudo alcanzar, sin embargo, un desarrollo equiparable al de la Comunidad Económica Europea.

El Pacto de Varsovia, por su parte, se creó en 1955 como respuesta a la constitución de la OTAN por parte de Estados Unidos y las principales potencias de Europa Occidental. Aglutinó a la Unión Soviética, la República Democrática Alemana, Bulgaria, Hungría, Polonia, Rumania y Checoslovaquia; Albania perteneció al Pacto de Varsovia hasta 1968, en que se separó a raíz de la intervención militar en Checoslovaquia.

Durante los años que siguieron, los intentos reformistas que interesaban a distintos ámbitos, desde el económico hasta el social y político, se fueron gestando en casi todos los países de la Europa Oriental, si bien los cambios en la cúspide dirigente del Kremlin, desencadenados al final de la década de los ochenta, y la aplicación de la doctrina soviética de la *perestroika*, fueron determinantes para el inicio de la apertura en la región.

La serie de reformas que se iniciaron en Polonia a partir de la legalización del sindicato Solidaridad a fines de 1988, afectó sucesivamente a Hungría, la República Democrática Alemana, Bulgaria, Checoslovaquia, Rumania e incluso Albania. El desmantelamiento en noviembre de 1989 de parte del muro de Berlín, supuso la apertura de la frontera entre las dos Alemanias y el inicio de la reunificación en un solo estado, que se hizo realidad en octubre de 1990.

Los movimientos reformistas avanzaron en la Europa Oriental a un ritmo desigual, más acelerado en unos países que en otros, pero en todos ellos bajo el signo del pluralismo y de la reencontrada matriz europea. Con los grandes cambios acontecidos en Europa Oriental a partir de 1989 el COMECON quedó en una

situación muy precaria, disolviéndose el 28 de junio de 1991. Por su parte, el Pacto de Varsovia, tras el derrumbamiento del comunismo en Europa Oriental acabó perdiendo su sentido y dejó de existir como estructura militar el 25 de febrero de 1991. El proceso culminó finalmente con el fallido golpe de estado del 20 de agosto de 1991 en la Unión Soviética, cuyas consecuencias fueron la disolución del Partido Comunista y, en pocos meses, la desintegración de la propia U.R.S.S.

Civilizaciones a caballo de Occidente y Oriente

Europa Oriental ha sido, desde muy antiguo, tierra de paso para numerosos pueblos, que han marcado a sus habitantes con sus diferentes culturas. La situación del área entre Europa y Asia le ha favorecido con la influencia de ambos mundos.

Ya en la Prehistoria se encuentran testimonios de un temprano poblamiento. Por una parte, la península Balcánica permitió la comunicación tanto con el Mediterráneo como con Asia, mientras las tierras rusas eran un paso abierto a todo tipo de invasiones provenientes de Asia. Junto a la península Balcánica (Bulgaria, Albania, Grecia, Croacia,

Eslovenia, Bosnia-Herzegovina, Macedonia, Serbia y Montenegro), las vastas cuencas fluviales, como la del Danubio, se convirtieron en centros de grandes culturas, donde surgieron numerosas poblaciones, se desarrolló la agricultura y acabaron por constituirse sociedades estables. Más adelante, los pueblos allí residentes, de origen indoeuropeo en su mayoría, se extendieron hacia el Rin y el sudoeste de Europa, difundiendo con ellos la cultura de los metales, destruyendo los imperios micénico e hitita y constituyendo sus propios imperios en el área mediterránea y de Asia Menor.

La introducción del hierro marcó el inicio de una nueva etapa, que se extendió hasta el año 400 a. C., cuando se desarrollaron las grandes culturas mediterráneas de Europa en Grecia y, más tarde, en Roma, que acabó sucumbiendo ante una nueva oleada invasora, en este caso de pueblos germánicos. Durante la Edad Media, se constituyeron diversos estados en esta nueva Europa, que con el tiempo dieron lugar no sólo a los países que componen actualmente el continente, sino también a los numerosos nacionalismos todavía no resueltos. Los diferentes repartos territoriales que se han sucedido en Europa, desde la creación de los primeros estados medievales hasta la conclusión de la Segunda Guerra Mundial, han tenido como uno de sus motivos más proclamados el deseo de unir bajo un solo estado a todos los miembros de una misma comunidad étnica, lingüística o religiosa, separados tras la pérdida de alguna contienda.

Los países actuales de Europa Oriental albergan a muy diferentes nacionalidades. En Polonia, a pesar de las migraciones obligadas tras la Segunda Guerra Mundial para lograr que el grueso de la población fuera polaca, siguen existiendo

A la izquierda, uno de los históricos momentos de noviembre de 1989 en que, dentro de una dinámica reformista emprendida por los países del Este europeo, se produjeron la apertura y el parcial derrumbe del muro de Berlín levantado en 1961 y considerado el principal símbolo de la división de Europa según la política de bloques.

minorías de ucranianos, bielorrusos, hebreos, alemanes, lituanos, checos y eslovacos. Estas dos últimas etnias son mayoritarias en la República Checa y en Eslovaquia, respectivamente, donde conviven con húngaros, alemanes, ucranianos y polacos.

En los Países Eslavos del Sur, es decir, la repúblicas que conformaban la antigua Yugoslavia, conviven múltiples nacionalidades, mezcladas a veces en un mismo territorio: serbios, croatas, eslovenos, macedonios, montenegrinos, todas ellas de origen eslavo, además de albaneses, húngaros, turcos, alemanes, checos, eslovacos, rumanos, búlgaros e italianos, a los que hay que añadir los musulmanes bosnios.

En Hungría, Bulgaria y Albania hay un predominio de elementos autóctonos, aunque no faltan representantes de los países vecinos, como es el caso de los eslovacos y alemanes en el caso húngaro, turcos y macedonios en el búlgaro y griegos en el albanés. En Rumania hay una importante minoría húngara, junto con otras etnias menos numerosas.

A pesar de toda la riqueza cultural que han aportado los sucesivos pueblos a los países de Europa Oriental, éstos no han alcanzado una riqueza material. La economía no se encuentra todo lo desarrollada que cabría esperar, aunque algunos países, como la República Checa y Hungría, han alcanzado un buen nivel. Quizá habría que atribuirlo a una herencia histórica, la endémica explotación que sufrieron estas tierras por parte de las potencias centroeuropeas, especialmente los imperios alemán y austríaco.

Arriba, vista panorámica de un sector de Berlín en torno al río Spree. En la parte superior, un plano reproduce el corazón de la ciudad con el trazado de la antigua división de la capital alemana por el muro existente entre 1961 y 1989. Berlín ha sido una de las ciudades emblemáticas en la transformación de Europa Oriental.

765

EL NUEVO MAPA GEOPOLÍTICO DE EUROPA ORIENTAL Y EURASIA SEPTENTRIONAL

Los caminos del socialismo de estado

Como se ha visto, hasta 1990 y a lo largo de cuarenta y cinco años estuvo vigente un concepto específico de Europa Oriental, basado en una visión geopolítica del continente que lo había escindido en dos partes, situadas respectivamente al este y al oeste de una línea imaginaria —llamada por algunos «telón de acero»— que se correspondía con las fronteras de la denominada República Democrática Alemana, Checoslovaquia y Hungría, si la mirada del espectador se dirigía hacia el este geográfico, mientras que por el oeste lo hacía con las de la República Federal de Alemania y Austria. De una abstracción de los puntos cardinales se pasó a un Este y un Oeste concretados en los planos ideológico, social, económico, militar, etc., no sólo diferenciados sino enfrentados.

La apertura democratizadora de los países situados al este de la línea, la reunificación alemana y finalmente la caída del comunismo y la desintegración de la Unión Soviética (1991) determinaron la desaparición de lo que durante décadas se entendió por Europa Oriental (o el Este), surgiendo una nueva forma de entender este vasto espacio que ya no se podía abarcar con un único concepto. Como un intento de aproximación a las nuevas realidades geopolíticas surgen, pues, las nuevas concepciones de Europa Oriental y Eurasia Septentrional.

La Europa Oriental surgida de la Segunda Guerra Mundial nunca llegó a formar un bloque ideológico homogéneo, si bien la Unión Soviética se constituyó desde siempre en el líder de esta área y sus vicisitudes políticas repercutieron en los países de su entorno. Bajo gobiernos de cuño conservador dentro de los parámetros comunistas, se impusieron a los países aliados las cortapisas derivadas de las propias formas de gobierno en la U.R.S.S. La apertura de la dirección soviética hacia formas más progresistas o liberales —con la llamada perestroika— se vio acompañada, a su vez, de permisividad respecto a los aliados para examinar sus propias vías políticas, especialmente notorias a partir de 1989.

En la página anterior, el último presidente de la Unión Soviética, Mijaíl Gorbachov, que propició el final de la «guerra fría» aunque resultó víctima de su propia dinámica aperturista, junto a los políticos estadounidenses Ronald Reagan y George Bush, en 1988.

Tras la derrota del III Reich alemán, en 1945, se reunieron en Potsdam los representantes de Estados Unidos, Unión Soviética y Reino Unido, originando con sus decisiones la aparición de la Europa Oriental geopolítica. Arriba, la sede de la conferencia, el castillo de Cecilienhof. A la derecha, imagen ya histórica de la guardia en la Puerta de Brandemburgo, antiguo límite entre el Berlín Este y el Oeste.

En 1956, Hungría había visto como terminaba su experimento político bajo los tanques del Pacto de Varsovia. Otro tanto le ocurrió a Checoslovaquia, en 1968, en la llamada Primavera de Praga. Por contra, Rumania vio mantenerse el régimen de Nicolae Ceausescu, con sus propias ideas en el campo de la política internacional y progresivamente inclinado en el plano interno hacia una autocracia. En cambio, con la perestroika soviética, la evolución política de estos países, y de los restantes de Europa Oriental, derivó hacia caminos propios, a

la búsqueda de una mayor libertad política y del reconocimiento de los derechos básicos, como en el caso de la mayoría católica de Polonia.

Sin embargo, las décadas de «socialismo real» no habían sino encubierto un cúmulo de problemas de muy difícil solución. En casi todos los países de Europa Oriental, incluyendo la misma U.R.S.S., se manifestaban abruptamente y de forma creciente las exigencias de las minorías étnicas acerca de su auténtico reconocimiento, en favor de sus derechos o simplemente del respeto a la propia existencia; otro tanto ocurría con las minorías religiosas —mayorías en muchos casos— con exigencias de rehabilitación y respeto hacia sus creencias. Aun antes de la doctrina aperturista soviética de la perestroika, en Polonia se habían revindicado con éxito medidas políticas de cariz democratizador, que permitieron el desarrollo de organizaciones políticas y sindicales al margen de las organizaciones oficiales controladas por el partido comunista, como es el caso del sindicato Solidaridad (*Solidarnosc*), legalizado en 1980-1981 y de nuevo en 1989, de gran fuerza en el país.

Yugoslavia, que mantuvo un alto grado de autonomía en relación a la Unión Soviética gracias a la actuación de Josip Broz, Tito, mostró con el paso del tiempo y tras la desaparición del influyente dictador croata unas deficiencias estructurales muy semejantes a las de su entorno político, que acabarían minando irremediablemente la unidad del país. Albania, que inicialmente se quiso mostrar un caso aparte reticente a una auténtica apertura hacia su área regional y continental, no pudo impedir que los vientos liberalizadores empezasen a socavar los cimientos del régimen comunista.

LA NUEVA EUROPA ORIENTAL

El «universo comunista» de Europa Oriental encontró su punto de inflexión en el período 1989-1991, cuando una serie de acontecimientos, fruto de las reivindicaciones de la población, desembocaron en la profunda transformación del sistema político, incidiendo de esta manera en el antiguo reparto de Europa en zonas de influencia e incluso en la tradicional división del Mundo en los bloques antagónicos.

La Alexanderplatz de Berlín (arriba), emplazada en lo que fue sector este de la capital alemana y muy próxima al muro que durante casi tres décadas dividió en dos partes antagónicas la ciudad, fue un cuidado escaparate del extinto régimen germanooriental.

El en otro tiempo impensable cambio de rumbo de la Unión Soviética hacia una economía de mercado y un sistema pluralista, a través de un angosto y largo camino, acabó con los régimenes comunistas de Europa Oriental. La República Democrática Alemana alcanzó la soñada reunificación con la Alemania Federal, alejándose de golpe de la Europa del Este para integrarse en la Europa Occidental. Polonia siguió con su constante y paciente avance hacia la transformación de su sociedad y su estado. Hungría impulsó firmes y espectaculares cambios, al igual que Checoslovaquia, encaminándose ambas naciones a transformaciones mucho más profundas que las intentadas, respectivamente en 1956 y 1968. Ru-

768

En Polonia, como ejemplo de cohabitación política durante 1989-1990, Walesa, líder del sindicato disidente Solidaridad y futuro presidente del país, el general comunista Jaruzelski y el primer ministro democristiano Mazowiecki, compartieron los actos oficiales.

mania, protagonista de la única crisis dramática, asistió a la ejecución de Ceausescu y de su esposa y su sustitución por un régimen basculante entre la salvaguardia de los restos del comunismo y las reformas. Yugoslavia, por su parte, se vio abocada muy pronto hacia la disgregación, ante el creciente enfrentamiento étnico y la discrepancia de opción socioeconómica entre las principales nacionalidades. Los partidos comunistas búlgaro y albanés, bajo nuevas denominaciones, fueron los únicos que conservaron el poder tras unas primeras elecciones; los siguientes años vieron la desaparición de los partidos comunistas en algunos países y, en otros, su resurgir.

El fenómeno *Solidaridad* y el precedente polaco

Polonia ocupa un lugar especial dentro del marco de los países de Europa Oriental, entre otras cosas por su población, la mayor de todo el ámbito. La activa oposición política de los trabajadores polacos, patente en las revindicaciones de los años setenta, culminó en la década de los ochenta en una escalada de huelgas y manifestaciones que aconsejaron al Par-

tido Obrero Unificado Polaco (POUP) la legalización del sindicato de matriz confesional (*Solidarnosc*), liderado por Lech Walesa y apoyado por una abrumadora mayoría de polacos y por la Iglesia Católica, alentada ésta por la subida al papado del cardenal de Cracovia, Wojtyla (Juan Pablo II). La inminencia de una amenaza de invasión soviética —como lo habían demostrado años atrás los hechos de Hungría y Checoslovaquia— provocó la implantación de la ley marcial (diciembre de 1980) y la instauración de un régimen internacionalmente aislado, que pretendía acabar con el descontento mediante el encarcelamiento y el silenciamiento de la oposición, esbozando formalmente tímidas reformas, y por fin, la declaración del estado de guerra (1982). En 1985, el general Jaruzelski cedió la jefatura del gobierno y asumió la del Estado.

Sin embargo, las actitudes moderadas se impusieron en un proceso de transición inevitable, que llevó a una nueva legalización de Solidaridad en 1988. Como exponente de este clima, después de unas elecciones parcialmente libres en junio de 1990 que permitieron la presencia de Solidaridad en el parlamento, el POUP terminó aceptando el 24 de agosto la elección de un miembro del sindica-

to, Tadeusz Mazowiecki, como nuevo primer ministro de un gabinete en el que también participaban los comunistas. Con el tiempo acabarían surgiendo de Solidaridad formaciones políticas distintas —no siempre homologables con los partidos políticos occidentales—, de forma que las primeras elecciones presidenciales celebradas el 9 de diciembre de 1990 vieron el enfrentamiento entre dos miembros del sindicato, Walesa, que representaba una corriente más populista y confesional, y Mazowiecki, en el que confluyeron las corrientes laicas de centroizquierda del sindicato. Con Walesa en la presidencia (1990-1995) culminó el proceso de reformas; en 1991, se celebraron las primeras elecciones generales plenamente libres.

769

Hungría, ejemplo de evolución pacífica

La búsqueda de un camino propio hacia el socialismo, que en la temprana fecha de 1956 había desembocado en la revolución popular aplastada por la revolución soviética, siguió caracterizando el Partido Socialista Obrero Húngaro (PSOH). En los años setenta, éste insistía una y otra vez en el objetivo de profundizar en un socialismo específicamente húngaro, que ya había dado muestras de su peculiaridad al convertirse en modelo alternativo.

El afianzamiento de Janos Kadar, secretario general del PSOH, permitió durante una larga etapa la progresiva apertura del gobierno de Budapest a Occidente (relaciones con el Vaticano y con los Estados Unidos), aunque fue imposible variar el signo de un sistema en crisis, a pesar de las sucesivas reformas económicas. Finalmente, el necesario relanzamiento del país impulsó la sustitución del propio Kadar (mayo de 1988) y de todo el equipo dirigente.

El margen de maniobra en política interior se amplió con los nuevos aires que soplaban desde la Unión Soviética, favorables a las reformas. Ello permitió que Imre Poszgay, ministro de estado, impulsara la revalorización de los sucesos de 1956, legitimando el «levantamiento popular».

Gracias a la presión de la sociedad civil se consiguió la libertad de viajar al extranjero, la disminución de la censura, el derecho a la huelga, el derecho de asociación y de reunión, la aceptación del multipartidismo (febrero de 1989) y de la constitución de organizaciones independientes y la exigencia de retirada de la tropas soviéticas.

La apuesta húngara por la democracia, con la modificación constitucional garantizando los derechos humanos, la división de poderes del estado y el pluralismo e incluso cambiando la denominación de la república y la bandera, se mostró inicialmente capaz, en 1989, de ahuyentar los fantasmas del pasado.

Simultáneamente, se produjeron decisivas transformaciones en el seno del partido oficial, que por decisión mayoritaria abandonó su carácter comunista, llegándose con éxito a las elecciones generales plenamente libres (marzo y abril de 1990), en las que triunfó la coalición formada por el Foro Democrático, el Partido de los Pequeños Agricultores y el Partido Demócrata Cristiano. A partir de la caída del comunismo, Hungría ha reafirmado su antigua vocación «occidental», antaño reprimida.

La increíble apertura del muro berlinés

La República Democrática Alemana, el país del ámbito socialista que había conseguido alcanzar un mayor nivel de vida, conoció una importante recesión económica y demográfica durante los años ochenta, lo que contribuyó a aumentar el descontento general de un pueblo para el que los aires liberalizadores de la perestroika abrieron un esperanzador futuro, centrado básicamente en cinco puntos concretos: libertad, cambio de sistema político, posibilidad de pasar a la República Federal de Alemania, libertad de prensa y opinión y economía eficaz.

La reticencia del gobierno a aceptar cualquier reforma provocó el abandono del país de miles de ciudadanos, el mayor contingente desde que terminó la Segunda Guerra Mundial. Éxodo por carretera o por ferrocarril, mediante los llamados «trenes de la libertad», manifestaciones exigiendo libertad política, ocupación de las embajadas de la República Federal de Alemania en Varsovia, Budapest y Praga, fueron algunas de las acciones que, durante el verano de 1989, aceleraron en la República Democrática Alemana el desmoronamiento del partido comunista (SED) y de su aparato y propiciaron la llegada al poder de hombres de decidido talante reformista, cuya primera y simbólica decisión fue la de abrir en noviembre de ese año el muro de Berlín a la altura de la simbólica puerta de Brandeburgo.

A partir de esa fecha, esperada por los alemanes durante 28 años, la apertura que afectó sucesivamente a casi todos los países del este europeo, significó algo más para Alemania, su reunificación territorial.

Los principales hitos de este acontecimiento, que no tardó en centrar la atención internacional, fueron sucediéndose a lo largo de 1990. El 1 de julio se hizo realidad la unidad monetaria, económica y social y se fijó el 3 de octubre para la unificación política.

Entre una y otra fecha, el 12 de septiembre, tras la conferencia llamada «dos más cuatro» que reunió a los representantes de las dos Alemanias y a los de las cuatro potencias vencedoras de la Segunda Guerra Mundial, quedaron fijados otros puntos básicos para la unificación: las características y el tamaño del ejército alemán, la retirada del Ejército Rojo y la devolución al nuevo país de su plena soberanía. Desde el 3 de octubre de 1990 ya sólo existió una Alemania, con una extensión que la situaba en el cuarto lugar europeo y una población que le otorgaba la primacía continental.

La democratización iniciada en Europa Oriental al finalizar la década de los ochenta alcanzó progresivamente a todos los países del área. Arriba, aspecto de una sesión del parlamento húngaro en su marcha hacia la liberalización política. En la página siguiente, arriba, un joven magiar cortando, en mayo de 1989, la alambrada que separaba su país de Austria y, por extensión, de Occidente; abajo, multitudinaria manifestación en Berlín Este en demanda de reformas políticas durante las postrimerías del mismo año.

Los rápidos cambios y el fin de Checoslovaquia

Dos décadas después de la frustrada Primavera de Praga los checoslovacos volvían a soñar con el aire cálido de la libertad política. Dos de sus protagonistas —Havel, un dramaturgo y director teatral, y Dubcek, un político expulsado del Partido Comunista— se constituyeron junto a otros miembros de Carta 77, en adalides del nuevo presente de la república. Esta vez las fuerzas inmovilistas internas no tuvieron el apoyo de las tropas del Pacto de Varsovia y el destino de la nación fue en esta ocasión un asunto exclusivamente doméstico.

Los renovadores actuaron, por cierto, con sentido de la oportunidad, es decir, cuando sus aliados y vecinos se encontraron abocados a las mismas tareas y a los mismos problemas que trajo consigo la perestroika impulsada desde la Unión Soviética por Mijaíl Gorbachov. Los herederos de Husak comenzaron a tener enfrente una oposición cada vez más cohesionada que fue ganando paso a paso el apoyo popular.

Los meses finales de 1989 vieron la caída del gobierno comunista y su sustitución por un gobierno provisional que convocó las primeras elecciones democráticas en cuarenta y cuatro años. El acuerdo de la población en este devenir de la nación checoslovaca resultó, con su reafirmación decidida en pro de las reformas, un elemento clave para su puesta en marcha. La designación de Vaclav Havel y Alexander Dubcek como presidentes de la República y de la Asamblea Federal, respectivamente, no significó otra cosa que entroncar con aquel sentimiento de 1968. En las primeras elecciones generales, celebradas en junio de 1990, se confirmó el fuerte ascendiente de Vaclav Havel y del principal grupo reformista —el Foro Cívico— con una mayoría aplastante.

Las premisas en las que se asentó la renovación del panorama político y social checoslovaco fueron fundamentalmente dos: pluralidad política y reforma del modelo económico y productivo. El abandono del monopolio del poder por parte de los antiguos gobernantes dio paso a las también antiguas aspiraciones de democratización y vertebraron la primera; la segunda significó la asunción del modelo económico de mercado y el acercamiento a las democracias del occidente europeo para, con su colaboración financiera, recuperar una economía que, en otros tiempos, había tenido una posición destacada entre las naciones más industrializadas del Mundo.

Sin embargo, las tensiones nacionalistas no estuvieron ausentes en estos acontecimientos, al reavivarse las aspiraciones secesionistas de los eslovacos que acabaron por llevar al país a la división entre la República Checa y la República Eslovaca o Eslovaquia.

Bulgaria: nuevos vientos en los Balcanes

Tras veinticinco años de crecimiento sostenido (5 por ciento anual según fuentes oficiales) Bulgaria entró en declive en 1987. La influencia renovadora alentada desde la Unión Soviética alcanzó a la

Alemanes de uno y otro sector de Berlín estrechan sus manos y se ayudan con alborozo para superar la ignominiosa línea divisoria de la ciudad. La apertura del muro, en noviembre de 1989, fue uno de los hechos que, por su carga de simbolismo, más impresionaron a un mundo atento a los acontecimientos del Este europeo.

sociedad búlgara y a su partido comunista; se inició una etapa de tímida democratización del trabajo y de descentralización del poder, lo que topó con la resistencia de las burocracias regionales. Los cambios de dirección que ya se habían iniciado en los países vecinos incidieron en los golpes de timón que dieron los comunistas. El cambio de denominación de la organización oficial, ahora Partido Socialista Búlgaro, la constitución de una mesa de negociación con fuerzas opositoras, la designación de un presidente provisional imbuido del aire renovador de la perestroika, fueron los actos preliminares a la convocatoria de las primeras elecciones libres en cuatro décadas celebradas en junio de 1990.

Las elecciones fueron ganadas por el nuevo partido socialista ante una coalición de grupos opositores que no pudieron impedir la efectividad de la experimentada mecánica del aparato de los ex comunistas. De todos modos, como demostración de que las fuerzas impulsoras del cambio seguían vigentes, cuando todavía no se habían apagado los ecos del acontecimiento electoral, se produjo la sustitución del presidente electo Mladenov

Vaclav Havel, dramaturgo y líder del Fórum Cívico, el principal grupo reformista de Checoslovaquia, fue elegido presidente en diciembre de 1989 para suceder al comunista Husák, teniendo la difícil misión de enfrentarse a la división del país. En la fotografía, Havel (segundo por la izquierda) es atendido poco después de acceder al cargo por el canciller Kohl y su gabinete durante una recepción oficial en Alemania.

por el dirigente de la oposición Jelev (1 de agosto de 1990). La ruptura definitiva con el antiguo régimen comunista se manifestó claramente en la trayectoria del país, aunque el partido socialista mantuvo su importancia, formando gobierno en 1995.

Rumania: el violento final de Ceausescu

De todos los países del este europeo que iniciaron a partir de la aplicación de la perestroika soviética su proceso democratizador, Rumania —con uno de los niveles de vida más bajos de la zona— fue quien sufrió más violentamente la transición.

La movilización popular que desde el 17 de noviembre de 1989 se vio contes-

En Bulgaria, la transformación del régimen comunista se inició en noviembre de 1989 con la caída del presidente del Consejo de Estado, Todor Jivkov. Aún así, los comunistas reformados consiguieron retener una importante influencia social. Arriba, la imagen de una votante de Sofía en las elecciones de 1990 se enmarca en un decorado con el sello de tiempos pasados.

tada por la dura represión de la «securitate», la policía del gobierno, dejó una secuela en el país de miles de víctimas y causó la caída de Nicolae Ceausescu y de su esposa Elena el 25 del mismo mes.

Pero aquellos duros días del invierno rumano no sirvieron para consolidar el proceso liberalizador que iba poco a poco cuajando, de modo más pacífico, en otros países integrados en el ámbito soviético.

El largo aislamiento de Rumania, sus conatos de independencia en materia internacional, su fracasada trayectoria económica, sus luchas interétnicas, —especialmente en Transilvania, entre húngaros y rumanos—, suponían por sí mismos un lastre que presuntamente iba a hacer del proceso rumano un caso único.

La falta de cultura democrática, la violencia contenida y el ascenso al poder de Ion Iliescu, heredero del aparato del Estado y del Partido Comunista, provocaron nuevos enfrentamientos entre el pueblo y una renacida «securitate», enfrentamientos que en junio de 1990 hicieron temer al mundo por la frágil democracia rumana.

Vencedor en las dos vueltas electorales de las primeras y cuestionadas elecciones libres rumanas celebradas el 20 de mayo de 1990, el partido de Ion Iliescu, el Frente de Salvación Nacional, apoyado parcialmente en las bases obreras controladas por el antiguo aparato, se encontró frente al difícil objetivo de encaminar a Rumania hacia una economía de mercado. En las elecciones de 1992 resultó reelegido Ion Iliescu, liderando el Frente Democrático de Salvación Nacional.

La desintegración de Yugoslavia

La Eslavia Meridional o Yugoslavia fue una creación un tanto artificial para llenar el vacío de poder que la desaparición de Austria-Hungría podía representar en el área balcánica. Si bien existían unas bases lingüísticas y étnicas que la justificaban en principio, también es cierto que reunió gran número de elementos muy dispares y con un pesado y complejo lastre de diferencias culturales y confesionales y de enfrentamientos.

La misma definición de Reino de los Serbios, Croatas y Eslovenos que se le dio en su constitución, excluía no ya a las numerosas minorías nacionales existentes —de las cuales la principal con mucho era la albanesa del Kosovo— sino a comunidades tan consistentes como la de los eslavos musulmanes de lengua serbocroata, los eslavos montenegrinos (para algunos una rama de los serbios) y los eslavos de Macedonia (búlgaros según amplias fuentes). De hecho, los dos pila-

El invierno de 1989 estuvo acompañado en Rumania por el aire cálido de las ansiadas libertades políticas, aunque a costa de sangre y violencia. Como caso excepcional en la Europa del Este, el dictador Ceausescu fue derrocado por la fuerza y ejecutado en el día de Navidad de aquel año. Arriba, soldados quitando el distintivo de la sede del Partido Comunista, en Bucarest. Abajo, un muñeco de nieve, adornado con la bandera nacional sin el escudo de la república popular y blasonado con la palabra «libertad», proclama la victoria de la insurrección.

res del estado yugoslavo fueron desde el primer momento los serbios y los croatas, dada la escasa consistencia numérica de los eslovenos, unos eslavos muy influidos por alemanes e italianos y con ellos mezclados. Sin embargo, y a pesar de hablar prácticamente la misma lengua —aunque con distinta escritura—, mientras los croatas eran de religión católica y tenían puestos los ojos en Europa Occidental, los serbios eran ortodoxos y respondían más a la idiosincrasia del ámbito balcánico y a las influencias rusas y turcas. Ello derivó en franca incompatibilidad, que se manifestó crudamente en el período de entreguerras y durante la Segunda Guerra Mundial, un preludio de la guerra civil que estalló en 1991.

Un comunista croata, Tito, con su victoria guerrillera sobre los invasores nazis y su hábil fluctuación entre el Oeste capitalista y el imperio de Stalin, fue el padre de una nueva Yugoslavia federalista en lo nacional y originalmente socialista en lo económico. Tito fue tan duro con el separatismo croata como con el chovinismo serbio y ello sirvió para establecer un equilibrio nacional-territorial que perduró hasta su muerte. Esta coincidió con una progresiva crisis económica que sumergió en el descrédito el socialismo autogestionario experimentado en Yugoslavia. Y con los problemas económicos se exarcerbaron las fricciones étnicas.

El primer toque de atención provino del trato dado a la importantísima minoría albanesa de Serbia. Tito había controlado la prepotencia de la nacionalidad serbia —la más numerosa de Yugoslavia— creando las repúblicas de Montenegro y Macedonia y las entidades autónomas de Voidovina y Kosovo, esta última para los albaneses yugoslavos, entre los cuales, con el crecimiento demográfico más alto de Europa y gravísimos problemas de desarrollo, fue creciendo la aspiración a ser tratados en pie de igualdad con el resto de las nacionalidades yugoslavas, esto es, que Kosovo se convirtiera en una república federada (lo cual entrañaba para los maliciosos el peligro de separatismo y de irredentismo con relación a Albania). Serbia no sólo se opusó en redondo a una mayor libertad de Kosovo, sino que bajo la directrices de un líder populista, Milosevic, emprendió a lo largo de los ochenta una campaña antialbanesa —con el pisoteo de toda clase de derechos— hasta culminar en la práctica abolición de la autonomía de Kosovo, al igual que había hecho antes con la de Voidovina, donde son numerosos los húngaros y otras minorías.

El empuje serbio no quedaba circunscrito, sin embargo, a sus fronteras republicanas, sino que se enfrentaba a las

Muerto el mariscal Tito (1980), desapareció progresiva y aceleradamente la concordia étnica en Yugoslavia, esforzándose cada una de las comunidades en resaltar su identidad y su vía política específica. Eslovenia instauró pronto una democracia de corte occidental con una patente libertad de expresión (en la página anterior, un esloveno lee prensa sin censura en Liubliana). Ante el total desacuerdo con Serbia, Eslovenia optó por la vía de la independencia separada, que proclamó el 25 de junio de 1991 y que fue reconocida por la Comunidad Europea, al igual que la de Croacia, el 15 de enero de 1992.

Los anhelos de mayor libertad por parte de las minorías en la antigua Yugoslavia tuvieron fiel reflejo en Kosovo. El nacionalismo albanés de esta provincia, en auge desde 1981, se vio frustrado por el empuje hegemónico de Serbia, que en 1989 abrogó en su esencia las atribuciones autonómicas kosovares. Abajo, manifestantes de Kosovo contra las impopulares medidas tomadas por el gobierno de Belgrado.

federales yugoslavas. Y aquí las cosas se complicaban en grado sumo, pues las trayectorias de las dos repúblicas más occidentales y europeístas, Eslovenia y Croacia, eran muy distintas, y ambas no estaban en absoluto dispuestas a transigir frente a un predominio serbio.

Eslovenia, la más europea de las repúblicas yugoslavas y a la vez la más pequeña y la menos poblada, gozaba de un desarrollo económico superior al de cualquier otra parte de la federación, acompañado de una cultura política casi homologable a la de la Comunidad Europea. Ello le permitió, por ejemplo, sustituir electoralmente en 1990 su parlamento comunista por otro pluripartidista dominados por fuerzas de centro-derecha, mientras que la elección popular mantenía en su cargo de presidente a Kuncan, defensor de la apertura del comunismo yugoslavo. Eslovenia mostró una clara oposición a las directrices serbias en general y particularmente al trato dado por Serbia a Kosovo, lo que degeneró en una insólita guerra comercial de los serbios contra los productos eslovenos.

Croacia, terreno abonado desde siempre para tendencias más conservadoras y con una ciudadanía hastiada de las pretensiones de hegemonía serbia, realizó

también elecciones libres en 1990, con el resultado de una notoria victoria de las fuerzas nacionalistas conservadoras con Tudjman, un ex militar antiserbio, al frente. Para colmo, la minoria serbia de la república, espoleada por Milosevic, inició automáticamente una agresiva campaña por el respeto de su identidad étnica y su autonomía territorial, que se podía calificar de clara provocación frente a los cambios croatas.

Mientras, Milosevic agitaba vientos de nacionalismo trasnochado en Serbia, con una cierta dosis de populismo en el que se excitaban los agravios comparativos, sobre todo en materia económica, con las nacionalidades más desarrolladas —es decir, eslovenos y croatas—. El ideario representado por Milosevic desembocó en una inevitable y cruenta guerra civil, iniciada en el verano de 1991, tras proclamar las repúblicas de Croacia y Eslovenia su secesión el 25 de junio. La respuesta a esta declaración de independencia fue la inmediata intervención del ejército en Eslovenia. Este proceso significó el final de la labor ejecutada por Tito y también la desintegración estatal, ya que a la aspiración de independencia de Eslovenia y Croacia se sumó la de otras repúblicas. Por el acuerdo de Brioni (7 de

julio) se postergó la secesión durante tres meses y se acordó el alto el fuego total en Eslovenia; sin embargo los enfrentamientos continuaron en Croacia. La guerra civil, que parecía limitarse al principio a un contencioso entre la guardia nacional croata y los nacionalistas serbios, adquirió graves proporciones al intervenir el ejército federal, con el ataque a objetivos civiles y militares.

Los intentos de la Comunidad Europea por detener la guerra a través de la conferencia de Paz sobre Yugoslavia celebrada en Bruselas no dieron inicialmente resultado, y, por iniciativa de Alemania, la CEE acabó reconociendo la independencia de Eslovenia y Croacia en enero de 1992. Serbia parecía renunciar ya al mantenimiento de la unidad de Yugoslavia y pugnaba por extender su fronteras hasta las zonas habitadas por los serbios –para constituir la gran Serbia–, incluyendo la región croata de Eslavonia, lo que impedía el fin de la guerra. Pero la Comunidad Europea y los Estados Unidos no podían consentir modificaciones de fronteras por el precedente que podía representar para la estabilidad europea. La guerra se extendió a Bosnia-Herzegovina —habitada por serbios, croatas y musulmanes— después de que ésta proclamase su independencia, reconocida en abril de 1992.

Las esperanzas de pacificación quedaron depositadas en el acuerdo de paz de Dayton firmado en esa localidad estadounidense entre los presidentes de Bosnia-Herzegovina, Croacia y Serbia en 1995. Sin embargo, la guerra estalló de nuevo en los Balcanes en 1999, cuando la dura represión ejercida sobre la población albanesa de Kosovo (Serbia) por parte del presidente yugoslavo Slobodan Milosevic, fue contestada con la intervención de la OTAN, que bombardeó Yugoslavia hasta forzar la retirada del ejército yugoslavo y el retorno de los refugiados kosovares.

Albania deja de ser un caso aparte

La pequeña Albania, que durante el liderazgo de Enver Hoxha permaneció apartada del deshielo estalinista y de todos los movimientos aperturistas de los países del área socialista, llegó al final de la década de los años ochenta como el bastión de la fidelidad a la obra de Stalin repudiando desde la cúpula gubernamental las líneas revisionistas de sus continuadores y erigiéndose en la más dura y entusiasta seguidora de la ortodoxia marxista-leninista. La sucesión de Hoxha en la persona de Ramiz Alia no modificó prácticamente nada la mecánica política.

Sin embargo, no se pudo evitar un proceso de ósmosis política en los dos últimos años de la década. En 1990, el propio Alia manifestaba en una reunión del comité central del Partido del Trabajo (nombre del partido comunista) algo tan insólito como la disposición a entablar relaciones diplomáticas con los Estados Unidos y la U.R.S.S.

Esta suavización de la posición de la cúpula de gobierno fue seguida por reclamaciones masivas de todo tipo de reformas. Las condiciones de pobreza del país y la reivindicación de libertades políticas llevaron a miles de albaneses a buscar en el exilio una solución a la disconformidad latente. Albania entró así en un período de inevitables convulsiones y cambios con una manifiesta apertura política, culminada con unas elecciones generales en marzo de 1991 en las que resultaría vencedor el Partido Socialista Albanés, nuevo nombre del partido comunista. El definitivo desplazamiento de los comunistas del poder no se produciría hasta las elecciones de marzo de 1992, ganadas por el Partido Democrático liderado por Sali Berisha con un programa basado en la implantación de la economía de mercado y la orientación de la política exterior hacia Occidente, especialmente hacia la Unión Europea y Estados Unidos.

DESCOMPOSICIÓN DE LA UNIÓN SOVIÉTICA

Al asumir, en 1985, las funciones de secretario general del partido comunista soviético (PCUS) en plena recesión económica, Mijaíl Gorbachov, representante de las nuevas generaciones del Partido, fue quien, desde el poder que le otorgaba su cargo —al que uniría años más tarde, en 1989, el de presidente de la Unión Soviética—, encarnó las ansias de cambio y aceptó materializarlas en un programa de amplias y profundas reformas —perestroika—, basadas en el avance de las libertades y en la transparencia informativa —glasnost—. Esta apertura, recibida con esperanza en amplios sectores de la sociedad soviética, pero con reservas dentro de la misma maquinaria del poder, no tardó en granjearse las simpatías del Occidente europeo y de los Estados Unidos, iniciándose un proceso de distensión. Entre los cambios en el sistema soviético, figuraban la descentralización del poder político, la paulatina democratización de las estructuras del PCUS y la progresiva implantación de una economía de mercado regulada por el estado. Paradójicamente, el golpe de estado de agosto de 1991, organizado por las fuerzas conservadoras del sistema, acabó precipitando todo el proceso de transformaciones, que hasta entonces había sido gradual.

Rápidamente se produjo la caída y disolución del PCUS y el reconocimiento, primero por la comunidad internacional y posteriormente por Moscú, de la independencia de los Países Bálticos (Letonia, Lituania y Estonia), así como también la declaración de independencia de la mayoría de las repúblicas restantes.

En 1991, el inicio de la guerra civil yugoslava y el fallido golpe militar en la Unión Soviética fueron la muestra patente del desmoronamiento del sistema comunista, tanto en la patria de Lenin como en los países que durante décadas integraron la llamada Europa del Este. A la izquierda, escena bélica en Croacia. Abajo, el presidente soviético Gorbachov con su familia, descendiendo del avión que le llevó a Moscú, tras el intento golpista que le retuvo en Crimea.

La xenofobia enfrenta a las nacionalidades

Se había dicho, y no sin razón, que el imperio de los zares era «una cárcel de pueblos», ya que una nacionalidad dominante, la rusa, sometía por la fuerza a un conglomerado de pueblos del este europeo y del norte y centro de Asia. Con el advenimiento del leninismo y sus fórmulas federalistas pareció que la «cárcel» se transformaba en una casa compartida con mayor o menor libertad por sus diversos y numerosos inquilinos, por supuesto bajo la condescendiente —y a veces severa— vigilancia del hermano mayor ruso.

Siempre hubo casos —como el de los Países Bálticos— que estuvieron rodeados por un halo de oscuridad e incluso de ilegalidad internacional (recuérdese su incorporación prácticamente forzada y en evidente connivencia con la agresión nazi). Sin embargo, mientras en Turquía —por poner un ejemplo— se había exterminado con violencia y crueldad a la importante minoría armenia, en la Unión Soviética surgió una república federada de Armenia (claro que con la amputación del Karabakh o Arzaj y la eliminación de

los elementos nacionalistas), con su gobierno y parlamento propios, por supuesto supeditados a los de Moscú.

También los diversos pueblos turcos e iranios —turquestanos o turanios— de Asia Central y del Cáucaso formaron sus propias repúblicas soviéticas, mientras eran por completo ignorados como comunidades diferenciadas en los vecinos estados de Irán y Afganistán o conseguían un tibia autonomía regional en el Turquestán chino (evidentemente, en la U.R.S.S. se hizo todo lo posible para agudizar las diferencias regionales entre los antedichos grupos étnicos turquestanos a fin de evitar la unidad política que entre ellos propugnaba el panturquismo o turanismo). Y mientras en el mundo anglosajón y latinoamericano se exterminaba y encerraba en reservas de tipo parque zoológico a los pueblos indígenas, las autoridades soviéticas hicieron un serio esfuerzo por reagrupar los restos de los pueblos aborígenes siberianos —diezmados por el zarismo—, concederles una cierta autonomía territorial y revalorizar y actualizar sus señas de identidad (lengua, con su fijación escrita en caracteres cirílicos, y cultura popular).

Si bien no dejaron de producirse protestas aisladas y casos de dudosa explica-

ción ética y jurídica —como el de los deportados tártaros de Crimea, que perdieron el derecho a su patria hasta el año 1989—, el sistema soviético aplicado a las nacionalidades y etnias gozó durante largos años de crédito no sólo interno sino a nivel internacional, bajo la categoría de modelo digno de imitación. Sin embargo, la perestroika o renovación impulsada por Gorbachov, sin poder evitarlo, destapó la caja de los truenos. En poco tiempo, el supuesto internacionalismo que vinculaba a los pueblos que convivían bajo el mismo estado fue puesto en entredicho y su falsedad pragmática finalmente desenmascarada.

Para sorpresa de propios y extraños empezaron a producirse choques sangrientos entre personas de diferentes orígenes, en Asia Central (Kazajstán), en Siberia (Yakutia), en el Cáucaso (Azerbaiján, Armenia, Georgia), surgiendo en estos lugares y en muchos otros de la geografía soviética banderas y revindicaciones que se consideraban archivadas en el armario de la historia e impropias del estadio de «superación» de las diferencias nacionales impulsado por el marxismo-leninismo. Aparte de la independencia unilateral lituana, a lo largo de 1990 se sucedieron las proclamaciones de soberanía por parte de las diversas repúblicas soviéticas. El mismo Gorbachov se vio impulsado a defender la fórmula de un nuevo tratado que de alguna manera las vinculase política, económica y militarmente, a fin de que se pudiera mantener así la estructura del vasto mundo nordeurasiático, unido durante más de setenta años por la férrea voluntad ejercida por el partido comunista.

El resurgir de los viejos conflictos en Transcaucasia

Salvo los especialistas o los muy amantes de la geografía, casi nadie conocía antes de los hechos que aquí se comentan lo que era el Karabakh (literalmente en turco y persa, «jardín negro»), una región montañosa que se ubica al oeste de la república de Azerbaiján. Resulta además que dicha región presenta un aspecto muy peculiar, ya que, a pesar de estar ubicada dentro de los límites azeríes, pertenece a la etnia armenia, de cuya república la separan escasos kilómetros de carretera. Una premeditada estrategia de dominio sobre los pueblos caucásicos —y en especial sobre los armenios, notables por su vocación nacionalista— prefirió que en 1921 se amputase el Karabakh de Armenia y fuera incorporado por los turcos azeríes, ancestrales enemigos de

los armenios. Dado el carácter diferencial del Karabakh y para justificarse a sí mismo según la política de las nacionalidades, el poder soviético convirtió en 1923 un sector karabakhí en provincia dotada de una autonomía política y cultural, que con el tiempo fue diluida por las autoridades azeríes de Bakú causando un progresivo malestar en el ámbito armenio.

No es de extrañar que, al florecer las libertades con la perestroika, una de las primeras iniciativas tanto en la república de Armenia como en el Karabakh fuera el pedir, a través de sus respectivas asambleas legislativas, la reunión territorial. Del asombro inicial, en Azerbaiján se pasó a una progresiva indignación chovinista y xenófoba hasta el punto de que en febrero de 1988 estallaron en la ciudad de Sumgait motines antiarmenios que degeneraron en auténticos progromos, repitiéndose las salvajadas que hicieron tristemente célebre Armenia en el transcurso de la Primera Guerra Mundial. La xenofobia antiarmenia derivó en Azerbaiján en rebelión contra el poder central de Moscú. Una región azerbaijana, el Nakhichevan —que forma una república autónoma y justamente se halla separada del resto de Azerbaiján por territorio armenio— se autoproclamó independiente a principios de 1990 y los

La acumulación de frustraciones sociales y económicas derivó en zonas de Asia Central en violencia étnica, sobre todo contra poblaciones inmigradas. En Uzbekistán, en junio de 1989, elementos autóctonos arremetieron contra los mesjetios, turcos chiítas de Georgia deportados por Stalin. Arriba, dolor entre las víctimas de los crueles ataques.

Los pueblos bálticos se colocaron en la vanguardia del despertar de las nacionalidades en la desaparecida Unión Soviética. Los lituanos, más decididos y en mejores condiciones demográficas que sus vecinos, proclamaron la independencia en marzo de 1990 y los estonios y letones hicieron lo propio en agosto de 1991, pero todos tuvieron que esperar su reconocimiento por parte de Moscú hasta septiembre de 1991. En la página siguiente, manifestación nacionalista lituana (arriba) y contacto directo del líder soviético Gorbachov con la ciudadanía lituana, en enero de 1990, a fin de que ésta desistiera de la vía independentista (abajo).

nacionalistas del Frente Popular azerí impusieron su control armado sobre gran parte de la república, al tiempo que se reivindicaba la reunificación con el Azerbaiján integrado en Irán (con capital en Tabriz) para formar un nuevo país de la comunidad internacional. Junto a estos hechos se formaron imparables flujos de refugiados en dos sentidos —hacia Armenia y Azerbaiján— huyendo de matanzas y represalias.

Por fin, el gobierno de Moscú respondió a esta situación con la contundencia de los carros de combate, pero aún así, a través de la actuación de grupos paramilitares, quedó establecida en la práctica una situación de guerra entre armenios y azeríes.

Con el lastre del tema no resuelto del Karabakh (autoproclamado independiente en diciembre de 1991), Armenia y Azerbaiján emprendieron desde 1990 el camino de la recuperación de su soberanía. Después del fallido golpe de estado en la Unión Soviética, ambas repúblicas se mostraron partidarias de su independencia, primero Azerbaiján, el 30 de agosto de 1991, y posteriormente Armenia, el 21 de septiembre, a través de un referéndum en el que votaron a favor un 94 por 100 del total de los electores.

Caso aparte en la zona de la Transcaucasia es el de Georgia, donde los vientos de la perestroika llevaron al poder a los nacionalistas radicales liderados por Zviad Gamsajurdia, partidarios de la independencia, que fue declarada en abril de 1991. La intentona involucionista en Moscú, en agosto, significó la ruptura de lazos entre Tbilisi y la antigua Unión Soviética, de manera que Georgia permaneció al margen de las instancias que se intentaba crear entre los antiguos miembros de la U.R.S.S. Por fin, un golpe de estado, en Georgia, apartó del poder a Gamsajurdia en enero de 1992, tomando protagonismo elementos más moderados, de forma que el ex ministro de Asuntos Exteriores soviético Edvard Shevardnadze, se convirtió en presidente del Consejo de Estado georgiano (marzo de 1992).

Violencia interétnica en Asia Central

Asia Central constituía un importante fragmento del complejo territorial soviético, enclavada como está en el corazón del mayor de los continentes. En el siglo XIX fue objeto de una conquista auténticamente colonial por parte de los ejércitos zaristas y el poder soviético se implantó con la intención de cambiar el orden de las cosas, pero lamentablemente a la larga los resultados fueron funestos, con grandes paralelismos con el Tercer Mundo neocolonial: extensión de monoproducción algodonera, contaminación de extensas áreas con las industrias más nocivas, desastres ecológicos, utilización exclusiva de zonas para experimentos nucleares y astronáuticos, asentamiento masivo de inmigrantes europeos o de comunidades exiliadas en bloque de su patria (tártaros de Crimea, alemanes del Volga), intento de erradicación del Islam, etcétera. A finales del siglo XX, Asia Central reúne las condiciones para convertirse en una bomba de efectos retardados para aquel poder que la quiera controlar. El primer estallido nacionalista tuvo lugar en el Kazajstán al producirse la destitución de su presidente de etnia kazaka y su sustitución por otro de origen ruso. Téngase en cuenta que en Kazajstán los autóctonos kazakos, aunque en progresivo crecimiento, están en minoría frente a los inmigrantes europeos, rusos sobre todo. Esta circunstancia favorece un especial enconamiento de las relaciones interétnicas. De todos modos, y fuera

Los odios entre armenios y azeríes resurgieron brutalmente a propósito de las reivindicaciones armenias sobre el Karabakh y a partir de la matanza armenia en Sumgait, en febrero de 1988. A la derecha, joven armenio con la enseña nacional. A la izquierda, funeral azerí por las víctimas de la intervención militar soviética en enero de 1990.

de este caso, curiosamente en Asia Central hasta el fin de la U.R.S.S. los choques entre comunidades se dieron básicamente entre grupos de origen turco. Al igual que en otras repúblicas, en las de Asia Central las corrientes de liberalización que introdujo la perestroika estimularon la sucesión de declaraciones de soberanía que auguraban el desarrollo de profundos cambios en la estructura soviética. Éstos se desencadenaron más tarde, como consecuencia del fallido golpe de estado de agosto de 1991, al que siguieron las correspondientes declaraciones de independencia en Kazajstán, Kirguizistán, Tadzhikistán, Turkmenistán y Uzbekistán.

Moldavia: la pequeña Rumania

Entre los ríos Prut y Dniéster se encuentra una franja territorial de cierta extensión, cuyo nombre histórico es Besarabia. En su marcha hacia las costas mediterráneas, los ejércitos zaristas se apoderaron de ella y dieron pie a la implantación de colonos rusos y ucranianos y a la rusificación cultural. Siguiendo los designios del zarismo, el poder estalinista la reincorporó al estado soviético después de la Segunda Guerra Mundial convirtiéndola en la república de Moldavia, con evidente confusión semántica con la vecina región rumana del mismo nombre. Y es que la Moldavia ex soviética es un pequeño país habitado mayoritariamente por personas de ascendencia rumana y que perteneció en su mayor parte al estado rumano en el período de entreguerras del siglo XX, aunque desde Moscú se diera un manifiesto empeño por acentuar unos caracteres diferenciales que la separaran de Rumania y justificaran su entronque con las repúblicas soviéticas eslavas.

También aquí los efectos de la liberalización gorbachoviana y de la perestroika se hicieron sentir con fuerza y los moldavos empezaron por exigir la restitución de sus raíces (lengua, escritura y cultura). Pero ello suscitó enseguida los primeros conatos de enfrentamientos interétnicos. Los rusohablantes, mayoritarios en la margen izquierda del Dniéster, ante el temor de una posible unión de Moldavia con Rumania declararon la república del Transdniéster en septiembre de 1990. Paralelamente al desarrollo de los profundos cambios que se produjeron en todo el ámbito de la antigua U.R.S.S. después del golpe de estado del 19 de agosto de 1991, el parlamento moldavo aprobó una declaración de independencia sólo una semana más tarde. Como respuesta, el 1 de diciembre de 1991 los rusohablantes aprobaban en referéndum la independencia del Transdniéster de Moldavia. La decisión moldava de reducir por la fuerza a los separatistas rusohablantes llevó a enfrentamientos armados entre ambos.

El cosmos eslavo no ruso

El paneslavismo o movimiento para unir a todos los pueblos eslavos bajo unas mismas fronteras fue una baza jugada con cierta fortuna por la Rusia de los zares y no desdeñada por el poder soviético. Sin embargo, siempre topó con cierta reticencia por parte de los ucranianos —los «pequeños rusos», habitantes de las estepas al norte del mar Negro—, ya que si bien éstos mantenían con los rusos propiamente dichos vínculos étnicos e históricos más directos que los polacos o los checos, no habían por ello dejado de sentir los efectos de la dominación política y la asimilación cultural rusa. Por este motivo y aprovechando el fin del imperio zarista al finalizar la Primera Guerra Mundial, se produjo un serio intento de independencia en Ucrania, que resultó fallido.

Pese a toda la parafernalia político-administrativa con que el poder soviético envolvió a Ucrania (piénsese que, tratándose sólo de una entidad federada, incluso fue introducida en la ONU, como miembro de pleno derecho, al igual que Bielorrusia), el nacionalismo ucraniano siguió perviviendo, con especial difusión en la región más occidental de la república, la última en ser incorporada tras la Segunda Guerra Mundial y poblada por los uniatos o católicos de rito oriental a los que Stalin obligó a someterse a la iglesia ortodoxa. Con el proceso de la perestroika y aunque los nacionalistas quedaran en minoría en las elecciones, en 1990, Ucrania proclamó su soberanía dentro del estado soviético, lo que también hizo Bielorrusia, el tercer país de población eslava del conjunto liderado por Moscú. Esta aspiración independentista fue materializada por ambas repúblicas inmediatamente después del fallido golpe de estado en la U.R.S.S. de agosto de 1991.

Ucrania declaraba así su independencia el 24 de agosto, ratificada posteriormente por un referéndum, mientras que al día siguiente era el parlamento de Bielorrusia el que tomaba una decisión idéntica.

Los Países Bálticos

La Pribáltica (litoral báltico), tal como se la conoce en Moscú, es un área relativamente pequeña, pero que está ocupada por tres pueblos que sólo tienen en común con los rusos, sus inmediatos vecinos, los años de dominación política, económica y cultural que sufrieron por parte de ellos —como antes los padecieron de los alemanes y de los suecos o de los polacos. Estonios, letones y lituanos pasaron de las manos de unos a las de otros gracias a guerras y tratados y aprovecharon la ocasión que se les presentó al desintegrarse el imperio zarista para acceder a la independencia. La Unión Soviética de Lenin, llevada con pragmatismo, aceptó la separación de tales territorios, pero la de Stalin los acechó hasta que cayeron en su poder. Lo peor es que para ello las autoridades del Kremlin se valieron de un vulgar reparto de esferas de influencia con la agresiva Alemania hitleriana (el famoso pacto Molotov-Von Ribbentrop). Así, de un plumazo representado por la fuerza militar del Ejército Rojo y una parodia de asentimiento jurídico, los tres países del Báltico se convirtieron en repúblicas federadas de la U.R.S.S.

Durante largas décadas, con el desacuerdo de los países occidentales, la Unión Soviética impuso su criterio de que las repúblicas bálticas se habían integrado voluntariamente. Una vez más la perestroika de Gorbachov introdujo cambios significativos. Lituania, el menos asimilado de los tres países, con un porcentaje alto de población autóctona y una conciencia nacionalista muy arraigada, abrió el fuego. Los lituanos, incluidos los comunistas, utilizaron las mayores cotas de libertad para converger en un movimiento unitario, planteando a Moscú la recuperación de la perdida independencia, que se proclamó solemnemente en marzo de 1990, aunque persistiendo la presencia militar soviética. La respuesta del gobierno central fue el aislamiento y el boicot económico de la república, para entrar en un largo tira y afloja en vistas a una solución final. Sin atreverse a llegar tan lejos como Lituania, las vecinas Letonia y Estonia emprendieron caminos parecidos por una vía más lenta, teniendo en cuenta sobre todo la presencia de importantísimos contingentes de inmigrantes rusos en dichas repúblicas y la

Con un crecimiento demográfico débil, vaciadas de autóctonos por las purgas y deportaciones y repobladas por eslavos, Estonia y Letonia recuperaron su perdida independencia en setiembre de 1991. A la izquierda, manifestación nacionalista en Tallinn.

decadencia demográfica de los autóctonos. Aunque era manifiesto que tarde o temprano ambas repúblicas recuperarían la independencia, el fracaso del golpe de estado en la Unión Soviética precipitó el desenlace de este largo proceso. Así, el 20 y 21 de agosto de 1991, durante el intento golpista, Estonia y Letonia se proclamaban independientes, siendo a los pocos días reconocidos los tres estados bálticos por la Comunidad Europea (27 de agosto); más tarde (6 de septiembre) lo hacían así mismo Moscú y el foro internacional.

Los herederos de la U.R.S.S.

El fallido golpe de estado del 19 de agosto de 1991 dejó obsoleto el nuevo Tratado de la Unión entre las repúblicas que se había de firmar ese mismo día. Los intentos de un Gorbachov, políticamente ya muy debilitado, por parar la irresistible disolución de la Unión Soviética mediante la fórmula de una Unión de Estados Soberanos resultaron baldíos. Y así, el 8 de diciembre de 1991 Ucrania, Rusia y Bielorrusia constataban oficialmente la muerte de la U.R.S.S. El vacío que quedaba intentaron llenarlo, aunque en principio sin mucho éxito, con la constitución de una Comunidad de Estados Independientes, a la que además de los estados eslavos se adhirieron Moldavia, Armenia, Azerbaiján, Georgia, Kazajstán, Kirguizistán, Tadzhikistán, Turkmenistán y Uzbekistán. Pero la herencia de problemas de la antigua U.R.S.S. seguía casi intacta, con los enfrentamientos étnicos sin resolver. Los nuevos estados obtuvieron pronto el reconocimiento de la mayoría de los países del mundo, al tiempo que Rusia era considerada heredera de la antigua Unión Soviética a todos los niveles. La propia Rusia corría ahora el mismo peligro de entrar en una dinámica de desintegración. De hecho, dos de sus repúblicas, Chechenia y Tatarstán, proclamaron su independencia y se negaron a firmar el nuevo Tratado de la Federación, suscrito en marzo de 1992 por las restantes repúblicas y divisiones político-territoriales rusas, con objeto de impedir cualquier proceso de disolución. En el caso de Chechenia, el enfrentamiento desembocó en una guerra abierta con Rusia.

785

Europa Oriental se puede estructurar en varias grandes áreas, que en la presente obra se han sintetizado en dos, la Europa Centrooriental y Danubiana y la Europa Balcánica Mediterránea. Desde el punto de vista étnico, la población no es homogénea, con un predominio de los pueblos de lengua eslava. Los más diferenciados son los rumanos, los albaneses y los húngaros, pueblo al que pertenecen los campesinos de la fotografía inferior.

A la derecha, paisaje rural en Podhale, comarca de los Cárpatos polacos al norte del macizo del Tatra y al sur de los Beskides, entre los que forma una cuenca avenada por el río Dunajec. Aunque de superficie ondulada, Podhale, por su ubicación dentro del sector occidental del arco carpático, que afecta a Eslovaquia y Polonia, se halla enclavado en uno de los sectores de relieve más accidentado en la Europa Centrooriental y Danubiana.

LAS GRANDES REGIONES Y LOS PAÍSES INTEGRANTES DE EUROPA ORIENTAL

El área de Europa Oriental puede dividirse en diversas macrorregiones para un estudio más detallado. De norte a sur, se encuentra en primer lugar lo que constituiría la Europa Centrooriental, donde se encuentran Polonia, la República Checa y Eslovaquia, seguida de la Europa Danubiana, integrada por Hungría —que en cierto modo también pertenece a la Europa Centrooriental— y Rumania y, en parte, por Bulgaria. Finalmente está la Europa Balcánica, con Bulgaria, Macedonia, Albania, Yugoslavia (Serbia y Montenegro), Bosnia-Herzegovina, Croacia y Eslovenia.

Esta última región es susceptible de una subdivisión, donde se enmarcan los países mediterráneos de Europa Oriental, es decir, los Países Eslavos del Sur y Albania.

La Europa Centrooriental y Danubiana

Se incluyen aquí Polonia, la República Checa, Eslovaquia, Hungría y Rumania. Físicamente, todo este territorio está caracterizado por dos grandes elementos, la Gran Llanura Nordeuropea, que enlaza directamente las tierras orientales de Alemania con Polonia (separadas sólo por la línea constituida por los ríos Oder-Neisse, definitivamente aceptada por ambos países después de la Segunda Guerra Mundial), y el río Danubio, que desde Alemania hasta su desembocadura en el mar Negro configura una gran cuenca que se extiende incluso a los países balcánicos y a Ucrania. Como divisoria entre ambos elementos se alzan las formaciones montañosas del Cuadrilátero de Bohemia y de los Cárpatos.

Se trata de un área que tiene en común, desde el final de la Segunda Guerra Mundial, una historia reciente, después de que los acuerdos de Yalta, en 1945, sancionaran su incorporación a la órbita de la Unión Soviética. Esta circunstancia, temporalmente homogeneizadora, no pudo ocultar sin embargo su diversidad fundamental. Al fin y al cabo, los países integrantes tienen diferentes tradiciones históricas y lingüísticas. Así, mientras el polaco, el checo y el eslovaco son lenguas

eslavas, el húngaro pertenece al grupo finougrio y el rumano es una lengua romance. Tampoco fue la misma su relación con el resto de Europa, excepción hecha de este período posterior a la Segunda Guerra Mundial, ni su confesión religiosa.

Europa Centrooriental

La Gran Llanura Nordeuropea ocupa buena parte de Alemania, extendiéndose luego hacia Polonia y los países de Eurasia Septentrional, mientras en el sur destacan los macizos hercinianos.

Así pues, Polonia es en su sector norte la continuación de la Gran Llanura Nordeuropea, que, al igual que en la Alemania septentrional, ocupa la mayor parte del país.

La llanura presenta, en su parte norte, una región pantanosa y lacustre con colinas, donde Pomerania y Mazuria se encuentran separadas por el Vístula. Más al sur, está la llanura Central polaca, con grandes extensiones arenosas y depósitos fluviales, a la que siguen las plataformas subcarpáticas, una zona de mesetas bajas y amplios valles, fertilizados por el *loess,* que tiene sus puntos más representativos en la cuenca de Silesia, la meseta de la pequeña Polonia, y en la meseta de Lublin.

En el extremo sur de Polonia se encuentra la región propiamente montañosa, que comprende la vertiente norte de los Cárpatos y de los Sudetes, y que comparte con la República Checa. Este último país centrooriental se diferencia bastante del anterior. En la República Checa se distinguen dos grandes regiones: Bohemia, al oeste, cuenca herciniana que se comunica con el mar del Norte a través del valle del río Elba, y Moravia, en el este, que accede al mar Báltico por el Oder y el Danubio y al mar Negro por el Morava. Entre los Sudetes, que enmarcan por el norte el Cuadrilátero de Bohemia, y los Cárpatos eslovacos, que dominan la orografía de este vecino país, queda emplazada una pequeña región, la Silesia checa, continuidad de la cuenca de la Silesia polaca.

Europa Danubiana

La cuenca del río Danubio, que discurre desde la Selva Negra, en Alemania, hasta el mar Negro, en el límite entre Rumania y Ucrania, atraviesa nueve países. En Europa oriental forma límite o recorre Eslovaquia, Hungría, Croacia, Yugoslavia, Rumania, Bulgaria y Ucrania, aunque sólo Hungría y Rumania son danubianas en mayor grado.

Hungría se divide en cuatro grandes regiones. Una tiene como eje la Selva de Bakony y los montes Vertes, Pilis, Mátra

Albania y los diversos Países Eslavos del Sur (Eslovenia, Croacia, Bosnia-Herzegovina, Servia, Montenegro y Macedonia) forman la Europa Balcánica Mediterránea, el sector de Europa Oriental que de forma directa o por estrecha vecindad geopolítica más se abre a las cálidas aguas del antiguo Mare Nostrum. A la derecha, hermosas cascadas en los lagos de Plitvice, escalonados entre 520 y 630 metros de altura y separados por pintorescos saltos que tradicionalmente han atraido el turismo a la Krajina croata.

y Bükk, mientras al noroeste se encuentra el Kis Alföld o Pequeña Llanura; el Danubio conforma las dos últimas grandes áreas, al este el Nagy Alföld o Gran Llanura, dividida en dos por el río Tisza, y al oeste el Transdanubio.

Rumania, por su parte, puede dividirse en tres amplios grupos morfoestructurales: montañas, llanuras y mesetas. Entre las primeras sobresalen naturalmente los Cárpatos. A su alrededor están los Subcárpatos y, cerca del mar Negro, la Dobruja, único relieve rumano independiente de los Cárpatos, último vestigio de una antigua cadena herciniana convertida en penillanura. Las llanuras relevantes son la de Valaquia y la del Tisza (sector oriental de la llanura Panónica), que tienen a los ríos Danubio y Tisza o Tisa como ejes fundamentales. Y las mesetas, las de Transilvania y Moldavia.

Europa Oriental Balcánica

Aquí se engloban los estados de Bulgaria, Macedonia, Albania, Yugoslavia, Bosnia-Herzegovina, Croacia y Eslovenia, pero no sin antes hacer una aclaración: Bulgaria, Croacia y Yugoslavia también participan de la Europa Danubiana en algunas de sus tierras. Este aspecto, unido a otros de muy diversa índole, se ha tomado en esta obra como fundamento para incluir Bulgaria en la Europa Centrooriental y Danubiana. El río Danubio señala la frontera en el norte de Bulgaria y recorre allí una llanura calcárea recubierta de *loess*, que se va elevando poco a poco hasta llegar a los Balcanes, eje geográfico búlgaro. Paralelos a los montes Balcanes o Stara Planina se extienden los Antibalcanes o Sredna Gora. Los Balcanes presentan en Bulgaria tres áreas definidas en el occidente, centro y oriente, separadas por depresiones. En el sur del país se encuentra el macizo de Ródope, de aspecto típicamente alpino.

Europa Balcánica Mediterránea

Eslovenia, Croacia, Bosnia-Herzegovina, Yugoslavia, Macedonia —esto es, los Países Eslavos del Sur— y Albania, constituyen los países mediterráneos de Europa Oriental, considerada ésta en su originaria delimitación geopolítica. Es verdad que el territorio de los Balcanes forma una península mediterránea y que muchas de las estructuras económicas, sociales y culturales de los países que la configuran no han podido sustraerse a la influencia de este mar, cuna de civilización. Pero no hay que olvidar que el clima mediterráneo, obstaculizado por el relieve, tiene una influencia limitada en toda la extensión balcánica, menor que en la ibérica o la itálica, incluso si se considera sólo la zona abarcada por el concepto «balcánico y mediterráneo» que aquí se ha introducido.

Se ha señalado ya anteriormente la inclusión de Bulgaria en un ámbito distinto del balcánico dadas sus innegables conexiones danubianas, aunque gran parte de su territorio esté situado en la península Balcánica. Tampoco se pueden desconocer las características balcánicas y mediterráneas de Grecia y de la Tracia turca. No hace falta volver a repetir lo determinantes que han sido los aspectos geopolíticos en las agrupaciones regionales de esta obra para integrar estas últimas en la Europa Occidental y Asia Sudoccidental, mientras que los Países Eslavos del Sur y Albania se incluyen en la Europa Oriental.

Precisamente dentro de este Bloque Oriental, la antigua Yugoslavia, que integrara a los Países Eslavos del Sur, y Albania jugaron papeles similares caracterizados por su independencia frente al Pacto de Varsovia y el COMECON. De manera que los países que aquí se incluyen bajo este concepto de Europa Balcánica Mediterránea desarrollaron du-

rante años una trayectoria claramente diferenciada respecto a los restantes estados de su entorno.

Dos tercios del territorio de los Países Eslavos del Sur están ocupados por montañas, que se agrupan en los conjuntos alpino y dinárico. El bastión central lo forman las cordilleras dináricas, que se estructuran en tres regiones: una litoral, la Primoria; otra intermedia, la Zagora; y la más interior y elevada, la Planina. La impronta danubiana se refleja en la llanura Panónica, donde se encuentran la Voivodina y las llanuras croata y eslovena, mientras que la costa adriática está marcada por la presencia de los Alpes Dináricos. El sur corresponde a las llanuras y montañas de Macedonia.

Albania, por fin, presenta dos zonas. Una, la costa, formada por llanuras bajas separadas entre sí por pequeños promontorios. Otra, la montaña, que de norte a sur ocupa el interior. Entre las

El extremo este de Europa Oriental (Países Bálticos, Bielorrusia, Ucrania, Rusia europea) posee una compleja red de vínculos con Transcaucasia, Asia Septentrional y Asia Central, de forma que todas estas partes, herederas de la antigua Unión Soviética, integran una macrorregión que aquí se ha denominado Eurasia Septentrional. Arriba, un aspecto del río Assa, en el Cáucaso de Rusia, a su paso por la república de Chechenia.

unidades que comprende, destacan los Alpes Albaneses, bloque de relieves muy abruptos, situados en el extremo septentrional del país, más allá del valle del Drin.

GRANDES REGIONES Y PAÍSES DE EURASIA SEPTENTRIONAL

El ámbito que aquí se denomina Eurasia Septentrional abarca una gran extensión de territorio distribuido en dos continentes, en Europa y sobre todo en Asia. La unión entre ambos continentes, que se sitúa en la línea formada por los Urales, el río Ural, el mar Caspio y, según criterios, el Cáucaso, no deja de ser un límite convencional, ya que Europa se encuentra soldada a Asia por un istmo de 2.000 kilómetros de longitud.

789

El sector europeo

En la parte europea de Eurasia Septentrional, que abarca desde los límites occidentales de los Países Bálticos, Bielorrusia, Ucrania y Moldavia, hasta los montes Urales y el Cáucaso, predominan las llanuras, con la continuación de la Gran Llanura Nordeuropea.

Como unidades estructurales del sector europeo de Eurasia Septentrional cabe distinguir la llanura Rusa y las cuencas de Moscú, del Volga, del Don y del Dniéper. Los relieves propiamente dichos tienen escasa significación. De nordeste a sudoeste, se localizan los montes Timan y Uvales, las alturas del Volga y de Rusia Central y las mesetas de Volinia y Podolia.

Aunque los territorios europeos de Eurasia Septentrional llegaron a formar parte de una unidad política, la Unión Soviética, internamente ofrecen múltiples divisiones, de las cuales las de mayor relieve son políticas, correspondientes a las fronteras de las repúblicas anteriormente federadas en la U.R.S.S. y hoy independientes. De éstas son propiamente europeas seis, ya que la república de Rusia tiene una configuración plenamente eurasiática.

De norte a sur, en la Europa nordeurasiática se encuentran, aparte de Rusia, Estonia, Letonia, Lituania, Bielorrusia, Ucrania y Moldavia. Además, en la Rusia europea existen otras unidades político-administrativas: repúblicas (Carelia, Komi, Udmurtia, Tatarstán (antes Tartaria), Mariel (antes Mari), Mordovia, Chuvashia, Baskhkortostán (antes Bashkiria), Kalmykia o de los Calmucos, Daghestán o Daguestán, Kabardino-Balkaria, Osetia del Norte, Adiquetia, Karachaievo Cherkesia, Ingushia y Chechenia); y territorios (Krasnodar y Stavropol).

El gran número y la variedad de grupos humanos existentes en Eurasia Septentrional determinó que el estado que la abarcó, la desaparecida Unión Soviética, tuviera una división político-administrativa única en el mundo por su diversidad, a partir de una estructura federal de base étnica. Tales características se transmitieron a Rusia, la principal heredera humana y territorial de su predecesora y auténtico país eurasiático. En la fotografía, ciudadanos rusos pertenecientes a una etnia siberiana, en el centro de Moscú.

El sector asiático

Traspasados los Urales, se penetra ya en Asia, donde aparece en primer lugar la llanura de Siberia Occidental, con la depresión Aralocaspiana, al sur, y a continuación la meseta de Siberia Central, el valle del Lena y los relieves de Extremo Oriente, más al este. Por lo que se refiere a Eurasia Septentrional, el conjunto se complementa con la enorme región de Asia Central, que se extiende desde la mencionada depresión Aralocaspiana hasta el Turquestán chino y Mongolia, y, al otro lado del Cáucaso, con Transcaucasia.

Estas tierras asiáticas, integradas anteriormente en la que fue Unión Soviética, a pesar de ser las más extensas, no son, sin embargo, las que presentan en Eurasia Septentrional un mayor índice de poblamiento ni una mayor riqueza efectiva, aunque sí potencial. Todavía se mantiene el predominio del sector europeo, si bien la creación de nuevas industrias, como la petrolera, y de centros de investigación contribuyó a una relativa revitalización del sector asiático. La conversión del Imperio Ruso, con su centro en San Petersburgo, en una federación de repúblicas dirigidas desde Moscú, permitió mejorar el nivel de desarrollo de la parte asiática de Rusia y de los países centroasiáticos y transcaucásicos.

El impulso colonizador ruso

Las ansias expansionistas de la antigua nación rusa encontraron una gran facilidad para desarrollarse ante la red de ríos que recorren el territorio en el norte de Asia. Como objetivos de la proyección hacia el este, aparte de la adquisición de nuevas tierras, se encontraban la riqueza maderera de los bosques y la riqueza en pieles, objeto estas últimas de una auténtica «fiebre del oro». Además, la necesidad de oponerse a la creciente importancia de los boyardos, señores de la nobleza inferior, llevó en Rusia a la creación de una nobleza de servicios, que recibió haciendas en las tierras conquistadas o confiscadas, a cambio de defender y ensanchar las fronteras. Todo lo dicho se enmarcó en la iniciativa oficial, ya que, por otro lado, numerosos rusos se lanzaron privadamente a la conquista de las tierras asiáticas, ante la perspectiva de poder huir de unas exacciones abusivas.

Entre los conquistadores más osados figuraron los cosacos, adelantados en la colonización de Siberia; fueron éstos muy numerosos en la región del Don y en Ucrania, hasta que por fin se asentaron y dejaron de suponer un peligro para la institución zarista, a la que amenazaron en ocasiones, con jefes como Stenka Razin y Pugachev.

Desde finales del siglo XVI, los rusos se habían establecido al este de los Urales, y en el siglo siguiente la colonización de Siberia adquirió gran rapidez. Se siguió el curso del Ob, se llegó al Yenisey en 1610 y luego a la llanura del Lena. La fundación de Yakutsk en 1632 creó un nuevo foco colonizador. En 1647 se sometió a los chukchi y en 1648 Dezhnev recorrió el extremo oriental de Asia.

En el sudeste, los rusos exploraron el valle del Amur, en 1643, e iniciaron la apertura de rutas estables, que chocaron con la oposición china. Los sucesivos embajadores enviados a Pekín poco pudieron hacer por evitar el desalojo del valle del Amur. Gracias a estos movimientos se produjeron grandes avances en el terreno de los conocimientos geográficos.

A fines del siglo XVII se inició la conquista de Kamchatka y al mismo tiempo se exploró la región nordeste. En 1734 se emprendió la exploración sistemática de toda la costa. Un grupo partió de Arkángel hacia el este, llegando a la región de Taymyr en 1740; otro grupo partió del Lena hacia el oeste, recorriendo la costa hasta el Yenisey. En 1710 se conocía perfectamente la región entre la península de Kamchatka y Japón y en 1712-1713 se habían alcanzado las islas Kuriles.

La exploración del norte tiene su figura protagonista en el danés Bering —al servicio de Rusia—, cuya labor continuó luego Chirikov, que en 1741 consiguió fijar la situación del continente americano. Desde entonces, y aún en la actualidad, las expediciones científicas en las tierras asiáticas han sido una constante entre los investigadores rusos.

Siberia, Asia Central, Extremo Oriente y Transcaucasia

En lo que en otro tiempo constituyó el Asia Soviética se pueden distinguir tres grandes regiones con continuidad territorial, Siberia, Asia Central y Extremo Oriente, y otra periférica y separada, Transcaucasia. Siberia es una región inmensa y con una importante red fluvial, lo que permitió en parte su conquista por Rusia. De oeste a este, encontramos en primer lugar la llanura de Siberia Occidental y luego la meseta de Siberia Central. Al este de la última y bordeándola discurre el valle del Lena y se alzan los conjuntos montañosos del Extremo

Oriente. En el territorio siberiano se pasa de la tundra a la estepa forestal y a la taigá, en el norte, mientras en el sur los suelos se degradan rápidamente. El cultivo de cereales y la ganadería constituyen la base de la economía, mientras la industria ha encontrado un sólida base en la explotación energética, tanto por lo que se refiere a las centrales hidroeléctricas como a las explotaciones de petróleo.

Asia Central (incluido Kazajstán, aunque propiamente sólo debería ser su sector centro-meridional) se compone de altas montañas en el interior, y de llanuras al norte y oeste. En esta zona también las explotaciones energéticas han atraído otras industrias. Al norte, se encuentran las tierras desérticas que rodean el mar Aral y se extienden hasta el mar Caspio y el lago Baikal. Poco hay en ellas, salvo explotaciones hulleras e instalaciones siderúrgicas.

El Extremo Oriente y las regiones situadas al norte del Transiberiano poseen una población muy dispersa, que ha visto frenado su desarrollo por la falta de tierras de cultivo y las grandes distancias. Las explotaciones petrolíferas y forestales, las industrias mecánicas y papeleras y la construcción naval, constituyen su principal riqueza.

Transcaucasia se halla delimitada al norte por la barrera del Cáucaso y, salvo las depresiones del Rioni y del Kura-Araks, el resto forma un conjunto de elevadas montañas y mesetas con cuencas interpuestas. Aparte del petróleo caspiano, la economía está muy diversificada.

Los países que forman el sector asiático de Eurasia Septentrional, una vez desintegrada la Unión Soviética, corresponden a las antiguas repúblicas federadas asiáticas, ahora independientes: Armenia, Azerbaiján, Georgia, Kazajstán, Kirguizistán, Tadzhikistán, Turkmenistán y Uzbekistán. A ello hay que sumar los extensos territorios de la Rusia asiática (Siberia y Extremo Oriente).

El sector asiático de Eurasia Septentrional comprende tres grandes áreas con continuidad territorial, Siberia, Asia Central y Extremo Oriente, y otra separada, Transcaucasia. Su organización política refleja en cierta medida la variedad étnica a través de ocho países independientes, sumados a la Rusia asiática. A la izquierda, tres bloques a modo de modernos menhires en la frontera de los estados de Transcaucasia: Georgia, Armenia y Azerbaiján. En la página siguiente, paisaje de montaña en Kazajstán, con la cadena Alatau al fondo.

Como herencia de la antigua administración soviética que intentó reflejar en la organización territorial la variedad étnica de su ámbito, los estados independientes comprenden, a su vez, repúblicas autónomas, territorios, regiones autónomas y circunscripciones nacionales.

Las repúblicas autónomas asiáticas son nueve: cinco pertenecen a Rusia (Gorno Altai, Khakasia, Tuva, Buriatia y Yakutia); dos a Georgia (Abkhazia y Adzharia); una a Azerbaiján (Nakhichevan) y una a Uzbekistán (Karakalpakia).

Los territorios son cuatro, todos ellos en Rusia: Altai, Krasnoyarsk, Khabarovsk y Primorje o Litoral. Las provincias autónomas son cuatro: una respectivamente en Rusia (Birobidzhán o de los Hebreos); Tadzhikistán (Gorno-Badakhshán); Azerbaiján (Nagorno-Karabakh); y Georgia (Osetia Meridional). Las circunscripciones nacionales están todas en Rusia: Buriata de Ust-Ordinskiy, Buriata de Aginskiy, Nentsi, Yamalo-Nentsi, Khanti y Mansi, Taymyr, Evenki, Chukchi y Koriak.

Todas estas divisiones administrativas dan una idea general de la riqueza étnica de Eurasia Septentrional, especialmente

Tanto el hombre como el medio natural otorgan una gran personalidad a muchas de las regiones de Europa Oriental y Eurasia Septentrional. Arriba, habitante del desierto de Turkmenistán, al sudeste del mar Caspio. A la derecha, vista parcial del parque natural del Durmitor, enclavado en los Alpes Dináricos (Montenegro), con sus picachos separados por artesas glaciares que le confieren una fisonomía muy particular.

concentrada en su vertiente asiática. Una relación exhaustiva de todos los pueblos asentados en Eurasia Septentrional, aun sólo los del sector asiático, resultaría agobiante, sobre todo si se tiene en cuenta que existe cerca de un centenar de nacionalidades diferentes, que conservan en su gran mayoría sus antiguas costumbres y lenguas.

EL MARCO FÍSICO DE EUROPA ORIENTAL Y EURASIA SEPTENTRIONAL

La llanura es el elemento dominante en el relieve del inmenso conjunto que forman Europa Oriental y Eurasia Septentrional. Una llanura discontinua que ocupa la mayor parte de los dos tercios septentrionales de una macrorregión que se extiende exageradamente a lo largo de los paralelos, desde los 14° de longitud Este hasta los 170° de longitud Oeste, y

aun más allá, con más de 11.000 kilómetros de distancia entre los extremos. Las montañas, en su mayor parte del plegamiento alpino, ocupan los flancos meridionales, con muy escasas excepciones.

Los ríos, generalmente transversales a estas llanuras, son los únicos obstáculos a la movilidad que el relieve facilita, y aun el largo invierno, que señorea durante gran parte del año la porción nordeurasiática de la doble macrorregión, con la congelación de las aguas reduce este obstáculo. Sólo las dimensiones enormes, la escasa densidad de la ocupación humana y las vicisitudes geopolíticas han convertido estas posibilidades en casi utópicas.

Los paisajes naturales forman, pues, grandes unidades, diferenciadas latitudinalmente y sólo fragmentadas en las escasas regiones montañosas periféricas. Monotonía y grandeza son los adjetivos que mejor encajan en la descripción somera de dichos paisajes.

Grandes rasgos del relieve de Europa Oriental

En líneas generales, puede estructurarse el relieve de Europa Oriental organizado en una serie de grandes unidades: en el sur, el conjunto formado por los Alpes Dináricos y los Balcanes; en el centro y norte, los Cárpatos, el macizo de Bohemia y un conjunto de grandes llanuras que, como se ha dicho, se extienden por buena parte de Europa Oriental y, con sus prolongaciones rusa y siberiana, por Eurasia Septentrional.

Por lo que se refiere a Europa Oriental, tales llanuras son en el norte, la Germanopolaca, atravesada por grandes ríos, como el Elba, el Oder y el Vístula; y en el centro, las llanuras Panónica o Húngara y de Valaquia, por las que discurre el Danubio, el principal río de toda el área, con sus principales afluentes, el Drava, el Tisza y el Sava.

Los Alpes Dináricos y los Balcanes

El sector meridional de la Europa Oriental es una región muy montañosa en la que las cadenas dináricas constituyen un conjunto de pliegues paralelos, de dirección noroeste-sudeste, en contacto con los Alpes Orientales. En el sector occidental, las rocas son calcáreas y el relieve se caracteriza por fuertes pliegues y fallas, lo que en el litoral se convierte en un paisaje de cadenas paralelas y estrechas inundadas por el mar.

Los Alpes Dináricos

Los montes dináricos son una rama del plegamiento alpino, desviada por el choque con el antiguo macizo que ocupaba la depresión de la actual llanura Panónica, en dirección noroeste-sudeste, hasta que, a partir de Shkodra, la resistencia del macizo de Macedonia les obligó a una nueva desviación hacia el sur, orientándose en el sentido de los meridianos. Desde el mar, hacia el interior, se suceden tres distintos paisajes: la Primoria, la Zagora y la Planina.

La Primoria, o litoral, es la costa de Dalmacia, formada por abruptos acantilados de caliza blanca que se recortan sobre un mar de un azul intenso, y una serie de islas alargadas y paralelas a la costa, que son las crestas de las montañas hundidas en el mar. Entre las islas y la costa, los valles sumergidos han quedado convertidos en canales.

Franqueada la muralla montañosa que separa la costa del interior, se extiende la Zagora, en la que, con una altura media de 800 a 1.000 metros, se halla una región de características excepcionales, el Kras, con una morfología calcárea muy típica, compuesta por altos anticlinales rotos por profundas dolinas, plataformas de erosión escalonadas y grandes poljés. Esta región ha dado nombre a este tipo de formación, modelado cárstico o kárstico (de Karst, denominación alemana del Kras), que se caracteriza por la erosión química de las rocas calcáreas que hace que las aguas se filtren a gran profundidad. La vida se concentra en los poljés, depresiones cerradas regadas por un río que acaba desapareciendo en un pozo sin fondo («ponor»). En el fondo de estas depresiones cerradas se acumula la arcilla resultante de la disolución de las calizas: la *terra rossa*, apta para la agricultura.

Por último, la Planina es un conjunto de macizos montañosos por encima de los 800 metros, que culminan en el Durmitor (2.522 metros), en cuyo sector se desarrollaron los glaciares cuaternarios.

En los Alpes Albaneses, continuación de los Alpes Dináricos, las calizas también

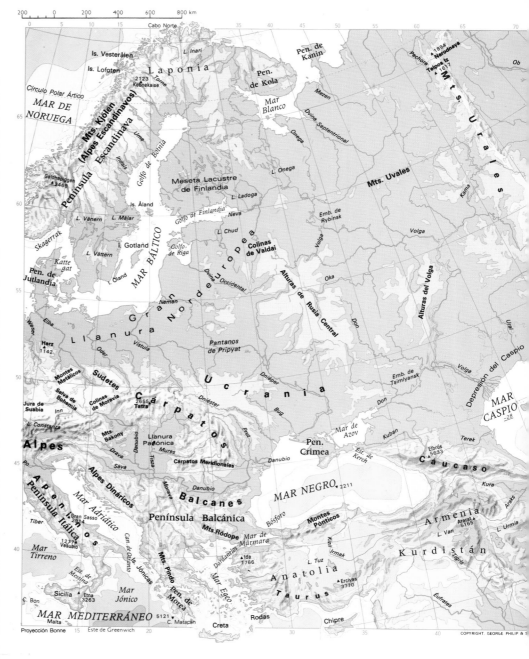

desempeñan un papel importante, dando un relieve de altas crestas, recortadas por abruptas gargantas. En algunos casos, las cimas montañosas sobrepasan los 2.000 metros, como en Jezerce (2.694 metros).

Los Balcanes

La cordillera Balcánica o Stara Planina forma el eje vertebral de Bulgaria. Hacia el norte, el descenso al Danubio se hace a través de una plataforma cortada en terrazas por los ríos. Por el sur, una zona deprimida separa los Balcanes del macizo del Ródope o Rhodopi Planina.

Los Balcanes y las terrazas prebalcánicas se hallan estrechamente vinculados. Las terrazas son fragmentos de una meseta calcárea, con un sustrato de rocas más antiguas, colgada de la vertiente septentrional de la montaña y terminada sobre el Danubio por una falla que la erosión ha remodelado. Los ríos que descienden de los Balcanes al Danubio, de los cuales los más importantes son el Iskar, el Osam, el Yantra y el Lom, se encajan en la meseta, a la que fragmentan una serie de terrazas. La caliza aparece rara vez al descubierto, ya que se halla recubierta por una capa superficial de *loess* de origen eólico.

Los Balcanes son montañas de cimas graníticas redondeadas, cuya altitud, que disminuye progresivamente hacia el este, pasa de 2.000 metros. Los pasos son numerosos a través de los valles excavados por los ríos. Al sur de los Balcanes, dos series de cuencas se disponen de oeste a este. Todas ellas, con la excepción de la

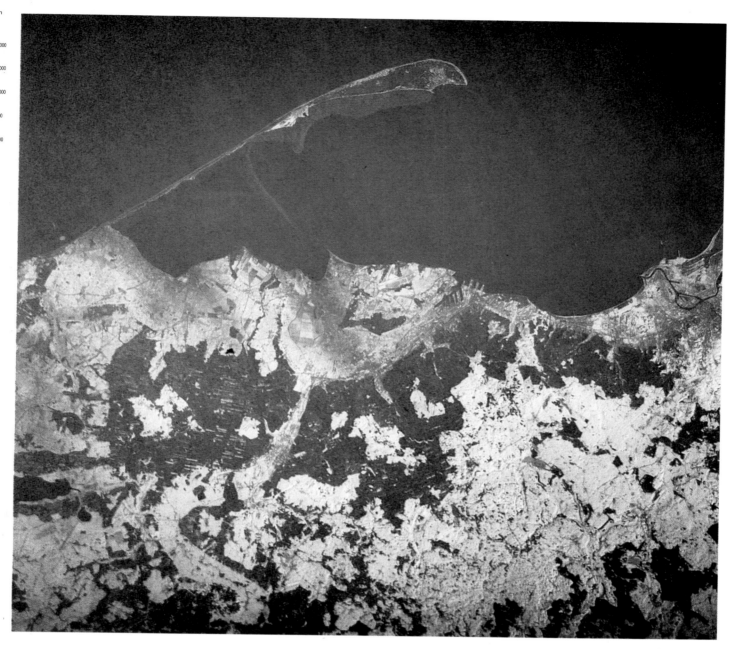

La gran llanura Germanopolaca forma, a orillas del Báltico, un área continua de colinas bajas constituidas por acumulación de morrenas de los glaciares cuaternarios. Arriba, tramo occidental del golfo de Gdansk (Polonia), en una imagen de satélite artificial.

de Sofía —cubeta alargada de fondo arcilloso—, formaron parte de una antigua red hidrográfica tributaria del mar Negro, capturada por los ríos formados al producirse la dislocación y el hundimiento de la Egeida (zona geológica cuyo nombre deriva del mar Egeo), de donde resulta la multiplicación de los umbrales de paso en esta región siempre frecuentada merced a las comunicaciones.

A la alineación balcánica más septentrional pertenecen las cuencas de Sofía, Karlovo, Kazanlak, Sliven y Burgas. La alineación meridional, al sur de los Antibalcanes o Sredna Gora, forma el valle del Maritsa, que se prolonga por la Tracia Oriental, delimitando la línea divisoria política entre Bulgaria y Grecia y entre este último país y Turquía.

El Ródope

En el sector oriental de los Alpes Dináricos y al sur de los Balcanes se halla el macizo del Ródope o Rhodopi Planina, formado por rocas cristalinas y algunos manchones volcánicos, al igual que el macizo de Macedonia, del que es continuación. La parte occidental del Ródope fue levantada y rejuvenecida en los plegamientos alpinos, por lo que en ella se encuentran las mayores altitudes. En el macizo de Rila, integrado por altas superficies erosionadas por circos glaciares, el pico Musala, el más alto, alcanza 2.925 metros. La totalidad del conjunto se halla cortada por una serie de fallas, formando un mosaico de bloques y cuencas que proporcionan la impresión de una gran complejidad del relieve.

Los Cárpatos

La cordillera carpática es un sistema montañoso de una longitud aproximada de 800 kilómetros y una anchura media de 15 kilómetros, que forma un arco abierto hacia el oeste de unos 500 kilómetros de anchura. Formados durante el plegamiento alpino, los Cárpatos son de menor altitud que los Alpes y carecen de fenómenos glaciares, al mismo tiempo que los materiales calcáreos ofrecen en ellos escasa importancia.

El reborde externo de los Cárpatos Occidentales, constituido por el *flysch* alpino y calizas cretáceas, es la cadena de los Beskides o Beskydy (denominación eslava), en los que se abre el paso Jablunkov, comunicación natural con Polonia. Los Beskides envuelven parcialmente el macizo de los Tatra o Tatry, de rocas arcaicas, que el pasillo del Váh y el Hornad divide en Alto Tatra y Pequeño Tatra. El paisaje es típicamente alpino en el Alto Tatra, con crestas dentelladas, finas agujas y antiguos circos glaciares convertidos en lagos de montaña. Dentro del sistema carpático, el núcleo cristalino, afectado por la erosión alpina, aflora en el Alto Tatra, que constituye así la alineación montañosa más elevada y más afectada por la glaciación de todos los Cárpatos. El Alto Tatra se extiende por territorio eslovaco, siguiendo la frontera con Polonia, a lo largo de unos 50 kilómetros, desde el valle del río Orava, en el oeste, hasta el del Poprad en el este, culminando en el pico Gerlachovsky, de 2.655 metros.

Al sudeste, la zona interna de los Cárpatos Orientales rodea la enorme fosa tectónica de Transilvania. Al este, un conjunto de relieves complejos se extiende desde la Bucovina hasta el curso superior del Olt, incluyendo materiales del zócalo primitivo, crestas calcáreas, macizos de conglomerados, así como grandes construcciones volcánicas con gredas, andesitas y basalto, que superan los 2.000 metros de altitud.

Los Alpes de Transilvania o Cárpatos Meridionales prosiguen la zona interna de los Cárpatos Orientales, orientándose de este a oeste después de pasar el desfiladero de Predeal, en cuyos extremos se hallan Brasov, al norte, y Sinaia —estación veraniega y centro de turismo—, al sur. El nombre de Alpes está justificado, pues aunque la altitud apenas sobrepasa los 2.500 metros (Negoiu, 2.535 m), sus formas son agudas y dentelladas y la erosión de los glaciares cuaternarios ha dejado abundantes huellas en forma de circos y lagos en este macizo de rocas cristalinas.

El interior de la meseta de Transilvania es una depresión rellena de margas, arcillas y rocas calcáreas, que la intensa erosión, entre otros, del Somes, Mures y sus afluentes, ha recortado en pequeñas mesetas y colinas. En este sector se hallan yacimientos salinos y de gas natural.

Las grandes llanuras y las unidades de relieve marginales

Una de las notas más características del relieve de Europa Oriental es la existencia de grandes extensiones predominantemente planas, sintetizadas en dos conjuntos, el germanopolaco y el panónico. Además, junto a ellas existen unidades de relieve, llano o accidentado, más pequeñas, como el macizo de Bohemia y las depresiones de Moravia, Podgoria, Moldavia y Valaquia.

La llanura Germanopolaca

La vasta planicie extendida por gran parte de Alemania y Polonia, integrada en la Gran Llanura Nordeuropea, constituye la zona de transición entre las formas de relieve del oeste y el centro de Europa. Así lo confirman el suelo, en cuya parte oriental ya aparecen las tierras negras, y el clima, con sus lluvias de verano e inviernos muy fríos. El régimen del Vístula o Wisla y la vegetación también muestran este carácter de transición.

Esta gran llanura entre las mesetas subcarpáticas y las colinas bálticas, se ensancha progresivamente de oeste a este. Es el antiguo dominio de la glaciación cuaternaria, parte de la cual se convirtió después en un conjunto de grandes lagos y valles de orientación sudeste-noroeste que capturan los ríos del Báltico. Los materiales superficiales son arcillas y arenas fluvioglaciares que forman colinas y suaves ondulaciones donde los antiguos lechos glaciares constituyen depresiones alargadas de fondo plano y húmedo, que se conocen con el nombre de *pradoliny*.

El paisaje del Alto Tatra (en la fotografía) es típicamente alpino, con crestas dentelladas, finas agujas y antiguos circos glaciares convertidos en lagos de montaña. Se trata del macizo montañoso más elevado y más afectado por la glaciación de todos los Cárpatos, hallándose parcialmente envuelto por la cadena de los Beskides.

En la orilla del Báltico, un área de colinas se extiende con continuidad. Sobre un zócalo de calizas mesozoicas y depósitos terciarios, los glaciares cuaternarios acumularon sus morrenas que hoy forman una multitud de colinas. En algunos lugares, alcanzan los 300 metros de altitud, pero, en general, ésta es inferior. Entre las colinas existen amplias extensiones llanas de arena (*sandr*), lagos y pantanos. El litoral, muy acantilado y poco accesible en la parte oriental, se abre en pequeños golfos y estuarios en la occidental. Entre las dunas y cordones litorales se hallan también lagunas conocidas localmente como *zalewy*. El Vístula llega al golfo de Gdansk, abriéndose paso entre las colinas bálticas.

Hacia el sur, y sólo en el sector polaco, aparece un suave altiplano con relieve de colinas, que se levanta en cuesta frente al zócalo herciniano; destaca la cuesta de Cracovia, que contiene una cuenca hullera de más de 1.500 metros de espesor. El conjunto de la llanura Germanopolaca abarca una extensión de unos 1.200 kilómetros de oeste a este y entre 400 y 500 kilómetros de norte a sur.

La llanura Panónica

Entre los Cárpatos y el macizo Dinárico, la llanura Panónica o Húngara es una cuenca hundida, un país de llanuras y colinas, que recorren el Danubio y su afluente el Tisza. Sobre la llanura emergen relieves relativamente modestos, que no superan los 800 metros de altura, como la Selva de Bakony y el macizo de Mecsek. Los materiales calcáreos constituyen la parte esencial del relieve, pero también hay restos de lavas y otros materiales volcánicos, relacionados con los macizos volcánicos del noroeste de los Cárpatos Occidentales.

Al pie de la Selva de Bakony se encuentra el lago Balatón, cuyas orillas, abrigadas a los vientos del norte, son adecuadas para el cultivo de la viña y sus aguas albergan una notable riqueza piscícola. Al este del Danubio, la única comarca elevada es la de los montes Mátra, macizo volcánico, cuya altitud, superior a 1.000 metros, es la mayor de Hungría. En su vertiente meridional se cultiva la viña, que en las colinas de Tokaj produce un vino de acreditada calidad.

El Tisza y sus afluentes carpáticos recorren el Nagy Alföld o Gran Llanura. Esta región es un antiguo lago que subsistió durante casi todo el mioceno y cuyos espesos depósitos aparecen recubiertos por formaciones cuaternarias de *loess*. El Danubio ha sido, junto con sus afluentes, el gran responsable de la configuración definitiva de esta gran llanura. Las llanuras y colinas del bajo Danubio constituyen un amplio corredor fluvial si-

A la derecha, puente sobre el río Elba o Labe, en la región de Melník (República Checa), cerca de su confluencia con el Vltava. El río Elba constituye uno de los mejores accesos a Bohemia desde el norte y su navegación comercial entre la República Checa y Alemania es cada vez más activa.

tuado entre los Cárpatos y las mesetas meridionales, entre las que cabe destacar la de Dobruja, Dobrudzha o Dobrogea, en la que el subsuelo es un viejo macizo cristalino que sólo aflora en el norte, y el resto es una meseta calcárea, recubierta en su mayor parte por el *loess*.

Un aspecto característico de Europa Oriental es la existencia de grandes extensiones predominantemente llanas, representadas en el sector oeste por dos vastas planicies, la Germanopolaca y la Panónica. Arriba, típica granja en esta última, extendida entre los Cárpatos y los Alpes Dináricos.

El macizo de Bohemia

Algunas de las unidades marginales más pequeñas son muy importantes a nivel regional, como es el caso del macizo de Bohemia. Se trata de un antiguo macizo herciniano que, afectado por la presión del plegamiento alpino, se elevó, apareciendo una serie de dislocaciones y

801

1:50 000 000

500   0   500   1000   1500   2000 km

Proyección Bonne

OCÉANO GLACIAL ÁRTICO

Groenlandia
Svalbard
Islandia
Círculo Polar Ártico
Cabo Norte
Mar del Norte
Escandinavia
Mar Báltico
Gran Llanura
Vístula
Cárpatos
Danubio
Mar de Azov
Mar Negro
Cáucaso
Elbruz 5633
Anatolia
Mts. Taurus
Ararat 5156
Chipre
Canal de Suez
Mar Muerto
Desierto de Siria
Mesopotamia
Tigris
Eufrates
Zagros
Mts. Elburz
Demavend 5604
Hindu Kush
Pamir
Pico Communismo 7495
Tien Shan
Takla Makan
Tarim
Amudarya
Syrdarya
L. de Aral
Chu
Ili
L. Baljash
Belukha 4506
Altai
Meseta de Mongolia
Gobi
China
Mar Amarillo
Mar de China Oriental
Hoang-ho
Yangtze Kiang
Corea
Mar del Japón
Hokkaido
Shikoku
Kyushu
Islas Kuriles
Sajalín
Mar de Ojotsk
Península de Kamchatka
Klyuchevskoi 4750
Mar de Bering
Estr. de Bering
C. Dezhnev
I. Wrangel
Mts. Sredninny
Mts. Sikhote Alin
Mts. Stanovoi
Mts. Jablonovi
Gran Llanura de Manchuria
Amur
Selenga
Mts. Sayan
Baikal
Angara
Lena
Aldan
Mts. Verkhoyanskа
Indigirka
Kolyma
Mts. de Kolyma
Olenek
Meseta Central de Siberia
Tunguska
Meseta Tunguska
Yeniséi
Llanura de Siberia Occidental
Ob
Irtysh
Tobol
Ural
1640
Volga
Don
Narodnaya 1894
Montes Urales
Septentrional
Llanura Nordeuropea
Llanura Rusa
L. Onega
L. Ladoga
Pen. Kola
Mar Blanco
I. Kolguyev
Nueva Zembla
Mar de Barents
Mar de Kara
Nueva Siberia
Is. Nueva Siberia
Severnaya Zemlya
Chelyuskin
Península Taymyr
Mar de Láptev
Jatanga
Mar del Sur
Mediterráneo
Mar Caspio

40   50 Este de Greenwich   60   70   80   90   100   110   120   130

COPYRIGHT GEORGE PHILIP & SON LTD.

---

erupciones volcánicas. Los materiales que forman el llamado Cuadrilátero de Bohemia, entre las mesetas de Silesia, Sajonia y Baviera, por el noroeste, la fosa del río Danubio, al sur, y la depresión de Moravia, por el sudeste, son gneis y granito. El interior forma una cuenca deprimida, inclinada de norte a sur, cuyo eje es el río Vltava o Moldava, afluente del Elba o Labe, que constituye la diagonal del Cuadrilátero entre los vértices meridional y septentrional.

En la parte oriental, al pie de los Sudetes, se extiende una franja ancha de terrenos cretáceos, en parte dominio de la cuenca del Elba. Corresponde a la región de Polaby, la llanura más extensa de Bohemia y la menos forestal, precisamente a causa de los materiales calcáreos.

La cuenca del Vltava, desde poco antes de su unión con el Elba, y la de su afluente el Berounka, se desarrolla por entero fuera del cretáceo y dentro del zócalo primario que la erosión ha dejado al descubierto. Se trata de una vieja penillanura herciniana cortada por los ríos, que han puesto al descubierto los rasgos del relieve primitivo. La cabecera del Berounka, formada por la convergencia de varios ríos, de cuya unión resulta éste, constituye otra de las comarcas más ricas de Bohemia, la cuenca de Plzen (en alemán, Pilsen), famosa por su tradición cervecera.

Hacia el sudoeste, el suelo del macizo se levanta suavemente desde las orillas del Vltava hasta las alturas de Sumava,

cuyo reborde exterior, o Selva de Bohemia, desciende bruscamente hacia el Danubio. Hacia el noroeste, en dirección sensiblemente paralela a la del Berounka, corre el Ohre, al pie de la falla de los Montes Metálicos, Erzgebirge o Krusné Hory (también Metalíferos), llamados así por contener algunos yacimientos de hulla, hierro y cobre. El reborde abrupto, dislocación tectónica que confirman dos extensos afloramientos basálticos y fuentes termales como las de Karlovy Vary, mira aquí hacia Bohemia, mientras que del lado externo el descenso hacia Sajonia es más suave.

Hacia el nordeste, los Sudetes o Sudety, de los que forman parte los Montes Gigantes o Karkonosze, forman el lado más elevado del Cuadrilátero que culmina en el Snezka (1.602 metros). Del lado occidental, las montañas descienden hacia la cuenca del Elba, que nace en ellas, tomando primero dirección norte-sur y cambiando luego ésta bruscamente para volver a seguir la dirección norte, mientras que el reborde montañoso exterior desciende hacia las llanuras de Polonia.

Próximo al vértice norte, en la zona de contacto entre los Montes Metálicos y Gigantes, el Elba se abre paso por una salvaje garganta en una pintoresca comarca, que ha merecido el nombre de «Suiza bohemia». Hacia el sudeste, por último, el paso se hace insensiblemente a través de la región de las Colinas de Moravia hasta la depresión de este mismo nombre. Esta coincidencia ha deter-

minado, a pesar de la inclinación general del macizo de Bohemia y de la cuenca del Elba hacia la llanura alemana, y aunque los restantes lados del Cuadrilátero no constituyen barreras infranqueables, la orientación de Bohemia hacia la llanura danubiana.

Las depresiones de Moravia, Podgoria, Moldavia y Valaquia

Entre el macizo de Bohemia y los Cárpatos se sitúa la cuenca de Moravia. Atravesada por el río Morava, forma una típica región de paso entre las llanuras danubianas y las de Polonia. Un umbral de sólo 300 metros, la puerta de Moravia, separa la cabecera de aquel río de la del Oder u Odra. El fondo de la depresión es un país de llanuras y colinas terciarias recubiertas de aluviones y loess, a los que debe su fertilidad.

Cabe destacar todavía otras depresiones menores, como las de Podgoria, Moldavia y Valaquia. Podgoria se extiende al pie de los Cárpatos Moldavos u Orientales y los Alpes de Transilvania o Cárpatos Meridionales. Es un conjunto de pequeñas cuencas discontinuas, limitada por numerosas colinas; a estas comarcas subcarpáticas, los rumanos las llaman genéricamente podgorias. Más allá de las mismas, comienzan los camp, tierras llanas recubiertas de espesos sedimentos.

Alargada entre el Siret y el Prut, la meseta de Moldavia presenta en su sector septentrional una zona de colinas, mientras que en el sur es llana y esteparia. Entre los Cárpatos y las terrazas prebalcánicas de Bulgaria, la llanura de Valaquia corresponde por su parte a un antiguo brazo de mar. El fondo de la depresión, a orillas del Danubio, tiene las características de una verdadera estepa.

El relieve de Eurasia Septentrional

Al este de los relieves de la Europa Oriental, que acaban de ser descritos, aparecen unas unidades fisiográficas de dimensiones incomparablemente mayores. Se trata de la gran llanura Rusosiberiana y de las montañas que rodean esta llanura, excepto por el norte. Su extensión, superior a los veintidós millones de kilómetros cuadrados, se distribuye en tres cuartas partes en el continente asiático y una cuarta parte en el continente europeo, aunque esta división es discutible, ya que los Urales no forman propiamente una separación. Pertenecientes a la orogenia herciniana, se vinculan al oeste con los relieves hercinianos de la Europa Central y al este con el antiguo zócalo herciniano del Altai y del Tien Shan.

La llanura Rusosiberiana

Las planicies se extienden desde la llanura Germanopolaca —la cual constituye el extremo occidental— hasta el río Lena, y se prolongan al sur del Kazajstán —que es un simple abombamiento— por otras llanuras, como la del Turquestán Occidental. Geológicamente, forman parte del zócalo antiguo recubierto por espesas capas sedimentarias que, además, en el norte, se hallan recubiertas por las morrenas de los glaciares cuaternarios. Las alturas mediocres de los Urales dividen en dos la llanura Rusosiberiana.

El macizo de Bohemia, de origen herciniano, se elevó durante el plegamiento alpino, quedando en su interior una cuenca cuyo eje es el río Vltava. Los Sudetes, que comprenden varias alineaciones entre las que destacan los montes Karkonosze, constituyen el borde nordoriental del famoso Cuadrilátero bohemio y sus alturas son las mayores del mismo. En la fotografía, formación rocosa en los Sudetes.

Al oeste, la llanura Rusa de los Cárpatos a los Urales está débilmente accidentada por alturas que orientan los cursos principales de los ríos (Dniéper, Don, Volga). Las partes del norte y del noroeste, mal drenadas, son pantanosas. La glaciación cuaternaria dejó morrenas y excavó las múltiples depresiones lacustres de Carelia (Ladoga) y de los confines bálticos.

Al este de los Urales, la llanura de Siberia Occidental se extiende hasta el Yenisey. Es la parte más baja de toda la plataforma rusosiberiana; tiene casi por todas partes menos de 100 metros de altura. La planicie obstruye el drenaje hacia el Ob y sus afluentes, cuyos valles están ocupados por numerosas marismas por donde es difícil pasar desde la primavera hasta el otoño a causa del deshielo.

Entre el Yenisey y el Lena, la meseta de Siberia Central es una sucesión de amplias mesetas en las que los valles se encajan profundamente.

El Asia Central

El sector del Asia Central correspondiente a Eurasia Septentrional es una gran cubeta, cuyo fondo aún está ocupado por mares residuales (Caspio y Aral). Las altitudes a veces son inferiores al nivel del mar. El paisaje es como un desierto de piedra o de arena, donde casi se secan los ríos (Amudarya y Syrdarya) que descienden de las montañas del sur.

Las grandes montañas y otros accidentes periféricos

Las montañas cierran la gran llanura Rusosiberiana por el sur y por el este. En general, son de la Era Primaria, aunque reelevadas durante el plegamiento alpino. Es el caso de los Cárpatos y del Cáucaso, situado éste último entre el mar Negro y el mar Caspio y que cuenta con altitudes tan importantes como la del antiguo volcán Elbrús (5.633 metros).

En Asia Central, impresionantes murallas se levantan hasta el lago Baikal. Cabe destacar entre ellas el Pamir (7.495 metros de altitud máxima), el Tien Shan, el Altai y los Sayan. Al este del lago Baikal las montañas son más bajas (Yablonovi, Stanovoi).

Por último, la península de Kamchatka, de origen volcánico y accidentada (4.750 metros, en el Klyuchevsk), forma parte del cinturón de fuego del Pacífico.

Hasta aquí, se ha desarrollado una somera descripción de las estructuras básicas del relieve de Eurasia Septentrional. Dado el tratamiento específico de este extenso territorio dentro de la obra, queda para la parte correlativa de la misma el análisis más detallado de los accidentes físicos antes mencionados.

Los ríos

La red hidrográfica de la Europa Oriental se distribuye en cinco cuencas, la del mar Negro, la del mar del Norte, la del mar Báltico, y las de los mares Egeo y Adriático, por orden de importancia. Por lo que se refiere a Eurasia Septentrional, cabe distinguir la cuenca del Báltico, las del Ártico, incluyendo las de los mares Barents y Blanco, las del Pacífico, la del mar Negro, la del Caspio y toda una serie de cuencas de índole lacustre (Aral, Baljash o Balkhash, Baikal, etcétera).

Los Cárpatos, elemento fundamental del relieve de Europa Oriental, constituyen el mayor centro de dispersión de aguas. Los ríos europeos orientales son de regímenes y caudales muy diversos, debido a la variedad de sus orígenes y de las regiones por donde discurren.

La cuenca del mar Negro

En el mar Negro y su subcuenca del mar Azov desembocan los grandes ríos rusos y ucranianos, como el Don, el Dniéper o Dnepr, el Bug Meridional y el Dniéster o Dnestr. Sin embargo, el curso fluvial por excelencia perteneciente a dicha cuenca es el Danubio. Este río constituye la gran arteria de Europa Oriental, ya que a ella corresponde la mayor parte de sus 2.860 kilómetros de longitud, así como de sus 817.000 kilómetros cuadrados de cuenca y también sus principales afluentes. Éstos son tan numerosos como importantes, destacando el Morava checo, el Váh, el Tisza, el Olt, el Siret y el Prut, por su orilla izquierda, y el Drava, el Sava, el Morava servio y el Iskar, por la derecha.

El Danubio es el río más caudaloso de Europa, con una media de 6.450 metros cúbicos por segundo de desagüe en su delta de siete brazos, a través del cual aporta gran cantidad de sedimentos al mar Negro. En Europa Oriental, discurre

En el sur de Eurasia Septentrional se halla Asia Central, bordeada por una cadena de impresionantes murallas de origen paleozoico que se levantan entre el nudo del Pamir y el lago Baikal, cerrando por el sur la gran llanura Rusosiberiana. Forman dichos relieves el Tien Shan, el Altai y los montes Sayan. El relieve del Altai (en la fotografía) presenta formas muy macizas, reelevadas y rejuvenecidas en la Era Terciaria, que alcanzan los 4.506 metros cerca de las fuentes del río Ob. Antiguas poblaciones de origen turcomongol, pastores y leñadores, habitan estas montañas.

entre Eslovaquia y Hungría, a través de Hungría, entre Croacia y Yugoslavia, a través de Yugoslavia, entre Rumania y Bulgaria, y entre Rumania y Ucrania. Por tal razón, se le conoce por las denominaciones de Dunaj, Duna, Dunav y Dunarea. Se trata de un río de régimen complejo. En sus inicios es un río alpino, con aguas altas en primavera y principios de verano. A partir de Bratislava adquiere las características de la región panónica, con aguas altas exclusivamente en primavera, debido a la escasa importancia de la alimentación glaciar; en cambio, la evaporación aumenta enormemente en este curso llano, especialmente en el afluente Tisza, lo que origina un mínimo de otoño, que se remonta rápidamente en invierno, a pesar de la existencia de un mínimo secundario invernal debido a la retención nival. En las Puertas de Hierro, en la frontera entre Rumania y Serbia, el Danubio recupera la rapidez de sus orígenes al cruzar una angostura de unos 60 kilómetros de longitud. A partir de allí vuelve a su curso lento, pero la cuantía de la evaporación se reduce a la mitad de la registrada en la llanura Panónica.

La cuenca del mar del Norte

Fuera del contexto de Europa Oriental, el mar del Norte recibe las aguas del Elba, un río checo en su origen y que corta en diagonal el territorio del este de Alemania.

El Elba es el segundo gran río de Europa Oriental. Tiene una longitud total de 1.165 kilómetros. Nace, bajo la denominación de Labe, en la vertiente sur de los Sudetes y recoge la mayor parte de la escorrentía del macizo de Bohemia. Su régimen es nival, con aguas altas en primavera, pero muy afectado por la evaporación mientras cruza la llanura germana. El estiaje se produce en verano y, en ocasiones, llega a interrumpir la navegación, lo que también sucede con los hielos invernales. Se halla conectado al Rin y al Oder a través de canales y atraviesa importantes regiones industriales en la República Checa y varios länder alemanes.

La cuenca del mar Báltico

El Vístula y el Oder son los ríos principales que afluyen al Báltico. Además, también merecen destacarse el Neman, Nemunas o Niemen y el Dvina Occidental o Daugava. El Vístula (Wisla en polaco), con 1.086 kilómetros de longitud, es el tercer eje fluvial del este europeo. Tiene su origen en los Cárpatos, en el sector occidental de los Beskides, cerca de la frontera polaco-checa, aunque dentro de los límites de Polonia, y vierte sus aguas al Báltico en forma de delta, en el golfo de

En las Puertas de Hierro (fotografía de la derecha), en la frontera entre Rumania y Serbia, el Danubio recupera la rapidez de sus orígenes al cruzar una angostura de unos 60 kilómetros de longitud, después de haber recorrido un millar de kilómetros alejado de los territorios montañosos para atravesar la llanura Panónica. A partir de allí vuelve a su curso lento.

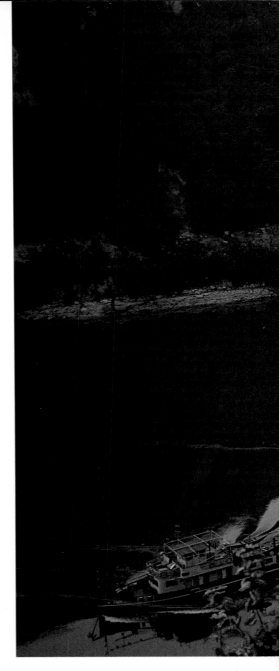

Gdansk, con dos terceras partes de su cuenca en la llanura Polaca. De régimen nival, presenta un mínimo secundario en invierno, las aguas altas en primavera y un máximo secundario en otoño. En el régimen de llanura se acentúa el máximo de primavera, mientras que el estiaje se centra en el otoño. El curso del río, de dirección general sur-norte, se adapta a la estructura del relieve, que lo obliga a avanzar formando ángulos rectos, sobre todo en la región prelitoral, para seguir los canales paralelos que la caracterizan. En Varsovia, el Vístula se muestra como un gran río, a pesar de lo cual la navegación se interrumpe desde fines de otoño hasta fines de invierno, a causa de los estiajes y de los hielos.

El Oder (Odra para los polacos) es por su longitud (912 kilómetros) el segundo río de la cuenca báltica, geográficamente situado a medio camino entre el Vístula y el Elba, con los que se halla conectado a través de canales de navegación. Su ré-

Los principales ríos de Europa Oriental que afluyen al mar Báltico son el Vístula y el Oder, aunque también destacan el Neman (Nemunas o Niemen) y el Dvina Occidental (Daugava). Este último, partiendo de las colinas de Valdai, pasa en Bielorrusia por las ciudades de Vitebsk y Polotsk, al noroeste de la llanura Rusa, penetrando luego en Letonia, donde cruza las planicies de Daugavpils y Riga, afluyendo a las aguas bálticas del golfo de Riga, un poco más allá de la capital letona. A la derecha, un aspecto del Dvina Occidental cerca de su desembocadura.

gimen es parecido al del Vístula, ya que nace en el extremo sudoriental de los Sudetes checos y tres cuartas partes de su cuenca corresponden a la llanura Germanopolaca; desagua en un estrecho estuario. Este río es además importante por razones geopolíticas, ya que su curso bajo, junto con el de su afluente el Neisse (Nysa para los polacos), constituyó la frontera entre los estados de Polonia y de la República Democrática Alemana desde 1945, delimitación que fue oficialmente reconocida por la Alemania reunificada.

Las cuencas del Egeo y del Adriático

Aunque se trate del mar griego por excelencia —disputado abiertamente por Turquía—, el Egeo recibe las aguas de cuatro importantes ríos de Europa Oriental. Se trata del Vardar (Axios para los griegos), que cruza Macedonia, y

Los ríos europeos orientales son de regímenes y caudales muy diversos, por la variedad de su alimentación y de las regiones por donde discurren. De las cinco cuencas en que se distribuye esta red hidrográfica, las de menor importancia son la del Egeo y la del Adriático. Tributarios de este último son el Drin, el Shkumbini, el Semani y el Vijosa, en Albania, y el Neretva, en Bosnia-Herzegovina y Croacia. Arriba, puente del siglo XVI sobre el Neretva, a su paso por la ciudad de Mostar, antes de sufrir los efectos de la guerra que asoló al país en la primera mitad de la década de los noventa.

de los búlgaros Struma (Strimon para los griegos), Mesta (el Néstos griego) y Maritsa (Evros para los griegos y Meriç para los turcos). El tramo bajo de este último, nacido en Bulgaria, ofrece la peculiaridad de servir de frontera entre Bulgaria y Grecia y entre esta última y Turquía.

Por lo que se refiere al Adriático, el Neretva es el único río importante del litoral balcánico, con cerca de 200 kilómetros de curso, que cruza Herzegovina y Dalmacia. Con aguas altas en otoño, registra un profundo estiaje en verano, para cuya atenuación ha sido construido un gran embalse. La fama del Neretva se debe más a la batalla ganada en él por los partisanos contra los nazis que a sus particularidades hidrográficas.

Entre los tributarios del Adriático, también merecen ser citados varios ríos de Albania: el Drin —cuyos ramales septentrional y meridional nacen en Yugoslavia

808

y Macedonia, respectivamente, donde recibe el nombre de Drim—, el Shkumbini, el Semani y el Vijosa (nacido este último en Grecia). Sus cuencas discurren aproximadamente de este a oeste y con cierto paralelismo.

Las cuencas de los mares Barents y Blanco

El sector europeo de Rusia se asoma a la zona ártica a través de los mares Barents y Blanco. Al primero afluye el Pechora (1.790 kilómetros) y al segundo el Mezen, el Dvina Septentrional (1.032 kilómetros) o Severnaya Dvina y el Onega. El río Pechora tiene un curso caracterizado por la lentitud, debido a la escasez de pendiente, y permanece helado de noviembre a abril o mayo. El Dvina Septentrional, unido por canales al Neva y al Volga, es una excelente vía de navegación interior.

El principal tributario de la cuenca del Caspio, en su vertiente noroeste, es el Volga, considerado el río europeo de mayor longitud (3.531 kilómetros). Este curso de llanura, sometido a clima continental, está cubierto de una espesa capa de hielo en invierno y, en poco menos de un mes, durante el deshielo, recibe gran parte de las aguas de todo el año, por lo que en su cauce se deben efectuar periódicas obras de desbloqueo hacia el mar, y se han construido enormes embalses artificiales. Arriba, peculiar aspecto del tramo medio del Volga a su paso por la república de Chuvashia (Rusia).

La cuenca del mar Caspio

Por su situación, calificada convencionalmente como de divisoria continental, la cuenca caspiana puede ser analizada en una vertiente europea y otra asiática. De la primera destaca sin duda el Volga, nacido en la meseta de Valdai y considerado el río europeo de mayor longitud, con 3.531 kilómetros. También es importante el Ural, nacido en los montes Urales y también por convención adoptado a veces como límite eurasiático. De menor relieve son los ríos ciscaucasianos Kuma y Terek.

De la vertiente asiática del mar Caspio —toda ella muy árida salvo en la Transcaucasia—, apenas merecen ser citados el Emba, en Rusia, y el Atrek, en Turkmenistán, con cursos espasmódicos, mientras que sí ofrece mayor caudal el río Kura, en Azerbaiján, con su afluente Araks.

LOS PROBLEMAS MEDIOAMBIENTALES EN EUROPA ORIENTAL Y EURASIA SEPTENTRIONAL

Los países de Europa Oriental y Eurasia Septentrional se enfrentan a problemas medioambientales similares a los que aquejan a los países industrializados de Occidente y, en algunos casos, incluso más graves. La dialéctica marxista entre hombre y naturaleza, que proponía la transformación racional de ésta al servicio de la humanidad liberada, se transformó en los países del «socialismo real» en una destrucción de la naturaleza, en la persecución de objetivos a corto plazo que en nada se diferenciaron, salvo en su justificación ideológica, de la mera explotación al coste más bajo atribuida a la dinámica de la economía de mercado.

La falta de perspectiva ecológica a largo plazo en la planificación llevada a cabo en estos países generó no sólo una mala gestión del medio ambiente, sino la consecuente disminución de la calidad de vida y el deterioro de la relación hombre-naturaleza.

En los países ex soviéticos, donde las vastas proporciones de algunos de ellos minimizaron la impresión del daño ambiental, cuando éste no fue ocultado celosamente por las autoridades, se practicó durante muchos años una denominada «transformación planificada de la naturaleza». Se realizaron grandes obras hidráulicas, tanto para la obtención de la electricidad como para el suministro de agua con destino a las industrias y las nuevas tierras de regadío; pero una de las más lamentables consecuencias fue precisamente un creciente aumento de la desertización, de la que una muestra irrefutable es la desecación de la cuenca del mar de Aral. Gracias a la perestroika de Gorbachov se pudo frenar el proyecto de desvío de las aguas de la cuenca del Ártico hacia las del Caspio y el Aral, que podría haber creado irreparables desequilibrios regionales e incluso perturbaciones del clima mundial.

En este contexto, no faltaron las auténticas catástrofes. El peor accidente constatado en más de cuarenta años de funcionamiento de la industria nuclear, y en el que se liberó a la atmósfera mayor cantidad de radiactividad, ocurrió en 1986 en la central ucraniana de Chernobil, a 130 kilómetros de Kiev. Por otra parte, el terremoto de Armenia de 1988 puso en evidencia la falta de adecuación de los asentamientos humanos a la geología del territorio. Pero, además, la apertura gorbachoviana y la desaparición misma del régimen sacaron a la luz preocupantes informaciones

Los gigantescos planes de regadío en Asia Central durante la etapa soviética provocaron una catástrofe ecológica en el mar de Aral, cuya línea de costa se encogió en 70-80 kilómetros al tiempo que la profundidad descendía en 13 metros. Desgraciadamente, la desecación es progresiva y posiblemente imparable. El mapa muestra la delimitación de la cuenca bajo los efectos de la desertización. En la fotografía, vista aérea de un sector del Aral en la que se aprecia la imposibilidad de las aguas para cubrir los espacios arenosos.

mantenidas antes en secreto, como la constatación de que las autoridades soviéticas habían permitido la realización de trece explosiones nucleares controladas para obras de ingeniería civil entre 1960 y 1976 o que la planta nuclear de Cheliabinsk 40 se situaba como la más contaminada del mundo.

En los estados correspondientes a la Europa Oriental propiamente dicha, es decir, los ubicados al oeste de los Países Bálticos, Bielorrusia, Ucrania y Moldavia, los problemas se mostraron pronto con mayor claridad debido a la diferencia de escala. Por citar algunos ejemplos, la Checoslovaquia bajo régimen comunista se situó en una poco honrosa primacía mundial en la producción de dióxido de azufre, causante de las lluvias ácidas que asolaron los bosques centroeuropeos. Un gigantesco proyecto hidráulico conjunto checo-húngaro sobre el Danubio, el de Gabcikovo-Nagymáros, comportó serias alteraciones del ecosistema en las áreas afectadas. En Polonia, la depuración de las aguas fue casi inexistente tanto en las industrias como en más de la mitad de sus ciudades. En Rumania, el malogrado dictador Ceausescu puso en marcha un kafkiano plan de recolonización rural, que pretendía la destrucción de las aldeas tradicionales y su sustitución por complejos agroindustriales, con todo lo que comportaba de eliminación de un patrimonio cultural de siglos y de desarraigo de poblaciones y grupos étnicos, sobre todo los odiados magiares. Por todas partes, los gobernantes que sucedieron a la era comunista a partir de 1989-1990 encontraron ante sí una ardua tarea en la que necesitaban contar con la abierta colaboración internacional.

Las cuencas del sector asiático

Hecha la salvedad de la cuenca caspiana, en el sector asiático de Eurasia Septentrional destacan las cuencas ártica y pacífica, con su rosario de mares locales, y las cuencas lacustres interiores, correspondientes al mar de Aral y a los lagos Baljash o Balkhash y Baikal.

Son tributarios de las aguas árticas el Ob, con su afluente Irtysh o Irtish, el Yenisey, con sus afluentes el Angara y los dos Tunguska (Nizhnaya Tunguska y Podkamennaya Tunguska), el Khatanga, el Lena, con sus afluentes Vitin, Aldan y Vilyuy, el Indigirka y el Kolyma.

A las aguas del océano Pacífico afluye el Amur. El mar de Aral recibe al Amudarya y al Syrdarya; el Baljash, al Ili; y el Baikal, al Selenga. En Asia Central no son extrañas las cuencas endorreicas, como la del Chu, en Kazajstán.

El Ob u Obi es el río de mayor longitud (5.410 kilómetros, con su afluente Irtysh), no sólo de la Rusia asiática, sino de todo el conjunto nordeurasiático que aquí se contempla, desde los Países Bálticos-Ucrania hasta el Extremo Oriente ruso, y el que posee una cuenca más amplia. Avena casi todas las tierras de Siberia Occidental, incluyendo las más cercanas al Yenisey. La principal aportación proviene de los montes Altai. Aunque sus aguas fluyen muy lentamente, la evaporación no es importante. Se congela a comienzos de octubre en la desembocadura, hacia mitad del mismo mes en la confluencia del Irtysh, y a principios de noviembre en el sector más meridional. El deshielo también dura todo un mes en la primavera, y provoca fuertes inundaciones. El río Ob desemboca en el océano Glacial Ártico, en el estuario más largo del mundo, con 800 kilómetros de longitud.

El Yenisey o Yenisei es el más caudaloso de los ríos de la Rusia asiática y el tercero en longitud. Tiene un recorrido de 4.092 kilómetros por el límite este de Siberia Occidental. Las principales aportaciones provienen de la escorrentía de la plataforma central siberiana y del extremo de la diagonal montañosa chino-siberiana.

Los afluentes que provienen de los Sayán son muy caudalosos, con máximas muy marcadas en primavera y verano, por la fusión de las nieves. Al igual que el Ob, el Yenisey acaba en un gran estuario en el Ártico. Constituye una importante vía navegable, usada desde tiempos antiguos, en especial para el comercio.

Arriba, el poblado siberiano de Tes (Rusia), a orillas del Yenisey. Este río es el más caudaloso de los tributarios de las aguas árticas, sobre todo gracias a los afluentes procedentes de los montes Sayan, que aportan en primavera y verano las aguas de fusión de las nieves. Como el Ob, acaba en un gran estuario.

El Lena (Liena, según otra adaptación) es el segundo río en longitud de Eurasia Septentrional, con 4.400 kilómetros. Sus aportes provienen básicamente de la plataforma siberiana y del extremo oriental de la dorsal chino-rusa. Su régimen es pluvionival. Los afluentes de la derecha están influenciados por el monzón del Pacífico, lo que aumenta el caudal estival, y su desembocadura en el Ártico constituye un enorme delta.

Los mares

La Europa Oriental se abre a las aguas marinas por tres puntos, correspondientes al mar Báltico, al noroeste, el mar Adriático, al sudoeste, y el mar Negro, al sudeste. A estos mares, a excepción del Adriático, Eurasia Septentrional añade aquellos en que se compartimentan las aguas litorales del océano Glacial Ártico y del océano Pacífico, como los mares de Barents, Blanco y de Kara, entre otros, por lo que se refiere al Ártico, y de Bering, de Ojotsk y de Japón, en relación al Pacífico.

Sobre el mar Báltico tienen fachada marítima, además de Polonia, algunos países de Eurasia Septentrional: Lituania, Letonia, Estonia y Rusia. Se trata de un mar poco profundo, de baja salinidad, a causa de la escasa evaporación, que se hiela a lo largo de amplios sectores. Cuenta con importantes puertos pesque-ros y comerciales —Szczecin, Gdynia, Gdansk, Kaliningrado, Klaipeda, Riga, Tallinn y San Petersburgo—, así como centros turísticos, balnearios y complejos deportivos. El litoral báltico tiene como accidentes más notables el golfo de Finlandia, cuyo fondo llenan los aluviones del río Neva, emisario del lago Ladoga; el golfo de Riga, cuya entrada cierran las

Europa Oriental se abre a las aguas marinas por cinco puntos, correspondientes a los mares árticos de Barents y Blanco, el Báltico, el mar Negro y el Adriático. La costa de este último es especialmente recortada y de gran belleza natural, sobre todo en el sector dálmata (Croacia). Abajo, el tómbolo sobre el que se asienta la pequeña localidad yugoslava de Sveti Stefan, sobre el litoral adriático.

islas Hiiumaa y Saaremaa; el golfo de Gdansk; y el golfo de Pomerania.

El Adriático, sector marítimo del Mediterráneo, baña el litoral de Eslovenia, Croacia, Yugoslavia y Albania. La mayor parte de la costa balcánica está salpicada de islas, especialmente en el extremo septentrional, correspondiente a Dalmacia, donde el contorno es muy recortado y de gran belleza natural. Los principales puertos son Rijeka, Split y Dubrovnik, en Croacia, y Durrës, en Albania.

Al mar Negro, casi cerrado, se asoman Bulgaria, Rumania, Ucrania, Rusia y Georgia. Los estrechos de los Dardanelos y del Bósforo posibilitan la comunicación de dichos países con el Mediterráneo, a través de los puertos de Burgas, Varna, Constanza y Odessa. Sus aguas son profundas y saladas y únicamente el sector occidental, menos profundo, se hiela en invierno durante un breve período. Su litoral es una región turística muy popular, debido a la temperatura cálida de sus aguas, especialmente en el sur de Crimea, al abrigo de los vientos del norte, merced a los montes que accidentan dicha península. Allí se levantan importantes estaciones balnearias como la de Yalta, quizá

más conocida por los importantes acontecimientos que tuvieron lugar en esta población y que marcaron el final de la Segunda Guerra Mundial. En algunos sectores se hace necesario construir playas artificiales, terraplenes y diques para resistir la erosión marina, que reduce el terreno a un ritmo de unos 2,5 centímetros por año. En la desembocadura del Danubio, los materiales que el río va de-

positando son transportados por las corrientes en forma de flechas de arena, que cierran los entrantes de la costa, formando albuferas litorales, que reciben el nombre de *limans*.

El estrecho de Kerch une el mar Negro al menor mar de Azov, cuya salinidad no es muy elevada y que se hiela durante un breve período de tiempo. En cambio, en verano se eleva mucho su temperatura.

El océano Ártico baña toda la costa septentrional de Rusia, tanto en Europa como en Asia, compartimentado en diferentes mares separados entre sí por islas y archipiélagos. De dichos mares, sólo el mar Blanco (en la fotografía), en el sector europeo, penetra en profundidad hacia el interior formando vistosos golfos y bahías, como las de las desembocaduras del Mezen, el Dvina Septentrional y el Onega, los tres principales ríos tributarios de dicho mar.

Toda la costa septentrional rusa, tanto del sector europeo como del asiático, está bañada por el océano Ártico, compartimentado en diferentes mares, como el de Barents, el Blanco, el de Kara, el de Laptev, el de Siberia Oriental y el de Chukchi o Chukotski, separados entre sí por islas y archipiélagos. Sólo el mar Blanco penetra profundamente en la masa continental, de modo que la mitad sur queda fuera del Círculo Polar Ártico. En el resto, durante la mayor parte del año, la navegación es posible mediante el auxilio de los buques rompehielos. El único sector marino que se halla libre de hielos, incluso en invierno, es el sudoccidental del mar de Barents, junto a las costas de la península de Kola, donde la congelación es detenida por las corrientes cálidas del Atlántico.

En la parte más oriental de la Rusia asiática se hallan los mares de Bering, de Ojotsk y de Japón, mientras que el archipiélago de las Kuriles se abre directamente al Pacífico. Estas aguas, excepto el sector más meridional del mar del Japón, se hallan cubiertas de hielo en invierno y únicamente el puerto de Vladivostok no resulta afectado.

Los lagos

El más importante de los lagos de la Europa Oriental es el Balatón, en el extremo occidental de la llanura Panónica. Tiene una extensión aproximada de 600 kilómetros cuadrados. Situado al pie de la Selva de Bakony, en el Kis Alföld o Pequeña Llanura, se extiende de sudoeste a nordeste a lo largo de unos 78 kilómetros, mientras que su anchura es muy escasa. Ésta alcanza una media de 15 kilómetros, pero se estrecha a menos de 2 en la península de Tihany, que divide el lago en dos partes. Recoge las aguas de los montes de la dorsal húngara, y su emisario, el Sió, alimenta el curso medio del Danubio. Es muy poco profundo (alcanza una cota máxima de unos 10-12 metros), por lo cual su nivel varía considerablemente según el régimen. Presenta las aguas altas en primavera, por la fusión de las nieves, mientras que el estiaje se marca a principios de otoño; en invierno se hiela. Las orillas septentrionales, junto a la fracturada alineación volcánica, son altas y escarpadas, totalmente distintas de las bajas y arenosas de la mitad meridional. La cercanía a Budapest ha favorecido un amplio y reciente desarrollo turístico del lago.

Las restantes cuencas lacustres de Europa Oriental son escasas y de proporciones muy modestas. Cabe citar los lagos de Mazuria o Mazury, en Polonia; el Fertö o Neusiedl, entre Hungría y Austria; el Scutari, Skadar o Shkodra y el Ohrid, entre Macedonia y Albania; el Prespa, entre Macedonia, Albania y Grecia; y el Brates, junto a la ciudad rumana de Galati.

En Eurasia Septentrional, al este del mar Negro, se ubica el mar Caspio, que pese a su nombre es el mayor lago del mundo, con 371.000 kilómetros cuadrados de extensión. Su nivel general se halla a 26 metros por debajo del Mediterráneo. En él se distinguen dos grandes cuencas: la septentrional, que recibe las aguas de los ríos Volga y Ural —más grande y con una media de 25 metros de profundidad, es menos salina y se hiela en invierno—; la meridional llega en algunas fosas a 995 metros de profundidad y no se hiela. El mar Caspio, a pesar de tratarse de una cuenca cerrada, constituye una importante vía de comunicación a través de los ríos. En él se encuentran puertos importantes, como los de Bakú y

El más importante de los lagos de la Europa Oriental propiamente dicha es el Balatón; los restantes, excluidos los de Eurasia Septentrional, son escasos y de proporciones muy modestas, destacando los de Mazuria, el Fertö o Neusiedl, el Scutari (Skadar o Shkodrës), el Ohrid, el Prespa y el Brates. En la fotografía, el lago Bled con los Alpes Julianos al fondo, en Eslovenia.

Astrakán. En lo que hace referencia a la fauna, es un importante lugar de desove del esturión, de modo que es muy importante la producción del preciado caviar. El mar Caspio registra un descenso continuo de su nivel a causa de la fuerte evaporación y de la reducción del caudal aportado por sus ríos tributarios, cuyas aguas son utilizadas masivamente en la industria y el riego y retenidas en los embalses.

Más al este, el mar de Aral, rodeado por los desiertos del Kazajstán y del Asia Central, es más pequeño y menos profundo (máximo de 60 metros), con una elevada salinidad. Su superficie teórica de 66.500 kilómetros cuadrados se halla en progresiva reducción, al disminuir drásticamente la afluencia de aportes. En invierno sus aguas se hielan, mientras que en verano alcanzan temperaturas muy elevadas.

Además de los mares interiores, como el Caspio y el de Aral, en Eurasia Septentrional existen más de 250.000 lagos, cuyo caudal supone el 20 por 100 de las reservas mundiales de agua lacustre. Arriba, imagen de satélite de la parte central del lago Baljash, en Kazajstán, uno de los trece nordeurasiáticos que superan los 1.000 kilómetros cuadrados.

Además de estos mares interiores, hay en Eurasia Septentrional más de 250.000 lagos, en su mayoría pequeños, aunque trece de ellos superan los 1.000 kilómetros cuadrados. Cabe destacar el Baikal, el Ladoga, el Baljash, el Onega, el Issyk Kul, el Taymyr, etc. Este caudal lacustre supone el 20 por 100 de las reservas mundiales de agua dulce lacustre.

El Baikal, con una superficie de 31.500 kilómetros cuadrados, ocupa una fosa tectónica y es el lago más profundo del mundo, ya que alcanza una profundidad de 1.752 metros. Se sitúa en uno de los valles de los montes Sayán, en el sudeste de Siberia. El Ladoga, situado al noroeste de Rusia, con una superficie de 18.400 kilómetros cuadrados, es el mayor lago de toda Europa. También ocupa una fosa tectónica, al sudeste del escudo báltico. Próximo a él se halla otro lago de considerables dimensiones, el Onega (9.610 kilómetros cuadrados), unido al Ladoga por el río Svir y al mar Blanco por un canal. El Baljash o Balkhash, ubicado en Kazajstán, tiene 20.000 kilómetros cuadrados y 600 kilómetros de longitud y sus aguas son dulces sólo en la mitad occidental, donde desagua el río Ili.

EL CLIMA DE EUROPA ORIENTAL Y EURASIA SEPTENTRIONAL

La gran extensión de los espacios orientales de Europa y los de Eurasia Septentrional, que se hallan situados dentro de la zona templada, les confiere unas determinadas características. Forman un conjunto de tierras compactas y predominantemente continentales, que, a su vez, presentan una cierta dicotomía entre las áreas situadas al norte y las más meridionales, debido a la gran extensión latitudinal de todo el ámbito. Ello incide directamente en la existencia de un abanico de diversidades climáticas, apareciendo, de norte a sur, climas árticos, fríos y secos, subárticos, más suaves y húmedos que los anteriores, continentales, mediterráneos y hasta tropicales cálidos. Sin embargo, a pesar de la gran conexión territorial, existen marcadas diferencias entre Europa Oriental y Eurasia Septentrional, tanto climática como biogeográficamente. Téngase en consideración, por ejemplo, las distintas magnitudes entre ambas macrorregiones o la dispar influencia marítima.

Los climas de Europa Oriental

El clima de la Europa del centro-este, el este y el sudeste, es un clima de transición entre el atlántico de Europa Occidental y el plenamente continental de las llanuras rusas. Esta continentalidad queda subrayada por el hecho de que las corrientes predominantes del oeste apenas alcanzan el Oder o el Vístula, mientras que por el sur llegan a invadir la llanura Panónica, configurándose de este modo una disimetría norte-sur. El sector norte es claramente continental de transición, con inviernos fríos —temperatura del mes de enero por debajo de los 0 °C— y veranos cortos, calurosos y lluviosos, mientras que el sector sur —muy particularmente la franja litoral formada por los Alpes Dináricos, el estrecho litoral a lo largo del Adriático, la costa de Albania y el sudoeste de Bulgaria— puede ser descrito como templado de margen del Mediterráneo, con sequía estival y predominio de precipitaciones en otoño. Las estaciones climáticas se hallan determinadas por el juego de dos grandes sistemas de presión y levemente modificadas por el relieve.

Las temperaturas actuales son el resultado de la existencia de amplias áreas montañosas en los Cárpatos, los montes Dináricos y los Balcanes, las cuales inducen a la tendencia a las anomalías frías,

TEMPERATURA
ENERO
1:80 000 000
20° Isotermas en grados centígrados
(reducidos al nivel del mar)

TEMPERATURA EN LA SUPERFICIE
C°
10
0
-10
-20
-30
-40

Proyección: Bonne

TEMPERATURA
JULIO
1:80 000 000
20° Isotermas en grados centígrados
(reducidos al nivel del mar)

TEMPERATURA EN LA SUPERFICIE
C°
30
20
10
0
-10

Este de 80 Greenwich 90

respecto a las que les corresponderían por latitud y en comparación con las registradas a nivel del mar. Las montañas alrededor del Adriático, las de Albania y las de Bulgaria, preservan las tierras interiores de la influencia cálida y temperante del Mediterráneo. Las condiciones continentales máximas se dan en el interior de la llanura Panónica, particularmente acentuadas en invierno. La amplitud de las características climáticas estacionales también cabe relacionarla con el sistema de altas presiones.

La baja de Islandia y la alta presión de las Azores juegan un papel preponderante en las variaciones del tiempo atmosférico en el interior del área. No obstante, la mayor importancia la tienen las bajas y la alta invernal asiática, las cuales estrangulan o debilitan estas condiciones año tras año. A pesar de estas fluctuaciones interanuales, la regularidad del patrón anual se halla mucho más marcado que en Europa Occidental. El anticiclón de las Azores juega un importante papel en todo este entramado climático: en verano, cuando la presión es muy alta, se extiende no solamente a través de todo el Atlántico —cuyo centro se halla a 35° Norte—, sino que también llega su influencia hasta el oeste y el centro de Europa y por tanto hacia el oeste del Mediterráneo.

En invierno, este anticiclón de las Azores (altas presiones) es menos intenso y representa una estrecha franja de altas presiones ligadas al sistema anticiclonal existente en aquellos momentos en Asia, más concretamente en Siberia. Como, en ese momento, el Mediterráneo se halla cálido, húmedo y conducente a bajas presiones, el cinturón de alta presión atraviesa y amplía su radio de acción hasta casi los 50° Norte, formando una verdadera lengua con la alta presión de Siberia. Este hecho permite distinguir claramente los climas del norte de Europa de los climas mediterráneos.

Los vientos prevalentes son los del oeste, pero no son constantes ni tan fuertes como en Europa Occidental, o la Europa atlántica. La presencia de una divisoria barométrica y de vientos del norte y noroeste es común en Rumania, Hungría y los Balcanes, zonas penetradas a menudo por inviernos secos y fríos. No obstante, los movimientos ciclónicos a lo largo de los vientos del oeste son importantes, de forma particular en las llanuras nordorientales, y también penetra dicha influencia al sur de la divisoria barométrica.

Debido a ello y en comparación con regiones más al oeste, como en la cuenca del Elba —donde se registra un mes con temperaturas por debajo de 0 °C en invierno—, en Polonia las heladas perduran más de tres meses y medio, mientras que en los Balcanes las heladas se prolongan a lo largo de dos meses, o uno, según la variación anual. En la llanura Panónica, durante el invierno, tres meses registran

temperaturas por debajo de 0 °C y las llanuras presentan un aspecto desolado a causa de los desapacibles fríos. En las montañas de Carpatia, durante cuatro o cinco meses, las temperaturas se hallan normalmente por debajo de los 0 °C, pero cada lugar con su exposición topográfica induce a climas locales o topoclimas. El Vístula se halla helado durante cuarenta y siete días. Bajo las influencias del viento frío siberiano, se hielan los sectores medios del Danubio y

Aunque el Báltico sufre la presencia de los hielos, éstos no llegan a impedir la navegación, para la cual, más al este, sí resultan imprescindibles los rompehielos. Arriba, un barco de estas características efectúa su labor en las aguas de un puerto ruso de Siberia.

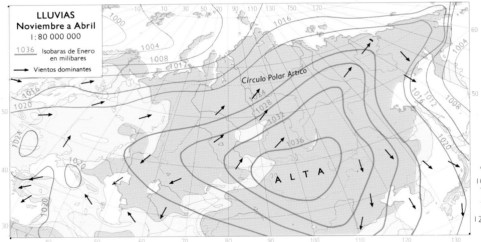

LLUVIAS
Noviembre a Abril
1:80 000 000

1036 Isobaras de Enero en milibares
→ Vientos dominantes

Círculo Polar Ártico

A L T A

LLU
cm
100
75
50
25
12.5

la parte deltaica de dicho río se hiela un invierno de cada cinco. En los sectores rumano y búlgaro del mar Negro, puede aparecer el hielo en los puertos, mientras que los puertos bálticos sufren también la presencia del hielo, aunque resulta insuficiente como para mantenerlos cerrados. Los sectores más al este requieren para sus puertos la presencia de rompehielos.

Las precipitaciones acuosas suelen producirse en invierno, solamente en la parte mediterránea; en el resto del área, las lluvias se hallan impedidas por la presencia de una alta presión y del cojín de aire frío, que impide el paso de las bajas presiones, originando precipitaciones en el noroeste de Europa Occidental. No obstante, el invierno no es seco, dándose

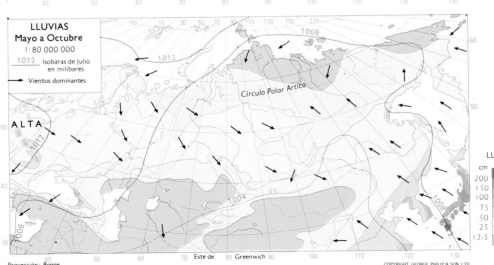

LLUVIAS
Mayo a Octubre
1:80 000 000

1012 Isobaras de Julio en milibares
→ Vientos dominantes

Círculo Polar Ártico

ALTA

LLU
cm
200
150
100
75
50
25
12.5

Proyección: *Bonne*

Este de 80 Greenwich 90

COPYRIGHT GEORGE PHILIP & SON LTD

820

En muchas regiones de Europa Oriental las precipitaciones invernales se dan normalmente en forma de nieve, aumentando en intensidad a medida que se avanza hacia el este, y en las montañas, donde la nieve, por ejemplo en el macizo del Tatra, puede prolongarse desde mediados de octubre hasta marzo. A la derecha, paisaje forestal con nieve en la región de Suwalki, en el nordeste de Polonia.

precipitaciones normalmente en forma de nieve, con especial intensidad en la llanura Panónica y en las montañas. Los días con precipitación de nieve aumentan en dirección este: por ejemplo, 44 días en Varsovia y 80 en Bialystok; en la llanura Panónica, Szeged tiene 30 días con nieve y una cifra similar se registra en Banat y Backa. En los sectores montañosos, como en los montes Tatra, la nieve puede prolongarse desde mediados de octubre hasta marzo, con un período anual muchas veces superior a los 200 días.

Por otra parte, la presencia de aire frío induce a fuertes inversiones térmicas, con nieblas, siendo las cimas de las montañas y las colinas las únicas que escapan al frío intenso provocado por la falta de radiación, a causa de la presencia del anticiclón, con su tiempo en calma.

La complejidad del relieve en la mitad meridional de la región favorece la existencia de vientos locales de notable importancia. Así, los vientos etesios, originados por la atracción de las bajas presiones de la meseta del Irán, de dirección muy constante del norte (nordeste en el sector del Adriático), soplan casi sin interrupción desde mediados de mayo a mediados de setiembre. La bora es otro viento local, que se produce en la costa adriática a causa del paso profundo y estrecho entre el ámbito centroeuropeo y la cuenca mediterránea. Localizada entre los Alpes Dináricos y los Julianos, la bora puede alcanzar una velocidad de 130 kilómetros por hora y su peculiaridad principal es la índole tormentosa. La bora predomina durante la estación fría, pero ocasionalmente puede producirse también durante el verano. Otro viento local es el vardarac, que se origina en Macedonia, a lo largo del valle del Vardar, y que afecta especialmente a Grecia y a las costas del Egeo; es de parecidas características a la bora, pero menos tormentoso. El kosovar es un viento del este, cálido

821

y seco, que sopla a grandes velocidades sobre el extremo sudoccidental de la llanura Panónica y las vertientes septentrionales de los Cárpatos. El foehn sopla en los Alpes Dináricos hacia el valle del Sava y la llanura Panónica, asociado a la circulación ciclónica del oeste dominante; tiene un carácter cálido y seco.

La primavera es una estación corta dentro de estos climas continentales, como en Hungría y Rumania, donde a la relativa debilidad de esta estación se suma la circunstancia de que se trata de la estación de las lluvias. Las precipitaciones veraniegas se hallan asociadas a las tormentas, muy presentes en los atardeceres, con desarrollo de las típicas nubes de cumulonimbos. A pesar de ello, el período lluvioso en todos estos países de Europa Oriental corresponde al verano, y, debido a la evaporación, la humedad relativa es moderada o baja.

Las temperaturas estivales son relativamente altas, particularmente en los sectores de las llanuras, con 30 °C de temperatura máxima en el mes de julio (en algunos sectores de la Eurasia Septentrional se sitúa alrededor de los 42 °C). En el Danubio medio, el mes de julio ofrece una temperatura de 18-20 °C, con algunos lugares donde se alcanzan los 21 °C. En los valles balcánicos, en julio, pueden presentarse temperaturas a partir de 22-24 °C, mostrando algunos caracteres continentales en las proximidades del mar.

El régimen mediterráneo no penetra hacia el interior, debido a la presencia de las barreras montañosas, y el área afectada por el mismo es, por tanto, pequeña.

El invierno es la estación climática de Eurasia Septentrional con mayor impronta, iniciándose a primeros de diciembre o incluso en noviembre y finalizando entre marzo y abril. Además de las precipitaciones de nieve, la presencia de aire frío induce a fuertes inversiones térmicas, con nieblas. A un invierno frío y rudo le sigue una primavera que llega de forma súbita; la fundición de la nieve a mitad de marzo en la ciudad de Moscú indica la llegada de esta estación, a la que acompañan los deshielos. A la izquierda, un día de niebla en el centro de Moscú; arriba, el monasterio de Novodevichiy, en la capital rusa.

Los veranos son bastante suaves, pero se ven alterados por la presencia de vientos, como la bora, que pueden devenir casi constantes en algunos lugares (en la península croata de Istria y en el norte de Albania, por ejemplo). La llanura costera albanesa, que es un cinturón que bordea el mar, y la costa dálmata (Croacia) son generalmente cálidas en invierno, con ligeras olas de frío provenientes del aire frío de drenaje. El clima transaccional del Mediterráneo hacia la estepa se encuentra perfectamente delimitado al este de Rumelia (Bulgaria), que tiene un invierno lluvioso, pero los vientos fríos procedentes de la estepa del mar Negro dan la posibilidad de ocasionar precipitaciones nivosas al menos durante 18 días por año. El verano es, no obstante, cálido y comparativamente seco, más parecido al verano mediterráneo.

Líneas generales climáticas de Eurasia Septentrional

Más al este de Europa Oriental, el clima de Eurasia Septentrional viene determinado en principio por su gran extensión longitudinal, hecho que genera una fuerte continentalidad, lógicamente causada por el alejamiento respecto del Atlántico y por el hecho de que la inmensa parte de su territorio esté situada en el interior de la masa continental eurasiática.

Dos tipos de factores determinan el clima de Eurasia Septentrional. Por una parte, los factores que intervienen directamente en la repartición de las masas de aire —ártica (fría y seca), polares (más suaves y más húmedas) y tropicales (cálidas)—, todas ellas separadas por frentes. Y, por otra parte, los factores geográficos.

La masa de aire ártica invade en invierno la mayor parte del interior continental y se retira en verano frente al empuje de la masa de aire tropical. Ello explica la gran estabilidad del tiempo en invierno —uniformidad de las condiciones atmosféricas sobre tres cuartas partes del territorio, donde sólo los sectores periféricos se hallan sometidos a otros regímenes (desértico, de alta montaña, monzónico y tropical húmedo)— y la débil frecuencia de las situaciones intermedias de los períodos interestacionales, en el decurso de los cuales el debilitamiento de las altas presiones facilita la circulación ciclónica.

Los factores más específicamente geográficos ejercen una acción variable. La latitud domina las diferencias de temperatura, que aumentan en dirección sur de forma regular, relacionadas con la duración del día y de la noche. La posición y la naturaleza de los océanos y mares juegan un papel determinante en el grado de continentalidad del clima. La influencia marítima sólo se percibe en los Países Bálticos y en el litoral del mar Blanco, que recibe las últimas ramificaciones de la derivación de aguas templadas hacia el norte. Por encima del mar Negro se regeneran los ciclones, y ello explica las fuertes precipitaciones existentes en la vertiente georgiana del Cáucaso. Por otra parte, el relieve no ofrece más que una débil acción en la gran llanura eurasiática; los Urales introducen una zonación en pisos, un factor que hace aparecer la tundra en los sectores de taigá de las cimas, y la taigá en la zona de estepa.

Las altas montañas asiáticas centrales forman una barrera frente a las penetraciones del mediodía; hacen aumentar las precipitaciones y, por tanto, la alimentación nival hasta una altitud óptima, que varía de los 3.000 a los 4.000 metros. Debido a sus disimetrías, sus orientaciones y sus pendientes, y gracias a sus cuencas cerradas, ofrecen una gama de climas regionales y locales mucho más variada que en las llanuras.

La fuerte continentalidad del clima de Eurasia Septentrional se debe al alejamiento respecto del Atlántico y al hecho de que la inmensa parte del territorio está situado en el interior de la masa continental que le da nombre. La influencia marítima se percibe en los Países Bálticos y en el sector del mar Blanco (Rusia), mientras que por encima del mar Negro se regeneran los ciclones, que explican las fuertes precipitaciones de la vertiente sur del Cáucaso. En la fotografía, prados y bosques de Georgia.

825

Las estaciones climatológicas

El invierno es la estación climática más conocida de Eurasia Septentrional. Se inicia a primeros de diciembre y se prolonga hasta abril (algunos años de noviembre a marzo). La estación invernal se halla regida por un gran centro de altas presiones, el máximo asiático, inducido principalmente por causas térmicas, situado aproximadamente en torno a Mongolia, con un subcentro secundario entre las cuencas altas del Lena y del Kolyma. Su eje occidental origina una doble corriente del nordeste hacia la cuenca del mar Negro y del sudoeste a través del sector europeo, bloqueando la penetración de los sistemas ciclónicos del Mediterráneo. Este sistema de presión, el más alto de la Tierra, puede no obstante romperse y no durar todo el invierno.

La presencia de este máximo asiático hace que el invierno sea largo, alrededor de seis meses, con una continentalización progresiva hacia el este. Las temperaturas invernales en los sectores donde dominan los anticiclones se establecen en función del balance negativo de la radiación. La temperatura del mes más frío desciende a −40 °C en Yakutia y a −20 °C en el valle alto del Yenisey. Las estaciones de Verkhoyansk (o Verjoiansk) y de Oymyakon han sido consideradas como el polo frío del hemisferio norte, con una temperatura mínima de −67,8 °C.

Las precipitaciones invernales alcanzan totales de 200 a 300 milímetros en las regiones occidentales, desde la Polonia central hasta las cuencas de los ríos Tunguska, en Siberia Central. Hacia el norte, las precipitaciones disminuyen a causa del escaso contenido de vapor de agua del aire frío, y, hacia el sur, también disminuyen a causa del bloqueo efectuado por el Cáucaso y Asia Menor a la entrada del aire húmedo mediterráneo. Las precipitaciones invernales son generalmente nivosas, aumentando de forma regular hacia el norte de Siberia, superando los doscientos sesenta días en el litoral ártico, mientras que descienden bruscamente hacia el sector europeo y son mínimas en las llanuras meridionales de Ucrania y en Asia Central. Los suelos permanecen generalmente helados, tanto en superficie como en profundidad, así como la mayoría de ríos, costas y lagos.

A un invierno frío y rudo, le sigue una primavera que llega de forma súbita nunca antes de finalizar el mes de febrero, éste siempre muy frío. La fundición de la nieve a mitad de marzo en la ciudad de Moscú indica el inicio de la estación primaveral, a la que acompañan los deshielos —la *rasputica*—. El verano acostumbra a ser muy cálido y tempestuoso y se da en relación a las altas presiones,

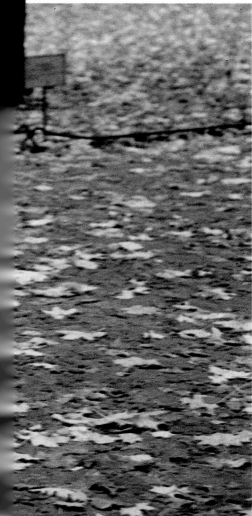

El clima continental se suaviza en el sector europeo de Eurasia Septentrional, donde los inviernos son rigurosos y largos, las estaciones equinocciales muy cortas y los veranos relativamente cálidos, aunque siempre dependiendo de la latitud. Una amplia gama de climas regionales se extiende desde el mar de Barents y la península de Kola, donde los inviernos fríos no se compensan con veranos cálidos, hasta la península de Crimea, que goza de clima mediterráneo. Al lado, el Jardín de Verano, en San Petersburgo (Rusia). Arriba, isbas en Zagorsk (Rusia), rodeadas por las aguas del deshielo.

particularmente de las Azores, que afectan al territorio de Eurasia Septentrional. La duración estival se halla en función directa de la latitud y de la continentalidad. En la zona costera septentrional se registra durante tan sólo de uno a tres meses, con temperaturas medias superiores a 10 °C. En Moscú y en Omsk dura cinco meses.

La continentalidad tiende a reducir de manera ostensible la duración del verano, ya que una parte del calor requerido para el deshielo absorbe gran cantidad de calor y, por otro lado, el debilitamiento de la circulación ciclónica en las regiones continentales atenúa de manera considerable los intercambios meridianos. Las precipitaciones veraniegas son más intensas que las invernales. Existe una gradación de totales pluviométricos que alcanzan valores máximos de alrededor de 300 milímetros, entre los meses de abril y de octubre, disminuyendo hacia el norte y con un déficit muy marcado en el sudeste, entre el Volga y la diagonal montañosa que se extiende en la zona fronteriza entre la Rusia asiática y China, encontrándose la media mensual más baja de toda Europa en Astrakán, en el delta del Volga, con 162,6 milímetros.

En el Extremo Oriente de Rusia y ligado al monzón del Pacífico, se dan en verano las mayores precipitaciones, tres cuartas partes de los totales anuales cifrados entre 1.000 y 1.200 milímetros. Por fin, el área de régimen mediterráneo tiene máximos pluviométricos en las estaciones equinocciales.

El otoño es más cálido que la primavera y también más largo. La amplia circulación ciclónica atlántica o mediterránea comporta unos tipos de tiempo inestables. Por estas razones, el otoño es considerado como la peor de las estaciones.

El mapa de isotermas nos muestra las variaciones espaciales de las temperaturas. En enero, denotan el grado de continentalidad que rodea el famoso polo frío de Oymyakon, en Siberia Oriental, dibujando diagonales orientadas del noroeste al sudeste de Europa. En verano, la influencia de la altitud aparece más netamente, y las fuertes medias de Asia Central y de Siberia explican y refuerzan el hecho de la continentalidad.

El mapa de precipitaciones muestra unas franjas anuales muy débiles, salvo en las regiones periféricas y en las montañas. Las regiones más húmedas son los Países Bálticos y el norte de Bielorrusia; las secas (menos de 200 milímetros), las regiones desérticas al sur de la depresión aralocaspiana.

El clima continental se suaviza en la parte europea de Eurasia Septentrional, con respecto al que caracteriza a Siberia. La amplitud térmica entre la media del mes más frío y la del mes más cálido es de 30 °C en Moscú (la temperatura media de enero es de −11 °C y la de agosto de 19 °C). Los inviernos son rigurosos y largos, las estaciones equinocciales muy cortas y los veranos relativamente cálidos, aunque este aspecto siempre depende de la latitud. Se pueden distinguir toda una serie de climas regionales, desde la costa del mar de Barents y la península de Kola —donde los largos y rigurosos inviernos no están compensados por veranos cálidos y relativamente largos (menos de 15 °C de temperatura media para el mes más cálido)—, hasta la península de Crimea, que goza de un clima de tipo mediterráneo.

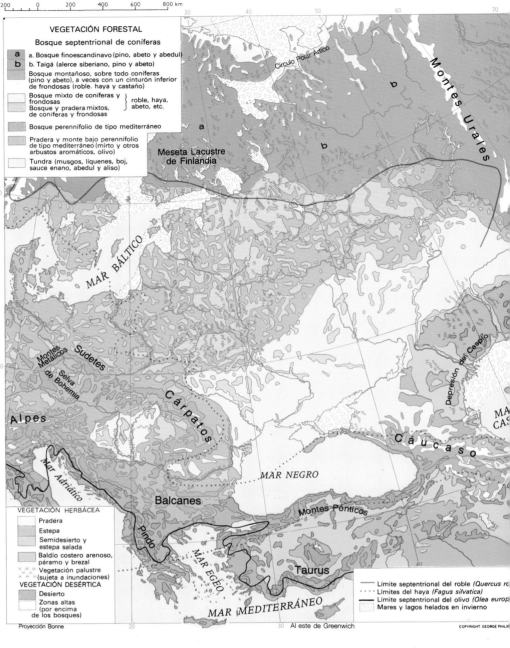

LA VEGETACIÓN DE EUROPA ORIENTAL Y EURASIA SEPTENTRIONAL

Flora del sector europeo oriental

En Europa Oriental no se puede hablar de vegetación natural, ya que la influencia humana ha sido lo suficientemente fuerte y amplia como para realizar un cambio en la cobertura vegetal e incluso influir en el clima. Por ello, la flora natural del centro de Europa es pobre, tras su aniquilación durante el pleistoceno. No ha transcurrido aún suficiente tiempo como para haber permitido una recolonización vegetal desde el retroceso de los hielos.

En la mayor parte de esta región, el clímax vegetal correspondería a una formación de bosques con variaciones considerables en sus tipologías al norte y al sur de los montes dináricos. En el extremo este, en el bajo Danubio y en las tierras moldavas, la vegetación natural es una prolongación de la vegetación de estepa del sudoeste de Rusia.

Por otra parte, y según ha señalado el especialista Pierre Birot, existe una estratificación de la vegetación análoga a la de la Europa herciniana, con su trilogía de robles, hayas y piceas. Sólo los contrastes climáticos más fuertes introducen

nuevos elementos climáticos en esta trilogía, que se completa con estratos suplementarios.

A grandes rasgos, puede afirmarse que es en las zonas montañosas y en los sectores marginales —lugares en que la intervención humana ha sido menor—, donde se encuentran una vegetación representativa de la trilogía antes citada y estratos complementarios.

La estratificación de la vegetación en los relieves dináricos y balcánicos presenta la mayor complejidad dentro del conjunto general, ya que la parte meridional del dominio montañoso y de sus cuencas pertenece al tipo de clima submediterráneo. En el noroeste de los macizos dináricos, en Croacia y Bosnia, aparecen las hayas como especie dominante en los

bosques que cubren la mayor parte de los altiplanos, y que, de forma cada vez más raquítica, llegan a alcanzar el límite de los pastos. A menudo, las hayas son completadas por una banda de coníferas (*Pinus mugo*), como en el caso del Durmitor.

Sin embargo, el piso de las piceas no aparece en los montes dináricos más que en los flancos de las dolinas más profundas, donde la inversión térmica favorece la acumulación de aire frío suficiente para producir las heladas tardías que impiden el desarrollo de las hayas. Hacia el sudeste y, sobre todo, en los Alpes Albaneses, el hayedo entra en competencia con especies de coníferas adaptadas al frío y a cierto grado de sequedad, como el *Pinus heldreichii*, o pino de los Balcanes. En las vertientes adriáticas, las precipitaciones

son aún bastante importantes para permitir que los rellanos calcáreos soporten una formación natural de espesos bosques de robles, con rododendros y lúpulos. Sobre el mismo litoral, las temperaturas invernales, bastante suaves, permiten el desarrollo de una vegetación típicamente mediterránea.

En los Balcanes, prosigue la zonación general en pisos de la vegetación ya indicada. Así, en la parte central y oriental de esta compleja unidad orográfica reaparece el clásico piso de las piceas, a menudo también superado por franjas de coníferas, como sucede en las alineaciones del Kopaonik (Yugoslavia), de los Balcanes (Bulgaria) o del conjunto de los montes de Rila (Bulgaria) e interiores de esta región. Así mismo, aparecen especies caducifo-

A grandes rasgos, los tipos de vegetación de Europa Oriental forman dos grandes conjuntos separados por los relieves dináricos y balcánicos, perteneciendo la parte meridional de estos dominios montañosos y de sus cuencas al tipo de clima submediterráneo. Aquí el hayedo entra en competencia con especies de coníferas adaptadas al frío y la sequía; en las vertientes adriáticas la pluviosidad permite, además, la formación de bosques de robles; sobre el litoral, la vegetación es ya típicamente mediterránea. En la fotografía, vegetación de coníferas en los montes dináricos, en Montenegro.

lias, sobre todo un robledal más o menos xerófilo, y un sotobosque en donde predominan matorrales y arbustos espinosos.

En el sur de Bulgaria, en Macedonia, como en toda Tracia, el invierno es lo bastante suave para que aparezcan matorrales y arbustos, siempre verdes en el sotobosque de robledales, estrato arbóreo aún de hoja caduca. En la sierra de Istranca se ha alcanzado incluso una combinación más original, ya que estos elementos perennifolios aparecen dentro del propio bosque de hayas; se trata de especies de rododendros y laureles, plantas higrófilas propias del bosque póntico.

En el macizo del Alto Tatra, entre Polonia y Eslovaquia, los pisos de vegetación siguen el mismo esquema que los alpinos, y en el piso superior aparece un bosque de alerces y píceas, aunque estas últimas no alcanzan a sobrepasar los 1.400 o 1.500 metros de altitud. En los Cárpatos rutenos, el límite superior del bosque es aún más bajo, lo mismo que la altitud general de la alineación montañosa, ya que se sitúa en los 1.200 metros; por encima de esta altitud emergen las cimas denudadas y en sectores de umbría llegan a aparecer pequeñas formaciones de abetos.

Los macizos que accidentan la provincia rumana de Maramures presentan unos contrastes bastante originales. Las píceas dominan a lo largo de todas las vertientes, especialmente en las orientales. Por debajo de los 1.200 metros, el bosque de píceas es mixto, con profusión de hayas, formación que desciende hasta unos 400 metros de altitud.

En los Cárpatos de Rumania, sobre todo en los sectores meridionales y occidentales, el haya vuelve a adquirir el papel predominante en las formaciones boscosas, y en los montes del Banat alcanza los 1.300 metros de altitud. Por debajo de los 700 metros, el hayedo se va mezclando con especies de robles. Las coníferas de alta montaña, como el pino cembra o el pino negro, sólo alcanzan a constituir una estrecha corona en torno a los altos pastos de las cumbres.

Existe en Europa Oriental una estratificación arbórea en base a la trilogía de robles, hayas y píceas, que esencialmente se halla presente en las zonas montañosas y en los sectores marginales. A la izquierda, manto forestal en el valle rumano del Jiu. En la página siguiente, formaciones boscosas de los relieves del oeste de la República Checa.

EL GENERAL INVIERNO

Si bien, como cuenta la cultura clásica, los escitas utilizaban ya los recursos medioambientales, especialmente el frío invernal, para aniquilar a los ejércitos invasores de sus estepas, la acuñación del término «general invierno» es bastante más moderna. En realidad, han sido algunas imágenes concretas las que han abonado dicha expresión; como las de la retirada napoleónica desde Moscú, tras su famosos incendio, durante el invierno de 1812-1813, inmortalizadas por los pintores rusos de la escuela histórica o por el más conocido pintor francés bonapartista Antoine-Jean Gros, discípulo de Louis David; o las aún más recientes instantáneas del primer desastre del ejército hitleriano alemán, que hasta entonces parecía invencible, tras la bolsa de Stalingrado, durante el crudo invierno de 1942-1943.

Es evidente que el aprovechamiento de las condiciones naturales, favorables o desfavorables, como en los casos citados, constituye siempre una ayuda inapreciable. De todas maneras, hay que pensar que en ambas derrotas del invasor el ejército zarista y el soviético, respectivamente, debieron tener también algo que ver. Basta pensar, por ejemplo, que el invierno de 1941-1942 no se alistó como «general» del Ejército Rojo... Como en otras ocasiones históricas, en las derrotas bonapartista y hitleriana se utilizó la naturaleza para justificar fracasos humanos, exagerando un tanto el efecto del frío en el territorio de Eurasia Septentrional y en concreto en Rusia.

En general, el clima nordeurasiático (y el ruso) es templado, aunque marcado por el rigor de la continentalidad manifiesta. Gracias a las benéficas influencias de la corriente del Golfo, tierras situadas a la misma latitud son más templadas que las de Canadá.

De hecho, tan sólo una tercera parte del territorio nordeurasiático se encuentra sometida a inviernos muy crudos; se trata de la mitad oriental de Siberia, donde la estación de Oymyakon, en Yakutia, registra el récord de frío del hemisferio septentrional, con 67,8 °C bajo cero. Ahí aparece el permafrost, las tierras de suelo permanentemente congelado. Pero estas tierras están muy alejadas de los escenarios de las batallas referidas y, en realidad, en ellas no habita más que el 2 por 100 de la población total de Eurasia Septentrional.

Pero a la relatividad social de estas frías tierras hay que añadir que, por causa de la continentalidad, gozan de veranos suficientemente templados, aunque cortos, que permiten el desarrollo de la agricultura. La estación de Verkhoyansk, también en Yakutia, es paradigmática en este sentido, ya que registra 46,8 °C bajo cero de media en el mes de enero y 15,7 °C positivos en el de julio, lo que le da una amplitud térmica media anual de 62,5 °C, registrando cinco meses con temperaturas medias por encima de cero, tres de los cuales superan los 10 °C.

En conclusión, los inviernos de Eurasia Septentrional, y particularmente de la parte de Rusia, son fríos, pero menos de lo que sugieren los clichés tradicionales, y, además, se ven compensados por unos veranos suaves, por lo menos relativamente hablando.

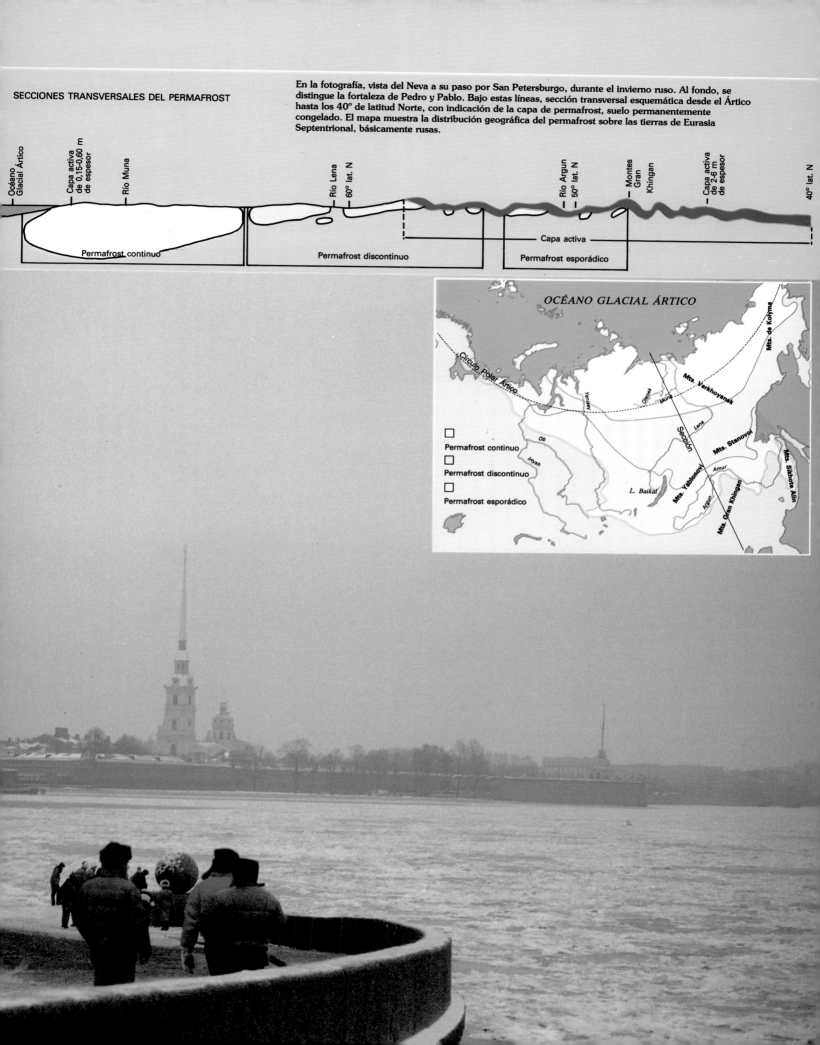

SECCIONES TRANSVERSALES DEL PERMAFROST

En la fotografía, vista del Neva a su paso por San Petersburgo, durante el invierno ruso. Al fondo, se distingue la fortaleza de Pedro y Pablo. Bajo estas líneas, sección transversal esquemática desde el Ártico hasta los 40° de latitud Norte, con indicación de la capa de permafrost, suelo permanentemente congelado. El mapa muestra la distribución geográfica del permafrost sobre las tierras de Eurasia Septentrional, básicamente rusas.

Océano Glacial Ártico

Capa activa de 0,15-0,60 m de espesor

Río Muna

Río Lena

60° lat. N

Río Argun

50° lat. N

Montes Gran Khingan

Capa activa de 2-6 m de espesor

40° lat. N

Permafrost continuo

Permafrost discontinuo

Capa activa

Permafrost esporádico

OCÉANO GLACIAL ÁRTICO

Círculo Polar Ártico

□ Permafrost continuo

□ Permafrost discontinuo

□ Permafrost esporádico

Yenisei
Olenek
Muna
Mts. de Kolyma
Mts. Verkhoyansk
Lena
Ob
Irtysh
Sección
Mts. Stanovoi
L. Baikal
Mts. Yablonoi
Amur
Argun
Mts. Gran Khingan
Mts. Sijote Alín

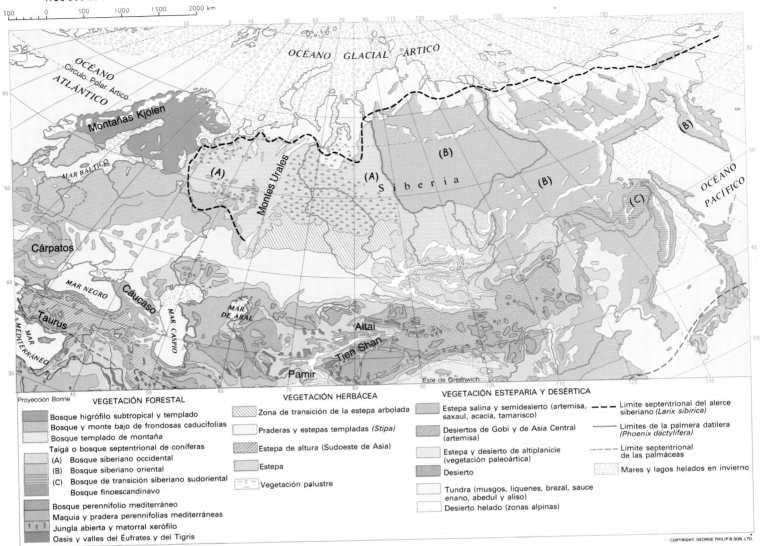

1:50 000 000

500 0 500 1000 1500 2000 km

OCÉANO
ATLÁNTICO
Círculo Polar Ártico

OCÉANO GLACIAL ÁRTICO

Montañas Kjölen

MAR BÁLTICO

(A)

Montes Urales

(A) S i b e r i a (B)

(B)

(B)

(C)

OCÉANO PACÍFICO

Cárpatos

MAR NEGRO

Cáucaso

MAR DE ARAL

MAR CASPIO

Taurus

MAR MEDITERRÁNEO

Altai

Tien Shan

Pamir

Este de Greenwich

Proyección Bonne

VEGETACIÓN FORESTAL

- Bosque higrófilo subtropical y templado
- Bosque y monte bajo de frondosas caducifolias
- Bosque templado de montaña
- Taigá o bosque septentrional de coníferas
  - (A) Bosque siberiano occidental
  - (B) Bosque siberiano oriental
  - (C) Bosque de transición siberiano sudoriental
  - Bosque finoescandinavo
- Bosque perennifolio mediterráneo
- Maquia y pradera perennifolias mediterráneas
- Jungla abierta y matorral xerófilo
- Oasis y valles del Éufrates y del Tigris

VEGETACIÓN HERBÁCEA

- Zona de transición de la estepa arbolada
- Praderas y estepas templadas (Stipa)
- Estepa de altura (Sudoeste de Asia)
- Estepa
- Vegetación palustre

VEGETACIÓN ESTEPARIA Y DESÉRTICA

- Estepa salina y semidesierto (artemisa, saxaul, acacia, tamarisco)
- Desiertos de Gobi y de Asia Central (artemisa)
- Estepa y desierto de altiplanicie (vegetación paleoártica)
- Desierto
- Tundra (musgos, líquenes, brezal, sauce enano, abedul y aliso)
- Desierto helado (zonas alpinas)

- – – – Límite septentrional del alerce siberiano (Larix sibirica)
- ——— Límites de la palmera datilera (Phoenix dactylifera)
- – – – Límite septentrional de las palmáceas
- Mares y lagos helados en invierno

El bosque, que cubre la mayor parte del área de estudio, presenta composiciones ligeramente distintas de las normalmente esperadas conforme a unas condiciones naturales o de potencial ecológico. La política de replantación y rejuvenecimiento de los bosques ha generalizado una preferencia hacia las coníferas debido a su rápido crecimiento frente al original bosque caducifolio o bosque mixto. Además, determinados sectores, como en el caso de Polonia, han sido reforestados con la ayuda de maquinaria. La consecuencia es que la mayoría de los bosques espontáneos, como los robledales, a pesar de poseer una excelente madera, gozan de escasa consideración económica por razones comerciales.

No obstante, las condiciones edáficas tienen un papel importante en las políticas forestales, y el pino se halla notablemente asociado con las tierras arenosas, mientras que las mejores tierras han sido dejadas a la lenta reproducción de los bosques de robles. En general, las coníferas tienen tendencia a incrementar el espacio ocupado.

El bosque de la llanura Germanopolaca se halla dividido en dos agrupaciones vegetales distintas, separadas aproximadamente por el curso del río Vístula. La sección más oriental constituye una prolongación de la taigá de Eurasia Septentrional, con una formación densa de coníferas: pinos y abetos. La sección occidental, en cambio, se halla poblada por el bosque mixto de especies caducifolias, especialmente hayas, con la presencia de algunas coníferas, aunque esta formación es también predominante en las alturas hercinianas, con la presencia añadida del roble, muy importante en las vertientes interiores del Cuadrilátero de Bohemia.

No obstante, en los sectores de la llanura Germanopolaca situados más a occidente, la posibilidad de encontrar un bosque caducifolio fue desterrada ya desde la Edad de Bronce, al limpiar los primeros pobladores la masa forestal para el uso agrícola. La roturación medieval fue común en los bosques de los Sudetes, las montañas de Bohemia y las tierras altas hercinianas de Alemania. En el sur de Europa, los bosques fueron invadidos por grupos ganaderos.

Las llanuras del bajo Danubio y las colinas y terrazas altas del valle danubiano se hallan cubiertas por bosques de robles, mientras que las tierras bajas danubianas y la superficie de erosión de la meseta de Dobruja (Rumania-Bulgaria), constituyen una avanzada de la estepa de Eurasia Septentrional.

A lo largo de la costa adriática, el bosque mediterráneo siempre verde conforma el tipo climático de vegetación. El árbol más común cultivado es el olivo, pero ha sido introducido más allá de su potencial ecológico, como, por ejemplo, al oeste de la península de Istria (o Istra), donde sufre daños durante el invierno. A partir de los 1.000 metros, el bosque de hayas puede aparecer, al igual que el de pinos, en los sectores marginales del bosque natural.

En las montañas balcánicas, el efecto de la escorrentía y de la erosión de los suelos ha conducido a un empobrecimiento general de estas áreas, por lo que se refiere a su manto vegetal.

Flora y formaciones biogeográficas de Eurasia Septentrional

En el vasto conjunto de Eurasia Septentrional, el clima es el factor más importante en la distribución de las formaciones vegetales, a la vez que éstas constituyen el elemento más visible del conjunto natural, que integra los distintos parámetros del medio físico.

De norte a sur, aparecen en el ámbito nordeurasiático diversas regiones naturales o biogeográficas, esto es, la tundra, la taigá o bosque de coníferas, el bosque mixto de especies caducifolias, la estepa arbustiva, la estepa seca o semiárida, el desierto, las formaciones subtropicales y las áreas montañosas meridionales.

No obstante, todas estas formaciones y regiones biogeográficas no tienen una regularización zonal latitudinal y se hallan alteradas por las diferencias de continentalidad y por el relieve, que incide poderosamente en su desigual extensión territorial y en una delimitación poco clara. A grandes rasgos, existe una disimetría entre la mitad occidental del territorio y la mitad oriental. El paso de una formación a otra suele realizarse, muy a menudo, a través de amplias franjas de transición, que dificultan extraordinariamente una delimitación concienzuda.

La tundra

El sector de Eurasia Septentrional ubicado más al norte de dicho ámbito corresponde al dominio de un tipo de formación vegetal denominada tundra (del término finés tunturi, que designa las cimas denudadas que se encuentran por encima del bosque o taigá).

Aproximadamente, la tundra ocupa unos tres millones de kilómetros cuadrados (el 13,5 por 100 del territorio de Eurasia Septentrional y el 17,6 por 100 de la extensión de Rusia, país en el que, tanto en la parte europea como en la asiática, aunque con predominio de esta última, se desarrolla la formación vegetal de tipo tundra). Se sitúa básicamente al norte de la isoterma de los 10 °C en julio, donde los veranos son casi inexistentes o muy frescos y cortos, desde la península de Kola, en el sector europeo, hasta el estrecho de Bering y el norte de la península de Kamchatka, en el sector asiático. En esta vasta área, las precipitaciones son escasas (entre 375 milímetros en las costas del mar de Barents y 100 milímetros en el delta del Lena) y en su mayoría tienen lugar durante la época estival y en forma de llovizna.

Sobre el espacio territorial que ocupa la tundra, la temperatura media del mes más cálido, julio, no sobrepasa en ninguna parte 10 °C, que es, a su vez, el límite de posibilidad de crecimiento de los árboles. Ningún día del año escapa allí a la existencia de heladas. Las mínimas más bajas pueden ser de –60 °C, rigor que se acentúa por la existencia de vientos violentos provenientes del anticiclón ártico. En el sector más oriental de la región de la tundra, el subsuelo permanece constantemente helado (lo que se conoce como *permafrost*), y tan sólo en los meses de verano se produce el deshielo en la parte más superficial.

Debido a las condiciones ambientales, la descomposición de la materia orgánica en los suelos de tundra es muy lenta, y éstos acostumbran a ser ácidos. La tundra corresponde pues a una estepa polar, cuyas especies se han adaptado al viento, al frío y a la sequedad. Líquenes y musgos crecen a ras de tierra, soportando temperaturas muy bajas, y constituyen la alimentación de los renos.

La tundra puede ser considerada como una zona relicta, en retroceso, que inicialmente se hallaba más extendida en el momento máximo del würmiense, y que se ha retirado con posterioridad al calentamiento posglaciar.

Existen tres tipos generales de tundra: la desnuda, la arbustiva y la arbolada. La primera, a la que también se denomina «manchada de piedras», por aparecer en

ella sólo trazos discontinuos de vegetación, está formada exclusivamente por musgos y líquenes. La tundra arbustiva tiene desarrollo horizontal y la constituyen álamos enanos. Se localiza en los fondos de los valles, al sur de la anterior, con raquíticos sauces y abedules alternando con arándanos y diversas especies herbáceas. Más hacia el sur, aparece un área de transición, con bosques galería a lo largo de los cursos fluviales, que prefiguran la tundra arbolada, en la que predominan el bosque, incluso en los interfluvios, y las turberas de musgos.

La taigá

La taigá o bosque por antonomasia cubre la mitad de la superficie de Eurasia Septentrional. Su cobertura es continua, desde la frontera polaco-bielorrusa hasta el mar de Ojotsk.

La extensión del árbol entre la tundra y la estepa se define por unos criterios climáticos. Al norte, el límite es térmico (isoterma de más de 10 °C); al sur, es pluviométrico (precipitaciones anuales entre 400 y 500 milímetros, según las especies). En el sur, la taigá ha retrocedido debido a la deforestación realizada por los agricultores, a los incendios y al excesivo pastoreo de los nómadas de la estepa.

Dentro de la taigá existe una gran variedad de especies y de formaciones vegetales, en interrelación directa con los distintos aspectos regionales del clima. En sentido restringido, taigá es el nombre dado al bosque septentrional de álamos y de especies resinosas. Constituye éste la mayor y más continua región natural que ocupa las llanuras del extremo de Europa Oriental y las de Siberia Occidental, al norte de las latitudes 56-58°, así como la mayor parte del territorio situado al este

del Yenisey. Las dimensiones de esta región introducen diferencias considerables en cuanto al clima, al suelo y a la vegetación, pero sus rasgos comunes predominantes son la continentalidad extrema del clima, el predominio de suelos del tipo podzol y la extensión del bosque de especies coníferas.

El río Yenisey ha definido tradicionalmente dos sectores diferenciados en la taigá, uno occidental y otro oriental. Las condiciones térmicas pasan a ser más extremas y las precipitaciones disminuyen progresivamente hacia el este.

El sector occidental de la taigá, correspondiente a la llanura Rusa y a la llanura de Siberia Occidental, se compone de pinos, de abetos, de piceas y de alerces. Las precipitaciones totales sobrepasan los 500 milímetros anuales en la parte europea (llanura Rusa) y se sitúan entre los 400 y los 500 milímetros anuales en Siberia Occidental. En los meses de invierno, se recoge el 30 por 100 de estas precipitaciones, en forma de nieve. Los veranos son cálidos, con medias de julio entre 10 °C y 18 °C, mientras que los inviernos son largos y fríos, con medias de enero que van desde –8 °C en San Petersburgo hasta –27 °C en la cuenca media del Lena.

La taigá oriental, correspondiente a grandes rasgos a la meseta de Siberia Central y a las zonas menos altas del Extremo Oriente ruso, entra de lleno bajo la influencia del máximo asiático entre los meses de octubre a abril, lo que produce unos inviernos de cielos claros, nevadas ligeras y frío muy intenso. Las medias del mes de enero oscilan entre –18 °C, las más suaves, hasta –45 °C en Yakutia. Los veranos son calientes, con medias de julio por encima de los 18 °C en muchas regiones. Las precipitaciones anuales son escasas; jamás superan los 400 milímetros, con mínimas inferiores a los 100 milímetros en algunos puntos.

El carácter de la vegetación de la taigá también varía apreciablemente de una parte a otra. En el sector europeo (llanura Rusa), dominan la picea y el pino, aunque abunda el abedul. En los llanos siberianos, las especies principales son el pino y el alerce, pero también aparece el abedul, especialmente en el valle del Yenisey y, sobre todo, en la franja meridional, donde forma una banda de transición entre la taigá y la estepa arbustiva. Hacia el norte, la taigá se prolonga por los grandes valles, mientras que la tundra se extiende entre los ríos.

El bosque mixto de especies caducifolias

Al sur de la taigá aparece la formación de los bosques caducifolios. El clima de esta región, confinada casi exclusivamente a la parte europea de Eurasia Septentrional (Rusia, Bielorrusia, Países Bálticos, Ucrania), es apreciablemente menos severo que el de la taigá. Los inviernos son fríos, y nieva abundantemente, pero las temperaturas fluctúan bastante, llegando a producirse en el extremo occidental deshielos temporales; en verano, la temperatura media del mes más cálido no supera nunca los 21 °C.

Las especies arbóreas predominantes en el conjunto de la región son los robles y las piceas, aunque aparecen junto a una gran variedad de otras especies, como arces, fresnos, tilos y tiemblos.

La existencia del bosque mixto se halla determinada por los veranos más largos y más húmedos, propios de la Rusia europea. Hayas y olmos se mezclan con coníferas. No obstante, existen formaciones secundarias que hacen difícil la delimitación de la sucesión entre el bosque mixto y la estepa arbolada. Así, en dirección al mediodía, se traduce por caracteres ya áridos. El bosque se encuentra entonces relleno de islas de estepa o bien aparecen parcelas de cultivo, como en Ucrania. En el oeste de este estado se localizan robles y hayas, mientras que hay pinos y arbustos frutales en las zonas más secas, y olmos y especies acuáticas a lo largo de los grandes ríos.

Las estepas

A la región biogeográfica del bosque mixto de especies caducifolias siguen las estepas, de las que existen dos tipos básicos: la estepa arbustiva y la seca o semiárida. Las zonas esteparias cubren alrededor del 16 por 100 del territorio de Eurasia Septentrional, en una franja continua desde Ucrania, a través del Don y el Volga inferior, hasta el mar Caspio y los montes Altai; en Siberia Oriental, se encuentran sólo en algunas cuencas bajas y cerradas del sector meridional y llegan con carácter un poco modificado hasta Mongolia, en el Amur superior, y aun más allá.

La estepa arbustiva representa una zona de transición entre los bosques septentrionales y las estepas semiáridas del sur. La existencia de esta estepa se debe al aumento de las temperaturas y a la disminución de las precipitaciones.

La vegetación en esta región presenta una alternativa de árboles caducifolios y praderas; la cobertura arbórea se hace menos continua y más abierta cuanto más al sur, y acaba confinada a una especie de bosque galería a lo largo de los valles. Esta formación prosigue en Siberia Occidental; no obstante, desaparece prácticamente más hacia el este.

La estepa seca o semiárida es una formación herbácea sin árboles, característica de las llanuras con clima continental, compuesta especialmente de gramíneas y parecida a la pradera americana, al oeste, cuando la cobertura vegetal es densa y continua, mientras que hacia el este presenta asociaciones xerófilas menos densas.

Los desiertos

El dominio desértico ocupa una superficie superior al 13 por 100 del territorio de Eurasia Septentrional. Comprende al menos dos regiones biogeográficas diferentes, la región aralocaspiana, —también llamada iranoturaniana o mesoasiática, que es la más occidental y se halla sometida a una ligera influencia mediterránea— y, más al este, la región centroasiática, donde no llegan los ciclones del Atlántico.

Los desiertos presentan tanto unas precipitaciones como una densidad de la cobertura vegetal muy superiores a las de las regiones menos áridas del Sáhara. Las precipitaciones se sitúan por debajo de 200-250 milímetros.

En los sectores meridionales, la estación seca es prolongada, larga y regular, la cobertura vegetal, débil, con carácter xeromórfico y halófilo, y los cursos de agua —conocidos como darya o dariá— tienen régimen endorreico.

Se distinguen zonas septentrionales de transición, denominadas por los rusos semidesiertos, donde el clima es claramente continental y más árido que en la zona de la estepa. La zona desértica propiamente dicha recibe una media inferior a 100 milímetros anuales de precipitaciones, con inviernos muy largos y veranos tórridos.

La vegetación muestra la adaptación a la variedad de los suelos y de los diversos medios. Las plantas de suelo arenoso ofrecen los más bellos ejemplos de xeromorfismo. Las plantas de suelo salino, como los tamaris, presentan una fuerte densidad de cobertura. La vegetación se reduce a algunas especies herbáceas y arbustivas adaptadas a la alcalinidad de los suelos.

El verdadero desierto se extiende desde las orillas norte y este del mar Caspio hasta los primeros contrafuertes de los montes Altai y Tien Shan. El más común es el de arena, con áreas pedregosas, como el de Kyzylkum y el Karakum. Algunas gramíneas y artemisas forman la escasa vegetación; sólo a orillas de los lagos o de los pocos ríos que cruzan el desierto aparecen álamos y tamarindos.

Los desiertos de barro son los más pobres, con ausencia casi total de vegetación. Cubren la mayor parte de la meseta de Ustyurt, de la estepa Betpak-Dala y del sector norte del lago Baljash.

Los sectores subtropicales y de montaña

Sólo en dos regiones, la costa georgiana del mar Negro (la Cólquida o Kóljida), al sur mismo del Cáucaso, y la llanura azerí de Lenkorán, al oeste del Caspio, aparecen condiciones subtropicales. El clima se caracteriza por la suavidad del invierno y el verano caluroso, con grandes precipitaciones, de máximo estival. La vegetación dominante es el bosque de árboles de hoja ancha, como el roble, el haya o el álamo.

En la Cólquida (o Kóljida) georgiana, aparece un sotobosque de matorrales siempre verdes, formados por acebos, laureles y rododendros, así como helechos gigantes, lianas y bambúes.

Las áreas de montaña del sur del sector europeo de Eurasia Septentrional forman, en función de la altitud, una región discontinua, creando un mosaico de pequeñas regiones naturales en el seno de otras más extensas. La vertiente meridional de los montes de Crimea ofrece un área de clima mediterráneo, de verano cálido y seco. A partir de los 300 metros, aparece el típico bosque mediterráneo de cipreses, laureles, alcornoques y pino blanco, con sotobosque de mirtos, acebuches y acacias; a mayor altitud se desarrolla un bosque de robles y enebros, que cede el paso al pino de Crimea y al haya, e incluso a los prados de montaña media.

Las zonas esteparias de Eurasia Septentrional forman una franja continua sobre el mar Negro y el Caspio. Se distingue la estepa arbustiva de la seca o semiárida, siendo esta última parecida a la pradera americana cuando la cobertura herbácea es densa. En la fotografía, estepa junto al río Reut, afluente del Dniéster, en el estado de Moldavia.

El Cáucaso es más complejo, debido a su peculiar posición entre los mares Negro y Caspio y a sus elevadas altitudes. Constituye el área más diversificada de todo el territorio de Eurasia Septentrional en su relativamente escasa extensión.

El húmedo oeste de Transcaucasia incluye la Cólquida subtropical, que en el interior se convierte en área de bosque de especies caducifolias. Hacia el noroeste, en las costas del mar Negro, las condiciones generales se hacen más secas y la vegetación es xerófita, con claros caracteres mediterráneos. En altitud sigue un bosque caducifolio, que más arriba se convierte en bosque de coníferas. El este de Transcaucasia, seco, coincide con la cuenca del río Kura; en los niveles intermedios aparece el bosque de hayas, mientras que en los inferiores, más secos cuanto más al este, se origina toda una gama de vegetación de tipo estepario,

semidesértico y desértico, a lo largo de las costas del mar Caspio.

El altiplano de Armenia es una gran pradera entre montañas, con bosques de coníferas en las alturas mayores; hacia el sur, en la cuenca de Ereván, existe ya una transición de la estepa seca al semidesierto.

En los montes de Asia Central, también aparece un fuerte gradiente vertical y un aumento de la sequedad hacia el este, sobre todo en las cuencas interiores. El bosque no se encuentra hasta los niveles intermedios, casi en contacto entre la estepa y los prados de alta montaña. Estos últimos constituyen la formación vegetal más común y, por encima, aún aparecen flora alpina, roca desnuda y nieves perpetuas.

Los montes Altai presentan una distribución similar, y la estepa alcanza altitudes de 600 metros. Más arriba, aparece un bosque de coníferas, que en las cumbres

Los sectores más meridionales del ámbito nordeurasiático presentan una gran diversidad de climas y formaciones biogeográficas, debido a la presencia de los mares Negro y Caspio y a la vecindad del árido interior continental. Arriba, a la izquierda, y en la página siguiente, al lado, dos aspectos diferentes de las tierras desérticas del Turkmenistán; arriba, a la derecha, el altiplano de Armenia.

es sustituido por tundras de montaña. Los montes de Siberia y del Extremo Oriente, en cambio, están cubiertos por bosques de coníferas; en las cordilleras Stanovoi y Sikhote Alin el bosque de caducifolias asciende hasta los 500 metros, mientras que en la península de Kamchatka los abedules predominan por debajo de los 600 metros.

LOS SUELOS DE EUROPA ORIENTAL Y EURASIA SEPTENTRIONAL

Características edafológicas de las tierras europeas orientales

Los caracteres naturales de los suelos europeos orientales han sido modificados por el largo período de cultivo. En las llanuras del nordeste aparecen suelos con un nivel decreciente de podzolización (el podzol es un tipo de suelo ácido formado a partir de una alteración lenta del humus en áreas frías y húmedas). En las llanuras del norte, hay suelos grises-marrones podzólicos, asociados a un tipo de vegetación de bosques caducifolios y mixtos, con coníferas, cuyo predominio como especie y, posteriormente, como formación boscosa, se acentúa hacia el este.

Los hechos y fenómenos glaciares han dejado su impronta en la cantidad de arcillas, la importancia de la topografía glacial y su influencia en el drenaje, que ha generado la aparición de suelos pantanosos y cenagosos. Los suelos ácidos pobres en humus se hallan representados en los sectores más occidentales de la llanura Germano-polaca.

Además de suelos podzólicos, la Gran Llanura Nordeuropea contiene ligeras capas de *loess*, preferentemente en los sectores muy fértiles, dando suelos marrones en Bohemia-Moravia y en sectores en torno a la llanura Panónica. Ésta contiene suelos muy fértiles, derivados de la presencia de *loess* con una profundidad considerable. Al oeste del Danubio hay variedad de suelos, pero predominan los marrones o castaños. Este tipo de suelos se halla íntimamente asociado a la cobertura vegetal herbácea y a un clima seco; poseen gran fertilidad durante largos períodos de tiempo. Los suelos alcalinos se encuentran en forma de solonchak, suelo limoso-salado y solonetz.

En las llanuras rumanas de Valaquia, el Banat, Transilvania y Moldavia, aparecen tierras negras, con algunos rasgos de podzolización, como en las colinas de los Cárpatos. El color oscuro del horizonte superior de los suelos se debe al alto contenido de humus.

En el sur de Polonia, sobre depósitos de *loess*, se han desarrollado tierras negras. En el sudeste de Polonia, en los sectores donde existen rocas calcáreas, se encuentran suelos tipo rendzina, pobres en carbonatos.

Las tierras negras, llamadas en ruso «chernoziom», deben el color oscuro del horizonte superior a la presencia de gran cantidad de humus que les confiere aptitudes óptimas para la agricultura. Este tipo de suelos abunda en las llanuras rumanas de Valaquia, el Banat, Moldavia y Transilvania, así como en las estepas de Ucrania. Al lado, campos de cultivo cerca de la transilvana Sighisoara (Rumania).

Las montañas y tierras altas se pueden dividir en dos grupos, uno constituido por el norte de la cordillera herciniana y el grupo de los Cárpatos y otro correspondiente al bloque dinárico-balcánico. En el primero existe mayor uniformidad de los tipos de suelos, a pesar de su complejidad, que es mucho mayor en el grupo segundo, íntimamente relacionado éste con el régimen árido del Mediterráneo y la presencia de rocas calcáreas.

Los suelos de las tierras altas o mesetas en el norte de los Montes Metálicos o Krusné Hory y de los Gigantes (en los límites de la República Checa con Alemania y Polonia, respectivamente) tienen suelos podzólicos pobres en humus y con tendencia marcada a la acidez, y, por tanto, bastante improductivos para la agricultura. En los sectores superiores, los suelos esqueléticos pueden dominar, como en la Selva de Bohemia o Sumava (República Checa), con suelos con tendencia a la acidez.

Suelos con características similares a los existentes en la meseta de Bohemia se encuentran en Carpatia, donde hay grandes extensiones de suelos forestales brunos, pero donde también pueden encontrarse valles con rendzinas en relación a las altas superficies; la podzolización se hace aquí ya muy patente. En los sectores altitudinalmente superiores de los montes Tatra, los suelos son esqueléticos, como sucede en el este de Carpatia.

Partes del sur de la cuenca del Sava y del sector alto del Danubio presentan un considerable cambio en los caracteres del suelo y aparece un sector, como el constituido por Eslovenia, Croacia, Yugoslavia, Bosnia-Herzegovina y Macedonia, donde se pueden describir los distintos procesos evolutivos edafológicos, de tal manera que se alude al mismo como el museo pedológico de Europa. La parte norte del flanco de los Alpes Dináricos se halla cubierta por suelos forestales marrones y podzoles, en general pobres en humus y con una acentuada acidez. En los sectores superiores, los suelos esqueléticos podzólicos dominan preferentemente bajo la cobertura vegetal. Sobre las rocas calcáreas y donde existe el Kras, los suelos tienen la parti-

cularidad de ser pobres, a menudo extendiéndose en manchas por encima de las rocas. No obstante, la variación es muy amplia en los fondos kársticos.

Las tierras negras o grises y forestales brunas se encuentran en el interior de los poljés, y la *terra rossa* se halla también en las depresiones y en los valles kársticos. Los suelos esqueléticos de *terra rossa* se encuentran bien extendidos por el litoral dálmata. En Macedonia y en el macizo del Ródope, los suelos son débilmente áci-

dos, pobres en hierro, generalmente muy pedregosos y fácilmente erosionables. En Bulgaria, la amplia variación de los suelos es un reflejo del ajuste con el clima.

En la plataforma danubiana y en los sectores centrales, formados por una vasta franja de mesetas, los *loess* forman una gran masa donde se ha desarrollado un tipo de tierra negra propicia para el cultivo de cereales y también para los cultivos industriales como el algodón y el tabaco.

Síntesis edáfica de las formaciones biogeográficas de Eurasia Septentrional

La tundra es el dominio del denominado merzlota o *permafrost*, «suelo permanentemente helado» en profundidad, cuyo espesor varía desde algunos decímetros hasta diversos centenares de

Los suelos de las tierras altas de Europa Oriental y Eurasia Septentrional suelen estar muy podzolizados y su contenido en humus es muy bajo, lo que les hace bastante improductivos para la agricultura. En los niveles superiores pueden ya dominar los suelos esqueléticos, como ocurre en los montes Tatra, en los Cárpatos Occidentales. Arriba, paisaje del macizo del Tatra, en el sur de Polonia.

metros según la zona. Esta capa cubre cerca de diez millones de kilómetros cuadrados, es decir, casi la mitad del territorio de Eurasia Septentrional.

El suelo típico de la taigá es el podzol, que, con los podzoles modificados del bosque mixto de especies caducifolias meridional, cubre más de la mitad de todo el territorio de Eurasia Septentrional. Este tipo de suelo se formó en un período en que, en conjunto, las precipitaciones excedieron a la evaporación. Las coníferas proporcionan gran cantidad de humus ácido, que se descompone lentamente.

Los rusos denominan chernoziom a las tierras negras. Los suelos de las estepas son chernozioms degradados —tierras negras lixiviadas y podzolizadas— y constituyen una transición entre los auténticos podzoles y el chernoziom.

En los desiertos, cuanto más al sur, decrece el contenido de humus y el chernoziom es reemplazado por los suelos castaños, muy alcalinos debido a la intensa evaporación, que en algunos lugares puede llegar a hacer aflorar sales y desarrollar suelos alcalinos (solonetz y solonchak).

En los desiertos de Eurasia Septentrional, cuanto más al sur, decrece el contenido en humus del suelo, lo que conduce a una elevada alcalinidad que, junto con una intensa evaporación, puede llegar a hacer aflorar sales. En la fotografía, terrenos de *loess* en Kazajstán; la ausencia de horizontes inferiores hace que estos suelos estén permanentemente a merced de una erosión devastadora.

ECOLOGÍA Y DESARROLLO EN EUROPA ORIENTAL Y EURASIA SEPTENTRIONAL

La necesidad de impulsar la industria en la antigua Unión Soviética y en Europa Oriental provocó que las consideraciones en torno a la conservación y preservación del medio natural fueran relegadas durante mucho tiempo. La conciencia ecologista en todos estos países tuvo un tardío despertar respecto a Occidente y aún es minoritaria. Incluso en el caso de la antigua Unión Soviética, las movilizaciones populares surgidas en torno al fenómeno perestroika se encauzaron sobre todo hacia las reivindicaciones nacionalistas y la demanda de mayores libertades públicas, aunque a veces, como en Armenia, el detonante tuviera un planteamiento inicial ecologista.

El temor de las potencias occidentales ante el expansionismo de la ideología comunista, les llevó a boicotear económicamente a la Unión Soviética y, después de la Segunda Guerra Mundial, también a toda Europa Oriental. Ante esto, se impusieron en los países del Este drásticas actuaciones económicas, que en raras ocasiones tuvieron en cuenta la incidencia de las industrias o la minería sobre el biosistema, tanto dentro como fuera de sus fronteras, siguiendo la costumbre de los países de economía capitalista. Un ejemplo de pragmatismo económico lo constituyó, por ejemplo, la resistencia de la antigua Unión Soviética para aceptar la moratoria en la captura de ballenas, propuesta por los correspondientes organismos internacionales.

La influencia negativa de la explotación económica sobre el entramado ecológico no se empezó a considerar seriamente hasta que se produjeron algunos desastres. Según un estudio realizado en 1985, los ríos de los países que entonces constituían Yugoslavia presentaban gravísimos problemas de contaminación, y según otro de 1987, la contaminación en los países de Europa Oriental era tan importante como en Occidente. Posiblemente, en la sensibilización hacia el tema tuviera cierta incidencia el accidente de la central soviética de Chernobil, en 1986. En marzo de 1992, otra fuga rediactiva en la central rusa de Sosnovi Bor, cerca de San Petersburgo, volvió a sembrar dudas sobre la seguridad de las centrales nucleares de Europa Oriental y Eurasia Septentrional, dudas acrecentadas tras una nueva fuga, esta vez leve, en la central de Chernobil (1996). Pero los desastres que pueden acompañar a las industrias radiactivas no son el único problema. En 1986, se produjo un vertido de petróleo en el río Oder. que obligó a la ex Checoslovaquia a pagar una cuantiosa indemnización a Polonia; así mismo, en ese mismo año, se produjo una explosión en una fábrica yugoslava de productos químicos. En determinados casos, la alerta sobre el tema ecológico llevó al replanteamiento y congelación de grandes proyectos, como en el caso del previsto trasvase de caudales procedentes de cuencas fluviales siberianas hacia las áreas desérticas de Asia Central, ante el temor de consecuencias imprevisibles de gran magnitud.

«El límite oriental [de Europa Central] corre a través de la zona donde el tronco europeo se ensancha para formar el amplio puente continental báltico-póntico, correspondiendo la región polaca del Vístula a Europa Central, a la cual se halla ligada por su naturaleza y su cultura (...) Fijando con mayor exactitud el trazado de estos límites, pueden localizarse a lo largo de la divisoria de aguas entre el Vístula y el Bug de una parte, el Niemen-Pripet de la otra, coincidendo luego en gran trecho con la antigua frontera política de Rusia, para seguir, finalmente, la divisoria entre el Dniester y el Pruth a la desembocadura del primero, aunque en esta parte se encuentran también precedidos dichos accidentes de una ancha faja fronteriza, donde se confunden los caracteres del Centro y Este de Europa.»

F. MACHATSHEK, *Geografía de la Europa Central.*

EUROPA CENTRO-ORIENTAL Y DANUBIANA

Escena de la vida cotidiana en una granja polaca de la cuenca del Vístula, en la Europa Centrooriental.

A partir de una formulación politicoeconómica expansionista, los geógrafos alemanes difundieron con fortuna el concepto y la denominación de Mitteleuropa, esto es, Europa Media o Europa Central, para aplicarlos a Alemania y a los países ubicados al este-sudeste de la misma, entre el mar del Norte y el mar Negro. Desechando cualquier resabio imperialista, y teniendo tan sólo en cuenta un cúmulo real de factores físicos y económicos coincidentes, la Mitteleuropa, revalorizada a partir de la reunificación de Alemania (1990), ha inspirado en la presente obra el término de Europa Centrooriental, que se ha completado con el de Europa Danubiana al darse en gran parte del ámbito afectado la significativa presencia de la cuenca ocupada por el segundo río más largo de Europa, el Danubio.

Formulada de acuerdo con lo expuesto, la Europa Centrooriental y Danubiana abarca, de noroeste a sudeste, a Polonia, República Checa, Eslovaquia, Hungría, Rumania y Bulgaria (Alemania queda excluida por su pertenencia a Europa Occidental). Ello significa en total cerca de novecientos mil kilómetros cuadrados y alrededor de cien millones de habitantes. En estos últimos es donde radica el mayor factor diferencial, ya que pertenecen a tres grandes troncos lingüísticos y culturales, el eslavo, el finougrio y el romance.

Abajo, niñas preparadas para salir en procesión de una iglesia de Szczecin, en el litoral polaco de Europa Centrooriental.

DINAMARCA

RUSIA LITUANIA

ALEMANIA BIELORRUSIA

POLONIA

Gdansk

Szczecin

Ti

Poznan Varsovia

K

Lodz

Cu

Cu Wroclaw Starachowice

Czestochowa

Gliwice Zn Ag

Ra Katowice

Ku Praga Ostrava Cracovia

Py

Au Zn Brno

Plzen UCRANIA

REPÚBLICA

CHECA ESLOVAQUIA

Mn

Mg

Mg

Bratislava Zn

Miskolc

AUSTRIA MOLDAVIA

Zn

Cu Ag

Budapest

Iasi

Al

Al Al Cluj-Napoca

HUNGRÍA Szolnok

ESLOVENIA Szeged RUMANIA

Arad Medias

Timisoara

CROACIA Hunedoara Brasov

Resita Galati

BOSNIA- Ploiesti

HERZEGOVINA Constanza

Bucaresti

Craiova

YUGOSLAVIA Ruse

Varna

BULGARIA

Sofia Burgas

Plovdiv

MACEDONIA

ALBANIA Zn TURQUÍA

G R E C I A

0   200 km

849

TIERRAS DELIMITADAS POR EL HOMBRE

La franja de tierras que se extienden entre el mar del Norte y el Negro, es decir, la Europa Centrooriental y Danubiana, ha visto con el paso del tiempo grandes movimientos poblacionales en distintas direcciones, la implantación de potencias foráneas y el inevitable cambio de unas manos a otras. Una acción humana sobre el territorio tan intensa forjó en este último un buen número de demarcaciones regionales que han tenido una vida propia harto significativa. Casi todos los países centroorientales y danubianos se han creado a partir de la unión de regiones históricas consolidadas o de la anexión de éstas a un núcleo aglutinador.

En Polonia, al sufrir el país repetidas y prolongadas desmembraciones, las regiones forjaron su personalidad según los países o imperios a los que fueron integradas. Galitzia, por ejemplo, situada hoy al sudeste de Polonia, estuvo largo tiempo bajo el dominio austríaco. Otras áreas, que habían perdido prácticamente su carácter no ya polaco sino eslavo germanizándose, como Pomerania, Casubia, Masuria y Silesia, en los actuales márgenes fronterizos norte, oeste y sudoeste, lo recuperaron después de las grandes transformaciones de límites derivadas de las guerras mundiales. El carácter más polaco se mantuvo en las regiones centrales (Mazovia, Pequeña y Gran Polonia), que constituyeron el foco nacional resistente.

En la República Checa se han unido tres grandes demarcaciones geohistóricas que han perdurado hasta la actualidad. El pueblo checo tuvo su gran centro de poder en Bohemia, al oeste, extendiéndose luego hacia el este por Moravia y hacia el nordeste por un sector de Silesia. Eslovaquia, más allá de los Cárpatos Occidentales, constituye el feudo tradicional del pueblo eslovaco.

Rumania cuenta también con cuatro grandes regiones históricas, de las que Transilvania, cuya población es mayoritariamente de origen magiar, es la que más se diferencia geográfica y étnicamente; Moldavia y Valaquia, son las forjadoras de la nacionalidad, y Dobruja, es una región más natural que histórica.

Finalmente, la moderna Bulgaria se formó en dos fases que corresponden a sendos espacios geopolíticos. Primero se libró del yugo turco el sector al norte de los Balcanes, que se anexionó posteriormente el sector al sur de dichos montes, conocido como Rumelia Oriental.

850

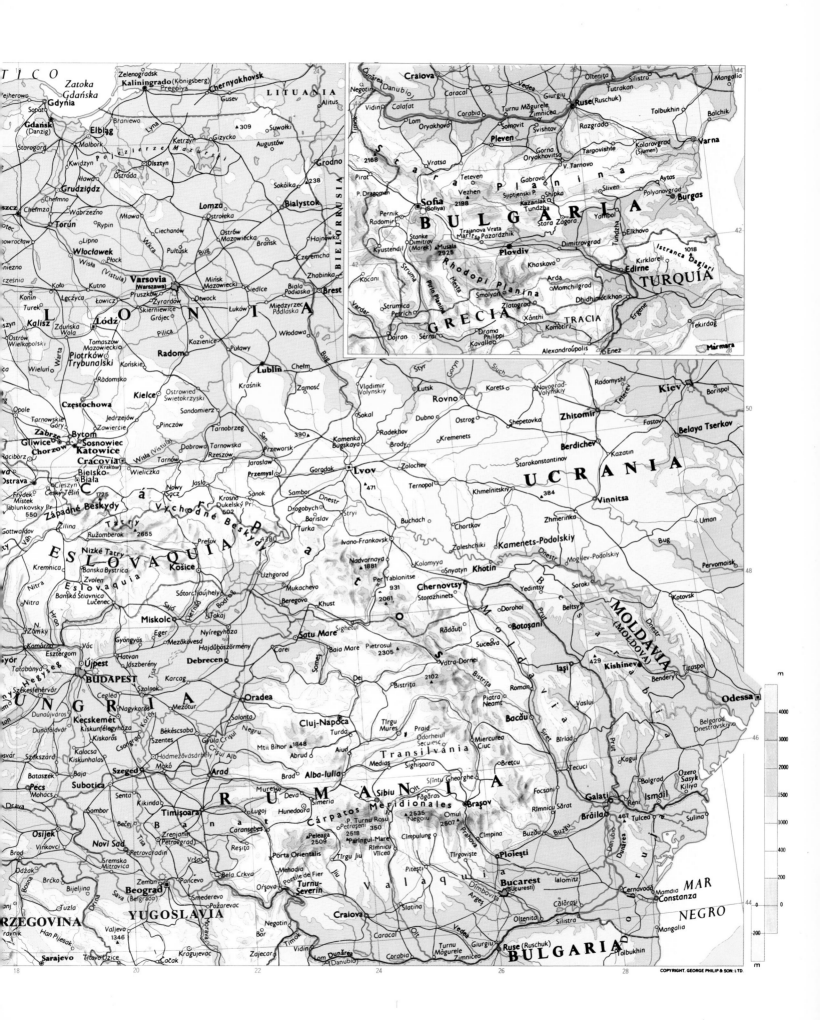

Inset map (top right — Bulgaria region):

Craiova · Oltenita · Silistra · Mangalia
Negotin (Danubio) · Caracal · Vedea · Giurgiu · Tutrakan
Vidin · Calafat · Corabia · Turnu Măgurele · Zimnicea · Ruse (Ruschuk) · Tolbukhin · Balchik
Lom · Oryahovo · Somovit · Svishtov · Razgrado
Timok · Pleven · Gorna · Targovishte · Kolarovgrad (Sjumen) · Varna
2168 · Vratsa · Oryakhovitsa · V. Tarnovo · Aytos
Pirot · Teteven · Gabrovo · Shipka · Sliven · Polyanovgrad · Burgas
P. Dragoman · Vezhen · Sjiptjenski P. · Kazanlak · Yambol
Sofia (Sofiya) · 2198 · Tundzha · Stara Zagora
Pernik · Trajanova Vrata · Marita · Pazardzhik
Radomir · Stanke Dimitrov (Marek) · Plovdiv · Khaskovo · Dimitrovgrad · Elkhovo
Kyustendil · Musala 2925 · Istranca Dağlari 1018
Kočani · Rhodopi Planina · Arda · Momchilgrad · Kirklareli · Edirne
Vardar · Struma · Pirin Planina · Mesta · Smolyan Planina · Dhidhimótikhon · TURQUIA
Strumica · Petrich · Zlatograd · Xánthi · Ergene · Tekirdağ
Dojran · Drama · Philippi · Komotiri · TRACIA
GRECIA · Sérrai · Kavallao · Alexandroúpolis · Enez · Mármara

Main map labels:

TICO · Zatoka Gdańska · Zelenogradsk · LITUANIA
Wejherowo · Gdynia · Kaliningrado (Königsberg) Pregolya · Chernyakhovsk
Sopot · Gusev · Alitus
Gdańsk (Danzig) · Elbląg · Braniewo · Lyna · Suwałki · Grodno · BIELORRUSIA
Starogard · Malbork · Gizycko · Augustów
SZCZ · Chełmno · Kwidzyn · Ostróda · Olsztyn · 309 · Sokółka · 238
Grudziądz · Iława · Mława · Ketrzyn · Pojezierze Mazurskie
Toruń · Wabrzeźno · Rypin · Ciechanów · Ostrołęka · Łomża · Białystok
owrocław · Lipno · Płock · Pułtusk · Ostrów Mazowiecka · Brańsk · Hajnówka
niezno · Włocławek · Wisła (Vistula) · Wkra · Bug · Czeremcha · Zhabinka · Brest
rześnia · Koło · Kutno · Łowicz · Varsovia (Warszawa) · Mińsk Mazowiecki · Siedlce · Biała Podlaska
Kalisz · Zduńska Wola · Leczyca · Skierniewice · Pruszków · Otwock · Łuków · Międzyrzec Podlaski
Ostrów Wielkopolski · Łódź · Grójec · Pilica · Puławy · Włodawa
Warta · Wieluń · Piotrków Trybunalski · Radom · Chełm
Radomsko · Końskie · Lublin · Krasnik · Zamość · Vladimir Volynskiy · Lutsk · Rovno · Korets · Novograd-Volynskiy · Radomyshl · Kiev · Borispol
Opole · Częstochowa · Kielce · Ostrowiec Swietokrzyski · Sandomierz · Sokal · Dubno · Ostrog · Shepetovka · Zhitomir · Fastov
Tarnowskie Góry · Jędrzejów · Zawiercie · Tarnobrzeg · 390 · Kamenka Bugskaya · Radekhov · Brody · Kremenets · Berdichev · Belaya Tserkov
Zabrze · Bytom · Dąbrowa Tarnowska · Przeworsk · Jaroslaw · Gorodok · Lvov · Zolochev · Starokonstantinov · Kazatin
Gliwice · Chorzów · Sosnowiec · Wieliczka · Rzeszów · Przemyśl · 471 · Ternopol · Khmelnitskiy · 384 · Vinnitsa · UCRANIA
Cracovia (Kraków) · Wisła (Vistula) · Tarnów · Jaslo · Sanok · Drogobych · Stryi · Buchach · Chortkov · Zhmerinka · Uman
Ostrava · Bielsko-Biała · Nowy Sacz · Krosno · Dukelský Pr. 502 · Borislav · Turka · Zaleshchiki · Kamenets-Podolskiy · Bug · Pervomaisk
Frýdek-Mistek · Český Těšín · 725 · Jablunkovsky Pr. 550 · Západné Beskydy · Vychodné Beskydy · Ivano-Frankovsk · Kolomyya · Snyatyn · Khotin · Mogilev-Podolskiy · Kotovsk
Gottwaldov · Žilina · Tatry · Ružomberok 2655 · Prešov · 780 · Nadvornaya 1881 · Per Yablonitse 931 · Chernovtsy · Yedintsy · Soroki · MOLDAVIA (MOLDOVA)
Vah · ESLOVAQUIA · Nizké Tatry · Banská Bystrica · Košice · Uzhgorod · Mukachevo · 2061 · Storozhinets · Beltsy · Dnestr
Kremnica · Zvolen · Eslovaquia · Banská Štiavnica · Lučenec · Sátoraljaújhely · Beregovo · Khust · Dorohoi · Botoşani · Pervomaisk
Nitra · N. Zámky · Hron · Miskolc · Hernad · Tokaj · Sighetul · Rădăuti · Iaşi · 429 · Kishinev · Tiraspol · Bendery
Komárno · Eger · Mezökövesd · Nyíregyháza · Satu Mare · Baia Mare · Pietrosul 2305 · Vatra-Dornei · Suceava · Vaslui · Bendery
gyór · Tatabánya · Vác · Gyöngyös · Hajdúböszörmény · Carei · 2102 · Bistrita · Piatra Neamt · Birlad · Belgorod Dnestrovskiy
Székesfehérvár · Hegyseg · BUDAPEST · Újpest · Jászberény · Debrecen · Someş · Dej · Bistrita · Roman · Bacău · Odessa
UNGRIA · Cegléd · Karcag · Szolnok · Oradea · Cluj-Napoca · Turda · Tirgu Mureş · Praid · Odorheiul Secuiesc · Piatra Neamt
Dunaújváros · Kecskemét · Nagykőrös · Mezötúr · Salonta · Negru · Aiud · Miercurea Ciuc · Vaslui
Dunaföldvár · Kiskunfélegyháza · Kiskörös · Gyula Crişul · Mtii Bihor 1848 · Abrud · Transilvania · Bretcu · Tecuci
Kalocsa · Szentes · Hódmezővásárhely · Pul Alb · Medias · Sighişoara · Sfintu Gheorghe · Focşani · Galati · Reni
Szekszárd · Kiskunhalas · Makó · Brad · Alba-Iulia · Deva · Simeria · Sibiu · Noit · Rímnicu Sărat · Brăila · Ismăil
Pécs · Baja · Szeged · Arad · Mureşul · Lugoj · Hunedoara · Cárpatos Meridionales · Braşov · Omul 2507 · 467 · Sulina
Mohács · Subotica · RUMANIA · Timişoara · Caransebes · P. Turnu Rosu · 2535 Negoiu · 2518 · Cimpina · Tulcea
Osijek · Novi Sad · Banat · Zrenjanin (Petrovgrad) · Reşita · Peleaga 2509 · Petroşani 350 · Paringul Mare · Cimpulung · Buzău · Ploieşti · Danubio
Vinkovci · Brod · Sremska Mitrovica · Petrovaradin · Vršac · Bela Crkva · Porta Orientalis · Tirgu Jiu · Rímnicu Vilcea · Tirgovişte · Argeş · Ialomita · Constanza
Bijeljina · Zemun · Pančevo · Mehadia · Pontile de Fier · Orşova · Turnu-Severin · Valaquia · Pitesti · Dimbovita · Bucarest (Bucuresti) · Cernavodă · Mamaia · MAR
RZEGOVINA · Beograd (Belgrado) · Smederevo · Požarevac · Turnu-Severin · Slatina · Oltenita · Silistra · Cálăraşi · NEGRO
Tuzla · Sava · Titovo Uzice · YUGOSLAVIA · Morava · Negotin · Craiova · Caracal · Vedea · Zimnicea · Mangalia
Sarajevo · Valjevo 1346 · Bor · Timok · Vidin · Corabia · Turnu Măgurele · Giurgiu · Ruse (Ruschuk) · Tolbukhin
Han Pijesak · Zaječar · Lom Dunăre (Danubio) · BULGARIA
Titovo Uzice · Čačak · Kragujevac

Scale bar (right): m · 4000 · 3000 · 2000 · 1500 · 1000 · 400 · 200 · 0 · 200 · m

COPYRIGHT. GEORGE PHILIP & SON: LTD.

POLONIA

UN PAÍS DE FRONTERAS MÓVILES

La república de Polonia o Polska constituye la estructura políticoterritorial de una nación de larga historia, ubicada en la Europa Centrooriental básicamente en torno a la cuenca del Vístula, río que en lengua polaca recibe el nombre de Wisla. Por el norte, Polonia se asoma al mar Báltico, a lo largo de 524 kilómetros, limita al sudoeste con la República Checa, al sur con Eslovaquia, al este con Ucrania, Bielorrusia, Lituania y Rusia (también llamada Federación Rusa), y finalmente al oeste con Alemania.

La superficie actual de este estado —que ha visto modificadas sus fronteras en numerosas ocasiones— sobrepasa los trescientos doce mil kilómetros cuadrados, lo que le convierte en el más extenso de los países que integran el conjunto oriental europeo, si se exceptúan Rusia y Ucrania (incluidas en Eurasia Septentrional).

Las fronteras actuales de Polonia distan mucho de coincidir con las que poseía en su época dorada. Nacida en el siglo IX, Polonia se convirtió posteriormente, entre los siglos XIV y XVII, con las dinastías Piast, Jagellón y Vasa, en una de las principales potencias militares, económicas y culturales de Europa. Sin embargo, las guerras de la segunda mitad del siglo XVII la arruinaron, cayendo en manos de los países vecinos.

En 1772, a pesar de haber sufrido ya diversas amputaciones territoriales, las fronteras polacas todavía llegaban por el nordeste, este y sudeste hasta Letonia meridional, Lituania y Bielorrusia enteras y la mitad occidental de Ucrania, por el

oeste y sudoeste, Poznan y Cracovia intentaban mantener un muro de contención frente a las apetencias territoriales germánicas. Sin embargo, en los tres años siguientes, sucesivos repartos acordados entre Prusia, Austria y Rusia hicieron desaparecer el estado polaco.

La agitada historia de Polonia, que ha producido una gran movilidad de sus fronteras, ha condicionado la formación de la rica personalidad del país. En la fotografía, campesino polaco de Nowy Targ, vestido en parte con prendas tradicionales.

Datos generales

Denominación oficial: Polska Rzeczpospolita
Superficie: 312.683 kilómetros cuadrados
Capital: Varsovia (1.644.500 hab.)
Estructura administrativa: 49 voivodatos (provincias)
Unidad monetaria: zloty
Lenguas: polaco (oficial); alemán; ucraniano; bielorruso
Minorías étnicas: alemanes; ucranianos; bielorrusos; hebreos; eslovacos; rusos; checos; lituanos; gitanos
Creencias: cristianismo católico (94 %); cristianismo ortodoxo (1,3 %); cristianismo reformado (0,7 %); judaísmo

Estadísticas e indicadores demográficos

Población absoluta: 38.418.100 habitantes
Densidad: 123 hab./km²
Inmigración: 5.924 extranjeros
Ciudades importantes: Lodz (838.400 hab.); Cracovia (744.000 hab.); Wroclaw (640.700 hab.); Poznan (582.900 hab.); Gdansk (461.500 hab.); Szczecin (416.400 hab.)
Crecimiento vegetativo: 0,3 %
Tasa de natalidad: 12,8 ‰
Tasa de mortalidad: 10,2 ‰
Tasa de mortalidad infantil: 12,8 ‰
Población mayor de 65 años: 15 %
Esperanza de vida: 70 años
Población urbana: 65 %

Indicadores sociales

Educación: 9.144.900 alumnos (67,3 % primaria; 6,5 % secundaria; 19,7 % técnica y artística; 6,3 % superior)
Alfabetismo: 98,7 %
Prensa: 124 (8.091.000 de circulación media)
Aparatos de radio por 100 hab.: 43,4
Televisores por 100 hab.: 29,5
Teléfonos por 100 hab.: 15,2
Camas de hospital por 1.000 hab.: 5,6
Médicos por 1.000 hab.: 2,2
Automóviles de turismo: 6.650.000 unidades
Red ferroviaria: 23.312 kilómetros
Red de carreteras: 364.150 kilómetros
Autopistas: 280 kilómetros
Aviación: 31.000.000 km de vuelo anuales
Marina: 698 buques (3.108.704 tm de arqueo bruto)
Red fluvial y canales navegables: 3.805 kilómetros

Indicadores económicos

Producto Nacional Bruto: 87.315 millones de dólares USA
Renta per cápita: 2.270 dólares USA
Población activa: 19.621.000 (24,8 % agricultura; 2,9 % minería; 30 % industria; 42,3 % servicios)
Turismo: 17.582.928 visitantes anuales
Importaciones: 15.894 millones de dólares USA
Exportaciones: 13.164 millones de dólares USA

Estadísticas económicas

Agricultura (miles tm): trigo (8.243); centeno (4.992); cebada (3.255); avena (1.493); remolacha azucarera (15.621); patata (36.271); col (1.954); manzana (1.842)
Ganadería (miles cabezas): porcinos (18.860); bovinos (7.643); ovinos (1.268); caballos (841); aves de corral (54.000)
Pesca (miles tm): 505
Silvicultura (miles m³ de madera): 20.478
Minería (miles tm): hulla (131.597); lignito (66.852); petróleo (199); gas natural (2.730 mill. de m³); sal (3.887); azufre (2917); zinc (151)
Industria (miles): acero (9.939 tm); fundición de hierro (6.162 tm); ácido sulfúrico (1.244 tm); hilado de algodón (84,4 tm); material plástico y resina (627 tm); coque metalúrgico (11,094 tm); cerveza (14.139 hl); cemento (11.908 tm); energía eléctrica (132.750 kW/hora)

Datos políticos

Forma de gobierno: República
Jefatura del Estado: Presidente
Poder Ejecutivo: Jefe de Gobierno y Consejo de Ministros
Poder Legislativo: Dieta o Sejm (460 diputados elegidos cada 4 años); Senado (100 miembros)
Partidos políticos: Unión Democrática (UD); Alianza de la Izquierda Democrática (SLD); Partido Nacional Católico; Partido de los Campesinos (PSL); Unión del Trabajo (UP); Confederación por una Polonia Independiente (KPN)

Ver mapa de Polonia en páginas 850-851

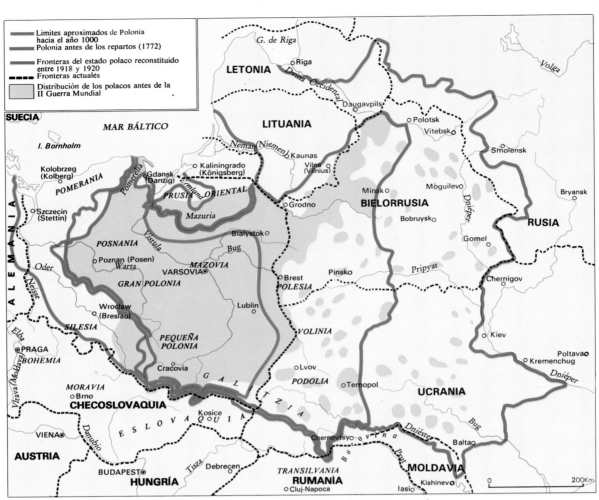

La llanura
por antonomasia

En 1815, en el Congreso de Viena, las potencias europeas decidieron la creación de un pequeño reino de Polonia, en torno a Varsovia y con la exclusión de Cracovia, que fue puesto bajo la férula de los zares de Rusia.

Hasta el fin de la Primera Guerra Mundial, Polonia no volvió a renacer ya como estado. En este momento, abarcó una franja de Lituania, en torno a Vilna, parte de Bielorrusia y Ucrania, los voivodatos de Varsovia, Kielce, Lublin, Bialystok, Lodz y Cracovia, y una parte mínima de los de Katowice, Poznan, Olzstyn y Gdansk, el famoso pasillo de Danzig.

El nuevo estado polaco tuvo una vida bastante efímera, pues el 1 de setiembre de 1939 las tropas alemanas invadieron el país. Tras sufrir todo el rigor de la ofensiva alemana y luego de la contraofensiva soviética, el fin de la Segunda Guerra Mundial señaló el nacimiento de la Polonia actual.

Las potencias vencedoras habían fijado sus fronteras en la línea Curzon por el este y la línea Oder-Neisse por el oeste, durante la conferencia de Yalta. De este modo, el país quedó claramente basculado hacia occidente, al incorporarse el territorio alemán allende el Oder, es decir, un sector de Prusia Oriental, buena parte de Pomerania y la práctica totalidad de Silesia.

Polska, el nombre autóctono de Polonia, significa «la llanura», palabra que define correctamente el país, que en un 90 por 100 muestra escasos accidentes en el relieve, perteneciente a la Gran Llanura Nordeuropea. Sólo en la parte meridional de Polonia existen regiones montañosas que ofrecen contraste con el resto del país. Mientras que la altura media polaca es de 173 metros, en las regiones de los Cárpatos se llega a casi 2.500 metros en el monte Rysy, de 2.499 metros, en el macizo de los Tatra o Tatry.

El relieve polaco, suave por lo general, se puede dividir de este modo en dos grandes unidades morfoestructurales, desde el Báltico hasta los Sudetes y Cárpatos. Las llanuras ocupan los sectores norte y centro del país y confieren los principales rasgos característicos del relieve polaco. Los sistemas montañosos accidentan todo el sector sur. La llanura polaca, con una anchura aproximada de 300 kilómetros, está cruzada por los ríos Oder u Odra y Vístula o Wisla y sus afluentes. En esta llanura se pueden diferenciar, a pesar de sus similitudes morfológicas, tres grandes franjas que descienden de norte a sur y alteran

El Vístula, río polaco por excelencia, nace en los Beskides y tiene como principal afluente el Bug, que avena la zona centro-nordeste del país. Arriba, el Bug a su paso cerca de Drohiczyn. A la derecha, paisaje de los Beskides próximo a Zwardon, donde se recogen las aguas de montaña que, a través del Sola, afluyen a la cuenca alta del Vístula.

levemente con sus características el relieve polaco. Se trata en primer lugar de la franja marítima, planicie que forma una región pantanosa, a la que siguen la llanura Central, que es un apéndice de la Germanopolaca, y las plataformas subcarpáticas, que, con pequeñas mesetas y valles abiertos, anuncian la proximidad de la verdadera región montañosa de Polonia, segunda gran unidad morfoestructural del relieve.

Tres zonas de planicie

El relieve que domina el 90 por 100 del territorio polaco se divide en tres grandes franjas con caracteres propios. En el norte, la orografía muestra más claramente que en el resto del territorio las

Los montes Tatra, fronterizos con Eslovaquia, forman parte de la Polonia carpática, donde las altitudes alcanzan entre 1.500 y 2.000 metros. Destacan sus crestas recortadas y sus agudos picos. En la fotografía, el valle de los Cinco Lagos, en dicho macizo.

huellas de fenómenos glaciares, que han favorecido la formación de pequeñas colinas de hasta 300 metros de altura como resultado de la acumulación de morrenas glaciares. Estas lomas, fruto de la acción de la última línea de morrenas durante la retirada de los hielos de la última glaciación, aparecen distribuidas de forma anárquica por todo el norte del país. Entre ellas fluyen los ríos Vístula y Oder de manera indecisa. El agua tiende a estancarse en lagos o lagunas, de forma generalmente arqueada, de donde se escapa a través de pequeños riachuelos pantanosos. Dichas formaciones lacustres tienden a incrementarse cuanto más cerca están del mar Báltico. La erosión que ha seguido a la desaparición de los glaciares ha excavado surcos entre las morrenas, contribuyendo de esta manera a la ondulación suave de tales parajes. Las costas del mar Báltico sufren también esta influencia glaciar. Son bajas, arenosas y sin articulaciones, y el único accidente que merece ser destacado es el golfo de Gdansk.

Como un apéndice de la llanura central alemana aparece, al sur de la zona marítima, una región dominada por la planicie, con un paisaje ligeramente más monótono. Orientada de oeste a este, dicha planicie no sobrepasa los 150 metros de altura, siendo probablemente la zona más baja de toda Polonia. Afectada por los glaciares, su morfología es el resultado de los primeros efectos de la retirada de los hielos, con la creación de un paisaje de amplias zonas arenosas, interfluvios y terrazas fluvio-glaciares, continuación de las lomas bálticas. Las zonas de los interfluvios aparecen en ocasiones cubiertas de *loess* y permiten el desarrollo de la agricultura, beneficiada por los canales formados por corrientes fluviales (pradolyni). Estos cauces, con el lecho arenoso, fragmentan el país, dando paso a ríos que, aun siendo irregulares en el este, permiten la navegación. El Vístula divide esta gran zona, extendiéndose al este la llanura de Mazovia (Mazowsze) y la Podlaquia (Podlasie), regiones dominadas por la ciudad de Varsovia. Al oeste del río Vístula se encuentra la llanura de Kujavia (Kujawy) y la Gran Polonia (Wielkopolska), donde es la ciudad de Poznan la que ejerce su influencia económica.

La tercera franja que se distingue en la orografía de la gran llanura que ocupa Polonia es la que se encuentra al sur y limita con la zona montañosa del país. Las plataformas subcarpáticas, que se extienden en una franja de unos 200 kilómetros, anuncian la proximidad de los sistemas montañosos meridionales. El relieve muestra un paisaje ligeramente más abrupto que en las zonas septentrionales, con la presencia de amplios valles interpuestos en las zonas de terrenos mesetarios. Tales mesetas son consecuencia de la cubierta secundaria formada entre el triásico y el cretácico, erosionada por las corrientes fluviales que han formado los antiguos valles. Con todo ello, el relieve no presenta grandes accidentes, siendo los desniveles más importantes de 200 metros. La mayor altura se alcanza en el macizo de Lysogory, con 611 metros, que forma un conjunto paisajístico propio de la Europa herciniana.

En la zona meridional del relieve polaco se encuentran tres grandes sectores re-

gionales que le confieren una variada personalidad. La cuenca de Silesia, en el oeste, cuenta con grandes recursos mineros y centra su actividad alrededor de la ciudad de Wroclaw. La meseta de la Pequeña Polonia (Malopolska), situada en el centro de la región meridional, destaca también por su gran riqueza, centrando su actividad económica en diversas ciudades, entre las cuales cabe destacar Katowice y Cracovia. En el este, junto a la frontera con Ucrania, se diferencia la meseta de Lublin, donde destaca la ciudad homónima, que es un centro importante del tráfico de mercancías y personas con el vecino estado de Ucrania.

La montaña como contraste

El extremo meridional de Polonia tiene un tipo de relieve distinto al del resto del país, formando un conjunto dominado por las alturas montañosas de los Cárpatos y los Sudetes. Ésta es la última de las franjas en que se divide el territorio polaco y uno de los sectores más poblados, ya que históricamente ha servido de refugio en épocas bélicas. A su vez, ofrece recursos para la instalación de pequeñas industrias textiles y madereras. En esta zona aparecen dos conjuntos geomorfológicos diferenciados: los Beskides o Beskydy, que forman parte de la cordillera de los Cárpatos, y los Sudetes o Sudety, pertenecientes al macizo de Bohemia. Entre las dos cadenas montañosas forman un arco de origen alpino perteneciente a la Europa herciniana.

Los Sudetes, que Polonia comparte con la vecina República Checa, no forman una barrera morfológica importante, ya que los pasos a través de sus picos no son difíciles. Polonia posee de este sistema montañoso la parte que mira a Silesia o vertiente septentrional, rica en recursos minerales. Las montañas sobrepasan los 1.000 metros y el pico más elevado

corresponde al Snezk o Sniezka, de 1.602 metros, en los Montes Gigantes (Karkonosze), que también comparte con la República Checa.

La actividad tectónica queda reflejada por los horst y las fosas tectónicas, en las cuales se encuentran sedimentos de los períodos triásico y cretácico. El zócalo de la zona de los Sudetes se encuentra muy fracturado, permitiendo el afloramiento de areniscas y margas conservadas en las áreas de plegamientos.

La parte polaca de los Cárpatos corresponde a la zona occidental exterior de esta cordillera, perteneciente a los montes Beskides Occidentales (Beskidy Zachodnie). Forma una zona de transición

donde la cresta de los Cárpatos se desdobla hacia el sudeste. En ella se localiza el Alto Tatra o Tatry, que con sus circos glaciares y sus bosques se puede considerar una de las más bellas regiones montañosas de Europa, albergando la estación invernal y turística de Zakopane. A una altura de sólo 1.000 metros, Zakopane actúa como centro de atracción para el desarrollo de la actividad económica de su entorno.

En general, el relieve de los montes Beskides es de formas suaves, con lomas redondeadas por efecto de la erosión y del corrimiento de tierras, que permiten su aprovechamiento forestal y agrícola, así como la concentración humana.

Continentalidad climática y grandes cuencas hidrográficas

El clima de Polonia se puede considerar continental templado, con pequeñas oscilaciones entre la zona marítima, donde se registra una media de –1 °C en enero y de 17 °C en julio, y la parte montañosa meridional, con –6 °C en enero y 14 °C en julio. Las zonas centrales son de transición. La pluviosidad también refleja esta pequeña diversidad, con 500 milímetros de media anual en las zonas llanas y 1.200 en las montañas, aunque en el Alto Tatra se registran hasta 1.800.

Por su clima, la mayor parte de Polonia es una zona de transición entre el sector marítimo y el montañoso. La oscilación de la temperatura, tanto más acentuada según las diferencias del relieve, es uno de los fenómenos más sobresalientes. A la izquierda, el monte Snezka (1.602 metros), el más alto del país; a la derecha, un aspecto de la ciudad de Cracovia, en el piedemonte carpático.

La continentalidad del clima no es extrema, a pesar de la existencia de veranos cortos y calurosos e inviernos largos, aunque no excesivamente fríos.

Polonia cuenta con dos grandes cuencas fluviales, la del Vístula o Wisla y la del Oder u Odra, ríos que nacen en las cadenas montañosas meridionales, cruzan el país de sur a norte y desembocan ambos en el mar Báltico. El Oder tiene su origen en los Sudetes checos y entra en Polonia para recorrer 724 kilómetros en territorio de este país, sirviendo de frontera con Alemania, desde la confluencia con su afluente por la izquierda, el Neisse o Nysa, hasta prácticamente la desembocadura, en el zalew o golfo de Szczecin. Aunque el río es navegable durante todo el año, sufre la competencia en este aspecto del Vístula, mejor situado en relación con las ciudades polacas más importantes. El Vístula nace en los Beskides, traza un gran arco en la Polonia central y va a desembocar al golfo de Gdansk. Durante su recorrido, de cerca de 1.000 kilómetros, el Vístula recibe las aportaciones del San y del Bug, que le convierten en un gran río de llanura, sirviendo de corredor de separación entre las regiones de Mazuria y Pomerania.

La población

El territorio polaco está situado en una zona de confluencias históricas de diversos pueblos. Los sucesivos cambios fronterizos han marcado considerablemente su historia medieval y moderna, así como los tiempos contemporáneos. La actual configuración del país fue trazada en los acuerdos de Yalta, en los que Polonia no tomó parte, al finalizar la Segunda Guerra Mundial.

El poblamiento de las llanuras polacas tiene orígenes antiguos, pues ya en el tercer milenio a. C. la zona contaba con asentamientos de pueblos protoeslavos que fueron la base de sucesivas culturas, como la lusaciana y la pomerania. Ya en período histórico, se realizaron los asentamientos de las migraciones eslavas que formaron la base de la actual población polaca. Como fruto de estas migraciones venidas del este, se constituyó el núcleo de una futura entidad nacional polaca asentada alrededor de la llanura existente entre el Oder y el Vístula, que comenzó un período de expansión durante el siglo X. Sucesivas conquistas permitieron la ampliación del ámbito polaco hacia Pomerania, al norte, Silesia, al sur y sudoeste, y hacia el que era el reino de Kiev, al este. Este fue el territorio base que después, a lo largo de los siglos medievales y modernos, cambió en numerosas ocasiones sus fronteras, redefinidas en cada tratado posbélico.

Cuando en 1945 se delimitaron nuevamente las fronteras de Polonia, se produjo un desplazamiento poblacional que configuró la actual composición de los habitantes. Hoy, la población de Polonia es en un 90 por 100 de origen polaco (frente al 69,2 por 100 en 1921), pero todavía en el territorio se encuentran minorías de gitanos, hebreos, rusos, lituanos, así como alemanes, en el oeste, eslovacos en el sur, y bielorrusos y ucranianos, en el nordeste, este y sudeste. Esta mezcolanza de pueblos, fruto del continuado cambio fronterizo del territorio, conlleva la convivencia de la gran mayoría polaca con pequeñas minorías lingüísticas alemanas (unos 200.000 parlantes), ucranianas (unos 180.000) y bielorrusas (unos 165.000). Cabe destacar que, tras el acuerdo de Yalta, gran número de alemanes de Pomerania, Silesia y Prusia Oriental (más de siete millones de personas) fueron trasladados a la orilla izquierda del Oder, hacia las nuevas fronteras alemanas, siendo repoblados dichos territorios por los polacos que se repatriaron desde Ucrania y otras zonas que pasaron a depender del entonces estado soviético.

La población de Polonia ha sufrido de manera especial los problemas bélicos, resintiéndose principalmente en su número. Como uno de los casos más espeluznantes, cabe citar la pérdida de casi once millones de personas (incluidos los judeopolacos) como consecuencia de la Segunda Guerra Mundial. Los ejércitos alemanes realizaron en el estado polaco una de las más atroces persecuciones y matanzas de judíos, alcanzando triste fama el caso del gueto de Varsovia.

Aunque el crecimiento poblacional de Polonia en los cuatro últimos decenios ha sido considerable, la población actual del estado polaco supera los treinta y ocho millones, tres más de los que tenía antes de iniciarse la invasión alemana. Hoy cuenta con un estrato joven, sobre todo en las zonas rurales, fruto de un crecimiento demográfico que ha superado a menudo el 1 por 100. La tasa de natalidad, que en los primeros años de la

posguerra llegó a superar el 30 por 1.000, a fines de los noventa se situaba alrededor del 12,8 por 1.000. Polonia mantiene una elevada tasa de mortalidad infantil, situada alrededor del 13,4 por 1.000, mientras que la tasa de mortalidad en general ronda el 10 por 1.000.

Diferenciación demográfica por regiones

La población polaca mantiene una diferenciación importante entre sexos debido a la mortandad causada por la última guerra, que asoló el territorio. El número de mujeres quedó en un nivel mucho más elevado que el de los hombres, llegándose a la relación de 118,5 mujeres por cada 100 hombres en 1946. Aun cuando esta desproporción ha tendido a superarse, es

un hecho que se deja sentir en la sociedad polaca, puesto que todavía a mediados de los noventa seguía habiendo más de 104 mujeres por cada 100 hombres.

La densidad demográfica refleja gran desigualdad en la distribución sobre el territorio. El continuado crecimiento de la población polaca ha producido un incremento notable en la densificación de determinadas zonas del país, en tanto que en otras el número relativo de habitantes se ha mantenido o ha disminuido. Mientras en 1946 se contabilizaba una densidad media de 77 habitantes por kilómetro cuadrado, a mediados de los noventa esta cifra llegaba a 123, sin que tal incremento significase una mejor distribución de la población en el territorio.

El desarrollo poblacional se ha traducido en ciertos desequilibrios que han supuesto una problemática importante para

Hasta 1945 Polonia fue un país casi exclusivamente agrícola, aunque la estructura de la propiedad determinaba un bajo nivel de rendimiento. La reforma agraria supuso la supresión de los latifundios, pero la evolución política ha supuesto un retorno a la privatización. Por otra parte, el poblamiento rural permanente de las montañas meridionales tiende a desaparecer, persistiendo, en cambio, las viviendas estacionales construidas de madera. Al lado, campesinos polacos.

concentran los mayores recursos económicos. En las regiones del sur, la población presenta un envejecimiento mayor, que contrasta con la población joven de las áreas más ruralizadas. Los departamentos administrativos o voivodatos reflejan grandes diferencias demográficas, puesto que, de los 49 en que se divide Polonia, a fines de los noventa sólo 25 sobrepasaban los 100 habitantes por kilómetro cuadrado y 5 superaban los 200. Los voivodatos más densamente poblados corresponden al centro del país, con el de Lodz a la cabeza, seguido por el de Varsovia, la capital. A continuación, figuran los de Katowice y Cracovia, situados ambos dentro de la zona de influencia de la región industrial de Silesia. Cabe decir que tanto el voivodato de Katowice como el de Varsovia, por este orden, son los que cuentan con mayor población absoluta. En el norte destacan por su densidad el voivodato de Szczecin y, principalmente el de Gdansk, que gracias a sus puertos en el Báltico desarrollan una intensa actividad económica. Entre las zonas más despobladas del país cabe destacar la del voivodato de Suwalki, con 46 habitantes por kilómetro cuadrado, situado en el nordeste del territorio junto a Lituania, alejado de los principales centros de recursos económicos.

Sucesivas transformaciones de la economía

Después de la Segunda Guerra Mundial, Polonia se enfrentó a un cambio económico radical. La socialización de los medios de producción y de la economía en general supuso, en principio, dos retos importantes: racionalizar y modernizar los esquemas de producción agraria e industrial, y reconstruir el país, que quedó devastado tras la retirada de los ejércitos alemanes. Estos retos significaron un cambio importante en la explotación base de la economía polaca, puesto que se incrementó la población industrial (que en 1930 sólo alcanzaba el 15 por

el estado. El incremento de población en las zonas industriales del sur, así como una cierta superpoblación en los terrenos agrícolas del norte, donde sobraba mano de obra, determinaron una política de fomento de las migraciones internas. En esta política, aplicada directamente por el gobierno polaco, se previeron las posibilidades de industrialización de pequeñas ciudades del interior, con el fin de facilitar una mejor distribución de la población, principalmente de los excedentes laborales agrarios.

Actualmente, la zonas de mayor concentración humana se sitúan alrededor de los grandes centros industriales, como Varsovia, Cracovia o Katowice. El mapa de la distribución de densidades de población en Polonia ofrece una franja central que divide el país entre este y oeste. Esta franja de concentración humana, que

desciende del norte (Gdansk) hacia el sur, se ensancha a medida que se acerca a los departamentos administrativos de la región de Silesia, donde se concentran los principales núcleos de industria pesada del país. Este hecho demuestra la importancia económica que ha adquirido el Vístula como elemento creador de riqueza, facilitando el asentamiento poblacional, mientras que el Oder no ha podido competir en este sentido.

En base a la distribución demográfica, se puede explicar la existencia de dos Polonias, en las que el sur y el centro del país se ven favorecidos en detrimento de los márgenes norte, este y oeste. La gran concentración de población en los sectores sureños de la geografía polaca ha constituido uno de los grandes problemas para el desarrollo uniforme del país, puesto que en este mismo sector es donde se

100 de la población activa) en detrimento de la población agraria, que era muy abundante y representaba uno de los principales problemas para el mismo desarrollo de la agricultura nacional. De este modo, Polonia intentó crear una vía propia de economía planificada, presentando peculiaridades en la socialización de las actividades primarias y, principalmente, basando su economía en la industria pesada, de la que se convirtió en el principal productor del COMECON, organismo que tras los cambios políticos sufridos en los países miembros, acordó su disolución en 1991. Las bases de una nueva economía se asentaron así mismo a partir del aprovechamiento de los recursos minerales del subsuelo. Sin embargo, en la década de los ochenta una fortísima crisis de hondas raíces sociales y políticas se abatió sobre la economía polaca, con una proyección de incertidumbre hacia el futuro, lo que obligó a adoptar una serie de profundas reformas estructurales, que una vez emprendidas provocaron una fuerte recesión en el país, luego superada.

Los recursos agropecuarios y pesqueros

Hasta 1945 Polonia era un país esencialmente agrícola, aunque la estructura de su producción determinaba una notable pobreza en los resultados. La escasa aplicación de nuevas técnicas y abonos, la estructura latifundista de la propiedad y un exceso de población campesina, actuaban como los principales lastres para el desarrollo de la agricultura. La reforma agraria emprendida por el gobierno comunista supuso la supresión de los latifundios, que ocupaban más de la tercera parte del territorio, la mecanización del campo y el asentamiento de un sistema de cooperativas, todo lo cual conllevó una mejora en el rendimiento. A pesar de las intenciones iniciales de socializar la propiedad de la tierra, el 80 por 100 de los campos de cultivo se mantuvieron en régimen de propiedad privada, con derecho a herencia. El parlamento, a fin de legalizar lo que ya era norma, aprobó en 1990 una serie de leyes de privatización que dieron vía libre al sistema de mercado.

La agricultura polaca se enfrenta en la actualidad a dos grandes problemas. Por un lado, destaca un importante envejecimiento progresivo de la población rural, como consecuencia del incremento de empleos en las actividades industriales, mientras que, por otra parte, la mala calidad del suelo, excesivamente arenoso, dificulta la obtención de grandes cosechas,

encareciendo los costos de producción. En este sentido, las peores tierras se sitúan en el norte, donde la escasa productividad agrícola permite un mayor desarrollo de la ganadería. El centro de Polonia se encuentra ocupado por grandes bosques, explotados para la industria papelera, siendo la patata el producto más extendido, y dejando un espacio importante para el desarrollo de la ganadería porcina y bovina. En el sur se encuentran las tierras más ricas del país, donde el trigo, la colza y la remolacha

Los cultivos predominantes en Polonia son los cereales, la patata, que sustituye al trigo en la alimentación, y la remolacha, que encuentra su medio idóneo en las llanuras centrales del país. La mecanización del campo ha mejorado tanto la calidad como la cantidad de las cosechas de los productos citados. En la fotografía de la derecha, campesinos en el momento de la recogida de los apreciados tubérculos; abajo, cosechadoras en un campo de cereales.

azucarera destacan como los principales cultivos. Los terrenos de producción agrícola ocupan aproximadamente el 60 por 100 de la superficie de Polonia, siendo los principales cultivos la patata, el trigo y la avena. Cabe destacar así mismo la producción de remolacha azucarera, colza, lino, tabaco y lúpulo, que permiten el desarrollo de ciertos sectores industriales. El bosque tiene una gran importancia en Polonia; ocupa el 28 por 100 del territorio y favorece una importante producción de papel y cartón que se destinan en gran medida a la exportación, por lo que resulta difícil encontrar dichos productos para el consumo interno.

En la ganadería destaca el sector bovino, en el que algo más del 5 por 100 de las cabezas corresponde a vacas lecheras. El ganado ovino y los animales de granja constituyen así mismo una gran fuente de riqueza. Destaca la práctica de la pesca en los lagos de la llanura septentrional y, principalmente, en el Báltico, donde en los puertos de Gdansk y sus alrededores se concentran las flotas pesqueras, dedicadas a la captura de merluza y arenque.

Minería y energía en la base del sector secundario

La nueva orientación económica surgida en Polonia a raíz de la Segunda Guerra Mundial supuso un rápido proceso de industrialización del país, obteniendo este sector una importancia capital en la estructura económica. En 1960 se duplicó la población activa dedicada a la industria con respecto a la de 1930, llegando a ocupar el 30 por 100 de la mano de obra; incrementada hasta el 45 por 100 a principios de los ochenta, en los años noventa se redujo de nuevo al 30 por 100, en beneficio del sector servicios.

El sector secundario se fundamenta en cuatro grandes pilares: la riqueza mineral del subsuelo, el trasvase de abundante mano de obra campesina hacia los centros industriales, la riqueza energética y el comercio de los productos, sobre todo en el mercado europeo occidental, ya que la desaparición del COMECON hizo necesaria la búsqueda de nuevos socios comerciales.

Las fuentes de energía se explotan mediante la producción de electricidad de origen hidráulico en los Cárpatos, con la presa de Koronowo, y la de origen térmico, de hecho la más importante. Las centrales térmicas están distribuidas por todo el país, y entre ellas destacan las de Konin y Turoszow; básicamente se abastecen del carbón de Silesia, que proporciona el 75 por 100 de la energía. En este sentido, la adscripción de la totalidad de

la cuenca minera silesiana a Polonia, después de 1945, permitió obtener un desarrollo espectacular de la producción, pasando de veinte millones de toneladas de hulla en 1921 a más de ciento treinta millones de toneladas a mediados de los noventa. La hulla se obtiene también en la cuenca de Lublin, en Walbrzych y en Nowa Ruda; Polonia ocupa el segundo lugar de la producción europea y el séptimo de la mundial. También hay una notable producción de lignito, extraído principalmente en Konin, Turoszow y Belchatow.

El petróleo se importa en gran parte de Rusia, aunque se pretende evitar anteriores dependencias a través de diversos proveedores, y también se explotan los pozos propios en las zonas de Krosno y Sandomierz. La elaboración se efectúa en las refinerías de Glinki, Jedlice, Czechowice, Plock, Jalso y Trzebinia-Siersza. El gas natural se extrae de Ostrow, Wielkopolsky, Przemysl, Lubaczow y Krosno, principalmente. En el importante sector energético polaco cabe sumar la producción de energía nuclear de la central de Zarnowiec.

La obtención propia de mineral de hierro, en las minas de Czestochowa, Wielun y Lysogory, no es muy satisfactoria, pero, sumada al mineral importado, representa la base de la industria pesada del país. Por su parte, el plomo, el zinc y el cobre de Lublin, Boleslawiec, Glogow y Zlotoryja permiten el desarrollo de in-

Polonia debe a su minería, en concreto a sus yacimientos carboníferos, el formar parte del grupo de los países industrializados. El distrito de Silesia suministra la mayor cantidad de carbón; el resto procede de las cuencas de Walbrzych y Nowa Ruda. Aunque no tan ricos, también son importantes los yacimientos de lignito, empleado sobre todo en la industria química. En la fotografía, servicio de seguridad en una mina de carbón de Katowice (Silesia).

La ganadería polaca se basa principalmente en las cabañas porcina, bovina, caballar y ovina. Cabe destacar que casi todas ellas han aumentado de forma progresiva. En la actualidad el número de reses supera los once millones, de los cuales un cinco por ciento está destinado a la producción de leche. Abajo, bovinos pastando en la región montañosa limítrofe con Eslovaquia.

dustrias de fundición en Szopienice, Boleslaw, Lipiny, Welnowiec y Trzebinia-Siersza.

Si bien la industrialización polaca ha mantenido un principio de descentralización en su desarrollo, se puede observar un claro predominio en las zonas de Silesia, Cracovia, Varsovia y Poznan, con un estancamiento en la región de Lodz, que fue uno de los principales centros de la primera industrialización. Cabe destacar la actividad industrial de Gdansk y Szczecin, que concentran una actividad económica que permite evitar el estancamiento del norte de Polonia. Gdansk ha sobresalido, además de por su puerto, por la industria naval, objeto de una profunda reconversión.

La industria textil y la maquinaria industrial han adquirido cierta importancia, con especial relieve en la ciudad de Lodz, sobre todo en el sector del algodón por lo que se refiere a la primera. La industria lanera se concentra en la parte meridional, en Bielsko-Biala, Andrychow, Kamienna y Skoczow. Las fibras artificiales y sintéticas para la confección se fabrican en Pomerania, en Gorzow Wielkopolski, a orillas del Warta.

La progresión de la industria química es lenta, pero la concentración favorece su desarrollo en el alto Oder (en Kedzierzyn), en Poznan, Tarnow, Inowroclaw, Pulawy, etc. La industrialización de Polonia, caracterizada por su nueva creación, vivió un proceso de socialización mucho más intenso y profundo que la agricultura, ocupando el 86 por 100 de su población activa en el sector público y el 13 por 100 en cooperativas. El aperturismo político a finales de la década de los ochenta y el definitivo cambio de régimen en 1990-1991 trajo consigo la privatización de las industrias y una economía cada vez más adecuada a los parámetros del sistema de mercado. El sector privado pasó entre 1989 y 1993 del 8 por 100 al 38 por 100 de la producción.

El comercio con los países europeos

Polonia no produce bienes de equipo, que se vio obligada largo tiempo a importar de los países que integraron el COMECON, a los cuales abasteció de productos energéticos, básicamente carbón, construcciones mecánicas, material electrónico, productos químicos y metalúrgicos. Mantiene una balanza comercial positiva, pero bastante equilibrada. En el año 1992 el comercio se privatizó en un 75 por 100. Los principales clientes y proveedores de Polonia fueron durante decenios sus vecinos europeos orientales con los que sigue manteniendo buenas relaciones comerciales. El intercambio de mercancías con los países occidentales se produce sobre todo con Alemania, Austria y el Reino Unido.

El comercio se efectúa por vía marítima, a través de Gdansk y de los otros puertos del litoral báltico que se han desarrollado de forma complementaria, como Szczecin y Gdynia, verdaderos centros comerciales de nivel internacional, favorecidos por la renovación de sus instalaciones. El tráfico ferroviario también es importante gracias a las comunicaciones que mantiene con el resto de Europa. En el tráfico interior de mercancías cabe destacar la importancia de la vía férrea del sur, así como la gran utilización de los canales fluviales del Vístula y del Oder, y la canalización del Notec y del Warta, que se unen entre sí, facilitando una mayor área comercial.

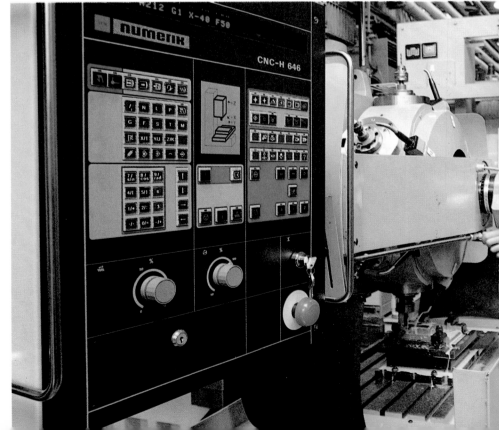

Polonia dejó de ser un país agrícola para convertirse en una nación industrializada, con un 29 por 100 de la población activa empleada en el sector secundario, aunque a principios de los años noventa se abrió un período de profundas transformaciones. Al lado, industria electrónica de Cracovia.

Una gran diferenciación regional

A pesar del intento decidido de descentralización económica, Polonia presenta todavía un gran diferenciación regional. Las principales causas de dicha diferenciación estriban sobre todo en la distinta evolución histórica de las partes del territorio que hasta 1945 pertenecieron a Alemania y, por otro lado, al distinto grado de riqueza en recursos naturales, que ha determinado un desarrollo desigual.

A nivel general, cabe destacar la región de Silesia o Slask, que sólo pertenecía a Polonia en la porción extrema sudoriental antes de la agresión nazi. La mayor parte de la región fue repoblada en 1945 por gentes de etnia polaca procedentes de las zonas de Bielorrusia y Ucrania. Tales inmigrantes ocuparon los lugares que a su vez dejaron libres los alemanes expulsados. Este movimiento de población facilitó el esfuerzo de planificación económica por parte del estado, desarrollán-

La red de comunicaciones polaca está basada en los ferrocarriles y en un amplio conjunto de ríos navegables. No obstante, y debido en parte al turismo, se construyeron complejos trazados de autopistas y carreteras como el que aparece en la fotografía, cercano a la ciudad de Varsovia.

dose las cooperativas agrícolas y una potente industria que se abastece de la riqueza mineral del subsuelo silesiano. La región suele dividirse en dos partes, Alta y Baja, con ligeras distinciones socioeconómicas. En la Alta Silesia, durante la posguerra, el proceso de industrialización facilitó la formación de grandes núcleos de atracción para el campesinado.

867

Alta Silesia (Wyzyna Slaska)

El sector conocido como Alta Silesia, perteneciente en parte a Polonia desde el final de la primera gran guerra de este siglo, concentra la mayor parte de la actividad industrial polaca; su núcleo central se sitúa en la cuenca de Katowice, centro que ejerce la capitalidad de la zona. Ésta constituye la novena ciudad más populosa del país, situada a continuación de los grandes centros históricos.

A causa del rápido crecimiento industrial, la trama urbana es desordenada, no sólo en la ciudad sino en el conjunto de la zona, donde destacan, además de la capital, las ciudades de Gliwice y Bytom. La subregión altosilesiana aparece como una conurbación de ciudades dormitorio y sectores industriales que están unidos por

Wroclaw es una de las más bellas y antiguas ciudades de Polonia. Desde el siglo XIII recibió la influencia de la cultura y el arte germánicos, patentes en la difusión y construcción de importantes edificios góticos como el que aparece en la fotografía, sede del ayuntamiento.

una extensa red ferroviaria. El crecimiento acelerado ha afectado a las ciudades más pequeñas, como Dabrowa-Gornicza, Sosnowiec, Chorzow, Zabrze y otras, que han visto crecer nuevos barrios de esidencia como el núcleo de Rybnik, cerca de la frontera checa.

Baja Silesia (Nizina Slaska)

Con el Oder u Odra como eje, se extiende al sudoeste del estado la Baja Silesia, región que disfruta de una agricultura de tipo centroeuropeo y donde el proceso de industrialización se ha producido de forma más relajada. Con una tendencia a la concentración industrial en la ciudad de Wroclaw, capital de la zona, la actividad fabril se encuentra más difuminada en esta parte del territorio que en la Alta Silesia.

La nueva Wroclaw, reconstruida en más de un 70 por 100 sobre la Breslau alemana, tiene hoy aproximadamente los mismos habitantes que antes de la agresión nazi, tras pasar por un período en el que la población descendió a menos de la tercera parte.

La población de Baja Silesia es joven, de procedencia geográfica ucraniana y bielorrusa, aunque de etnia polaca. Wroclaw posee la tercera universidad más importante del país.

Cracovia y Galitzia

La tercera ciudad del país en número de habitantes, Cracovia o Krakow, se encuentra situada al este de la Alta Silesia, y forma un voivodato propio. Con una larga tradición histórica, esta ciudad cuenta con la universidad Jagellouski, de origen medieval, y la politécnica, fundada en 1945. Cracovia ha experimentado un fuerte crecimiento desde la Segunda Guerra Mundial y mantiene bien conservado su centro histórico, del que destacan la catedral y numerosos edificios civiles, que recuerdan que hasta 1609 fue la capital del país. Integrada en el estado polaco renacido al final de la Primera Guerra Mundial, Cracovia es un importante complejo industrial y actúa también como centro comercial. Su impresionante crecimiento ha dado lugar a Nowa Huta, ciudad satélite ejemplo de planificación urbana. Al este de Cracovia se extiende la histórica Galitzia (Galicja), con los núcleos de Tarnow, Rzeszow y Przemysl. En conjunto, Polonia meridional ofrece un paisaje atractivo por la proximidad de la montaña, su riqueza agraria y el desarrollo industrial, que favorecen la convivencia de grandes ciudades y pequeños pueblos dedicados a las tareas agrarias y a industrias artesanales.

Cracovia es un centro de gran importancia por su proximidad al distrito industrial de Alta Silesia y a las minas de Olkusz. Es, además, sede de importantes industrias textiles y electromecánicas, y nudo ferroviario. Arriba, la plaza Sukiennice, la principal de la ciudad.

La Polonia Central

La llanura Central alberga el segundo foco de crecimiento del estado. A pesar de no ser un excelente centro agrícola y minero, esta llanura se ha convertido en una zona de tránsito comercial obligado entre el sur y el norte, que ha favorecido

869

Varsovia, la capital de Polonia, contaba en el año 1940 con 1.300.000 habitantes y era una de las ciudades más bellas y monumentales de Europa. Acabada la Segunda Guerra Mundial, sus habitantes eran 480.000 y la ciudad había quedado totalmente devastada. En la actualidad, su concepción urbanística ha cortado con los lazos del pasado, como se puede observar en la fotografía superior.

la industrialización y, en definitiva, el desarrollo económico. En esta zona se distinguen las ciudades de Varsovia, Lodz, Poznan y Lublin, convertida esta última en la ciudad más importante del este de Polonia. La política de descentralización económica seguida por el gobierno ha favorecido el constante desarrollo de esta zona para contrarrestar la pujanza de Silesia, pero en detrimento de la meseta de la Pequeña Polonia, en el sur.

Varias son las regiones que se distinguen en la llanura Central. Al oeste del país y

del Vístula se ubican la Gran Polonia (Wielkopolska), con el centro industrial de Poznan, y la llanura de Kujavia. Al este de la mencionada arteria fluvial se encuentran Mazovia y Podlaquia, con Varsovia ejerciendo la capitalidad regional, así como la nacional. Al sur de Varsovia se extiende la Pequeña Polonia (Malopolska), con la ciudad de Lodz, que es la segunda más populosa del país, después de la capital. Finalmente, al sudeste, en la meseta de Volinia (Wolyn), la ciudad de Lublin es el centro del tráfico comercial con Ucrania.

etapa comunista, concentró la representación de todos los sectores de la industria en la región, distribuyéndolos por las ciudades satélite.

Varsovia fue reedificada bajo una concepción urbanística que cortó prácticamente todos los lazos con el pasado. El intento de eliminar diferencias internas en el espacio urbano, con la modificación de las distintas localizaciones de los sectores de servicios, dio lugar a una ciudad de nueva planta.

El centro administrativo y cultural de Varsovia se ha ubicado en el núcleo histórico de la misma y en el primer ensanche o Nowe Miasto, alrededor del cual se ha concentrado la zona comercial. Los grandes barrios residencia se sitúan actualmente en conjuntos homogéneos de la cercana periferia, y las actividades industriales se localizan a lo largo de las principales vías de comunicación que la conectan con Lodz, Cracovia y Silesia, así como con la zona portuaria de Gdansk, que domina la salida marítima de la llanura aluvial del Vístula.

Lodz y la Pequeña Polonia

Próxima a la categoría millonaria, Lodz es el segundo centro del país en cuanto a población. Situada al sudeste de la capital, es, con Kielce y Czestochowa, un gran núcleo de la Pequeña Polonia, región mesetaria y boscosa ubicada en el interior de la gran curva que forma el curso medio-alto del Vístula. Centro textil en el siglo XIX, Lodz tuvo un crecimiento que multiplicó por diez su población; así pasó de 32.000 habitantes en 1868 a 316.000 en 1896. Hoy, es el centro de una aglomeración industrial especializada como antaño en la producción textil, pero con la presencia de una importante industria alimentaria y mecánica.

La actividad económica desborda en Lodz los límites de la ciudad propiamente dicha y se organiza en pequeños núcleos de su entorno, como Zgierz, Pabianice y Tomaszow-Mazowiecki, entre otros.

Lodz conserva los efectos de su anterior expansión industrial, y los jardines que hoy se intercalan en su trama urbana corresponden a las antiguas mansiones de los propietarios de las fábricas del siglo XIX. Estos parques forman unos espacios que separan los diferentes complejos urbanísticos de la ciudad, que creció a lo largo de la calle Piotrkowska, en el vértice de un conjunto desprovisto de núcleo propiamente dicho.

Lodz es hoy un centro industrial envejecido y con dificultades para enfrentarse a la fuerte competencia que le plantean sus vecinas meridionales, como Wroclaw o Cracovia.

Varsovia

Varsovia o Warszawa, la capital, tiene una población que sobrepasa el millón y medio de habitantes, pero aún sólo supera levemente la que tenía antes de la última gran guerra. La devastación de la que fue objeto durante la misma supuso una enorme sangría humana y la necesidad de levantar de nuevo gran parte del casco urbano, lo que se llevó a cabo limitando el número de habitantes.

La reconstrucción de que fue objeto Varsovia, tuvo en cuenta el factor de la capitalidad y el símbolo que la ciudad representa para el país, convirtiéndola junto a su área en el segundo núcleo industrial, después de la Alta Silesia.

Unas diez ciudades satélite albergan la población activa empleada en las fábricas y los servicios administrativos y públicos de la capital.

La aglomeración económica y administrativa resultante convierte a Varsovia en la conurbación polaca más destacada. El crecimiento, conducido de manera deliberada por el gobierno durante la

Lublin y Volinia

Al sudeste de Polonia, en el sector de la meseta de Volinia que se conoce como Wyzyna Lubelska, fronteriza con Ucrania, se encuentra Lublin, capital de su voivodato. Esta ciudad es el centro industrial más importante del sector polaco oriental. Situada en las estribaciones de la meseta, es un punto de tráfico de las importaciones procedentes de los países vecinos.

El núcleo urbano de Lublin posee una larga tradición histórica desde su fundación en el siglo X. De los hechos acontecidos en su entorno queda como testigo el castillo que domina la ciudad, y cabe destacar que en ella se reunió el comité que formó gobierno después de la última guerra mundial. Hoy, Lublin es un centro industrial que domina una gran área de influencia. La industria mecánica, con fabricación de maquinaria agrícola y construcción de aviones, es la más importante, aunque la ciudad alberga también importantes industrias de los sectores textil y alimentario.

Kujavia y la Gran Polonia

En el sector oeste de la llanura Central, correspondiente a la Gran Polonia, se ubica la ciudad de Poznan, a orillas del Warta, que comparte el predominio local con la relativamente próxima Bydgoszcz, situada ésta propiamente en Kujavia. La Gran Polonia y la región intermedia de Kujavia son áreas agrícolas importantes, aunque la productividad es menor que la obtenida en la Baja Silesia.

Poblada e intensamente colonizada por los alemanes desde la Edad Media, Poznan ha vivido momentos muy importantes en su historia, con una gran riqueza comercial en el siglo XVI. Hoy es un activo centro comercial regional, y la industria, principalmente alimentaria y de base agraria, así como metalúrgica y química, ocupa la mitad de su mano de obra. La ciudad mantiene una gran feria anual, hecho que se ve favorecido por ser un importante nudo de comunicaciones y de tránsito, que une Polonia con el resto de Europa. Así mismo actúa como centro de comunicaciones interior, vinculando Si-

Lublin, arriba, es una de las ciudades más hermosas de Polonia. Situada al este del país, a orillas del río Bistrzyca, antiguamente fue centro residencial de grandes propietarios y mercado agrícola. En la actualidad es el prototipo de una ciudad media con más de 350.000 habitantes y destacado centro industrial.

lesia con Gdansk y, principalmente, con Szczecin. La universidad y un moderno centro hospitalario la convierten también en núcleo básico de servicios interregionales para el oeste del país.

Al nordeste de Poznan se localiza Bydgoszcz, capital del voivodato del mismo nombre, que se ha convertido en un destacado centro industrial con activida-

En la fotografía, arriba, centro de la ciudad de Gdansk, antigua Danzig alemana y en la actualidad primer puerto de Polonia. Situada en uno de los brazos del Vístula, junto al Báltico, esta ciudad, que sufrió grandes destrucciones durante la Segunda Guerra Mundial, es hoy un importante centro industrial y comercial.

Pomerania o la Costa Báltica

El extremo septentrional de Polonia, bañado por las aguas del Báltico, es una de las zonas menos pobladas del país. Esta franja regional, correspondiente a la histórica Pomerania o Pomorze, se extiende más allá de las costas bálticas para adentrarse hacia el nordeste hasta la Mazuria o Mazury, la zona polaca económicamente más pobre.

La ciudad de Gdansk —la Danzig de los alemanes hasta 1945— es la más poblada del norte polaco, con alrededor de medio millón de habitantes. Concentra en ella la mayor parte del tráfico marítimo del país. Situada en el golfo de su mismo nombre, en la desembocadura del Vístula, Gdansk está comunicada por ferrocarril y por el tráfico fluvial con los principales centros económicos del territorio nacional. La actividad económica que en ella se desarrolla ha creado complejos industriales como el de los astilleros navales, célebres por su protagonismo en la evolución política reciente, y el alimentario, además de la industria química.

Gdynia, al noroeste de Gdansk, fue levantada a partir de una aldea de pescadores después de la Primera Guerra Mundial, como salida portuaria y marítima de Polonia, cuando Gdansk aún se llamaba Danzig y formaba una Ciudad Libre, soberana y poblada por alemanes. El auge de la Gdansk polaca, a partir de 1945, no la ha dañado como se temió en un principio, y, hoy, Gdynia forma con la ciudad turística de Sopot una aglomeración urbana que abarca el sector occidental del golfo de Gdansk.

El otro gran centro urbano del norte se sitúa en las proximidades de la desembocadura del Oder, junto a la frontera con Alemania. La ciudad de Szczecin —la Stettin alemana— constituye un centro portuario importante en que se desarrollan la industria naval y la alimentaria, favoreciendo económicamente el extremo noroccidental del país. Entre Szczecin y Gdansk, los dos grandes puertos del Báltico, se encuentra una serie de localidades pesqueras, entre las que sobresale Kolobrzeg, con un puerto destacado.

des químicas y metalúrgicas. Bydgoszcz ejerce además el papel de complemento urbano de la vecina Poznan. Se trata de una de las ciudades que ha experimentado un mayor incremento poblacional, aprovechando su excelente situación en el codo del Vístula y el canal que une este río con el Notec. Es también un importante centro comercial.

EL PAPEL GEOESTRATÉGICO DE POLONIA

Una mentalidad residual de guerra fría condiciona el futuro de Polonia y el de su papel en la geoestrategia del nuevo orden mundial. Para Europa, este país adquiere un valor simbólico que, más allá de su localización concreta —estado tampón en la encrucijada de mundos tradicionalmente antagónicos—, se alimenta en las particulares circunstancias históricas que conformaron su nacimiento y determinaron sus sucesivos y alternantes sometimientos: frente al expansionismo germánico, al oeste, y frente al expansionismo ruso, al este. Se trata de unas rivalidades ancestrales que hunden sus raíces en la Alta Edad Media y que aún hoy se traducen en inequívocos signos de hostilidad que impregnan la vida cotidiana de las gentes; desde un lenguaje popular rico en aforismos del tipo «Cuando Dios se enojó con los polacos, creó al alemán», hasta la adopción, durante los años ochenta, del catolicismo nacional como arma política frente a una burocracia comunista dependiente de la Unión Soviética, y el más reciente encumbramiento de los otrora destronados y denostados comunistas, una vez consumado el fiasco soviético en Rusia. Esta finta ideológica, que se explica sobre todo por el recurso a razones sociológicas de distinto orden, en ningún caso contradice la necesidad expresada por el pueblo polaco de reafirmar su identidad nacional frente a la opresión exterior sufrida antaño a manos de los grandes imperios vecinos: el Imperio zarista, el Imperio Austro-Húngaro, el Reich alemán, la Unión Soviética...

Los temores polacos no son infundados. No en vano, desde fines del siglo XVIII hasta la Primera Guerra Mundial, Polonia vio repartido su territorio entre las grandes potencias. Recuperó la soberanía al término de la contienda, pero tan sólo la mantuvo durante la veintena de años que median entre 1918 y 1939. Ese año, Hitler desencadenó la Segunda Guerra Mundial, precisamente invadiendo Polonia con el pretexto de la negativa polaca a cederle el «corredor de Danzig», con el que quería unir el Reich a la Prusia Oriental. Curiosamente, a punto de cumplirse sesenta años de aquellos sucesos, el presidente ruso Boris Yeltsin invocaba así mismo la idea de negociar con Polonia y Bielorrusia la construcción de un corredor extraterritorial para unir el enclave ruso de Kaliningrado (correspondiente a la ciudad germana de Königsberg, en la antigua Prusia oriental) a Bielorrusia. La propuesta, impugnada con el argumento económico de que el trayecto sería mucho más corto si el trazado discurriera a través de Lituania, era el tema central del artículo *Rusia no ha revisado su espíritu imperial*, con que el escritor polaco Ryszard Kapuscinski denunciaba en 1996 que «en la política exterior de

Rusia nada ha cambiado», sino que es una simple continuación de las concepciones moscovitas soviéticas que distinguían entre «países de proximidad inmediata» y «países de proximidad relativa». En opinión del mencionado autor, la iniciativa del corredor desvela el hecho de que el Kremlin considera a Lituania como uno de esos países de proximidad inmediata «que tarde o temprano caerá en manos de Moscú, mientras que Polonia, en cuanto país de proximidad relativa, es una presa más difícil e insegura y hay que crear condiciones propicias para capturarla, por ejemplo, teniendo en ella un corredor extraterritorial», cuya protección podría ser alegada para justificar la entrada de nuevas tropas rusas en Polonia.

En semejante contexto de suspicacias debe entenderse la negativa rusa al ingreso de Polonia en la Alianza Atlántica (OTAN), argumentada oficialmente en términos del «temor al acercamiento de la Alianza Atlántica a sus fronteras». En realidad, dicho ingreso frustraría definitivamente cualquier pre-

Polonia, histórico estado tampón entre los imperios de Europa y Eurasia, continúa teniendo un valor geopolítico muy importante. La región de Silesia, a la que pertenece la zona industrial de la Alta Silesia (en la fotografía), es en la actualidad motivo de un contencioso entre Alemania y este país de centroeuropa.

tensión rusa de mantener dentro de su área de influencia a Polonia, un país que por su cultura, religión y relaciones, incluso por su alfabeto, siempre ha pertenecido a la civilización latina, y en consecuencia es, por definición, un país occidental propiamente dicho. Esta realidad explica que en las elecciones presidenciales de noviembre de 1995 la posición favorable al ingreso en la Unión Europea y la OTAN fuera unánime entre los candidatos, y que el ex comunista Aleksander Kwasniewski se reafirmara en ella cuando al año siguiente tomó posesión de la presidencia. Sus siguientes pasos se dirigieron a tranquilizar al gobierno ruso, evitando comprometerse sobre el eventual emplazamiento de armas nucleares en su territorio, si la entrada en la OTAN se hacía efectiva.

El cambio de sentido prooccidental de Polonia no está, sin embargo, exento de dificultades. En el ámbito territorial, el principal litigio se deriva del contencioso germano-polaco de Silesia, región que, con el nombre de Wroclaw, al término de la Segunda Guerra Mundial se anexionó Polonia después de siete siglos de soberanía germánica. En la ca-

pital de Wroclaw, la antigua Breslau alemana, apenas quedan setecientos de los setecientos mil alemanes que constituían su población. Un acuerdo de amistad germano-polaco suscrito en 1991 pasó a garantizar los derechos políticos de dicha minoría, que pocos años después contaba ya con una treintena de alcaldes. ¿Es ajeno ese compromiso al protagonismo alemán en los destinos de Europa? ¿Resultan suficientes cincuenta años de dominación polaca para legitimar tal situación? Los interrogantes podrían multiplicarse. El presidente de la vecina República Checa, Václav Havel, discreto donde los haya, prorrumpía con una receta de apariencia ingenua: «La política de Occidente con respecto a Rusia y la política de Rusia con respecto a Occidente deberían basarse en la idea de una buena asociación entre dos grandes entidades» (Occidente y la crisis de la OTAN con Rusia, 1996). A buen seguro que la fórmula sería extensiva al caso germano-polaco.

Lluís Cànovas Martí
Historiador

REPÚBLICA CHECA

La República Checa nació el 1 de enero de 1993 a raíz de la división en dos naciones del estado que fuera conocido como Checoslovaquia. Está constituido por Bohemia y Moravia, las dos regiones históricas de la población checa, además de una pequeña porción de Silesia. Se trata de un territorio continental, situado en el corazón de Europa, al oeste de la cordillera de los Cárpatos, que carece de salida al mar. Esta condición hace que su vegetación y su clima sean típicamente continentales, rasgos que repercuten también en el perfil cultural.

La República Checa posee fronteras con Polonia, al nordeste; con Alemania, al noroeste y sudoeste; con Austria, al sur, y con Eslovaquia, país con el que compartió el mismo destino histórico a lo largo de más de siete décadas, al este. De forma alargada en sentido longitudinal, su extensión no llega a superar los ochenta mil kilómetros cuadrados, lo que hace que sea equivalente sólo a un 0,7 por 100 del continente europeo, en su conjunto.

EL SECULAR ANHELO DE INDEPENDENCIA

El 1 de enero de 1993, la República Checa inició su andadura como estado soberano, en aplicación del pacto de ruptura pacífica con la República Eslovaca, país al que se hallaba vinculado políticamente desde el 28 de octubre de 1918, cuando se fundó Checoslovaquia con objeto de agrupar en su seno a las poblaciones eslavas occidentales que durante varios siglos habían estado sometidas a austríacos y húngaros.

Atrás quedaban las tensiones entre ambos pueblos, de común origen étnico, pero con grandes diferencias socioeconómicas. Los checos o habitantes de Moravia, Bohemia y Silesia, mejor preparados política y culturalmente para la independencia nacional, coparon los resortes directivos del nuevo estado checoslovaco y se convirtieron en dominadores de los eslovacos. Con el tiempo, los puntos de divergencia se acentuaron, hasta desembocar en el irremediable divorcio.

De la efímera soberanía a la hegemonía de Moscú

El diseño geopolítico de Europa establecido al finalizar la Primera Guerra Mundial unió a checos y eslovacos bajo una misma república, Checoslovaquia, que apenas duró dos decenios. En ella convivieron no sólo las etnias de origen eslavo que en 1930 representaban el 67 por 100, sino otras minorías —alemanes, húngaros, polacos, gitanos, rusos y ucranianos— que en su conjunto formaban el 33 por 100 restante.

La separación de la República Checa de Eslovaquia, a la que estuvo unida durante siete décadas, fue un ejemplo de escisión pacífica entre dos estados tras la caída del comunismo en el Este de Europa. A la derecha, el puente de Carlos, sobre el río Vltava, en Praga.

Datos generales

Denominación oficial: Ceská Republika
Superficie: 78.864 kilómetros cuadrados
Capital: Praga (1.214.691 hab.)
Estructura administrativa: 76 distritos
Unidad monetaria: corona
Lenguas: checo (oficial); polaco; alemán
Minorías étnicas: checos (81,2 %); moravos (13,2 %); eslovacos (3,1 %); polacos, alemanes, etc.
Creencias: cristianismo católico (mayoría)

Estadísticas e indicadores demográficos

Población absoluta: 10.331.000 habitantes
Densidad: 131 hab/km²
Ciudades principales: Brno (389.824 hab.); Ostrava (326.303 hab.); Plzen (172.153 hab.); Olomouc (106.129 hab.); Liberec (100.802 hab.); Hrádec Králové (86.267 hab.)
Crecimiento vegetativo: 0,1 %
Tasa de natalidad: 11,7 ‰
Tasa de mortalidad: 11, 5 ‰
Tasa de mortalidad infantil: 8,5 ‰
Población urbana: 68,6 %

Indicadores sociales

Educación: 2.128.000 alumnos (65,4 % primaria; 28,7 % secundaria; 5,9 % superior)
Aparatos de radio por 100 hab.: 27,9
Televisores por 100 hab.: 30,8
Teléfonos por 100 hab.: 31,3
Camas de hospital por 1.000 hab.: 8,2
Médicos por 1.000 hab.: 3,7
Automóviles de turismo: 2.522.369 unidades
Red ferroviaria: 9.441 kilómetros
Red de carreteras: 55.912 kilómetros
Aviación: 25.264.000 km de vuelo anuales
Marina: 17 buques (258.165 tm de arqueo bruto)

Indicadores económicos

Producto Nacional Bruto: 28.193 millones de dólares
Renta per cápita: 2.730 dólares USA
Población activa: 5.421.000 (11,6 % agricultura; 45 % industria; 43,4 servicios)
Turismo: 4.472.000 visitantes anuales
Importaciones: 290.488 millones de dólares USA
Exportaciones: 247.850 millones de dólares USA
Superficie cultivada: 40,3 %

Estadísticas económicas

Agricultura (miles tm): remolacha azucarera (4.310); centeno (256); cebada (2.419); trigo (3.304); patata (2.396); tomates (37); manzanas (308); girasol (27)
Ganadería (miles cabezas): bovinos (2.512); ovinos (254); caprinos (45); aves de corral (28.000)
Pesca (miles tm): 19,5
Silvicultura (miles m³ de madera): 9.850
Minería (miles tm): lignito (68.084); grafito (10,6); magnesita (2.703); sal (232); petróleo (82); gas natural (702.000 m³)
Industria (miles): acero (6.769 tm); fundición de hierro (4.655 tm); plomo (23,9 tm); cobre (10 tm); tejido de algodón (358.000 m²); automóviles (172 unidades)

Datos políticos

Forma de gobierno: República parlamentaria
Jefatura de Estado: Presidente
Poder Ejecutivo: Presidente de la República y Consejo de Ministros
Poder Legislativo: Parlamento bicameral (Cámara de Diputados: 200 miembros; Senado: 81 miembros)
Partidos políticos: Unión Democristiana-Partido Popular (KDU-CSL); Democracia Cristiana (KDS); Alianza Cívica Democrática (ODA)

Ver mapa de la República Checa en páginas 850-851

En 1938, Hitler, tomando como pretexto la protección de los tres millones de alemanes asentados en los Sudetes y Silesia, anexionó estos territorios, además de Bohemia y Moravia, a Alemania. Concluida la Segunda Guerra Mundial, se recompuso Checoslovaquia y se proclamó la segunda república, aunque sin la Rutenia Subcarpática que fue incorporada a Ucrania y con la expulsión en masa de la población de etnia alemana por su activo papel en la disgregación de la primera república. De este modo, incluyendo los húngaros como grupo principal, las minorías quedaron reducidas al 5 por 100 del total de habitantes.

El carácter binacional —checo y eslovaco— de la nueva república no fue institucionalizado, sin embargo, hasta años más tarde. Tras el acceso al poder de los comunistas en 1948, los checoslovacos se convirtieron en subordinados y aliados de Moscú. Así, cuando en 1968 Alexander Dubcek, primer secretario del Partido Comunista Checoslovaco, impulsó desde el poder una vía de reformas políticas y económicas, conocida como Primavera de Praga, los dirigentes soviéticos reaccionaron con contundencia y la interrumpieron mediante el uso de la fuerza. Sin embargo, para satisfacer las viejas aspiraciones, se impulsó una reforma constitucional que condujo a la proclamación el 1 de enero de 1969 de la República Federal de Checoslovaquia, en base a dos estados: la República Checa, integrada por Bohemia, Moravia y Silesia, y Eslovaquia.

La democratización y la soberanía

En 1989, en el marco de los cambios geopolíticos relacionados con la *perestroika* (renovación) y la caída del Muro de Berlín, la creciente presión popular obligó al partido comunista a prometer la restauración de la democracia. El proceso, llevado a cabo de forma tan pacífica que se le denominó «revolución de terciopelo», significó el ascenso al poder de los demócratas. Como primer paso, el parlamento, dominado por los comunistas, eligió presidente de la república al dramaturgo Václav Havel, el 29 de diciembre de ese mismo año. Se aprobaron de inmediato reformas económicas y se convocaron elecciones libres para junio de 1990. Éstas dieron como resultado una victoria aplastante de los candidatos demócratas reunidos en el Foro Cívico y la reelección de Havel como presidente. Mientras, el 24 de abril de ese año, se instauró la República Federativa Checa y Eslovaca, que delimitaba aún más la personalidad jurídica de las dos naciones federadas.

Sin embargo, los representantes electos eslovacos plantearon como necesaria la división del doble país y así lo acordaron con el gobierno de coalición checo surgido de las elecciones de junio de 1992, a pesar de la oposición de Havel, quien por ello dimitió de la presidencia. El año 1993 comenzó inaugurando la plena soberanía del estado checo y el 26 de enero el parlamento eligió a Havel presidente de la nueva República Checa. Esta debe afirmar, no obstante, su nueva identidad sin olvidar el sentimiento regional moravo. Por otra parte, en sus primeros pasos ha aplicado un programa de privatizaciones cuyo objetivo es reconvertir la estatalizada economía anterior y adecuarse a los requisitos imprescindibles para lograr su declarado anhelo de vincularse a Europa.

Geografía física: la importancia del Cuadrilátero

En la República Checa, las regiones históricas se corresponden con otras tantas naturales. Así, extendidas longitudinalmente, de oeste a este se encuentran Bohemia (Cesky) y Moravia (Morava). En esta última, el sector nordeste, o sea, la zona que comprende la cuenca carbonífera de Ostrava, corresponde tradicionalmente a una parte de Silesia —con vínculos con la región polaca del mismo nombre—, aunque por sus dimensiones reducidas se le considera más un apéndice moravo que una región diferenciada.

Bohemia forma un macizo de origen herciniano y de poca altitud, que es uno de los mayores de Europa en su clase. Dicho macizo se halla separado de los Cárpatos, en el sector oriental, por las cuencas de Moravia y Silesia, y se presenta como un gran altiplano encuadrado entre alineaciones montañosas, conocidas como Cuadrilátero de Bohemia por la forma en que están dispuestas; entre ellas se encaja la cuenca interior, de relieve irregular.

El conjunto de macizos que forman el Cuadrilátero de Bohemia lo constituyen, en el norte, los Montes Metálicos o Krusné Hory, donde se encuentra el macizo Klínovec, con 1.243 metros de altitud; en el sudeste, las Colinas de Moravia o Ceskomoravkà Vysocina; en el norte, los Montes Gigantes o Krkanose, donde en el límite con Polonia se ubica la mayor altura regional, el Snezka, con 1.602 metros; al nordeste, los Sudetes o Sudety, con picos que no sobrepasan los 1.500 metros; y al oeste, los montes Cesky Les, de tipo vosgoniano, y la Selva de Bohemia o cadena de los Sumava, donde se alza el monte Javor, con 1.452 metros.

La región más húmeda de la República
Checa, el Cuadrilátero de Bohemia, es
una extensa altiplanicie regada por el Elba
superior y sus afluentes. Abundan los
parajes abruptos y pintorescos, como
en Jicín (en la fotografía de arriba), en
la cuenca del Cidlina, y masas forestales
siempre verdes como muestra la fotografía
de la izquierda (Bohemia Central),
desgraciadamente atacadas por la lluvia
ácida. Se trata de un macizo de origen
herciniano, de los más extensos de Europa
en su categoría geomorfológica, aunque
de poca altitud (la máxima altura se alcanza
en el reborde septentrional de los Montes
Gigantes, con el pico Snezka, de 1.602
metros, fronterizo con Polonia).

El ambiente que se respira en la mayoría de las ciudades bohemias y moravas, plasmado a la derecha, en la fotografía, pone de manifiesto el hecho de que la República Checa cuenta con el nivel de vida más elevado de los países de la Europa Centrooriental y Danubiana.

Las cuencas de Moravia y Silesia forman una zona de transición entre Bohemia y los Cárpatos o Karpaty. Una parte de Moravia, al este, pertenece al ámbito de esta gran cordillera de Europa Centrooriental, mientras que el lado occidental moravo enlaza con el macizo bohemio. El pasillo o corredor de Moravia comunica la llanura Germanopolaca con la Panónica o Húngara, en la cuenca danubiana. Esta vía de comunicación está flanqueada al este por los Cárpatos Blancos o Biele Karpaty, que forman el límite entre Moravia y Eslovaquia.

La red hidrográfica

La República Checa es un país rico en cuanto a su capacidad hidrográfica y son diversos los ríos que nacen en territorio checo y fluyen hacia países vecinos. El principal es el Labe o Elba, que recorre 396 kilómetros en Bohemia desde su nacimiento en la vertiente sur de los Montes Gigantes hasta la frontera con Alemania. Su régimen es de tipo oceánico, y presenta crecidas en primavera a causa del deshielo. Aunque es navegable, la disminución de su caudal en verano y las heladas invernales dificultan la navegación. Sus afluentes son el Ohre y el Vltava (Moldava); éste último recibe a su vez el Sázava y el Berounka. En general, los ríos de la cuenca de Bohemia son cursos bien encajados en su lecho, que, cuando no acusan los efectos de la creciente contaminación industrial, poseen límpidas aguas.

El curso fluvial checo más largo es, precisamente, el citado Vltava, con 433 kilómetros. Además del Labe, le sigue en este orden de importancia el Morava, que desde su nacimiento en los Sudetes corre hacia el sur y afecta al territorio checo hasta su confluencia con el Dyje, a lo largo de unos trescientos kilómetros. En cuanto a las cuencas lacustres, la mayor es la del Cerné Jezero o lago Negro, en la Selva de Bohemia, con 18,4 hectáreas.

El clima

La República Checa ocupa una zona climática de transición entre la oceánica del oeste y la continental del este. No existe una marcada diferencia entre el norte y el sur, ya que todo el territorio se halla situado a una misma latitud. La temperatura media anual del país oscila entre los 9-10 °C y es más elevada en las llanuras de Moravia que en las mesetas de Bohemia. Las precipitaciones son más abundantes en la zona de Bohemia, donde se alcanzan entre 750 y 900 milímetros anuales, aunque Praga registra sólo 495.

Una población casi homogénea

Dentro del movimiento general de los pueblos que acompañó en Europa la caída del Imperio Romano, hacia el siglo V, una fracción de las tribus eslavas que, desde los bosques y pantanos bielorrusos y ucranianos de la cuenca del Dniéper, se desplazaban hacia el oeste, se instaló en las cuencas del alto Elba y del Morava, sobre un país cuya parte más occidental —Bohemia— mantendría a través del tiempo el nombre derivado de unos primitivos pobladores, los celtas boyos, mientras que la parte oriental —Moravia— consolidaría su denominación a partir de la del río que constituía su eje físico, el Flumen Marus de los romanos, actual Morava.

Para hacer suyas aquellas tierras, los eslavos tuvieron que desplazar (siglo VI) a los lombardos, lo mismo que éstos habían hecho antes con celtas, cuados y marcomanos. Hoy se conoce con el nombre genérico de checos a los descendientes de aquellos antiguos eslavos bohemios y moravos, que en el siglo IX compartieron el estado de la Gran Moravia, aunque lo hicieron con otros pueblos de la zona centrooriental de Europa, como ocurrió ya en tiempos del franco Samo (siglo VII).

La Gran Moravia cayó pronto bajo la tutela de los vecinos germánicos y éstos y los magiares determinaron finalmente su desaparición en 894. Sin embargo, las tierras habitadas por los eslavos checos constituyeron a lo largo de los siglos, y esta vez con Praga como núcleo aglutinador, un embrión estatal que se consolidó como Reino de Bohemia en 1212, bajo la dinastía de los Premyslidas, vinculado al Sacro Imperio Romano Germánico. El Reino de Bohemia tuvo momentos de esplendor en el siglo XIV: Carlos IV fue rey de Bohemia y emperador germánico y en su época el checo tuvo carácter de lengua oficial y se fundó la universidad de Praga.

Las relaciones entre los checos y los alemanes siempre fueron complejas, y estuvieron marcadas por el gran peso institucional y cultural del imperio alemán y la presión demográfica germánica, pero empezaron a tomar un carácter de abierto enfrentamiento en la medida en que el Reino de Bohemia fue acechado por los Habsburgo desde 1437 para caer definitivamente en la esfera de los dominios de esta dinastía austríaca a partir de 1526.

Las convulsiones internas en Bohemia y Moravia tuvieron desde el siglo XV manifestaciones sobre todo de tipo religioso —primero la revuelta de los husitas, luego la de los protestantes—, pero siempre con un trasfondo étnico y socioeconómico. En 1620, la derrota checa en la batalla de la Montaña Blanca determinó la sumisión del país bohemio-moravo a los Habsburgo y el intento de la germanización forzada propugnada por éstos durante los tres siglos siguientes. La asimilación llegó al punto de que al finalizar la Primera Guerra Mundial una tercera parte de la población de Bohemia y Moravia se consideraba alemana o descendía de colonos de procedencia alemana. Para entonces, los checos habían tomado la senda de las reivindicaciones nacionalistas —iniciadas en 1848 con el Primer Congreso Panaeslavo celebrado en Praga—, que les llevaron sucesivamente a recuperar el uso literario de la lengua —cestina o cheshtina, en denominación autóctona— y a la exigencia de su oficialización (1892), restablecer la universidad de Praga, implantar el sufragio universal (1907), crear un gobierno en el exilio (1915) y proclamar la independencia (1918) en el marco de Checoslovaquia.

Actualmente, los checos superan los diez millones de personas, con una densidad por encima de los 130 habitantes por kilómetro cuadrado. Su comportamiento demográfico es similar al de las sociedades europeas industrializadas, con un índice de crecimiento apenas por encima de cero y una natalidad y una mortalidad bajas. Desde el punto de vista étnico, la gran mayoría de la población es hoy eslava, después de que al término de la Segunda Guerra Mundial se produjera la expulsión en masa de los alemanes, que jugaron la carta de la guerra y la ocupación nazis. Aún así, existe todavía una minoría germánica de alrededor de 150.000 personas. También hay unos 60.000 polacos en Silesia y son numerosos por todo el país los gitanos. La creencia mayoritaria es la católica, aunque existe una considerable minoría que sigue a las iglesias reformadas, con un arraigo de siglos.

La capital Checa posee numerosos monumentos que atestiguan su pasado histórico. Muestras de arte gótico, renacentista o barroco, se suceden en calles, plazas y puentes. Abajo, panorámica de la ciudad, con la «plaza Vieja» en primer plano.

De la economía estatalizada al libre mercado

Al analizar la economía checa hay que tener en cuenta que, durante los cuatro decenios anteriores a la década de los noventa, estuvo organizada de acuerdo con el modelo de socialismo de estado. Completamente hundida al término de la Segunda Guerra Mundial, logró rehacerse en menos de dos años. A partir de 1948, la subida de los comunistas al poder supuso la nacionalización de los diferentes sectores y la colectivización de la tierra, a la par que se seguían los planes quinquenales. La entrada de las tropas del Pacto de Varsovia en 1968 se produjo cuando en el entonces estado checoslovaco se estaba llevando a cabo el cuarto plan quinquenal (1966-1970) y cuando se pretendía aplicar una vía de apertura a alguna forma de sistema de mercado, que fue interrumpida para volver al sistema de rígida centralización.

Con la caída del comunismo, el gobierno democrático, presidido por Václav Havel, tomó desde 1990 la senda de la economía de mercado. La tarea de privatizar sobre una estructura fuertemente estatalizada no era fácil y en ello radicó uno de los motivos de separación con sus hasta entonces compatriotas, los eslovacos. En la segunda oleada de privatizaciones, emprendida a partir de 1994, el gobierno, atento al creciente grupo de población partidario de un modelo social de la economía de mercado con fuerte intervención pública, actuó con pragmatismo y frenó, por ejemplo, la liberalización del sector de la vivienda.

No obstante, gracias a un sector privado en plena expansión, a un comercio exterior activo —casi la mitad dirigido a la Unión Europea—, una reducida tasa de desempleo (3, 5 por 100 a mediados de los noventa) y una moneda sana, a pesar de una inflación algo preocupante, los dirigentes de la República Checa están convencidos de que su país resistirá el duro embate de la reconversión que se precisa para incorporarse a la Unión Europea.

Los recursos naturales

El subsuelo de Bohemia y Moravia es muy rico. Entre sus diversos polos mineros, destacan de forma especial el de la franja que sigue la vertiente meridional de los Krusné Hory o Montes Metálicos, en Bohemia, y el de la Silesia morava. En Jáchymov, al sur de los Krusné Hory, se extrae mineral radiactivo. En la misma área, Sokolov, Chomutov, Most y Ustí nad Labem poseen lignito. Príbram, al sudoeste de Praga, ofrece una notable variedad

Bohemia y Moravia constituyen las dos grandes regiones históricas de la República Checa. El desarrollo de la industria pesada no impidió en estas regiones el mantenimiento de actividades de origen artesanal, como la tradicional fabricación de objetos de lujo, especialmente en el terreno de la cristalería. Bohemia es la región donde la fabricación del vidrio ha conservado más su tradición, como se ve en la fotografía de la izquierda. En la página siguiente, vista aérea de Brno, capital de Moravia Meridional.

metalífera: uranio, plata, plomo y zinc. El carbón proviene mayoritariamente de la célebre cuenca moravo-silesiana, en Ostrava y Karviná, aunque también se encuentra en Kladno y Rakovník, al oeste de Praga, y en la cuenca bohemia occidental de Plzen. La Bohemia central (Krasná Hora, Brezina) ofrece mineral de hierro, mientras que en la meridional se explota grafito en Cesky Krumlov y gas natural en Vysoká, junto a Austria. El gas natural también se obtiene en el área morava de Príbor.

La riqueza forestal, otrora notable, conserva todavía cierta relevancia, a pesar de que la polución industrial ha causado gravísimos estragos y ha estimulado la conciencia ecologista. Entre otras razones, cabe destacar que algo más de un tercio del territorio checo está ocupado por superficies boscosas. Por otra parte, a muchos de sus hermosos parajes, como por ejemplo los rebordes del Cuadrilátero, acuden numerosos turistas. Éstos se sienten atraídos también por centros de antigua tradición turística, las fuentes de aguas termales y los centros balnearios, como Karlovy Vary o Mariánské Lázne, ambos en el oeste de Bohemia, que ya eran famosos en el pasado, bajo toponimia germánica (Karlsbad y Marienbad).

El sector agrario

Las fértiles tierras negras y los suelos de *loess* de la cuenca del alto Labe o Elba constituyen la base de la tecnificada y altamente rentable producción agrícola, que ocupa poco más del 40 por 100 de la superficie total del país. La colectivización de la tierra, que llevó a cabo el régimen comunista, supuso la expropiación de los grandes latifundios y de las fincas pertenecientes a la minoría alemana de preguerra. Sin embargo, la reprivatización emprendida por el gobierno democrático en 1992 significó una vuelta atrás de magnas consecuencias, al reclamar los antiguos terratenientes sus posesiones. Para paliarlas se dictaron algunas medidas con objeto de evitar el regreso masivo a tierras checas de la población alemana expulsada a fines de los años cuarenta.

El principal cultivo es el trigo, seguido a distancia por la cebada y el centeno. Dichos cereales se obtienen en el sur y oeste de Bohemia y en el sur de Moravia. También se hallan difundidos los forrajes y las patatas, éstas en las zonas mesetarias de Bohemia. En el norte de esta última región y en Moravia se obtiene remolacha azucarera. Los viñedos, por su parte, se difunden en partes de Moravia y en la llanura bohemia de Melník. Otros cultivos son los de la colza, el girasol y los productos hortofrutícolas, ubicados éstos en las cercanías de las áreas urbanas para facilitar su avituallamiento. La ganadería consta de bovinos, ovinos y porcinos.

La tradición industrial

Antes de iniciarse el período comunista (1948-1989), el País Checo, o sea Bohemia y Moravia, ya constituía con la vecina Alemania una de las áreas más industrializadas de Europa Centrooriental. El peso de la industria recaía antes de la Segunda Guerra Mundial en la importancia del sector pesado, sin perjuicio por ello de la industria ligera, en la que destaca el vidrio, además de la tecnología de precisión. La inclusión —como parte de Checoslovaquia— en la órbita de los países situados bajo hegemonía soviética, significó la entronización de un sistema centralizador y planificado, lo cual conllevó cambios en la orientación productiva.

La industria, con más de la mitad de la población activa, sigue siendo fundamental en la estructura económica checa, embarcada desde 1990 en la privatización, la libre iniciativa y competencia, la modernización de equipos, la renovación tecnológica y, en los casos necesarios, la re-

conversión. Destaca ante todo el sector siderúrgico, ubicado en la zona carbonífera de la Silesia morava, con altos hornos en Ostrava y Karviná, y también en el oeste de Bohemia (Kladno, Plzen, Chomutov); allí se elabora tanto el mineral propio como el de importación y sobresale la producción de acero, aluminio, plomo y zinc. También en la zona silesiana se desarrolla una notable industria química, con fabricación de fibras textiles artificiales, fertilizantes y ácidos clorhídrico y sulfúrico. La industria textil se halla muy difundida, pese a que parte de la materia prima debe ser importada. Se localiza en las zonas paralelas a los Sudetes y los Krusné Hory o Montes Metálicos y produce hilados y tejidos de algodón, lana, lino y seda. La industria mecánica (maquinaria, vehículos) se concentra en las grandes ciudades, como Praga y Plzen, y la del papel y del mueble en la periferia de las principales áreas boscosas, como en Praga o en Bucovice. También son notables la industria del vidrio, en el norte de Bohemia, con acabados de fama mundial —al igual que sucede en el caso de la porcelana—, la fabricación de instrumentos musicales (por ejemplo en la bohemia Kraslice o la morava Krnov) y la industria cervecera en Plzen —la célebre Pilsen germánica, creadora de marca de calidad—, Praga y Ceské Budejovice.

Regiones, provincias y ciudades

Con una extensión de 78.864 kilómetros cuadrados —inferior a la de la vecina Austria—, la República Checa está constituida por dos grandes regiones, Bohemia y Moravia, a las que se añade la subregión de Silesia integrada en la segunda de ellas y sin personalidad político-administrativa.

Bohemia y Praga, una ciudad melómana

Bohemia o Cesky constituye el núcleo fundamental del País Checo, tanto por su población (6.350.000 habitantes), como por su riqueza y desarrollo. Ocupa con 52.769 kilómetros cuadrados, la extensa altiplanicie del Cuadrilátero de Bohemia, regada por el Elba y sus afluentes. Aparte de la capitalina, comprende cinco provincias: Central (10.994 kilómetros cuadrados), Meridional (11.345 km²), Occidental (10.875 km²), Septentrional (7.819 km²) y Oriental (11.240 km²).

La principal ciudad de la región bohemia es Praga o Praha, capital de Bohemia Central y también de la república. Con una extensión de 496 kilómetros cuadrados, más del millón doscientos cincuenta mil habitantes y la mayor densidad del país —superior a 2.500 habitantes por kilómetro

cuadrado—, Praga está situada a orillas del Vltava (Moldava), aguas arriba de su confluencia con el Labe o Elba, justo en el centro de la cuenca hidrográfica bohemia.

Los tres sectores en que Praga está dividida forman cada uno de ellos una pequeña ciudad con sus propias características, mientras que se hallan unidos al resto por rasgos más generales. Los barrios de Hradcany y Malá Strana forman con sus palacios el sector más aristocrático, a la izquierda del río, desde el cual, a través del puente Karluv Most, del siglo XIV, se pasa a la Staré Mesto («ciudad vieja»), en la orilla derecha del Vltava. En este sector se encuentran el Ayuntamiento Viejo y la iglesia Tynsky. Rodeando a la Staré Mesto, y en torno a la gran explanada de la plaza de San Venceslao, se desarrolló desde el siglo XIV la Nové Mesto («ciudad nueva»).

Esta ciudad europea a la que Mozart dedicó su sinfonía número treinta y ocho, que llamó con su mismo nombre, Praga, en agradecimiento a la atención prestada a su música, es una capital cultural en cuyas calles ha quedado plasmada la historia en piedra. Habitada desde el Neolítico, importante fortaleza en el siglo IX, gracias a los castillos de Hradcany y Vysehrad, y floreciente ciudad comercial en la Baja Edad Media, vivió su máximo esplendor en el siglo XIV, cuando el emperador Carlos IV la hizo capital de su imperio, al tiempo que fundaba la universidad (1348), en Hradcany, y construía el puente que lleva su nombre, Karluv Most.

Del antiguo núcleo urbano de Praga queda hoy el castillo de Hradcany, cuyos restos se encuentran bajo los edificios de la posterior construcción. El centro de la Staré Mesto es la plaza donde se alza la estatua de Jan Hus y el Ayuntamiento Viejo, en cuya torre puede contemplarse el curioso reloj astronómico que, desde 1410, pone sus figuras —doce apóstoles— en movimiento, haciéndolas desfilar cada hora. En la misma plaza se encuentran los portales de Ungelt —restos de un antiguo mercado del siglo XI—, la iglesia gótica de Tyn, del siglo XIV, y la de San Nicolás, del siglo XVII, al igual que el Palacio Golz-Kinsky. El puente Karluv Most une la ciudad vieja con la nueva y constituye en sí mismo un monumento, ya que a su antigua construcción se añadió en los siglos XVII y XVIII una balaustrada con treinta estatuas religiosas cuya silueta puede percibirse desde lejos.

Praga fue ampliada con suburbios industriales (Karlín, Smíchov) en el siglo XIX, bajo el estímulo de la Revolución Industrial, y a éstos se fueron añadiendo luego los barrios construidos por el gobierno socialista tras la Segunda Guerra Mundial, en

Praga, la capital de la República Checa, es una ciudad muy antigua, que se desarrolló sobre todo a partir del siglo XI como núcleo estratégico y comercial. En el siglo XIV, el emperador germánico Carlos IV le proporcionó una época de esplendor, tanto en el aspecto político como cultural. En la fotografía de arriba, detalle del curioso reloj astronómico instalado desde el siglo XV en la torre del Ayuntamiento Viejo, en la Staré Mesto («ciudad vieja») de Praga. En la imagen de la derecha, vista del centro de la ciudad, con el río Vltava en primer término.

un estilo funcional que constituye la parte más nueva de la ciudad.

La ciudad de Praga es hoy no sólo la capital de la República Checa y por tanto su centro político y administrativo, sino también un centro comercial e industrial donde se desarrollan sectores variados, tales como el alimentario, el químico, el de la mecánica de precisión, el del calzado, etc. Mantiene, además, el prestigio como centro cultural, en el que la actividad musical continúa vigente a través de sus tres teatros de ópera (el Národní Divadlo, la Scala Smetano y el Teatro Jan K. Tyl), las diversas salas de concierto (Sala Janácek, Sala Dvorák, etc.) y el Festival Internacional de Música que se celebra todas las primaveras.

Moravia

Moravia o Morava se sitúa entre Bohemia y Eslovaquia y está dividida en dos provincias, la septentrional, con una extensión de 11.067 kilómetros cuadrados y la meridional, cuya superficie ocupa 15.028 kilómetros cuadrados. La población suma en total algo más de cuatro millones de habitantes. Al norte de la región se encuentra la Silesia morava, reserva carbonífera y núcleo industrial de la gran actividad, donde se localiza la industria metalúrgica, ferroviaria, fundiciones de coque y altos hornos.

En Moravia, regada por las aguas del Morava y el Oder u Odra, se encuentran numerosos núcleos históricos, como el castillo de los Premylidas, la catedral de San Venceslao, en Olomouc, el castillo de Bonzov y diversos centros de tratamiento hidroterápico.

Ostrava, cuya conurbación supera el medio millón de habitantes, es la capital de Moravia Septentrional. La ciudad está formada por la unión de dos aglomeraciones, el de Moravská Ostrava y el de Slezká Ostrava, y desde 1947 ha experimentado un crecimiento demográfico cercano al 40 por 100.

La Moravia Meridional tiene a Brno por capital. Esta ciudad es la segunda de toda la República Checa por el número de habitantes —en torno a los cuatrocientos mil— y el principal nudo de comunicaciones de la región. Alberga monumentos de interés como el castillo de Spilberk, del siglo XVII, y es sede de instituciones científicas o culturales, como el Museo Moravo. En Brno se desarrollan ferias y encuentros de interés internacional. Otras ciudades sobresalientes de la región morava meridional son Zlín (antes llamada Gottwaldov), donde se ubican los estudios cinematográficos más importantes del país, y Slavkov, que no es otra que la histórica Austerlitz.

ESLOVAQUIA

Eslovaquia es un país centrooriental del continente europeo, que se convirtió en estado independiente en 1993. Anteriormente, y a lo largo de más de siete décadas, había formado parte, junto con su vecina occidental, la República Checa, de Checoslovaquia, estado creado en 1918 al derrumbarse el Imperio Austrohúngaro.

Eslovaquia está situada en la vertiente meridional de los Cárpatos Occidentales y no dispone de salida al mar. Limita al norte con Polonia, al este con Ucrania, al sur con Hungría y al oeste con la República Checa. Su territorio adopta una forma larga y estrecha que se aproxima a los cincuenta mil kilómetros cuadrados de superficie, lo cual supone el 0,5 por 100 de la extensión total del continente europeo.

LA BÚSQUEDA DE UNA IDENTIDAD NACIONAL

La desaparición pactada de la brevísima República Federativa Checa y Eslovaca, gracias a los acuerdos alcanzados por los gobiernos democráticos de las dos naciones que la formaban, permitió el nacimiento pacífico de Eslovaquia como estado soberano el 1 de enero de 1993. Con ello se ponía fin al contencioso entre checos y eslovacos, latente desde que en 1918 se fundara la República Checoslovaca sin que los eslovacos fueran reconocidos como nación.

Si bien existía una marcada afinidad étnica por la pertenencia a un mismo fragmento del gran tronco eslavo, los eslovacos no compartieron con sus anteriores compañeros de viaje histórico, los checos, ni la situación socioeconómica, ni el enfoque político frente al futuro. En parte, la causa fue el lastre de magiarización cultural y dependencia de grandes terratenientes agrícolas, fruto del secular dominio de Budapest sobre Bratislava.

El largo camino hacia el reconocimiento nacional

Eslovaquia, territorio en el que se asentaron los eslovacos, eslavos del grupo septentrional hacia el siglo VI, estuvo sometido a Hungría desde el siglo X. En el XVIII fue escenario de revueltas campesinas de carácter nacionalista, a la par que inició la recuperación de su identidad cultural.

Finalizada la Primera Guerra Mundial, la consiguiente desmembración del Imperio Austrohúngaro unió a los eslovacos con los países checos en un mismo estado, Checoslovaquia. Los resortes directivos del nuevo estado fueron controlados y centralizados por los checos, mientras los eslovacos —a los que no se concedió el autogobierno prometido— quedaron en un claro segundo término, lo cual no dejó de levantar resquemores entre ellos. Contribuyó a complicar el panorama que el 33 por 100 de los habitantes del territorio perteneciera a minorías étnicas. De ellos, medio millón eran húngaros, asentados en el mediodía de Eslovaquia y con deseos de

El territorio de Eslovaquia está dominado por los Cárpatos Occidentales, cuya mayor altura se halla en el Alto Tatra o Tatry, donde está el pico Gerlachovsky (2.655 m de altitud). Aunque en el país no abundan los lagos, en medio de estas montañas se halla uno de los más importantes, el Slezsky, cuya imagen aparece en la página siguiente.

Datos generales

Denominación oficial: Slovenská Republika
Superficie: 49.036 kilómetros cuadrados
Capital: Bratislava (446.655 hab.)
Estructura administrativa: 4 provincias
Unidad monetaria: corona eslovaca
Lenguas: Eslovaco (oficial); húngaro; checo
Grupos étnicos: eslovacos (85,7 %), húngaros (10,7 %); rumanos (1,5 %); checos (1,1 %)
Creencias: cristianismo católico (mayoritario); cristianismo ortodoxo

Estadísticas e indicadores demográficos

Población absoluta: 5.314.155 habitantes
Densidad: 108,3 hab/km²
Ciudades principales: Kosice (237.336 hab.); Zilina (83.853 hab.); Nitra (89.888 hab.); Presov (87.788 hab.); Banská Bystrica (85.631 hab.);
Crecimiento vegetativo: 0,4 %
Tasa de natalidad: 14 ‰
Tasa de mortalidad: 11 ‰
Tasa de mortalidad infantil: 12 ‰
Esperanza de vida: 71 años

Indicadores sociales

Educación: 1.251.000 alumnos (14,7 % preescolar; 55,2 % primaria; 25,3 % secundaria; 4,8 % superior)
Aparatos de radio por 100 hab.: 20
Televisores por 100 hab.: 47
Teléfonos por 100 hab.: 25,6
Libros publicados: 3.305 títulos
Camas de hospital por 1.000 hab.: 76,7
Médicos por 1.000 hab.: 6,5
Automóviles de turismo: 1.119.132 unidades
Red ferroviaria: 3.361 kilómetros
Red de carreteras: 17.865 kilómetros

Indicadores económicos

Producto Nacional Bruto: 10.145 millones de dólares
Renta per cápita: 1.900 dólares USA
Población activa: 2.453.000
Turismo: 479.969 visitantes anuales
Importaciones: 5.451 millones de dólares USA
Exportaciones: 6.345 millones de dólares USA

Estadísticas económicas

Agricultura (miles tm): trigo (1.556); cebada (780); maíz (684); patata (530); remolacha azucarera (1.470); girasol (102)
Ganadería (miles cabezas): bovinos (1.203); ovinos (467); caprinos (11); aves de corral (10.000)
Silvicultura (miles m³ de madera): 3.956
Minería (miles tm): lignito (4.000); hierro (443); petróleo (70); plomo (2,4); gas natural (277.000 m³)
Industria (miles): hierro fundido (3.205 tm); acero (3.922 tm); aluminio (49 tm); azúcar (125 tm); cerveza (3.686 hl); cemento (3.374 tm); papel (364 tm); energía eléctrica (22.520.000 kW/hora)

Datos políticos

Forma de gobierno: República parlamentaria
Jefatura de Estado: Presidente de la República
Partidos políticos: Movimiento para una Eslovaquia Democrática (HZDS); Cristiano Demócratas (KDH); Coalición Húngara; Partido Nacional Eslovaco

---

Ver mapa de Eslovaquia en páginas 850-851

reincorporarse a su patria de origen. Por otra parte, la región de Rutenia Subcarpática (o Transcarpática), que acogía a polacos, gitanos, rusos y ucranianos, fue anexionada en 1919 a la República Checoslovaca por mandato de las Naciones Unidas.

En 1939, Hitler apoyó la creación de un estado autónomo en Eslovaquia, tutelado por Alemania, tras ceder la zona sur y la Rutenia Subcarpática a Hungría. Seis años después, derrotado el régimen nazi alemán, Checoslovaquia reemprendió su camino, pero sin la Rutenia Subcarpática —un territorio jurídicamente separado—, que pasó a depender de Ucrania. La nueva república comenzaba su andadura con un teórico carácter binacional —checo y eslovaco—, que, sin embargo, no se institucionalizó hasta años más tarde.

En 1948, los comunistas accedieron al poder y convirtieron a los checoslovacos en aliados y subordinados de los soviéticos. A finales de la década de los sesenta, un eslovaco, Alexander Dubcek, fue elegido secretario del Partido Comunista Checo y potenció una vía de reformas políticas y económicas, conocida como Primavera de Praga (1968). Moscú advirtió los peligros que tal iniciativa entrañaba para su bloque político y las atajó ocupando el país con las tropas del Pacto de Varsovia. Se volvió a la rigidez del sistema anterior, pero se impulsó una reforma constitucional para satisfacer las aspiraciones de autogobierno de Eslovaquia, proclamándose el 1 de enero de 1969 la República Federal de Checoslovaquia, en base a dos estados, la República Checa y la República Eslovaca.

Por fin, estado soberano

El estado federal checoslovaco siguió la trayectoria marcada por Moscú hasta que en 1989, en plena crisis de los partidos comunistas europeos, se iniciaron reformas liberalizadoras en la desaparecida Checoslovaquia. Los cambios en el poder se vieron acompañados de otros en la estructura del estado, mientras en Eslovaquia se seguía acusando a los checos de monopolizar los resortes de la federación. El 24 de abril de 1990 se instauró la República Federativa Checa y Eslovaca, que delimitaba aún más la personalidad jurídica de ambas naciones federadas.

Sin embargo, al compás de un duro ajuste socioeconómico, se formó una corriente de tendencia nacionalista y populista que cristalizó en la constitución en 1991 del Movimiento para una Eslovaquia Democrática, liderado por Vladimir Meciar. Este político planteó como necesaria la división del doble país, de forma que cada parte siguiera su propia trayectoria, sobre todo en su adaptación al sistema de

mercado. Obtenida la mayoría en las elecciones generales de junio de 1992, al mes siguiente el primer paso del parlamento de Bratislava fue declarar la soberanía de Eslovaquia. No obstante, con el fin de asegurar una ruptura pacífica, los gobiernos eslovaco y checo decidieron dar un plazo y la soberanía plena del estado eslovaco comenzó su andadura el 1 de enero de 1993, eligiéndose en febrero del año siguiente a Michel Kóvac como presidente.

Este nuevo estado aspira a encontrar una tercera vía entre el capitalismo y el socialismo totalitario que le permita resolver las acuciantes demandas de su deprimida situación socioeconómica. Así mismo, intenta mantener buenas relaciones con sus vecinos y antiguos componentes del mismo bloque estratégico, a los que considera potenciales clientes. Por otra parte, no debe desdeñar las apetencias de la minoría húngara, que representa a mitad de la década de los noventa el 11 por 100 de la población.

El marco físico

El relieve de Eslovaquia está dominado, salvo al sudoeste, por la cordillera alpina de los Cárpatos Occidentales. Fraccionados en un conjunto de complejas unidades, son de difícil acceso; sierras y macizos se hallan separados por amplias depresiones erosionadas por las aguas fluviales. La mayor altura del sistema se encuentra en el Alto Tatra o Tatry, donde el pico Gerlachovsky se eleva 2.655 metros sobre el nivel del mar. También forma parte de este núcleo central granítico el Bajo Tatra o Nizké Tatry. De relieve jurásico, plegado y tubular, este último compone un característico paisaje de grutas, como la de Dobsina; pero en conjunto apenas supera los 2.000 metros de altitud. En él se ubica el precipicio más profundo del país, denominado Záskocie, con 263 metros de profundidad. El Alto y el Bajo Tatra están separados por el gran surco del río Váh, formado por espectaculares cuencas y desfiladeros.

Una serie de cadenas montañosas rodean los Tatra. En el noroeste se sitúan el Gran y Pequeño Tatra, constituidos por terrenos sedimentarios. Más al oeste, los montes Javorniky y los Cárpatos Blancos o Bilé Karpaty forman el límite con la República Checa. Alineados en la misma dirección que estos últimos, los Pequeños Cárpatos o Malé Karpaty se ubican en el sudoeste de Eslovaquia, próximos a la capital, Bratislava. Al norte de los Tatra y en el límite con Polonia están los Beskides, divididos en un sector occidental (Západné Beskydy) y otro oriental (Vychodné Beskydy). El acceso entre Eslovaquia y Polonia es posible a través del paso de Dukla, a 502 metros de altitud. Finalmente, al sur de los Tatra, hay un conjunto de montañas que han sufrido intrusiones magnéticas y son ricas en minerales, sobre todo ferrosos. Por esta razón, las alineaciones montañosas de esta zona, que no sobrepasan los 1.450 metros sobre el nivel del mar, reciben el nombre de Montes Metálicos Eslovacos o Slovenské Rudohorie.

La fortaleza de Spissky (a la izquierda), se alza en los Cárpatos Occidentales. Orográficamente, Eslovaquia es un país de montañas de origen terciario dividido en dos grandes macizos por la gran depresión del Váh y el Hornád superiores. Al sur de esta depresión, el Bajo Tatra (fotografía de abajo) se levanta hasta alturas de 2.043 metros. En estos montes, erosionados por los glaciares, el invierno suele durar hasta seis meses.

Las aguas y el clima

Salvo el Poprad, que pertenece a la cuenca del Vístula y circula en dirección norte atravesando los Beskides, los ríos eslovacos pertenecen a la cuenca del Danubio, el curso de aguas más caudaloso del país y que forma una parte de la frontera con Hungría, al sudoeste. En este sector, desde Bratislava hasta la afluencia del también fronterizo Ipel, el Danubio discurre ya por la llanura a la que da nombre (también llamada Panónica) y que en Eslovaquia es conocida como Velky Zitny Ostrov. A su paso por Bratislava, el Danubio puede alcanzar 2.329 metros cúbicos por segundo; este importante caudal, engrosado con otras aportaciones, se pretende aprovechar aguas abajo para el gigantesco proyecto hidráulico de Gabcikovo, aunque en torno al mismo han surgido serios problemas medioambientales.

Aparte del Morava, que forma la frontera con la República Checa y con Austria, el principal afluente danubiano en el país y a su vez el río eslovaco más largo —392 kilómetros— es el Váh, que nace en el Bajo Tatra y recibe el aporte del Nitra poco antes de unirse al Danubio. Otro afluente de este último, digno de consideración, es el Hron. En el extremo oriental de Eslovaquia, el Uz, tributario del Tisza y por tanto subafluente del Danubio, avena con su red fluvial otro sector de la periferia ponónica. En general, los ríos de la cuenca danubiana arrasan muchos sedimentos, por lo cual sus aguas son turbias y en alguna ocasión llegan a perjudicar a los cultivos con sus crecidas.

Eslovaquia no es un país de lagos, aunque el relieve ha permitido la creación de buen número de embalses, entre los que destaca el de Oravska, sobre el Orava. La cuenca lacustre más profunda es la del Velké Hincovo, con 53,2 metros.

El clima tiene influencias continentales y las diferencias son sensibles entre las zonas bajas danubianas y las montañas. En la zona de Bratislava la temperatura media anual ronda los 10-11 °C, aunque los veranos son allí más calurosos que los de otras áreas del país. En las montañas el frío es más acusado y persistente; en los Tatra, por ejemplo, el invierno suele durar hasta seis meses. Las precipitaciones son mayores en las zonas más altas, donde superan los 1.500 milímetros anuales; en Bratislava, junto al Danubio, se registran en cambio unos 550 milímetros anuales.

La sociedad eslovaca

Aparte de que la ubicación geográfica en el área de los Cárpatos Occidentales singulariza su presencia, entre los siglos V y VI, a los eslovacos se les incluyó originalmente dentro de los movimientos generales efectuados por sus hermanos étnicos bohemio-moravos: integración en el «estado eslavo» de Samo y en la Gran Moravia. El hecho de estar situados al norte mismo del núcleo magiar o húngaro, les expuso a su influencia y dominio, manifestado ya desde el siglo X y por completo efectivo desde el siglo XI. Hacia mediados del siglo XIV, Eslovaquia formaba la Alta Hungría, en contraposición a las planicies panónicas o Baja Hungría, y estaba sujeta a un régimen feudal y latifundista que se prolongó aproximadamente seis siglos, cuatro de ellos bajo la dinastía austríaca de los Habsburgo, a partir de 1526. La sociedad eslovaca se fue configurando sobre dos estratos muy definidos: el formado por los aristócratas, grandes propietarios y habitantes de las ciudades, básicamente de origen húngaro o, en menor medida, alemán; y una gran masa rural o urbana marginal integrada por gentes de origen eslavo —es decir, los eslovacos—, que permaneció fiel a sus raíces étnicas, en especial el uso de la propia lengua, la slovencina. Al sur, en las zonas llanas y de piedemonte, la población era y ha seguido siendo en su mayoría húngara (la misma Bratislava, eslavizada sólo en los últimos setenta años, fue capital de Hungría con el nombre de Pozsony).

El Reino de Hungría intentó, sobre todo a partir de 1876, la asimilación de los eslovacos, su magiarización. Pero aunque estaban menos avanzados que los checos, los eslovacos resistieron y siguieron a sus parientes étnicos en la creación de Che-

La historia de Bratislava se remonta a la época de los romanos, que se asentaron en las colinas danubianas de esa región. En el siglo XIII la ciudad adquirió un importante desarrollo y se convirtió en capital política de Hungría tras la invasión turca. Segundo núcleo urbano de la antigua Checoslovaquia, en 1993 pasó a ser la capital del nuevo estado eslovaco. Abajo, fuente de Rolando, en el casco antiguo de la ciudad.

Totalmente arruinada por los efectos de la Segunda Guerra Mundial, la economía de Eslovaquia se recuperó en poco tiempo con el impulso de la economía checa. Aunque los planes quinquenales lograron industrializar el país, la infraestructura quedó obsoleta y la independencia encontró a la economía eslovaca en un estadio de escaso desarrollo. A la derecha, panorámica de una zona industrial de Bratislava.

coslovaquia. Sin embargo, con la creación de este estado, la dominación que habían sufrido con los húngaros se trasladó a los checos, pues éstos coparon los puntos clave del estado checoslovaco. Éste fue el caldo de cultivo que llevó al distanciamiento entre los dos pueblos, manifestado ya durante la Segunda Guerra Mundial y de nuevo en la era del poscomunismo.

Los eslavos suman casi cinco millones y medio de personas, con una densidad de unos 108 habitantes por kilómetro cuadrado, limitada por lo accidentado del relieve. Todavía marcados por el peso de la sociedad rural, su crecimiento es del 0,4, cifra algo superior a la de las sociedades europeas industrializadas, aunque los decenios de comunismo e industrialización introdujeron importantes modificaciones en las pautas de comportamiento. En el país viven muchos gitanos y la franja sur está ocupada de forma compacta por la minoría húngara , que representa casi el 11 por 100 de la población total, mientras en el extremo este hay ucranianos (0,6 por 100), vinculados con los de la Transcarpatia. Hay también rumanos (1,5 por 100), checos (1,1 por 100), además de un ínfimo número de alemanes y polacos. La mayoría de los eslovacos son cristianos católicos, mientras el resto pertenece a diversas iglesias reformadas y, en el caso de los ucranianos, a la iglesia ortodoxa.

El marco económico

La economía eslovaca estuvo organizada, durante más de cuarenta años, de acuerdo con el modelo de socialismo de estado impuesto por los dirigentes comunistas que en 1948 se hicieron con el poder en la antigua República Checoslovaca. Éste fue un factor clave que condicionó incluso el proceso de independencia política inaugurado en 1993 y que debe ser valorado en cualquier intento de análisis de los sectores productivos en la actualidad.

Totalmente arruinada al concluir la Segunda Guerra Mundial, la economía eslovaca se recuperó en sólo dos años, al compás del sector productivo checo, con el que compartía destino. Tras la colectivización de la tierra y la nacionalización de los diferentes sectores dictadas por los comunistas, se impusieron los planes quinquenales. En ellos cabe incluir la conversión de este país eminentemente agrícola en medianamente industrializado. Anteriormente, a fines de los años treinta, su industria representaba sólo el 7 por 100 del total de la producción industrial del estado unitario al que pertenecía.

Fruto de todo ello fue que, al comenzar la etapa democrática, sus dirigentes se inclinaran por mantener las subvenciones a empresas estatales fuertemente endeudas y poco productivas. La razón esgrimida era que su desaparición podía comportar la de-sindustrialización y la pérdida de numerosos puestos de trabajo. La depresión económica supuso que la tasa de desempleo, estimada alrededor de un 11 por 100 a principios de los noventa, se situara entre un 14 y un 20 por 100, según las regiones, a mediados de esta década. Para agravar más el estado de cosas, la ruptura con sus antiguos compatriotas, los checos, supuso la reducción en un 35 por 100 de sus exportaciones en dicha dirección. No obstante, la comercialización de sus productos parece haber encontrado una vía entre los países de su anterior bloque político.

Los recursos naturales

Los polos minerales de Eslovaquia son básicamente tres: al este, en el área de Kosice; en el centro, en torno a los Slovenské Rudohorie o Montes Metálicos Eslovacos; y al oeste-sudoeste, entre las cuencas del Morava y el Danubio. El carbón se obtiene en Kosice y el hierro en Nizná Slaná. La producción de petróleo no es significativa y proviene del sudoeste (Holic). También de esta zona, aunque más importante, es el gas natural. Otros recursos del subsuelo son el cobre, el plomo, la magnesita y el zinc, aparte de pequeñas cantidades de oro, plata, mercurio, asbesto, barita, siderita y perlita.

Más del 40 por 100 de su territorio está cubierto de bosques, por lo que sigue siendo notable su tradicional riqueza forestal, aunque la polución haya causado gravísimos daños. Así mismo, la belleza natural de muchos de sus parajes, sobre todo en la zona de los Tatra, es una excelente fuente de riqueza, puesto que alimenta una destacada corriente turística.

El sector agrario

La zona más importante de producción agrícola de Eslovaquia se encuentra en las tierras negras y los suelos de *loess* de la cuenca del Danubio. En la época actual no puede desvincularse la obtención de recursos agrícolas de la reforma agraria que se llevó a cabo al instaurarse el régimen comunista y que significó la expropiación de los grandes latifundios, así como la industrialización de este sector.

Sin embargo, lo accidentado del terreno hace que sólo un tercio de la superficie total esté cultivada, mientras que dos quintas partes están cubiertas de bosques. Las llanuras producen trigo, cebada y centeno, a los que se añade maíz. Las patatas, alimento básico de la población rural, se obtienen en los valles de las tierras altas, así como la avena y el lino, mientras que la remolacha azucarera se recolecta en el valle del Váh. La producción de lúpulo está ligada a la industria cervecera y predomina en el valle del Hron, mientras que los viñedos se localizan en las colinas cercanas a Bratislava y en la parte de las laderas montañosas climáticamente favorable al resto de Eslovaquia Occidental. El cuadro de los cultivos se completa con la colza, el girasol, el tabaco y la hortofruticultura. Prados, pastos y forrajes alimentan la cabaña ganadera, en la que destaca el sector porcino. Nada desdeñable es la importancia de las aves de corral, mientras que la producción de bovinos y ovinos se halla más o menos estabilizada.

El joven sector secundario

Entre los esfuerzos realizados durante la etapa comunista por impulsar el desarrollo económico de Eslovaquia y situarla al mismo nivel que el de los países checos, se encuentra la industrialización del país partiendo prácticamente de cero. Sin embargo, las diferencias persistieron e incluso se agravaron con la profunda crisis de los ochenta y noventa.

La necesidad de primar la cantidad sobre la calidad tuvo a la larga como resultado la obsolescencia de la maquinaria de la industria pesada, la principal del sector secundario eslovaco, que sólo llegó a aportar un tercio de la producción global de la federación checoslovaca. El diferente enfoque sobre la necesaria reconversión en

una economía de mercado alejó más los intereses de checos y eslovacos, acelerando la separación de estos últimos del estado binacional. La industria pesada eslovaca se apoya en los altos hornos de Podbrezová, Martin, Kosice y Krompachy y como una de sus derivaciones más importantes se debe citar la industria de armamentos. La fabricación textil se ubica en Zilina y Ruzomberok, mientras el refino de crudo se sitúa en Bratislava. También cabe señalar entre las actividades industriales eslovacas el montaje de televisores y la fabricación de fertilizantes.

Provincias y ciudades

Eslovaquia (Slovenská Republika es su nombre oficial) ocupa 49.036 kilómetros cuadrados en total y está constituida administrativamente por tres provincias: Occidental, Central y Oriental, que tienen sus capitales respectivas en Bratislava, Banská Bystrica y Kosice. Bratislava, con una extensión de 367 kilómetros cuadrados y una población superior a los cuatrocientos mil habitantes, es también la capital de toda Eslovaquia.

Eslovaquia Occidental (14.492 km²) está habitada por la minoría nacional más importante de la república. Se trata de los húngaros o magiares, asentados allí puesto que Bratislava fue durante largo tiempo la capital del Reino de Hungría, desde 1526 a 1784. De origen incierto y creciente importancia desde el siglo X, Bratislava, situada en la orilla izquierda del Danubio, es un importante puerto fluvial y también el principal centro comercial de la llanura de Eslovaquia Occidental, debido a su estratégica posición. La industria se ubica en las afueras de la ciudad, donde se alternan las fábricas de fibras artificiales con las de maquinaria pesada y productos químicos o alimentarios, mientras que el centro comercial se limita al núcleo urbano central. Bratislava es una ciudad de gran actividad; su universidad data de 1919 y alberga, así mismo, numerosos monumentos artísticos, como la catedral de San Martín.

Eslovaquia Central es la provincia de mayor extensión (17.986 km²), superando en 1.795 kilómetros cuadrados a la que le sigue en superficie, Eslovaquia Oriental. Ocupa una zona montañosa (montes Fatra, Bajo Tatra, Montes Metálicos Eslovacos) que rebasa los 500 metros de altitud en un 50 por 100, lo que, unido a sus bellos paisajes, la convierte en una zona de grandes atractivos turísticos. Sus ciudades acogen una cantidad notable de visitantes cada año. La capital de Eslovaquia Central, Banská Bystrica, es un antiguo núcleo minero fundado en el siglo XII, pero no es la ciudad más poblada de la región, lugar que ocu-

En las fértiles tierras negras y los suelos de *loess* de las cuencas del Danubio predomina el cultivo del cereal, especialmente el trigo. A su vez, la cría de aves de corral ha experimentado un progresivo incremento en Eslovaquia. Arriba, prados del macizo eslovaco de los Tatra. En la página siguiente, arriba, recolección tradicional de la mies; abajo, cría de ocas.

pa Zilina. También destacan Ruzomberok, Banská Stiavnica y Lucenec.

Eslovaquia Oriental (16.191 km²) es la provincia menos desarrollada tanto desde el punto de vista industrial como del agrario. Es en esta zona donde, en los montes del Alto Tatra, se encuentran las mayores altitudes del relieve: los picos Gerlachovsky (2.655 m) y Rysy (2.499 m). La capital es Kosice, una antigua ciudad en la que destacan la universidad, la catedral gótica y algunos edificios de estilo son Spisska Nová Ves, en la cuenca del Hornád, Presov, Levoca y Bardejov.

HUNGRÍA

Hungría es un estado sin salida marítima emplazado en la llanura danubiana de Europa Oriental, con una extensión algo superior a los noventa y tres mil kilómetros cuadrados, lo que supone un 1,4 por 100 de las tierras europeas orientales, incluidas las de la parte europea de Eurasia Septentrional, y un 0,8 por 100 del total del continente europeo. Su longitud y anchura superan, respectivamente, los 500 y los 250 kilómetros.

Posee fronteras con Eslovaquia y Ucrania al norte, a través del curso del Danubio, la zona montañosa de los Cárpatos Occidentales y el río Tisza; con Austria al oeste, siguiendo en gran medida el reborde alpino; con Eslovenia, Croacia y Servia al sur; y con Rumania al este, teniendo casi en su totalidad como elemento común con estas últimas la llanura Panónica.

La mayor longitud de su perímetro corresponde al lado septentrional, con 846 kilómetros, seguida por la del meridional, con 631, la del oriental, con 432, y la del occidental, con 356 kilómetros.

UN PAÍS DE GRAN TRADICIÓN OCCIDENTAL

Hungría es uno de los países más antiguos de Europa Oriental, aunque en la actualidad sus límites difieren considerablemente de los históricos, ya que son el resultado de las exigencias territoriales de los nuevos estados y del equilibrio de fuerzas configurado después de la Primera Guerra Mundial. Con la firma del tratado de Trianón en 1920, Hungría quedó reducida a una tercera parte de su antiguo territorio.

Sus fronteras modernas son, pues, artificiales en su mayor parte, a excepción de los tramos comprendidos a lo largo del río Danubio, en la frontera con Eslovaquia, y del Drava, al sudoeste, que marca el límite con Croacia.

La reducción territorial comportó, sin embargo, una mayor homogeneidad étnica. De este modo, con el añadido de algunos intercambios de población en el siguiente cuarto de siglo, se llegó a la si-

tuación actual, en la que la población es mayoritariamente magiar en un porcentaje del 97 por 100. Hungría constituyó pues un caso singular dentro del que fue Bloque del Este, pero no sólo en este aspecto. A pesar de que se integró en las dos grandes organizaciones del área socialista, el COMECON y el Pacto de Varsovia, siempre estuvo abierta a las relaciones con Occidente.

Tanto en el plano de la política interior como en el de la exterior, Hungría se desligó de la línea general marcada por la desaparecida Unión Soviética, después de la Segunda Guerra Mundial. Esta desviación tuvo una pronta respuesta en la invasión del país por las tropas del Pacto de Varsovia en 1956, para acabar con su experimento político, lo que no supuso, sin embargo, el fin de su espíritu abierto.

La economía húngara se apoyó en gran medida en la iniciativa privada, con

Datos generales

Denominación oficial: Magyar Köztársaság
Superficie: 93.030 kilómetros cuadrados
Capital: Budapest (2.004.000 hab.)
Estructura administrativa: 19 departamentos y 6 distritos urbanos
Unidad monetaria: florín húngaro
Lenguas: húngaro (oficial); alemán; rumano; croata; eslovaco
Minorías étnicas: gitanos; alemanes; eslovacos; rumanos; croatas
Creencias: cristianismo católico (61 %); cristianismo reformado (23 %); cristianismo ortodoxo (2,6 %); judaísmo

Estadísticas e indicadores demográficos

Población absoluta: 10.280.000 habitantes
Densidad: 111 hab/km²
Ciudades importantes: Debrecen (217.300 hab.); Miskolc (191.000 hab.); Szeged (178.500 hab.); Pécs (171.600 hab.); Gyor (130.600 hab.); Nyíregyháza (115.300 hab.); Székesfehérvár (109.800 hab.); Kecskemét (105.200 hab.)
Crecimiento vegetativo: -0,3 %
Tasa de natalidad: 11,3 ‰
Tasa de mortalidad: 14,4 ‰
Tasa de mortalidad infantil: 13,3 ‰
Esperanza de vida: 69 años
Población urbana: 60,3 %

Indicadores sociales

Educación: 2.177.000 alumnos (17,9 preescolar; 53,6 % primaria; 23,7 secundaria; 4,8 % superior)
Alfabetismo: 99 %
Aparatos de radio por 100 hab.: 61,2
Televisores por 100 hab.: 42,3
Teléfonos por 100 hab.: 19,9
Libros publicados: 7.140 títulos
Camas de hospital por 1.000 hab.: 9,8
Médicos por 1.000 hab.: 2,98
Automóviles de turismo: 2.232.000 unidades
Red ferroviaria: 7.752 kilómetros
Red de carreteras: 29.919 kilómetros
Autopistas: 351 kilómetros
Aviación: 22.000.000 km de vuelo anuales
Red fluvial y canales navegables: 1.567 kilómetros

Indicadores económicos

Producto Nacional Bruto: 104.731 millones de dólares USA
Renta per cápita: 3.330 dólares USA
Población activa: 5.181.000 (9,3 % agricultura; 32,9 % industria; 57,8 % servicios)
Turismo: 33.491.000 visitantes anuales
Importaciones: 12.597 millones de dólares USA
Exportaciones: 8.886 millones de dólares USA

Estadísticas económicas

Agricultura (miles tm): trigo (3.050); cebada (1.150); maíz (4.500); centeno (1.200); avena (100); patata (1.200); girasol (700); remolacha azucarera (2.300); vid (700); manzana (600)
Ganadería (miles cabezas): porcinos (5.364); ovinos (1.752); bovinos (1.159); caballar (75); aves de corral (38.000)
Pesca (miles tm): 29
Silvicultura (miles m³ de madera): 5.218
Minería (miles tm): carbón (1.279); lignito (14.533); petróleo (1.825); bauxita (1.721); gas natural (5.057 mill. de m³)
Industria (miles): fundición de hierro (1.431 tm); acero (1.752 tm); cemento (223 tm); abonos químicos (189 tm); azúcar (282 tm); tejido de algodón (86.000 m²); tejido de lana (3.700 m²); material plástico y resina (603 tm); energía eléctrica (31.614.000 kW/hora)

Datos políticos

Forma de gobierno: República
Jefatura de Estado: Presidente
Poder Ejecutivo: Consejo de Ministros
Poder Legislativo: Asamblea Nacional (386 diputados elegidos cada 5 años)
Partidos políticos: Partido Socialista; Forum Democrático; Alianza Demócrata-liberal; Partido de los Pequeños Propietarios

Ver mapa de Hungría en páginas 850-851

un manifiesto y firme respaldo oficial, al tiempo que comenzó a buscar nuevos caminos para su desarrollo en el extranjero, fuera del ámbito del COMECON, mercado común socialista que desapareció en 1991. En sus relaciones con el resto de Europa, tanto las bilaterales con cada uno de los países, como las multilaterales, con la Comunidad Europea en su conjunto, influyó el progresivo deterioro de la situación de los países del Este, con un fuerte endeudamiento externo y graves desequilibrios a partir de la década de los años sesenta, hasta llegar al punto álgido en los finales de los ochenta. La búsqueda de nuevas relaciones económicas, incluso con la aceptación de inversiones ajenas al área socialista, nunca tropezó con obstáculos importantes, incluso antes de la caída del comunismo.

El medio y las regiones naturales

Hungría ocupa la mayor parte de la llanura Panónica o del Danubio, que se prolonga más allá de sus fronteras, y representa, en cierto modo, el medio geográfico que mejor sintetiza las características generales húngaras como vasta región natural.

La configuración actual del relieve se produjo en la etapa superior de la Era Terciaria, el neógeno, cuando, tras los plegamientos sedimentarios del mar de Tetis, se formaron las cadenas montañosas que circundan el llano danubiano, los Alpes y los Cárpatos. La depresión resultante fue colmada por los sedimentos fluviales transportados por los ríos que la atraviesan, sobre todo el Danubio y sus afluentes, el Tisza, el Drava y el Sava, que le han dado su actual configuración de una inmensa y baja llanura de origen aluvial. En su orografía destaca una superficie llana con más del 70 por 100 del territorio situado por debajo de los 200 metros de altura; sólo el 2 por 100 sobrepasa los 400 metros. Sus principales cotas apenas alcanzan los 1.000 metros.

Monumento a Esteban I, en Budapest. Con este rey, que convirtió a todos los magiares al cristianismo, se inició la independencia de Hungría hacia el año 1000. No obstante, las fronteras modernas del país, uno de los más antiguos de Europa Oriental, difieren mucho de su antiguo territorio.

895

Estas pequeñas elevaciones son, sin embargo, las que dividen el país en tres grandes regiones generales, cuyos rasgos característicos permiten individualizarlas geográficamente: el Kis Alföld o Pequeña Llanura, al noroeste; la Dorsal Húngara, que cruza el país de sudoeste a nordeste; y la Nagy Alföld o Gran Llanura, que se extiende por la mitad centro-este del estado.

La Pequeña Llanura

El Kis Alföld, con una extensión de unos 10.000 kilómetros cuadrados, es una depresión rodeada de fallas y limitada por las estribaciones orientales de los Alpes, al oeste, y la Selva de Bakony, al este. Al norte se prolonga en dirección a la llanura eslovaca y al sur se interrumpe suavemente con las colinas del Transdanubio.

Esta pequeña llanura es una zona de subsidencia de las aguas alpinas, con el río Rába como principal caudal entre los cursos fluviales que la atraviesan. El drenaje de estas tierras se reparte entre otros dos polos hidrográficos, aunque de perfiles variables: el lago Fertö, que se pro-

longa hacia Austria donde recibe el nombre de Neusiedl, y el lago Balatón o Balaton, que con 600 kilómetros es el más grande de Europa. El problema del drenaje no encuentra una solución satisfactoria.

El Danubio, al norte, se ramifica en dos brazos que rodean un terreno pantanoso. Uno de estos brazos, el Pequeño Danubio, recibe las aguas del Rába en las inmediaciones de Gyor o Györ. Los numerosos conos de deyección y el carácter llano de esta zona facilitan la localización y el estancamiento de aguas pantanosas entre el Danubio y el Rába, y en las cercanías de los lagos. Algunos de estos pantanos han sido desecados por la acción del hombre. El ejemplo más claro de esta intervención humana la hallamos en la reducción del lago Fertö en unos 800 kilómetros cuadrados.

La pobreza de los suelos del Kis Alföld, debida a la ausencia de loess y a la erosión de antiguos suelos forestales, así como a la existencia de zonas más secas y típicamente esteparias, contrasta con la labor realizada por el hombre para mejorar las condiciones y con la benignidad del clima.

Éste es más regular que en el resto del país, con unas temperaturas menos extremas y una pluviosidad que supera los 600 milímetros anuales. El desarrollo histórico de la agricultura del Kis Alföld se debe, sobre todo, a su situación estratégica y a la proximidad de ciudades como Viena y Bratislava. Sus principales productos son el tabaco y la remolacha azucarera en la agricultura y la cría de animales, sobre todo porcinos (de los que Hungría es un importante país exportador), pero también ovinos y bovinos, en el sector ganadero.

Al oeste del Kis Alföld se encuentra una pequeña área que constituye la Hungría alpina, muy diferenciada por sus características del resto del país. Esta zona se extiende de norte a sur siguiendo las estribaciones orientales de los Alpes. Sus elevaciones principales son las de Sopron, con 558 metros, y Köszeg, con 883 metros, que dominan una sucesión de colinas que abren paso a los afluentes del río Rába.

En la Hungría alpina, las condiciones climáticas se recrudecen, las precipitaciones llegan a los 1.000 milímetros y las

896

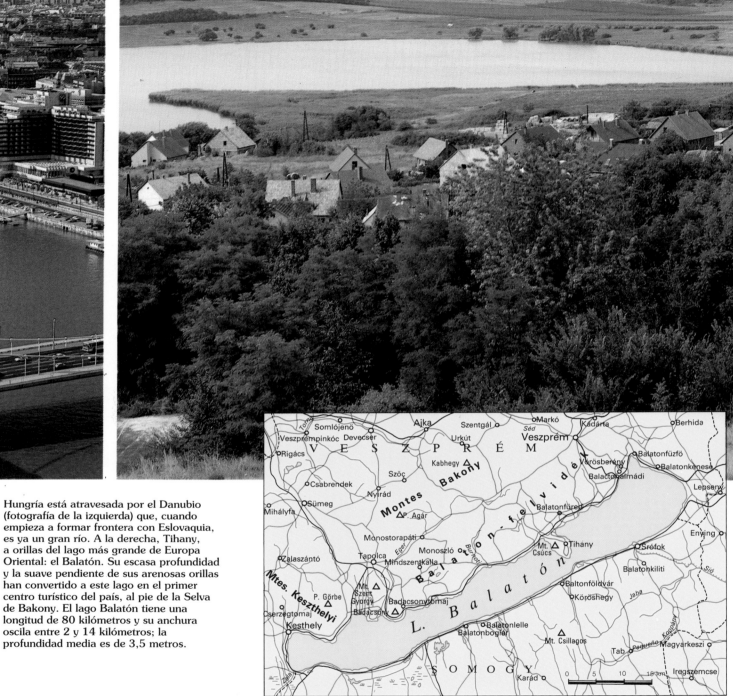

Hungría está atravesada por el Danubio (fotografía de la izquierda) que, cuando empieza a formar frontera con Eslovaquia, es ya un gran río. A la derecha, Tihany, a orillas del lago más grande de Europa Oriental: el Balatón. Su escasa profundidad y la suave pendiente de sus arenosas orillas han convertido a este lago en el primer centro turístico del país, al pie de la Selva de Bakony. El lago Balatón tiene una longitud de 80 kilómetros y su anchura oscila entre 2 y 14 kilómetros; la profundidad media es de 3,5 metros.

nevadas se producen de modo abundante. El relieve y el régimen pluviométrico permiten el aprovechamiento de los recursos hidráulicos y forestales. Bosques de robles y pinos alternan en el paisaje con las praderas.

El principal recurso económico es la ganadería tradicional, aunque recientemente las explotaciones petrolíferas, ubicadas entre Zalaegerszeg y Lispe, han supuesto un estímulo al desarrollo económico y la modernización.

El Transdanubio y la Dorsal Húngara

El Transdanubio constituye una región intermedia que separa por el sur las regiones llanas del Kis Alföld y del Nagy Alföld. Esta área geográfica se subdivide a su vez en dos grandes unidades fisiográficas: la meridional —Dunántúl en lengua magiar— y la septentrional, que comprende los grandes macizos montañosos que cruzan el país de sudoeste a nordeste.

El Dunántúl es una zona de colinas que ofrece dos vertientes hidrográficas: el lago Balatón y el río Drava. De superficie suavemente ondulada y con alturas que oscilan entre los 100 y los 300 metros, comprende la sucesión de regiones que van desde Zala hasta Somogy y Tolna.

Esta parte del Transdanubio está constituida por tierras sedimentarias del neógeno fácilmente erosionables, razón por la que presenta una elevada densidad de zonas de bosque natural y de repobla-

897

ción. Los valles, regados por las aguas que fluyen al Balatón o al Drava, constituyen las únicas parcelas destinadas a una agricultura pobre de policultivo muy variado.

Esta región presenta dos de los fenómenos más curiosos de la geografía húngara. El macizo de Mecsek, al sur, que se levanta hasta los 682 metros por encima del paisaje de bajas colinas, desciende en suave pendiente hacia el sur ofreciendo una zona apta para el cultivo de la vid por su largo período vegetativo. Por su composición de rocas primarias, constituye uno de los escasos yacimientos de carbón y de uranio del país, cuya explotación se localiza en las cercanías de la ciudad de Pecs o Pécs.

En el límite septentrional del Dunántúl se encuentra el lago Balatón, que, gracias a su extensión, escasa profundidad —3,5 metros de media— y la suave pendiente de sus orillas arenosas, es el primer centro turístico del país. Al este del lago Balatón, la llanura del Mezoföld constituye una puerta de entrada a las estepas del Nagy Alföld, situado al otro lado del Danubio.

El Transdanubio Septentrional se abre al norte del Balatón y del Mezoföld con la cadena montañosa de Bakony o Selva de Bakony, que se prolonga hacia el nordeste con los montes Vertes y Pilis. La cota máxima que alcanzan estos montes transdanubianos es de 713 metros en el monte Körishegy. El paisaje de esta zona se caracteriza por unas superficies montañosas ligeramente onduladas y unos valles profundos y anchos en los que se han instalado las industrias que aprovechan los recursos mineros, sobre todo la bauxita y el manganeso.

El régimen hidrográfico de esta cordillera constituye por sus aguas subterráneas un obstáculo a la minería, pero en los cauces superficiales ofrece una gran riqueza hidráulica gracias a la elevada pluviosidad en las cumbres (de 800 a 1.000 milímetros).

Separados de los Bakony por la depresión de Mór, se encuentran los macizos de Vertes, Velencei y Pilis. Esta formación de macizos menores, interrumpida bruscamente por la presencia de espectaculares grutas y fallas, fruto de su composición calcárea y dolomítica, ofrece una gran variedad paisajística que, junto al pequeño lago Velencei, constituye una atracción turística muy destacada para los habitantes de Budapest.

Al otro lado del Danubio, que transcurre en esta zona por un angosto valle, se encuentra la cordillera septentrional,

formada por los montes Mátra, Bükk y Cserehat.

En la cadena de los montes Mátra, de 50 kilómetros de longitud, se halla el pico más elevado de Hungría, el Kékes, de 1.015 metros. Esta zona posee un clima propio de montaña, con temperaturas bajas e inversiones térmicas frecuentes. Los bosques de pinos y abetos van ganando terreno a las hayas y robles a medida que se coronan las cimas de las montañas. Gracias a sus aguas termales se ha convertido en un importante centro balneario.

El macizo Bükk y el citado Mátra son los únicos sistemas calcáreos de los que componen la cordillera septentrional. En el Bükk destacan sus grutas de estalactitas, la más importante de las cuales, en el monte Aggtelek, tiene una profundidad de 22 kilómetros y se prolonga hacia Eslovaquia.

Completa la cordillera el macizo volcánico de Cserehat, que forma junto a los macizos anteriores las estribaciones meridionales de los Cárpatos.

Las laderas de estos tres macizos descienden al sur para encontrarse con el Nagy Alföld. La composición de sus suelos, la orientación al mediodía y el aporte de las aguas que desembocan en el Tisza, favorecen los vergeles de frutales y, sobre todo, los viñedos de la zona de Tokaj.

Las alineaciones montañosas que cruzan el país de sudoeste a nordeste sirven de telón de fondo a la actividad industrial húngara y cierran por su extremo norte la tercera gran región, la vasta planicie que se extiende al este del Danubio donde se distinguen dos subregiones bien diferenciadas, la llamada del Danubio-Tisza y la del este del Tisza, llamada también Transtisza.

Al lado, paisaje típico de la cadena montañosa de Bakony, caracterizada por relieves ondulados y profundos y anchos valles; estratégicamente ubicado, se alza el castillo de Cseznek. Más al este, en la orilla izquierda del Tisza, en el Nagy Alföld, se extiende la estepa húngara o *puszta*, la parte más característica de Hungría. Esta llanura limosa, antiguamente recorrida por rebaños de caballos, bovinos y ovejas, actualmente se ha transformado en buena parte en terrenos de cultivo. En la fotografía inferior, ganado vacuno en un viejo abrevadero de dicha región.

La Gran Llanura

El Nagy Alföld, que se extiende por la mitad oriental del territorio húngaro, es una zona de subsidencia regada por el Danubio y sus afluentes, que la cruzan de norte a sur. La composición de sus suelos permite dividirla en varias subunidades. En primer lugar, la región situada entre las cuencas del Danubio y del Tisza, de suelo arenoso, donde se acumulan las dunas y se practican cultivos como el tabaco y la vid; siguen los valles del Danubio, llanos y en los que aparecen a menudo dunas de arenas aluviales que, al alternar con los suelos alcalinos, dan lugar a un paisaje de praderas en el norte y estepas en el sur; después, las riberas del río Tisza, en donde la presencia de concentraciones de loess alternando con fondos arcillosos ofrece unos suelos de calidad para la agricultura; finalmente, una gran llanura al este del Tisza, donde alternan suelos de diferentes calidades, desde las tierras negras de Nagykunsag a los terrenos de loess que aparecen cerca de Debrecen y de Békés, principales motores agrícolas del país.

La zona central de esta subregión está ocupada por el Hortobagy, que ha pasado de una actividad ganadera a ser zona de cultivos, y las zonas de dunas del Nyirseg, al nordeste del Nagy Alföld o Gran Llanura.

El Nagy Alföld es una zona muy pobre en materias primas. La intervención decidida del hombre para aprovechar al máximo los recursos agrícolas y ganaderos la ha convertido en una de las más vastas extensiones agrícolas de la Europa Centrooriental y Danubiana. Sin embargo, el aumento de las zonas de riego y la lucha contra los agentes causantes de la erosión son los ejes básicos de una política destinada al alcance de este objetivo.

899

Zona de tránsito de las culturas que van de Oriente a Occidente, Hungría conserva una peculiar huella en las manifestaciones folklóricas y artísticas. Al lado, exhibición de un jinete de la *puszta*. En esta página y en la siguiente, el Bastión de los Pescadores, en Budapest, de carácter neogótico, construido en el siglo XIX. Ya desde antiguo, los movimientos artísticos occidentales han dejado una profunda huella en el país.

Fuertes contrastes climáticos

Hungría tiene un clima continental de transición, caracterizado por una fuerte amplitud térmica. Los veranos son cortos y calurosos, con temperaturas medias que oscilan alrededor de los 20 °C en el mes de julio. Los inviernos son largos y fríos, con medias inferiores a los 10 °C (la media de enero es de −1,7 °C). Las estaciones intermedias son muy cortas y los valores absolutos pueden alcanzar los 40 °C en verano y los −34 °C en invierno.

La altitud y la continentalidad influyen de un modo determinante en los acusados contrastes climáticos. La Dorsal Húngara, que recibe 1.000 milímetros de pluviosidad anuales y registra las temperaturas más extremas, divide el país en dos zonas: el Nagy Alföld, con 450 milímetros aproximadamente de pluviosidad, y el valle del Danubio y el Kis Alföld, que con sus 600 milímetros de media poseen los climas más regulares. Las vertientes meridionales de los sistemas montañosos ofrecen por sus temperaturas y precipitaciones unas características que permiten el cultivo de productos subtropicales.

Los meses más húmedos son los de mayo a junio, que favorecen el ciclo vegetativo, y los de octubre a noviembre, en que abundan las nevadas.

La dirección de los vientos que barren la geografía húngara agrava las condiciones naturales. El norte recibe vientos de noroeste a sudeste, mientras que la mayor parte del país los recibe de nordeste a sudoeste, que son secos y cálidos en verano y muy fríos en invierno. El rigor de estos vientos es el causante de la erosión y la sequía de los suelos, en los que a menudo el viento forma dunas, que constituyen un serio obstáculo para la agricultura.

Un espacio de confluencia

Por su localización y características, Hungría fue desde antiguo un lugar de tránsito y asentamiento de culturas. Los primeros pobladores de los que se tiene noticia fueron los getas, que sufrieron la dominación celta desde el siglo III a. C. hasta caer bajo el dominio del Imperio Romano.

A principios de nuestra era, la región del Danubio, la Panonia, pasó a ser un protectorado romano para convertirse después, con la decadencia del Imperio, en lugar de paso de las diferentes tribus bárbaras que penetraron en el sur de Europa.

Entre los siglos IV y V se sucedieron vándalos, ostrogodos, eslavos, hunos, lombardos y, finalmente, los gépidos, que fueron sometidos por los ávaros en el siglo VII. Un siglo más tarde, el pueblo ávaro cayó ante Carlomagno; tras la dominación carolingia, los magiares, de la familia lingüística ugrofinesa, procedentes de las cuencas del Dniéper y del bajo Danubio, se instalaron definitivamente en las llanuras danubianas.

Durante el siglo IX, los magiares, conocidos también como húngaros, se lanzaron al pillaje y a la invasión hacia el oeste, siendo finalmente frenados por el emperador germánico Otón I, que los derrotó y redujo en la llanura Panónica o Alföld en el año 955. Desde este momento se inició la formación y consolidación de una entidad húngara según el modelo de sus vecinos occidentales.

A partir del siglo XV, los húngaros fueron víctimas de las invasiones y políticas de colonización de las potencias de su entorno, que hicieron caer el país bajo la dominación otomana (1526) primero, para formar parte de Austria después (1687).

En 1867 Hungría recuperó un alto grado de autogobierno como parte del Imperio Austrohúngaro, situación que se prolongó hasta el desmoronamiento de éste al final de la Primera Guerra Mundial. Del nuevo estado surgido tras esta contienda, el sentimiento nacionalista húngaro impulsó la expansión y el dominio absoluto de la población de origen magiar (95 por 100), aunque se mantuvieron comunidades minoritarias, algunas, como la hebrea, con considerable presencia hasta su eliminación durante la Segunda Guerra Mundial; otras, como la alemana, eslovaca, rumana, croata y servia, con una implantación variable, se han debilitado con el tiempo. Un grupo importante numéricamente (alrededor de medio millón de personas), pero con características especiales, lo constituyen los gitanos, asimilados desde el punto de vista lingüístico.

Retroceso demográfico

La población húngara ha experimentado notables altibajos en los dos últimos siglos. Desde 1869 hasta 1939 Hungría dobló su población, llegando a superar los nueve millones de habitantes, favorecida por la inmigración que se produjo como consecuencia de la Primera Guerra Mundial. Durante el período de entreguerras, la emigración fue la válvula encargada de regular el exceso de población en un país con escasez de recursos económicos. La Segunda Guerra Mundial, por el contrario, actuó negativamente sobre la demografía húngara, pues el país perdió más de un 10 por 100 de sus efectivos entre la expulsión de gentes de etnia alemana y la muerte de cerca de

inmigración de la minoría húngara residente en Rumania, expulsada de sus hogares tradicionales, hasta la caída de Ceaucescu, a causa de la política de destrucción de pueblos, reasentamiento en los complejos agroindustriales y asimilación por zonas, decretada por el régimen de dicho dictador rumano. En conjunto, la población de origen húngaro que habi-

En Budapest, la capital de Hungría, se concentra una quinta parte de la población total del país, aunque también han crecido a ritmo considerablemente rápido algunos centros industriales y agrarios. A la izquierda, ciudadanos húngaros. Abajo, campesina magiar, en cuyo atuendo se advierten influencias tradicionales.

ta en países vecinos ronda aproximadamente los cinco millones de personas, la mayoría de las cuales reside en la Transilvania rumana.

La densidad media de Hungría ronda los 111 habitantes por kilómetro cuadrado, cifra superior a la media europea, pero la distribución de la población es desigual. Budapest concentra un 20 por 100 de la población del país, de la cual un 62 por 100 es urbana. El grueso de la restante población urbana se reparte entre ocho ciudades, las únicas que logran superar los cien mil habitantes: Debrecen, Miskolc, Szeged, Pecs, Gyor, Kecskemét, Székesfehérván y Nyíregyhaza.

Paralelamente al proceso de modernización económica, emprendido en Hungría desde 1950, tuvo lugar un proceso de urbanización y de concentración de la población en ciudades agroindustriales. Este trasvase respondió a la demanda de mano de obra tanto del sector primario como de los sectores secundario y terciario, e impulsó la reconversión de la población rural (estimada en un 10 por 100 de la población activa).

500.000 húngaros y judíos. La natalidad también sufrió un fuerte retroceso (estimado en unos doscientos mil nacimientos menos) como consecuencia de la guerra. Por último, tras la revuelta antisoviética de 1956, se calcula que unos doscientos mil húngaros emigraron a los países occidentales.

Estas importantes pérdidas, unidas a la baja natalidad registrada en las décadas de los sesenta y los setenta —con una tasa cercana al 14 por 1.000, que llegó a bajar hasta el 11,4 por 1.000 a mediados de los noventa—, una mortalidad del 11,3 por 1.000 y una mortalidad infantil del 14,4 por 1.000, provocan un índice de crecimiento negativo de −0,3 por 100. Es posible una ligera involución de esta tendencia a raíz del fuerte movimiento de

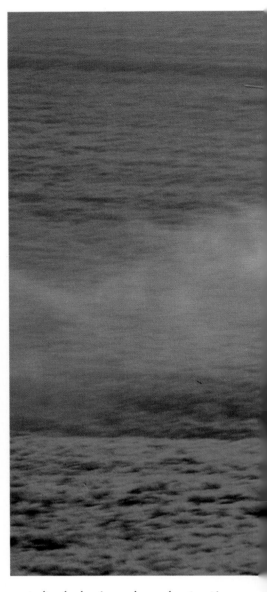

De una estructura agraria latifundista y poco productiva, Hungría pasó a la creación de núcleos agroindustriales en régimen de cooperativa o propiedad estatal, seguidos por el retorno a la propiedad privada. A lo largo del proceso se verificó la necesaria mecanización del campo. Arriba, trilladora en Bugac.

El esfuerzo económico

Desde el punto de vista económico, Hungría no consiguió una modernización satisfactoria. A pesar de los esfuerzos desplegados desde principios de los cincuenta, persistieron los desequilibrios regionales, aunque pudo considerársele el único país de Europa Oriental capaz de atenuar las rigideces burocráticas de las economías de planificación centralizada e introducir —incluso en el período de gobierno más ortodoxo de Janos Kadar— importantes mecanismos de corrección de mercado, que le permitieron un crecimiento más armónico y una reducción del nivel de desperdicio y falta de competitividad de los productos.

Hasta mediados del siglo XIX, una estructura agraria de origen medieval tenía la agricultura paralizada bajo el peso de los latifundios improductivos. La ausencia de una burguesía nacional poderosa y capaz, los daños producidos por la Segunda Guerra Mundial y la consiguiente reparación de éstos, hicieron de Hungría un país hundido y desestructurado al finalizar la contienda. Desde 1945, y ya situado el país dentro de la zona de influencia soviética, se trazaron, sobre la base de una economía de planificación centralizada, las áreas de modernización del país. Sin embargo, los objetivos del primer plan quinquenal, basado en la prioridad absoluta de la industria pesada, se estrellaron contra las realidades de una economía básicamente rural que se vio sumida en la miseria y los desabastecimientos. La reforma agraria y la colectivización forzada chocaron con el campesinado y las capas medias urbanas, y el primer plan quinquenal tuvo que ser abandonado ante su estrepitoso fracaso.

La insurrección de 1956 y su aplastamiento por los tanques soviéticos dieron al traste con los profundos cambios introducidos en el sistema socialista por el régimen de Imre Nagy, pero en el período de 1961 a 1965 se inició una tímida reforma que se completó en 1968 con la introducción de mecanismos de mercado y descentralización empresarial, así como del fomento de la iniciativa privada en los sectores económicos no estratégicos y

del estímulo a la inversión y a la innovación tecnológica. Estas medidas conformaron lo que se llamó el «milagro económico» húngaro, ya que permitieron un crecimiento sostenido y elevado durante la década de los setenta. Pero en los años ochenta el modelo húngaro comenzó a presentar importantes síntomas de estancamiento, al chocar los mecanismos de flexibilidad económica con la falta de transparencia y libertad política. Las expectativas abiertas por el desarrollismo impulsaron un poderoso movimiento social que hizo oír su voz en el seno del Partido Socialista Obrero Húngaro, que en la histórica conferencia de mayo de 1988 arrinconó al viejo equipo dirigente de Kadar y dio paso a una reforma sin precedentes en los países socialistas, basada en la separación de partido y estado, la aceptación del pluralismo político y la supresión del liderazgo comunista en la sociedad. Este país fue el primero en

liberalizar la economía, el primero en privatizar, en abrir una Bolsa y en instaurar un sistema fiscal de corte occidental. Por esto, los cambios realizados en el país en la década de los años noventa, no fueron traumáticos. Entre 1992 y 1994 la privatización de las principales empresas estaba en pleno auge. El gobierno autorizó a los inversores extranjeros a quedarse con el 100 por 100 de la propiedad de las empresas, hecho que significó la llegada de inversores de toda Europa con capital y tecnología moderna.

Una agricultura en alza

La reforma agraria acometida tras la Segunda Guerra Mundial se planteó el doble objetivo de mejorar la producción y democratizar la estructura de la propiedad rural. La reforma afectó principalmente a los terratenientes absentistas, cuyas propiedades fueron confiscadas,

La creación de instalaciones públicas de maquinaria introdujo el uso de tecnología y métodos científicos en la explotación del campo húngaro. El cultivo de grandes extensiones, facilitado por el relieve, permite su aplicación. En la fotografía, fumigación aérea en la región de Eger, al nordeste de Budapest.

pero respetando las fincas menores de 57,5 hectáreas y las de hasta 114 hectáreas explotadas por sus titulares. El reparto de dos millones ochocientas mil hectáreas cambió profundamente las estructuras de explotación, pero no consiguió mejorar los niveles de producción, al menos de una forma inmediata. La falta de recursos para la inversión por parte de los nuevos propietarios, la baja calidad de vida del pequeño campesino, la escasez de la infraestructura y los inconvenientes climáticos coexistieron con mejoras de equipamiento y reorganización del trabajo. Después, entre los años 1959 y 1962, el estado fomentó una nueva política de colectivización y eliminación de la agricultura privada, aunque esta vez el modelo

inspirador fueron las granjas cooperativas del tipo koljós soviético. Como resultado de tales medidas gubernamentales, el sector público pasó a ocupar la mayor parte del suelo cultivado (el 92 por 100), convirtiéndose los propietarios privados en un sector marginal hasta la reprivatización de los años noventa.

La creación de instalaciones públicas de maquinaria y de complejos agroindustriales introdujo el uso de medios modernos en el campo húngaro, a la vez que familiarizó al campesino con la mecánica cooperativista y el trabajo en equipo. El estado impulsó también la creación de centros piloto para la formación de especialistas, análisis de los problemas del campo, selección de semillas y cultivos y modernización agrícola en general. Todo ello se tradujo en un aumento espectacular de la producción en el decenio de 1960-1970.

Abajo, apacible rincón en Tihany, en la región del lago Balatón, con sus viñedos y típicas viviendas rurales. El vino de Hungría, de calidad reconocida internacionalmente, proviene sobre todo de la región de Tokaj, en el nordeste, y de las laderas de la Dorsal. También se cultivan viñedos en las dunas del Nagy Alföld y en las colinas transdanubianas, donde la suavidad del clima lo permite.

Las características edafológicas del campo húngaro favorecieron una línea de actuación tendente a mejorar y proteger los suelos de la erosión. En este aspecto cabe destacar las iniciativas emprendidas para la protección de los recursos fluviales, como corrección de los cursos, aumento de la irrigación en las zonas esteparias del Nagy Alföld, desecación de las zonas pantanosas del lago Fertö y cerca de la confluencia entre el Rába y el Danubio, etc. Merecen especial mención las medidas de protección contra la erosión eólica que alteraba la composición de las diferentes zonas del Nagy Alföld, y que producía una gran sequía en los suelos. Con la plantación de millones de árboles que actúan como cortina y la fijación de dunas, los esfuerzos dieron sus frutos.

La explotación del campo húngaro se fue adaptando progresivamente a las técnicas de cultivo intensivo, básicamente a través de cooperativas agrícolas. La ganadería, actividad tradicional, es de tipo extensivo y su explotación permaneció, mayoritariamente, en manos privadas.

El 51 por 100 de las 8.722.000 hectáreas cultivables que posee Hungría se dedica a los cultivos arables, entre los que

destaca el trigo, cultivado principalmente en el Nagy Alföld, seguido por el maíz, en el valle del Danubio, la avena, la cebada, el centeno y el arroz. Los cereales representan la gran riqueza de esta agricultura, en la que destaca también el cultivo de la patata, los guisantes, el tomate y la cebolla. El cultivo de los frutales se ha desarrollado en los últimos tiempos, tanto en las nuevas zonas irrigadas, como en las laderas de la Dorsal. La producción de manzana, la más importante, y las de pera, ciruela, melocotón y albaricoque, abastecen una importante industria de transformación instalada en las ciudades agrarias, como Debrecen, Gyor, Békés y otras.

Los cultivos industriales están representados por la remolacha azucarera del Kis Alföld y del Transtisza, y el tabaco, cuyo cultivo se distribuye por la mayor parte del territorio.

El vino húngaro, reconocido internacionalmente, proviene sobre todo de la región del Tokaj y de las laderas de la Dorsal. Los viñedos se cultivan también en las cercanías del lago Balatón, en las dunas del Nagy Alföld y en las colinas transdanubianas.

La abundancia de terrenos poco aptos para una agricultura tradicional favore-

La ganadería extensiva bovina, con una larga tradición en Hungría, significó, durante mucho tiempo, la mejor forma de sacar rendimiento a las grandes extensiones de terrenos poco aptos para el desarrollo de una agricultura tradicional. Grandes rebaños, sin estabular, recorrían vastas regiones incultas. Aunque todavía importante, la cabaña bovina está actualmente en constante regresión.

ció, en Hungría, el desarrollo de una ganadería extensiva y no estabulada. Destacan en orden de importancia las cabañas porcina y ovina; esta última desplazó en la década de los ochenta a la bovina. Mención especial merecen la cría de caballos y la volatería, sector que conoció un gran desarrollo gracias a la profusión de modernas granjas avícolas.

Las industrias de transformación agrícola y las cárnicas, así como las de derivados de la leche (queso y mantequilla), ocupan un lugar destacado en las exportaciones del país. A partir de 1992, se vendió una tercera parte de las cooperativas agrícolas, que pasaron a manos de 55.000 nuevos propietarios, privatizándose así un 20 por 100 de la superficie cultivable del país.

El desarrollo de la industria (fotografía de la derecha) representó un gran esfuerzo para Hungría, cuya población, hasta mediados del siglo XX, estuvo volcada a la vida rural en su mayor parte. No obstante, la importancia que las formas de vida tradicionales tuvieron siempre en el país favoreció la supervivencia de las artes populares, uno de los aspectos más originales de la cultura magiar. Arriba, artesanía decorativa.

Industrialización carente de recursos

El proceso de industrialización húngaro exigió enormes esfuerzos desde la Segunda Guerra Mundial, sobre todo teniendo en cuenta el escaso nivel de desarrollo del que se partía y la destrucción, provocada por la guerra, del débil entramado industrial del período de anteguerra. Aunque algunos de los recursos del subsuelo poseen una relativa importancia como materias primas, la dificultad para su transformación por falta de energía condicionó su dependencia respecto de otros países de Europa Oriental, especialmente de la desaparecida Unión Soviética.

El desarrollo industrial se inició a partir de 1947 con una progresiva y rápida nacionalización de las empresas. Las industrias estatales empleaban a comienzos de los ochenta el 85 por 100 de los trabajadores. El resto trabajaba en cooperativas y sólo el 3 por 100 se mantenía en un sector privado de carácter artesanal. El número total de pequeñas empresas familiares pasó de 160.000 en 1988 a 400.000 en 1990, debido al impulso que dio el gobierno en favor de la rentabilidad en el sector empresarial. La industria pesada ocupaba la mitad de la mano de obra, mientras que el 40 por 100 estaba empleado en la industria ligera, y el resto en la minería y la producción energética. Este cuadro sufrió modificaciones importantes a partir de los cambios políticos profundos provocados por el relevo de la dirección de Janos Kadar, cambios que implicaron importantes transferencias a la iniciativa privada de sectores industriales no estratégicos.

Cuantitativamente, la industria húngara cuadruplicó el volumen de producción entre los años 1950 y 1980, pero, cualitativamente, la dependencia de la división internacional del trabajo en el ámbito del COMECON, organismo que desapareció en 1991, obstaculizó la renovación tecnológica al ser relegada a un papel subsidiario de la tecnología soviética. La pérdida de competitividad y la obsolescencia de los equipos dieron paso a una profunda crisis y al endeudamiento con los países occidentales, factores que propiciaron los cambios de 1988 en la cúpula del poder y la orientación liberalizadora del sistema económico. Sólo la cuarta parte de las exportaciones, entre ellas las de maquinaria y equipos de transporte, son productos totalmente elaborados.

La localización industrial responde al acercamiento a las fuentes de materias primas, encontrándose la metalurgia en la Dorsal Húngara, mientras que la industria ligera se reparte entre las ciudades agroindustriales del país. A finales de los setenta se corrigió la tendencia a la concentración de las actividades en grandes

La debilidad relativa de la siderurgia, debida en parte a sus condiciones naturales, ha sido históricamente compensada por la vitalidad de las construcciones mecánicas, que constituyen el principal sector de exportación. Esta industria se concentra principalmente en torno a Budapest, pero tiene centros repartidos por toda la geografía magiar. Gyor es un importante centro de producción de material ferroviario. Otros centros industriales son Székesfehérvár, Miskolc y Pecs.

La industria química tiene su principal planta en Tiszaujváros, en la confluencia del Tisza y el Sajó, donde se producen abonos nitrogenados, y en otros puntos de producción situados al norte del país, en la Dorsal y en los valles del Danubio y el Tisza. La producción de este sector se centra en los abonos, la sosa cáustica y los ácidos clorhídrico, sulfúrico y nítrico. En Budapest y Debrecen están asentadas las industrias farmacéuticas.

Por su presencia en la exportación son importantes también las industrias alimentarias, que se hallan dispersas en el Transdanubio y el Nagy Alföld, destacando la producción de azúcar, vino, tabaco y carnes —salami húngaro—, que aportan la mayor parte de las divisas fuertes del país.

Mención aparte merece también la industria textil (algodón, seda y lino), con centros en Budapest, Szeged y Gyor.

El equilibrio del comercio exterior

El comercio exterior húngaro es primordial, dadas la pobreza del subsuelo y las ambiciones de desarrollo. La estructura del comercio húngaro se debe al grado de expansión y especialización de la industria. La vinculación, durante muchos años, al bloque soviético como miembro del desaparecido COMECON, con quien realizaba el mayor volumen de negocios, y su integración determinaron en gran parte la dirección y estructura de este comercio, dirigido ahora a toda Europa.

Hungría importa carbón, mineral de hierro, petróleo bruto, maderas y maquinaria agrícola de Rusia, Ucrania y Alemania, sus principales proveedores. La República Checa, Polonia, Austria, Italia y Rumania les siguen a distancia en cuanto a importaciones.

Las exportaciones se basan en maquinaria y vehículos, productos químicos y agropecuarios simples y elaborados.

La geografía húngara favorece las comunicaciones interiores, pero la modernización de las infraestructuras y del parque móvil es muy lenta. Las líneas ferroviarias son relativamente escasas;

empresas estatales, otorgando mayor autonomía a algunas unidades de producción, exentas de la planificación estatal, preámbulo a la inmediata privatización.

Entre los recursos propios de la minería húngara destacan la bauxita, que se extrae en los yacimientos de Iszkaszentgyorgy, Kislöd, Nyirád, Halimba y Szöc, todos ellos situados en la zona central del Transdanubio. La fabricación de aluminio se lleva a cabo en Ajka, Tatabánya y Almásfüzitö, en la Dorsal, y Mosonmagyaróvár, en la región de Györ-Sopron. Las carencias energéticas provocan la exportación de gran parte del mineral para ser tratado en otros países. La extracción de petróleo se da principalmente en el sudoeste (Nagylengyel y Lovaszi) y también en algunos puntos del valle del Tisza (Szolnok y Mezokeresztes). Las refinerías se sitúan a lo largo de la Dorsal. El principal centro se encuentra situado en el complejo de Budapest, donde se refina

petróleo ruso que, desde Ucrania, llega a través del oleoducto de la Amistad, cruzando el país de nordeste a sudoeste. Los yacimientos de gas natural, situados cerca de las zonas petrolíferas, constituyen otra de las importantes explotaciones del subsuelo. Cabe destacar también la producción de lignito, en el centro y norte de la Dorsal, especialmente en Tatabánya y en la vertiente meridional de los montes Mátra. Otros minerales del subsuelo magiar son el hierro, en Rudabánya, el manganeso, el cobre, el plomo, el zinc y los yacimientos de uranio situados en Pecs, al sur del Transdanubio. La energía eléctrica, base del complejo industrial, se produce en las centrales térmicas, que aprovechan las reservas de lignito, y en la central nuclear de Paks. Las características del relieve dificultan el aprovechamiento hidroeléctrico del Danubio, aunque el proyecto de Nagymaros, paralizado en 1991, perseguía este fin.

muy pocas están electrificadas y el material está envejecido, por lo que los retrasos son constantes. La red viaria cuenta con un elevado porcentaje de carreteras asfaltadas (un 80 por 100), pero el trazado de las autopistas es insuficiente. El parque móvil privado tenía, a principios de los noventa, una de las tasas de motorización más elevadas de los países que la circundan. El Danubio, con sus 410 kilómetros navegables, constituye una importante vía de comunicación interior, tanto para el transporte de mercancías como de pasajeros. El aeropuerto más importante es el de Ferihegy, en Budapest.

En Hungría, las líneas ferroviarias son escasas y la red viaria asfaltada es, en su mayor parte, de construcción reciente. Adquiere gran relieve la navegación fluvial, en especial a lo largo del Danubio, importante vía de comunicación interior. A la izquierda, Puente de la Libertad sobre el Danubio, en Budapest. Abajo, cruce viario en esta misma ciudad.

Organización regional

Desde 1949 hasta 1989 Hungría se definió como una República Popular bajo la cual los miembros de la Asamblea Nacional se elegían sobre las listas únicas del Frente Patriótico del Pueblo, organización de masas que agrupaba a todos los movimientos políticos controlados por el Partido Socialista Obrero Húngaro.

La reestructuración del aparato del partido y del poder, a partir de 1988, supuso por primera vez que la presidencia de la república recayera en un independiente y que la jefatura del gobierno y los principales ministerios estuvieran en manos de reformistas radicales, partidarios de una democracia de tipo occidental. Durante 1989 se sucedieron profundos cambios. El partido único perdió su hegemonía, abandonó el comunismo y se refundó como Partido Socialista Húngaro, se hicieron elecciones parciales, el parlamento aprobó reformar la Constitución para establecer una democracia plural y se abandonó el término República Popular. El proceso culminó con elecciones legislativas, cambio de gobierno y nueva constitución en 1990.

Hungría se distribuye, administrativamente, en 19 departamentos y 5 distritos urbanos, aparte de la capital, que es el centro administrativo y económico del país. Los distritos urbanos corresponden a las mayores ciudades, por su número de habitantes, y a los centros de las regiones más activas económicamente.

Miskolc, emplazada en el nordeste, Debrecen, en el este, Szeged, en el sudeste, Pecs, en el sur, y Gyor, en el noroeste, se encuentran situadas en disposición radial respecto a la capital, y encabezan respectivamente departamentos fronterizos con otros países.

Los distritos urbanos

Miskolc es la capital del departamento de Borsod-Abauj-Zemplén, en el nordeste del país. Su distrito urbano constituye la tercera ciudad de Hungría. Situada en la ribera del Sajó, al nordeste del macizo de Bükk, se convirtió desde antiguo en un importante mercado agrícola. Con la industrialización pasó a ser también un notable centro fabril, especialmente en el sector de construcciones mecánicas.

Debrecen, capital del departamento de Hadjú-Bihar, fue fundada en el siglo XIV, pero sólo adquirió importancia a partir de la dominación turca en el siglo XVI. Fue así mismo uno de los principales centros

de la difusión del calvinismo en Europa. La extensión de su distrito urbano y sus más de doscientos mil habitantes la convierten en la segunda ciudad húngara, a la vez que mantiene su hegemonía como centro tradicional del este del Nagy Alföld. Con la modernización, pasó a ser destacado núcleo de transformación de productos agrícolas y de elaboración de fertilizantes y otros productos químicos, de material médico y de productos farmacéuticos. Es importante su oferta de enseñanza superior, en la que destaca el prestigio alcanzado por alguna de las facultades universitarias, como la de Medicina.

Al sur del Nagy Alföld, en la confluencia del Maros y el Tisza, se encuentra Szeged, con una población que ronda los doscientos mil habitantes. Capital del departamento de Csongrád, tuvo que ceder parte de su territorio a Yugoslavia por el tratado de Trianón. Szeged es uno de los centros históricos más antiguos de Hungría. Fue colonia romana y centro de producción y mercado medieval. Arrasada por el río Tisza en 1879, se reconstruyó siguiendo el modelo de París y constituyó en el siglo XX uno de los más bellos centros arquitectónicos húngaros. En su periferia se localizan industrias alimentarias, textiles y madereras.

Al sur, en el piedemonte del macizo de Mecsek se ubica Pecs o Pécs, antigua ciudad, capital del departamento de Baranya. Asentamiento romano, Pecs fue la urbe más importante de la Hungría medieval, aunque entró en decadencia con la dominación otomana.

En el siglo XX, la ciudad de Pecs se convirtió en el más destacado centro comercial e industrial del mediodía magiar. Su importancia económica radica en las explotaciones de hulla y uranio. Es también sede episcopal católica y centro universitario.

El último de los grandes distritos urbanos se sitúa en el noroeste, en la confluencia del Rába con el Pequeño Danubio. Gyor o Györ es la capital del departamento de Györ-Moson-Sopron y la ciudad con más vitalidad del Kis Alföld.

Gyor se encuentra emplazada sobre la Arrabona romana, es antigua sede episcopal y posee una magnífica catedral. Por la facilidad de las comunicaciones fluviales, fue un gran mercado desde el que se distribuían los productos agrícolas de su comarca hacia Bratislava y Viena. En época reciente se convirtió en destacado centro de las industrias textil, alimentaria y mecánica (motores, material ferroviario).

912

En la página anterior, un aspecto de la arquitectura del centro de Miskolc, capital del departamento de Borsod-Abauj-Zemplén, en el nordeste del país. Arriba, vista parcial de Debrecen, capital del departamento de Hadjú-Bihar, en el sector este. Esta última ciudad adquirió importancia en el siglo XVI, a partir de la dominación turca, y fue uno de los principales puntos de difusión del calvinismo en Europa Oriental.

La economía como factor de diferenciación geográfica

Los planes de desarrollo húngaro buscaron la homogeneización económica de las diferentes regiones mediante la dispersión de los centros fabriles, pero el marco geográfico y el desarrollo cultural de cada una de ellas dieron pie a una diferenciación regional, basada en la actividad económica, de tres grandes unidades.

Las regiones industrializadas se distribuyen por la Dorsal Húngara para un aprovechamiento más económico de las materias primas que ésta ofrece. Borsod, con Miskolc como centro principal; Nógrád, con Salgótarján, la capital; Eger, al norte del departamento de Heves, y Gyöngyös son los principales focos de actividad. En esta zona cabe destacar el aprovechamiento de los recursos turísticos que ofrecen los montes Mátra.

En las regiones de Komárom-Esztergom y Fejer, en los montes Vertes, representadas por el núcleo de Tatabánya, predomina la industria del aluminio. Destaca Szekesfehérvár, ciudad monumental y centro administrativo, cercano a los yacimientos de lignito y bauxita de los montes Vertes y del macizo de Bakony.

La zona de Veszprém y Zala está dedicada al petróleo y al aluminio, y las regiones de Baranya y Tolna, en el Dunántúl, tienen sus centros principales en Pecs, Szekszárd y Mohács.

Hay dos zonas en las que la actividad económica se reparte entre la agricultura y la industria. El Kis Alföld, con centros agrícolas en Sopron y Szombathely, capital del departamento de Vas, y complejos industriales como el de Gyor.

En Kaposvár, capital del departamento de Somogy y núcleo textil, se centra la

913

industria de transformación de los productos agrícolas regionales (remolacha, tabaco, cereales).

En el sudeste y este del país predomina la agricultura. La región Bács-Kiskun, entre el Danubio y el Tisza, es importante por sus viñedos y ganadería. Kecskemét, la capital, es una próspera ciudad agrícola.

La región de Békés, con las tierras más ricas en Hungría, destaca por la producción de remolacha azucarera que se transforma en Békéscsaba, la capital.

Las regiones del alto Tisza sobresalen por la ganadería porcina y las transformaciones cárnicas. Debrecen, con su complejo industrial, es el dinamizador de la zona. La región de Szolnok, en el curso medio del Tisza, posee como única ciudad importante su capital. La base de su economía es el cultivo cerealístico, principalmente de trigo y de maíz.

Budapest, la capital

Situada en la intersección del Danubio con los macizos Pilis y Borszony, que encabezan la gran llanura danubiana, Budapest representa la convergencia de antiguas rutas naturales. Esta gran urbe concentra el 20 por 100 de la población y es el primer centro económico y administrativo del país.

El nombre de la ciudad responde a la unión de dos antiguos núcleos independientes hasta 1872: Buda y Pest, separados por el Danubio. Buda, en la orilla derecha del río, sobre las colinas Buda y Monte Gellert, tiene sus orígenes en la colonia romana de Aquincum, centro de la Panonia inferior. En el siglo IX se convirtió en la capital magiar y en 1867 en la del reino de Hungría. Es el distrito residencial tradicional de carácter aristocrático y concentra las antiguas sedes de la administración.

Pest tiene también orígenes romanos, pero se desarrolló principalmente como centro de mercaderes. Está situada en la llanura de la margen izquierda, frente a Buda. Más activa, económica y socialmente, Pest ha conseguido una expansión mayor. Buda se extiende hacia el oeste por las laderas de sus montes, donde se sitúan las villas de veraneo. Pest se desarrolla desde el siglo XIX en círculos concéntricos, con grandes arterias formadas por avenidas radiales. En su núcleo se ubican los antiguos distritos comerciales. El segundo y tercer círculos responden a ensanches de principios y finales del siglo XIX.

El Danubio forma dos grandes islas en las inmediaciones de la ciudad. La isla situada al norte (Margarita), alberga un gran parque. La isla que está más al sur es la mayor en extensión y acoge el importante distrito industrial de Cspel.

La emigración ha hecho crecer la ciudad más allá de su núcleo histórico y monumental. Después de la Primera Guerra Mundial, Budapest se convirtió en el primer centro industrial del país. Desde entonces, la corriente migratoria fue creciendo hasta la década de los cincuenta. El excedente humano de un campo superpoblado se instaló en distritos obreros y barrios suburbiales de barracas, que alternaban con zonas industriales alrededor de la ciudad. Antiguos núcleos rurales del norte, este y sur fueron absorbidos entonces por la capital.

Hacia 1960, la administración pretendió frenar este crecimiento hipertrófico con una planificación descentralizadora de la economía a nivel estatal. Budapest perdió peso específico en la industria. El porcentaje de obreros industriales, en relación al país, pasó del 50 por 100, a principios de los cincuenta, se redujo a la mitad en los noventa, al tiempo que aumentó la especialización en tareas administrativas y otras del sector terciario. Esta descongestión planificada permitió mejorar urbanísticamente los barrios obreros, que rodean la ciudad, y acelerar el crecimiento de otras zonas del país, sobre todo los distritos urbanos.

El centro industrial de Budapest es el más importante en las ramas textil, maderera, química, así como en la transformación del cuero y la construcción mecánica. La vitalidad industrial, su oferta de servicios y su gran población convierten a Budapest en la capital indiscutible de este pequeño país.

El turismo, que en los últimos años ha protagonizado un verdadero despegue, tiene en Budapest su centro de destino principal.

El nombre de la capital húngara responde a la unión de dos antiguos núcleos independientes hasta 1872, Buda y Pest, ambos de origen romano, separados por el Danubio. Abajo, vista aérea de un sector de la ciudad. En la página siguiente, arriba, el Danubio a su paso por el núcleo urbano; abajo, vista posterior del monumento dedicado a Lajos Kossuth, con la cúpula del Parlamento al fondo.

LA CUESTIÓN ÉTNICO-NACIONAL EN LA EUROPA DEL ESTE

Durante buena parte del siglo pasado y la primera mitad del actual, las noticias procedentes del este de Europa acapararon los titulares de gacetas, periódicos u otras publicaciones. El desaparecido Imperio de Austria-Hungría y los Balcanes en general —también algunas partes del Imperio Ruso— se hicieron tristemente famosos por las inacabables sublevaciones de las comunidades humanas allí asentadas, que reclamaban un estado propio, por las recomposiciones del trazado de las fronteras, por los graves conflictos generados que acabaron desbordando los respectivos marcos de origen para fundirse en los horribles holocaustos de las dos grandes guerras mundiales.

De los polacos a los macedonios, desde los checos hasta los ucranianos, los pueblos europeos orientales se enzarzaron en continuas luchas contra opresores imperiales, vecinos o convecinos de distintas lenguas o creencias. Sólo después de 1945, la «pax soviética» pareció convertir en balsa de aceite el ámbito sometido a la hegemonía de Moscú, acompañada ésta de nuevas e inalterables delimitaciones fronterizas y de traslados forzados de poblaciones (recuérdense los casos de los alemanes sudetes, silesios y pomeranios, por ejemplo).

La «pax» se mantuvo durante algunas décadas, pero lamentablemente no podía ser definitiva. Aunque se quiso presentar como algo excepcional en el bloque comunista, ya a mediados de los años sesenta se hicieron públicas las completas desavenencias entre Hungría y Rumania a propósito de los magiares de Transilvania. Periódicamente, llegaban a Occidente noticias, más o menos veladas, de disidencias nacionalistas en el Estado soviético, a cargo sobre todo de bálticos, ucranianos y caucásicos. En 1968, Moscú intentó sacar partido de las diferencias entre checos y eslovacos para aminorar la protesta contra el aplastamiento de la Primavera de Praga, imponiendo el estado federal en Checoslovaquia. A mediados de los ochenta, la problemática

étnica o nacionalista afloró en gran magnitud sobre diversos puntos de Europa Oriental. A la citada tensión rumano-húngara, agravada desde 1974 por el plan rumano de sistematización rural, que pretendía desplazar de su tierra a los húngaros transilvanos, se añadieron los primeros síntomas de tensiones en Yugoslavia, donde los servios tenían que hacer frente a la creciente contestación contra sus pretensiones de hegemonía por parte de

Entre los problemas étnico-nacionales de Europa Oriental pendientes de una solución satisfactoria está el de Transilvania, región rumana con una importante minoría magiar (húngara), tal como muestra el mapa de la página contigua. En la fotografía, campesinos transilvanos de la zona de Maramures, ataviados con su vestimenta tradicional.

Límites de Transilvania austrohúngara hasta 1918

Límites de la región autónoma húngara de Mures de 1952 a 1961

Límites de la Transilvania septentrional reincorporada a Hungría de 1940 a 1945

Población rumana hasta la I Guerra Mundial

Población húngara hasta la I Guerra Mundial

Otros pueblos (alemanes, eslovacos, servios, ucranianos, etc.)

(Nagy Varad) Nombre húngaro de ciudad transilvana

sus socios croatas y eslovenos y de sus subordinados albaneses kosovares. En la Unión Soviética, la perestroika de Gorbachov destapó claramente las reivindicaciones nacionalistas de los pueblos no rusos y en Bulgaria, el poder comunista, ya en sus estertores tal vez sin saberlo, pretendió la expulsión en masa de la importante minoría turca.

Fue, sin embargo, con el inicio de la década de los noventa, cuando la cuestión étnico-nacional tuvo una explosión inusual en mucho tiempo al provocar la desintegración de la Unión Soviética y de Yugoslavia, con una gran carga de violencia en este último país, y al extender la amenaza de hondas convulsiones de tal índole por todo el ámbito de lo que fueron los países del Este, representando una seria amenaza para la paz mundial. Todo parecía indicar que se había dado marcha atrás a las manecillas del reloj de la historia.

RUMANIA

Rumania se inscribe plenamente en la Europa Danubiana. Tiene una extensión algo superior a los doscientos treinta y siete mil kilómetros cuadrados, que componen una forma regular, casi circular, y que supone un 2,26 por 100 de todo el continente europeo.

Su superficie representa, en cifras relativas y dentro de su contexto geográfico, el equivalente a la extensión de los Países Eslavos del Sur en conjunto y el doble de la que corresponde al vecino estado de Bulgaria.

Situada entre los 20° y los 30° al Este de Greenwich y entre los 43° y los 49° de latitud Norte, Rumania posee un tramo de costa sobre el mar Negro, al sudeste, y limita con Ucrania, al norte y este; Moldavia, al este; Hungría, al oeste; Yugoslavia, al sudoeste; y Bulgaria, al sur. El mayor perímetro fronterizo corresponde a este último país, con 631 kilómetros.

UN ENCLAVE DE RAÍCES LATINAS

Rumania —tal como indica su nombre, derivado del de Roma— presenta una base lingüística diferente a la del resto de países de Europa Oriental. La componente latina, manifiesta en su lengua y en su cultura, le ha conferido una idiosincrasia particular, a pesar de la gran influencia a que se ha visto sometida a lo largo de los siglos por parte de numerosos pueblos, sobre todo griegos, magiares, germánicos, eslavos y turcos.

En el siglo XIII se produjo la conquista del territorio por parte de los húngaros, de los que un siglo después los rumanos lograron emanciparse en parte, con la creación de los primitivos estados de Moldavia y Valaquia, que no tuvieron, sin embargo, una vida tranquila. Además de tener que soportar las apetencias

expansionistas de húngaros y polacos, y las frecuentes luchas dinásticas, desde el siglo XV dichos estados debieron enfrentarse al peligro del creciente poder del Imperio Otomano, a cuya influencia quedaron finalmente sometidos.

Entre los siglos XVI y XIX se produjeron frecuentes invasiones y dominaciones temporales por parte de Rusia, Austria y Hungría. A raíz de la guerra de Crimea, los principados rumanos quedaron bajo la protección de las potencias europeas por el tratado de París de 1856, aunque se mantuvo la soberanía turca. En 1859 Moldavia y Valaquia eligieron el mismo soberano como vía de unión de ambos territorios. En 1864 se obtuvo plena autonomía con respecto a Constantinopla y en 1877 se proclamó la total inde-

Datos generales

Denominación oficial: România
Superficie: 237.500 kilómetros cuadrados
Capital: Bucarest (2.354.510 hab.)
Estructura administrativa: 41 distritos
Unidad monetaria: leu
Lenguas: rumano (oficial 89 %); magiar (7,1 %); zíngaro (1,7 %); alemán (0,5 %)
Minorías étnicas: húngaros; zíngaros; alemanes; ucranianos; rusos; judíos
Creencias: cristianismo ortodoxo (86 %); cristianismo católico (5,4 %); cristianismo reformado (3,5 %); islamismo (0,2 %)

Estadísticas e indicadores demográficos

Población absoluta: 22.810.035 habitantes
Densidad: 96 hab/km²
Ciudades importantes: Constanza (355.581 hab.); Timisoara (334.115 hab.); Iasi (344.425 hab.); Cluj-Napoca (328.602 hab.); Brasov (323.736 hab.); Galati (326.141 hab.); Craiova (303.959 hab.); Ploiesti (252.715 hab.); Braila (234.110 hab.); Oradea (222.741 hab.)
Crecimiento vegetativo: -0,2 %
Tasa de natalidad: 10,9 ‰
Tasa de mortalidad: 11,6 ‰
Tasa de mortalidad infantil: 23,4 ‰
Población mayor de 65 años: 16,9 %
Esperanza de vida: 70 años
Población urbana: 55 %

Indicadores sociales

Educación: 4.585.493 alumnos (15,5 % preescolar; 55,3 % primaria; 22,3 % secundaria; 6,9 % superior)
Alfabetismo: 95,9 %
Aparatos de radio por 100 hab.: 29,3
Televisores por 100 hab.: 20
Teléfonos por 100 hab.: 13,9
Camas de hospital por 1.000 hab.: 9,4
Médicos por 1.000 hab.: 1,8
Automóviles de turismo: 1.600.000 unidades
Red ferroviaria: 11.380 kilómetros
Red de carreteras: 72.816 kilómetros
Autopistas: 113 kilómetros
Aviación: 25.000.000 km de vuelo anuales
Marina: 433 buques (2.981.336 tm de arqueo bruto)
Red fluvial y canales navegables: 1.778 kilómetros

Indicadores económicos

Producto Nacional Bruto: 25.427 millones de dólares USA
Renta per cápita: 1.120 dólares USA
Población activa: 11.483.000 (35,9 % agricultura; 35,8 % industria; 28,3 % servicios)
Turismo: 6.401.000 visitantes anuales
Importaciones: 6.404 millones de dólares USA
Exportaciones: 4.892 millones de dólares USA

Estadísticas económicas

Agricultura (miles tm): trigo (5.314); cebada (1.553); maíz (7.988); girasol (696); remolacha azucarera (1.776); patata (3.709); vid (1.339)
Ganadería (miles cabezas): porcinos (9.852); bovinos (3.683); ovinos (12.029); caballar (721); aves de corral (94.000)
Pesca (miles tm): 95,2
Silvicultura (miles m³ de madera): 13.657
Minería (miles tm): carbón (4.098); lignito (33.662); petróleo (6.615); mineral de hierro (247); sal (2.556); gas natural (22.138 mill. de m³)
Industria (miles): acero (5.446 tm); fundición de hierro (3.184 tm); coque metalúrgico (2.903 tm); tejido de algodón (289.000 m²); tejido de lana (69.000 m²); abonos químicos (1.086 tm); cemento (6.271 tm); energía eléctrica (54.195.000 kW/hora)

Datos políticos

Forma de gobierno: República
Jefatura del Estado: Presidente
Poder Ejecutivo: Consejo de Ministros
Poder Legislativo: Parlamento Bicameral (Senado; 143 escaños; Cámara de los Diputados: 341 escaños)
Partidos políticos: Frente de Salvación Nacional (FSN); Convención Democrática (CD); Frente Democrático de Salvación Nacional (FDSN)

pendencia, reconocida internacionalmente por el tratado de San Stéfano y el congreso de Berlín (1878).

Tras la Primera Guerra Mundial tuvo lugar la creación de la gran Rumania, al anexionarse Bucarest extensos territorios —entre ellos, Transilvania—, a expensas de sus vecinos derrotados en la contienda, en especial Hungría. Hasta la Segunda Guerra Mundial, el país se deshizo en luchas intestinas, que culminaron con la instauración de una dictadura militar, de corte fascista, en 1940. La firma del armisticio en 1944, bajo la presión del avance soviético, fue el inicio de un nuevo período. Se proclamó la república en 1947, y el Partido Comunista se hizo con el pleno control del poder.

La base cultural y lingüística de Rumania presenta, como su propio nombre indica, un alto componente latino que ha conservado siempre, pese a las numerosas influencias de otros pueblos, como magiares, eslavos y turcos, a que ha estado sometida. Abajo, monasterio de Sucevita en el norte de Moldavia, decorado con un importante conjunto de frescos.

La vinculación rumana a la desaparecida Unión Soviética se fue relajando a consecuencia del ascenso político de Nicolae Ceausescu, elegido secretario general del Partido Comunista en 1965, con fórmulas muy personalistas de como dirigir la política rumana, que si al principio le significaron por su autonomía frente a Moscú, posteriormente degeneraron hasta caer en tendencias autocráticas.

En 1988, Ceausescu puso en marcha un plan de sistematización rural que comportaba la destrucción de 7.000 aldeas y el desarraigo de sus habitantes, muchos de ellos pertenecientes a la minoría húngara. A la conmoción que esto suponía se añadieron las duras medidas restrictivas en la economía, a causa de la deuda, con un progresivo empobrecimiento popular.

Todos estos factores desembocaron en una revuelta en diciembre de 1989, en el curso de la cual Ceausescu fue derrocado y fusilado, aboliéndose el comunismo. Los comicios electorales celebrados en mayo de 1990 dieron la victoria al Frente de Salvación Nacional —en el que se integró parte del antiguo aparato comunista— con un 85,07 por 100 de los votos, sustituido dos años después por el Frente Democrático de Salvación Nacional, escisión del anterior.

Alternancia de tierras bajas y cadenas montañosas

En el relieve rumano se distinguen tres grandes unidades morfológicas: las cadenas montañosas, las mesetas y las llanuras de tierras bajas, que ocupan cada una un tercio del territorio, aproximadamente.

En el primer caso, los Cárpatos constituyen el eje dominante, con alturas que, siendo más modestas que las del sistema alpino, sobrepasan los 2.500 metros. Desde el punto de vista morfológico, se trata de una cadena semicircular de ple-

Valaquia y Transilvania son dos importantes regiones de Rumania. Conocida también como llanura Rumana, Valaquia está situada en el sur del país, entre el Danubio y la zona meridional subcarpática. Transilvania, en cambio, es una gran meseta, bordeada por los Cárpatos, en la que sobresale la producción de cereales y cultivos arbustivos. Arriba, vista de Posul Dimbovitei en Transilvania; en la página anterior, panorámica de los alrededores de Pitesti en Valaquia.

gamiento terciario, fragmentada en varios tramos por fenómenos tanto estructurales como de erosión. Los primeros consisten en el hundimiento de bloques originado por las convulsiones orogénicas, lo que ha dado lugar a la conformación de fosas, entre las que destacan la Panónica y las de Transilvania, Petroseni y Tara Birsei. Las discontinuidades producidas por la erosión han originado una serie de penillanuras en distintas fases de arrasamiento.

En el conjunto del arco carpático se distinguen tres grandes sectores: los Cárpatos Orientales, continuación de los ucranianos, con elevaciones como el Pietrosul, que alcanza los 2.305 metros; los Cárpatos Meridionales (o Alpes de Transilvania), en el sur del país, entre la depresión del Prahova, al este, y la frontera con Servia, al oeste, representan el sector de topografía más acusada y con las máximas alturas del país en los montes de Fagaras (pico Moldoveanu, de 2.544 metros, y pico Negoiu, de 2.535 metros); por último, los montes Apuseni forman el cierre occidental de la región transilvana.

Por lo que respecta a las tierras altas mesetarias, dos grandes unidades definen su tipología: la meseta de Transilvania y la de Moldavia. La primera, rodeada por los Cárpatos, abarca una considera-

ble superficie, destacándose en su interior el sector de Tîrnava por su mayor altitud (entre 600 y 800 metros). Fuera de la cadena montañosa carpática y situada al nordeste del país, la meseta de Moldavia es una plataforma de origen precámbrico, con estructura en zócalo de rocas cristalinas sobre el que se han ido acumulando depósitos correspondientes a distintas fases de la evolución geológica. Flanqueada por los Cárpatos Orientales desciende suavemente desde los 800 metros hasta los 200 en las márgenes del Prut. Éste y el Siret, ambos afluentes del Danubio, constituyen dos arterias primordiales en la configuración de la región moldava.

A diferencia del resto de Rumania, donde la continentalidad del clima determina el rigor de los inviernos, las temperaturas en el delta del Danubio y en la Dobruja presentan una clara influencia mediterránea. A la izquierda, vista parcial del delta del Danubio y un mapa del mismo; abajo, ciudadanos de Bucarest limpiando las calles de nieve.

Al este del bajo Danubio y entre éste y el mar, se extiende la meseta de Dobruja o Dobrogea, ligeramente ondulada y con una altitud general de apenas 200 metros, excepto al norte, donde se alcanzan 467 metros. Es parecida a una terraza, está desprovista de cursos de agua y la forman rocas calcáreas cubiertas de loess.

Las llanuras constituyen el tercer elemento morfológico que hay que destacar en el relieve rumano, configurando las tierras bajas del territorio. Dos sectores resaltan por su importancia: la llanura valaca o Rumana y la del Tisza. Estructuralmente, ambas son fosas tectónicas originadas por el hundimiento de bloques pericarpáticos, en el primer caso, y por la depresión del zócalo en el neógeno, en el segundo. La llanura de Valaquia se sitúa en el sur del país, con una conformación alargada de 600 kilómetros de longitud y 150 de ancho en su más amplio sector central. Durante el neógeno, esta amplia franja estuvo ocupada por un extenso lago que, en su retroceso progresivo, dio origen a la red fluvial danubiana, integrada por una serie de grandes cursos fluviales (Jiu, Olt, Dimbovita, Ialomita, Buzau) que descienden del macizo carpático. El Danubio o Dunarea forma casi toda la frontera rumano-búlgara antes de su es-

pectacular desvío primero hacia el norte y luego al este, formando después de su paso por Galati un vasto delta. De menores dimensiones es la otra llanura rumana; situada al oeste del país, se halla constituida por tierras bajas regadas por afluentes de la cuenca del Tisza o Tisa, al oeste y norte de los montes Apuseni. Ambas llanuras apenas presentan elevaciones que en ningún caso sobrepasan los 200 metros.

El clima y la vegetación

Rumania registra las variaciones típicas del clima templado europeo. La continentalidad domina en el nordeste; al sudeste, la influencia mediterránea prevalece en la región de la Dobruja; y, al oeste, se manifiesta la menguada influencia del clima atlántico. En todo caso, es la topografía diversa la que altera esta clasificación climática.

En la zona mesetaria, la continentalidad se traduce en fuertes contrastes térmicos y en un volumen reducido de precipitaciones. Estas características se hacen más acusadas en el sector septentrional de la meseta de Moldavia, donde la tempera-

tura media en el mes de julio es de 23 °C y alrededor de −3 °C en enero, y las precipitaciones oscilan entre 350 y 520 milímetros. La vegetación que se corresponde con estas condiciones climáticas es la estepa arbórea; a medida que aquellas condiciones se hacen más rigurosas los árboles desaparecen, dando paso a la estepa desnuda que cubre grandes extensiones al nordeste del país, junto a la frontera con Ucrania y Moldavia.

La escasez de precipitaciones es también una característica dominante en la Dobruja; la influencia mediterránea y la proximidad del mar Negro suavizan los valores térmicos extremos dentro de una tónica general más benigna.

Los Cárpatos introducen apreciables modificaciones a la influencia atlántica. En los niveles más altos, la temperatura media anual no supera los 0 °C; en cambio, las precipitaciones sobrepasan los 1.300 milímetros anuales, la mayor parte en forma de nieve. Esta situación climática se localiza por encima de los 1.900 metros y se corresponde con una cubierta vegetal de prados alpinos. En el piso medio de montaña, comprendido entre los 800 y 1.900 metros, tanto las temperaturas como las precipitaciones se suavizan, con valores medios anuales por encima de 0 °C y una pluviosidad entre 900 y 1.200 milímetros. La vegetación arbórea, presente en el estrato medio de la montaña, en una superficie cercana a los seis millones de hectáreas, está diversificada en una cuarta parte de coníferas, una tercera parte de hayedos y una quinta de encinares.

Características demográficas y distribución poblacional

En Rumania, la población no ha dejado de aumentar en cifras absolutas, al menos desde 1914, debido fundamentalmente al crecimiento natural de la población. A pesar de que a partir de la Primera Guerra Mundial la tasa de natalidad experimentó sensibles disminuciones y que, desde mediados de los años cincuenta, el descenso se acusó con regularidad, Rumania se ha distinguido siempre por ser un país con un significativo número de nacimientos. Con anterioridad a la Primera Guerra Mundial, el índice de natalidad oscilaba entre el 30 y el 34 por 1.000, descendiendo al 28 por 1.000 en el período de entreguerras, para llegar al 24-26 por 1.000 a mediados de los cincuenta. En cambio, la mortalidad, a raíz de la Segunda Guerra Mundial, decreció con mayor celeridad hasta alcan-

zar valores muy bajos, cercanos al 8 por 1.000, sobre todo si se tiene en cuenta que, antes de 1914, el índice de mortalidad estaba situado entre un 20 por 1.000 y un 10 por 1.000.

Este comportamiento demográfico condujo a que, hacia mediados de los setenta, con un índice de crecimiento del 1,12 por 100, unas tasas de natalidad del 20,3 por 1.000 y de mortalidad del 9,1 por 1.000, se llegara a superar los 21.000.000 de habitantes. A partir de este momento, los efectivos totales no dejaron de crecer, aunque el coeficiente de crecimiento comenzó a bajar debido a la disminución ininterrumpida de la natalidad y a la estabilización, e incluso el aumento, de la mortalidad: en el período 1975-1980 dicho coeficiente se situó en un 0,9 por 100, con unas tasas de natalidad del 18,6 por 1.000 y de mortalidad del 9,9 por 1.000 en 1979; y entre 1980 y 1990 volvió a descender (0,5 por 100), situándose en 1993 en un crecimiento negativo, como resultado de una natalidad del 10,9 por 1.000 y de una mortalidad del 11,6 por 1.000.

Por lo que respecta a la relación entre población y superficie, los fuertes contrastes de densidad no son el rasgo diferenciador de la distribución espacial de los efectivos humanos de Rumania. Es evidente que existen desequilibrios entre las áreas de montaña y las de llanura y entre zonas de mayor y menor densidad, como Ploiesti y la región de la Dobruja con 186 y 32 habitantes por kilómetro cuadrado, respectivamente; sin embargo, estos desniveles no son tan notables como en algunos países vecinos. De hecho, alguna de las cifras extremas, anteriormente citadas, no se alejan excesivamente de la media nacional, que tiende hacia los 100 habitantes por kilómetro cuadrado, mientras que en el caso de Hungría, por ejemplo, se perciben fuertes diferencias entre las áreas rurales y las industriales.

El sector básico de la economía rumana es la agricultura; en la actualidad el territorio cultivado en Rumania es de un 39,4 por 100 y el índice de la población rural de un 45,7 por 100, cifras, por otra parte, que reflejan claramente el peso de la tradición agraria en este país. Abajo, mercado de Agapia; a la derecha, grupo de campesinos en la zona de Cluj-Napoca, realizando los trabajos del final de la siega.

La población está formada por una mayoría rumana (90 por 100 aproximadamente) que procede de la mezcla de latinos, celtas y elementos eslavos, y por minorías representadas por húngaros (7 por 100), alemanes (2 por 100), gitanos, ucranianos, serbios, hebreos, tártaros, rusos, etc. La lengua predominante y oficial del país es la rumana, de origen latino, aunque recoge aportaciones eslavas, turcas y magiares. En cuanto al credo religioso, los rumanos pertenecen en su mayoría a la iglesia cristiana ortodoxa; también hay otras comunidades, como la cristiana católica, la cristiana reformada, la judía y la musulmana.

Recursos minerales y energéticos

Los recursos naturales son el pilar esencial sobre el que se sustenta la economía rumana. El país no siempre pudo beneficiarse de estas riquezas, puesto que sus fronteras, y por tanto el espacio susceptible de explotar, han variado a lo largo del tiempo. De hecho, el ente político rumano nació en 1859, fruto de la unión de Moldavia y Valaquia, y hasta 1918 no consolidó la incorporación de diversas áreas, entre las que destaca por su extensión Transilvania.

925

En primer término, hay que resaltar el papel de las fuentes de energía, consideradas como bienes de carácter básico para la economía rumana por su considerable variedad. A los combustibles tradicionales, como son el carbón y el petróleo, hay que añadir los lignitos y el gas metano. Las cuencas carboníferas más importantes son las de Petroseni y el Banat; sin embargo, los lignitos extraídos de los centros de Oltenia, Multenia y Oradea, los dos primeros situados al sur y el último al nordeste, han adquirido una enorme relevancia en los últimos años al superar la cifra de treinta y cinco millones de toneladas para un mismo período.

En cuanto al popularmente llamado «oro negro», Rumania dispone de ricos yacimientos petrolíferos. El área de Ploiesti, localizada a los pies de los Cárpatos Meridionales y al norte de la ciudad de Bucarest, fue el mayor centro productor de petróleo del país hasta la Segunda Guerra Mundial. A partir de entonces, se fueron descubriendo nuevos yacimientos, lo que explica una localización de la producción petrolera más descentralizada. Los pozos de Arges y Oltenia, al igual que la cuenca de Ploiesti, ocupan una posición meridional; en cambio, la de Bacau se sitúa más al nordeste y próxima a los Cárpatos. Otras explotaciones son las de Boldesti, Ticleni, Bilteni y Moinesti.

El gas metano, otro de los principales recursos energéticos de Rumania, se obtiene en grandes cantidades en la zona de Ploiesti. Sin embargo, a partir de los años setenta, la producción de dicha cuenca fue rebasada por el aprovechamiento de los ricos yacimientos de Transilvania.

La producción de energía eléctrica es, en su mayor parte, de origen térmico. A partir de los años setenta, la hidroelectricidad se incrementó, debido a un mejor aprovechamiento de las condiciones topográficas del terreno y de las cualidades hidráulicas de cursos fluviales como el Danubio, el Arges y el Bistrita.

Más que el carbón y el petróleo, los yacimientos metalíferos pertenecientes al territorio rumano se conocen desde muy antiguo. Si las primeras explotaciones carboníferas se realizaron a mediados del siglo XVIII y las de petróleo en el XIX, los yacimientos de metales son célebres ya desde la Antigüedad. A pesar de ello, Rumania no ha procedido a una explotación sistemática hasta después de la Segunda Guerra Mundial. El mineral de hierro siempre se consideró como un bien escaso, de producción concentrada, con un reducido número de yacimientos que se encuentran localizados en los montes Poiana-Rusca (Cárpatos Meridionales) y en el Banat. Tras alcanzar un punto álgido a mediados de los setenta, la producción inició un decrecimiento, con altibajos pero continuo, y no cubre las necesidades de la industria del país.

Frente a la debilidad productiva en materia prima ferrosa, Rumania ostenta un puesto relevante entre los países poseedores de minerales no férricos. Sobre

Los variados recursos del subsuelo constituyen en Rumania uno de los pilares de la economía. Arriba, instalaciones para la extracción de petróleo en el campo de Pitesti. En la parte inferior de esta página y de la precedente, planta siderúrgica de Hunedoara, abastecida con hierro y carbón de los Cárpatos.

Por lo que respecta a los recursos biológicos, la madera sobresale entre el resto, puesto que los bosques ocupan más de la quinta parte de la superficie total del país, permitiendo alcanzar una producción cercana o incluso superior a la de Polonia, país muy significado en este capítulo.

Política y economía

Los cambios sociales, económicos y políticos que acompañaron al régimen socialista (1947-1989), aunque modificaron considerablemente aspectos seculares, tuvieron que adaptarse en lo básico a la estructura económica establecida, ya que todavía se refleja hoy en el panorama nacional el peso de la tradición agraria. Este hecho es fácilmente comprobable si se echa una mirada a las cifras de distribución de la población, de cuya observación se puede apreciar que algo menos de la mitad de los habitantes vive en el medio rural. Para hacer frente a esta situación de predominio agrario y al mismo

todo desempeña un papel de primer orden como productor de manganeso y de plomo, cuyos yacimientos se localizan preferentemente en el norte del país. Por su parte, la bauxita, de similar importancia que los primeros, se obtiene en los montes Padurea Craiului, al sudeste de Oradea. Cobre, cromo, níquel, plata y oro también están presentes en el subsuelo rumano, aunque no tienen la misma importancia que los anteriores para la economía. Otro recurso que ofrece el medio físico es la sal gema, con considerables reservas en Slanic, Tirgu Ocna y Ocnele Mari.

tiempo dar una «solución definitiva» a la problemática de las minorías étnicas, desde mediados de los ochenta el régimen de Ceausescu planificó la concentración de la población rural en centros agroindustriales. Ello suponía la liquidación de millares de pueblos, sobre todo en las zonas húngaras y alemanas de Transilvania. Estos planes de redistribución poblacional, puestos en práctica en 1988, se suspendieron tras la caída del régimen en 1989.

Pese a todo, respecto a la etapa presocialista, el sistema de economía planificada supuso liberar al país de la fuerte implantación de capital extranjero, además de abandonar el papel de mero exportador de cereales y crudo. Las preocupaciones de los gobernantes socialistas después de la Segunda Guerra Mundial se centraron en la expropiación y el reparto de la tierra, la nacionalización de la industria y el comercio y la realización de la reforma agraria, objetivo este último que se consiguió a finales de los años sesenta. No obstante, con el cambio de régimen, en los años noventa se procedió de nuevo a la privatización de la tierra.

La práctica económica del régimen socialista, basada en la planificación, estuvo marcada por los rasgos de centralización y colectivización, poniendo especial énfasis en el desarrollo de la industria pesada. Si bien Rumania compartió las características anteriormente citadas con el resto de los países de Europa Oriental, se distinguió de ellos por la continua preocupación de sus gobernantes por fomentar y mantener intercambios comerciales, no sólo con los países de su entorno político, sino también con los del resto del mundo, muy especialmente con los de Europa Occidental. Pese a los esfuerzos gubernamentales, la industria topó con las limitaciones propias de su área geopolítica. Los cambios políticos vividos en el país, tras la caída de Ceausescu, forzaron al nuevo gobierno a la modernización industrial y la privatización del sector por medio de la inversión de capital extranjero, debido a la falta de capital privado en Rumania.

Diversificación agropecuaria

Con anterioridad a la implantación del sistema de economía planificada, Rumania era un país compuesto fundamentalmente por agricultores, ya que la gran mayoría de la población activa estaba dedicada a este sector primario. Se trataba de una agricultura arcaica y tradicional, caracterizada por un desigual reparto de la tierra y el predominio de cultivos extensivos. Con unos niveles de tecnificación y mecanización obsoletos, la producción dedicaba una parte al autoconsumo y otra a la exportación. Actualmente, con el 39,4 por 100 del territorio cultivado, Rumania sigue siendo un país en el que la agricultura tiene un peso importante, aunque la estructura y características de la producción agraria distan considerablemente de ser las de antaño.

Las autoridades socialistas concedieron una gran importancia al desarrollo del campo, distinguiéndose sus actuaciones por la asignación de fuertes inversiones y por la flexibilidad en el proceso de colectivización. Siguiendo las pautas soviéticas, los responsables rumanos comenzaron, en 1945, a llevar a efecto la reforma agraria, que consistió básicamente en la expropiación de la tierra a la gran propiedad y el reparto de ésta entre los pequeños campesinos, aunque el estado se reservó una parte considerable. En total se expropiaron 2.300.000 hectáreas junto con los equipos agrícolas. De esta cantidad global, los campesinos recibieron 2.000.000 de hectáreas, mientras que el resto quedó como propiedad estatal, para la creación de grandes explotaciones que en un principio sirvieran de apoyo técnico.

Los agricultores beneficiados por esta medida fueron los que no poseían tierras o aquellos cuyas explotaciones tenían menos de cinco hectáreas. La tierra se entregó libre de deudas y el campesino, además de no tener que pagar nada por ella, poseía los derechos de adquisición

En la siguiente etapa, el proceso de colectivización supuso la confiscación de las parcelas otorgadas anteriormente y la incorporación masiva del campesinado al régimen de cooperativas agrícolas de producción obligatoria, con lo que se logró que la propiedad privada se convirtiera en un régimen de tenencia auténticamente marginal. El sistema de cooperativas de producción, acabado en 1962, se basó en la elaboración de un programa de cultivos, cuyo contenido y desarrollo estaban concertados con los servicios del estado, y fijados en un contrato. El estado, por su parte, se comprometió a adquirir la totalidad de la producción fijada y a facilitar al agricultor todo lo necesario para el desempeño de las tareas agrícolas. En esta fase de la reforma agraria, la ayuda del gobierno a la agricultura fue prácticamente permanente. La concesión de créditos sin interés se convirtió en el mecanismo financiero habitual para sufragar las pérdidas de las cooperativas con dificultades económicas, aunque también se concedieron préstamos a corto, medio y largo plazo. La distribución gratuita de material y productos fitosanitarios, además de ser uno de los compromisos que tenía el estado con las cooperativas, favoreció igualmente las explotaciones individuales.

El agricultor, al unirse a la cooperativa, tenía que aportar sus tierras, reservando para su uso personal una pequeña parcela, herramientas, animales y la vivienda. La cooperativa se convirtió en una organización económica encabezada por

A la derecha, cultivos en invernadero en la región de Prahova. En la actualidad predomina todavía en Rumania la producción de cereales (maíz, cebada y trigo). Sin embargo, la gradual intensificación y diversificación de la agricultura ha comportado el aumento de los cultivos hortofrutícolas, localizados en las laderas de los Cárpatos, y de la vid, que ocupa una extensión de unas doscientas cincuenta mil hectáreas.

sobre la parcela concedida, aunque, con el fin de evitar otra vez la concentración de la propiedad, el disfrute de tales derechos implicaba que la tierra no podía ser vendida a terceras personas. Como los agricultores no disponían de maquinaria y apenas tenían conocimientos técnicos, se crearon centros de aprovisionamiento para asegurarles herramientas, semillas, animales y materiales para la construcción en el campo.

un consejo de dirección, elegido por la asamblea general de cooperativas. El derecho de cada integrante a retirarse del régimen cooperativista quedó regulado en los estatutos, donde se estableció que el trabajo aportado por el miembro saliente sería valorado a final de año y los bienes que éste hubiera recibido se devolverían a la cooperativa. Además de los cambios radicales que el sector agrario experimentó en la estructura de la propiedad y en el régimen de tenencia, el desarrollo también se manifestó en otros hechos puntuales, como la intensificación y diversificación de los cultivos y en la gran importancia otorgada a la ganadería. Tras la caída del régimen comunista, la gran privatización consistió en el saqueo generalizado de las cooperativas agrícolas. En 1992, el gobierno rumano aseguró que el 80 por 100 de la tierra cultivable había sido devuelta en parcelas de un máximo de 10 hectáreas, fuera cual fuera la propiedad requisada en 1948.

Por lo que se refiere a producción, los cereales continúan ocupando el área más extensa; sin embargo, ha aumentado considerablemente el porcentaje de tierra cultivada dedicada a huertos, a la vid y a pastos y praderas permanentes. Entre los cereales destacan por sus volúmenes más cuantiosos el maíz, el trigo y la cebada, en las áreas cerealísticas tradicionales de la llanura danubiana y las mesetas. El segundo lugar en importancia lo ocupan los cultivos hortofrutícolas, de enorme variedad, localizándose preferencialmente en las laderas de los Cárpatos. Especial atención merece la vid, que ocupa unas doscientas cincuenta mil hectáreas, especialmente en las áreas de Odobesti-Panciu, Dealul Mare, Dragasani, Tirnava, Arad y Cotnari, que han situando a Rumania como décimo productor mundial de vino.

Siega automatizada de cereal en la región de Urziceni. La agricultura tradicional rumana tenía, en el pasado, unos niveles de tecnificación anticuados y su producción estaba en gran parte destinada al autoconsumo. La reforma agraria llevó a cabo importantes progresos en materia de organización social, mecanización y diversificación de la producción.

930

Las transformaciones en el sector agrario comportaron un gran desarrollo y una rápida expansión de la ganadería, tanto a nivel cualitativo, por la generalización de las razas más productivas, como cuantitativo, por el aumento numérico del ganado. Ello se debió en gran medida al incremento de la superficie dedicada a los cultivos forrajeros y a pastos y prados permanentes. Arriba, rebaño cerca de Cluj-Napoca.

La ganadería experimentó una rápida expansión, con el incremento de la superficie dedicada a los cultivos forrajeros, principalmente la cebada, y a prados y pastos permanentes, que en este último caso representan más de la mitad de la tierra cultivada. Las cabañas más numerosas son la bovina, la ovina y la porcina.

Variedad industrial

Rumania inició, después de la Segunda Guerra Mundial, la construcción de la industria nacional siguiendo las pautas rectoras del modelo de desarrollo económico de los países del Este; es decir, partiendo de la creación de un potente sector siderúrgico. Los dos principales centros de la industria pesada rumana tienen una localización definida tanto por la presencia de carbón, que puede transformarse en coque, como por los yacimientos mineros. Hunedoara, el primer alto horno de Rumania, destaca por la producción de acero y se abastece del mineral de hierro y del carbón de los Cárpatos Occidentales. Le sigue en importancia la planta siderúrgica de Galati, especializada en laminados. En los años ochenta, la industria metalúrgica alcanzó un notable desarrollo. Otros complejos industriales emplean como materia prima el cobre y el plomo, como el de Baia Mare y el de Copsa Mica.

El otro gran sector industrial de Rumania está representado por la industria química, cuya localización está determinada por la presencia de la materia prima o por los medios de transporte. Esta actividad se dedica sobre todo a la transformación del petróleo y sus derivados y se basa, además, en el gas natural y la sal gema. Las plantas de mayor relevancia son Gheorghe Gheorghiu-Dej, Pitesti y Rîmnicu Vîlcea. Son de especial relevancia económica los derivados de la petroquímica, como, por ejemplo, la elaboración de fibra sintética, cuyas instalaciones fabriles más notables se encuentran localizadas en Savinesti. Por lo que respecta a la generación de fertilizantes, las más destacadas factorías, Craiova y Navodari, se sitúan cerca de los yacimientos de gas natural. Los fosfatos para el uso agrícola son los de mayor relevancia. También son importantes las producciones de fibras artificiales y de ácido sulfúrico. Colorantes, detergentes, sosa cáustica y productos farmacéuticos constituyen el resto

TRAIASCA PARTIDUL COMUNIST ROMAN,
IN FRUNTE CU SECRETARUL SAU GENERAL
TOVARASUL NICOLAE CEAUSESCU !

La implantación de una industria nacional se
llevó a cabo en Rumania después de la
Segunda Guerra Mundial y se basó,
siguiendo el modelo económico de los
países del Este, en el desarrollo de la
siderurgia. Posteriormente la industria
química, favorecida por la presencia de
materia prima abundante (gas natural,
petróleo y sal), alcanzó cierta difusión. La
industria textil se localiza en las áreas
urbanas de Timisoara, Bucarest, Arad,
Brasov y Sibiu, y está especializada en el
tejido del algodón y la lana. A la izquierda,
taller de confección; arriba, complejo
petroquímico de Ploiesti.

de derivados de este sector productivo de la industria rumana.

Otras ramas de la industria, la textil, las construcciones mecánicas y la industria ligera se desarrollan en las áreas urbanas. La primera, centrada en Bucarest, Arad, Timisoara, Brasov, Sibiu, etc., constituye una actividad bastante dinámica, que es conocida por la producción de hilos de algodón y lana, y tejidos de estos mismos materiales. La industria de construcciones mecánicas despliega sus principales instalaciones en Brasov, dedicada a la producción de automóviles y tractores; Ploiesti y Bucarest centralizan sobre todo la maquinaria petroquímica y eléctrica; y, finalmente, las ciudades de Galati y Constanza son, tradicionalmente, las

dedicadas a la construcción naval. También merecen destacar dentro del ramo de la industria ligera los sectores de la alimentación, del calzado y de la porcelana.

De todas las ramas de la industria, la pesada fue objeto de la mayor parte de las inversiones en los planes quinquenales. Más tarde se impulsó la industria de consumo, pero sin que la industria pesada quedara relegada.

Los contrastes regionales

Los factores históricos y las características físicas han determinado una división regional de Rumania, mucho más sencilla que la división administrativa adoptada

por el estado, que supera la cuarentena de distritos, y mucho más adecuada para obtener una visión general del país.

Las áreas carpáticas y el Banat

La montaña rumana, con una unidad física notable, contribuye a una delimitación muy precisa de las grandes regiones naturales e históricas y merece un tratamiento diferenciado. Su recurso más relevante lo constituyen los yacimientos mineros. Los Cárpatos Occidentales, concretamente los montes Apuseni, con la adyacente región del Banat (Banato), son ricos tanto en mineral de hierro como en otros no ferrosos. Fueron precisamente estos yacimientos uno de los factores de localización que más influencia tuvieron

933

en el desarrollo de los dos principales centros siderúrgicos rumanos, como son Hunedoara y Resita.

Comprendido en el sector occidental carpático, el Banat (en parte sobre la llanura Panónica), además de su reputación minera, ha sido identificado como zona agrícola de predominio cerealícola, debido a que se ve favorecido por precipitaciones más abundantes que las zonas colindantes. El centro urbano del Banat es la ciudad de Timisoara que, con más de 330.000 habitantes, se ha convertido en sede de la mayor parte de la industria metalúrgica de la región. Sin embargo, en los Cárpatos Meridionales, debido a la abundancia de yacimientos de carbón, se ha desarrollado un gran número de industrias que tienen como base esta fuente de energía. La ciudad de Ploiesti, centro regional de la zona subcarpática, está especializada en la explotación del petróleo y la sal gema, y en ella se localizan las grandes refinerías del país. Completan esta panorámica regional los Cárpatos Orientales, con una importante infraestructura orientada hacia la explotación turística.

Transilvania: la Rumania interior

Desde el punto de vista geológico, Transilvania es una fosa tectónica, bordeada por los Cárpatos y colmatada por sedimentos miocénicos, con una altitud que oscila entre los 400 y 800 metros. Tanto la morfología —es una meseta muy poco accidentada— como la riqueza de sus suelos han permitido el desarrollo de una agricultura cerealística, que se localiza principalmente en el sector septentrional. Por el contrario, en el meridional, la meseta de Tirnava, con una topografía ligeramente más accidentada, se presta a la práctica de los cultivos arbustivos, sobre todo la vid, que se distribuye por las vertientes más soleadas. No obstante el aceptable grado de desarrollo agrícola de esta región, con cultivos muy diferenciados, Transilvania también posee importantes yacimientos de hierro, lignito y bauxita, pero con todo son los recursos en gas metano la riqueza natural más destacada, con Delenii y Copsa Mica como principales centros productores.

Los habitantes de la región son de origen rumano en su mayoría, pero es de destacar la importante minoría húngara y la de origen germánico (muy disminuida ésta por la emigración a Alemania). Los centros urbanos más notables de la región son las ciudades de Sibiu y Cluj-Napoca. Ambas desempeñan funciones comerciales, culturales e industriales; en Cluj-Napoca se sitúan actividades univer-

En los Cárpatos, la temporada turística se extiende durante todo el año. Arriba, vista de la ciudad de Busteni, concurrido centro del área carpática e importante estación de montaña, que está provista de modernas instalaciones para la práctica de los deportes de invierno.

sitarias, seguramente favorecidas por las facilidades de acceso y comunicación de esta ciudad. Brasov, otra de las ciudades importantes de la región, destaca por su especialización en la construcción de maquinaria agrícola y por la actividad del sector turístico, sobre todo el relacionado con los deportes de invierno.

Moldavia, la meseta oriental

Moldavia, una de las cunas del estado rumano, situada en la frontera nordeste, se compone de tres submesetas diferenciadas: en el sector septentrional se encuentra la de Suceava, le sigue la de Bîrlad y, ubicada al nordeste, la de Moldavia propiamente dicha. La economía regional se subordina a la disponibilidad de yacimientos petrolíferos y de lignito, localizados en la zona de contacto entre los Cárpatos Orientales y el sector mesetario, y la actividad agraria, fundamentalmente cereales y plantas oleaginosas. Iasi o Iasi, antiguo centro administrativo, religioso y cultural del país, es la capital de la región, pero, sobre todo, uno de los centros artísticos de mayor relevancia de toda

Rumania. No hay que confundir la Moldavia rumana con la república vecina del mismo nombre, adyacente a ésta y con capital en Chisinau, correspondiente a la Besarabia de los rumanos y que estuvo integrada en el estado rumano entre 1920 y 1944.

La Dobruja: una región económicamente deprimida

Aunque constituye un territorio estratégico para el país, debido a que representa la única salida al mar, la Dobruja o Dobrogea fue tradicionalmente el sector regional deprimido desde la perspectiva económica. Situada entre el curso bajo

del Danubio y el mar Negro, debido a su escaso nivel de desarrollo económico, canalizó la atención de las autoridades rumanas que dedicaron inversiones tanto en el sector agrario como en el industrial. El centro urbano principal es Constanza o Constanta, ciudad-puerto por donde salen la mayor parte de las exportaciones rumanas y que con sus más de 350.000 habitantes alberga también actividades industriales y turísticas; entre estas últimas se encuentran las relacionadas con las estaciones balnearias.

El delta del Danubio

Con una extensión de 4.345 kilómetros cuadrados, el delta del Danubio o Dunarea se encuentra situado en la zona norte de la Dobruja. Se calcula que tiene un espesor de 175 metros, que se fue formando debido a la acumulación sucesiva de depósitos marinos y terrestres. El

delta tiene su origen en un antiguo golfo prehistórico, aislado del mar por cordones litorales, y que posteriormente fue colmatado por materiales fluviales. Su entorno está constituido por dunas, que pueden llegar hasta los 12 metros de altura, y por superficies de agua, que se encuentran diseminadas entre una maraña de brazos principales y secundarios. Todo el conjunto aparece cubierto, en mayor o menor medida, por una vegetación de juncos que le confiere el aspecto característico de este tipo de marco natural. En realidad, la región deltaica del Danubio está considerada como un verdadero biotopo, con una flora y una fauna específicas, únicas en Europa. Desde el punto de vista del aprovechamiento económico, las aguas deltaicas acogen tanto a peces marinos como de agua dulce; de ellas se obtuvo tradicionalmente la mayor parte de los esturiones y, por tanto, del caviar rumano. En esta región, Tulcea y Sulina son las ciudades con mayor representatividad entre las que se esparcen por el área.

Valaquia

La llamada por antonomasia llanura Rumana, esto es, Valaquia, se halla situada entre la región meridional subcarpática y el Danubio. Tanto las condiciones edáficas como el hecho de disponer de una buena irrigación, proporcionada por los afluentes del Danubio que bajan de los Cárpatos, definen a esta región como zona eminentemente agrícola. Sin embargo, estos

Brasov, una de las principales ciudades de Transilvania, es un importante centro industrial, especializado en la fabricación de maquinaria agrícola. Destaca también por la gran actividad del sector turístico, sobre todo en lo relacionado con los deportes de invierno. Abajo, céntrica plaza de la ciudad de Brasov, con la torre de la llamada Iglesia Negra, de estilo gótico, al fondo.

A la izquierda, muelles de la ciudad de Constanza, en la costa del mar Negro, considerada como el principal puerto marítimo de Rumania, ya que de él salen la mayor parte de las exportaciones del país; Constanza es también conocida por sus actividades industriales y por su atractivo turístico. Arriba, vista de la ciudad de Galati, que está situada en el sudeste de Rumania y cuenta con un importante puerto fluvial-marítimo en la orilla izquierda del Danubio.

factores positivos han estado siempre mediatizados por la climatología de carácter estepario imperante en la región. La reducida cantidad de precipitaciones que recibe anualmente es la causa de su especialización cerealícola. Así mismo, en la llanura existe otro tipo de agricultura, que se localiza junto a la ribera izquierda del Danubio y que se beneficia de las posibilidades de riego que ofrece el río. En esta estrecha franja, de unos 700 kilómetros de longitud, se desarrollaron cultivos hortícolas, y en ella también puede encontrarse un número destacado de lagos en los que se practica la piscicultura.

A pesar de que el medio natural no es adverso a la agricultura, el desarrollo de la región está basado en la explotación de los ricos yacimientos petrolíferos, que se encuentran en la zona de contacto entre la llanura y la región subcarpática. Por lo que respecta al medio urbano, tres ciudades destacan en el conjunto regional. En la zona occidental se halla la ciudad de Craiova, que se distingue por su industria metalúrgica y alimentaria. En cambio, Ploiesti, situada en el sector central de la principal concentración petrolífera, está especializada en la industria de transformación del petróleo, razón por la que las refinerías y los oleoductos forman parte del paisaje urbano de esta ciudad. La tercera ciudad es Bucarest.

Bucarest

Bucarest o Bucuresti es la principal urbe del país. Antiguo núcleo feudal, se convirtió en hábitat urbano en el transcurso del siglo XVI. A partir de este momento, la importancia económica de la llanura valaca comenzó su desarrollo. Uno de los signos que atestiguan dicho crecimiento económico fue el incremento de tráfico en las rutas comerciales, que convergían en Bucarest.

La incidencia de Bucarest aumentó como sede de las instituciones rumanas, produciéndose grandes transformaciones en su seno a partir de 1859, aunque los mayores cambios se sucedieron tras la Segunda Guerra Mundial, cuando se convirtió en el escaparate del régimen socialista. Otra manifestación de la creciente

importancia de esta ciudad fue el ensanchamiento sucesivo de su perímetro urbano. En el siglo XVI su extensión no pasaba de las 60 hectáreas, pero ya en el XVII aumentó a 200 hectáreas, alcanzando las 600 en el siglo XVIII, con cerca de 80.000 habitantes. En el siglo XIX experimentó un gran ensanchamiento, debido, sobre todo, a que una docena de pueblos fueron integrados en su área. En 1939, su superficie comprendía ya las 10.000 hectáreas y su población superó los ochocientos mil habitantes, para alcanzar en la actualidad más de dos millones trescientos mil habitantes.

Bucarest es el principal nudo de comunicaciones del territorio y sede de las instituciones dirigentes del estado. Además de poseer una industria diversificada, con representación en los sectores metalúrgico, químico, electrónico, textil y alimentario, desempeña funciones político-administrativas, como capital del país, además de las tradicionales del mundo del arte y de la cultura.

Bucarest, la capital de Rumania, fue en sus orígenes un núcleo feudal y, a partir del siglo XVI, alcanzó un gran auge como punto de convergencia de las rutas comerciales. Con más de dos millones trescientos mil habitantes, esta ciudad es la mayor concentración humana del país y también el principal nudo de comunicaciones. Arriba, bulevar del centro de Bucarest; a la derecha, panorámica parcial de la ciudad.

BULGARIA

UN ESTADO BALCÁNICO CON ALMA RUSÓFILA

Bulgaria es un estado del sudeste de Europa, situado en la parte nordoriental de la península Balcánica. Su superficie, de casi ciento once mil kilómetros cuadrados, está accidentada por la presencia de los Balcanes, en el centro, y del macizo del Ródope, al sur del país; el norte se inscribe dentro de la Europa Danubiana, con el Danubio como frontera con Rumania. Esto, unido a su tradicional y prolongada vinculación con los restantes países de Europa Centroriental y Danubiana, hacen que Bulgaria se analice en este apartado, en vez de hacerlo dentro de la Europa Balcánica, como podría parecer más común.

Su extensión supone un 1,04 por 100 del continente europeo. Su longitud y anchura no superan, respectivamente, los 300 y 500 kilómetros. Bulgaria limita al norte con Rumania, al este con el mar Negro, al sudeste con Turquía, al sur con Grecia y al oeste con Yugoslavia y Macedonia.

Desde tiempos históricos, Bulgaria ha mantenido unas especiales relaciones de amistad con Rusia, gracias a la cual consiguió afianzar su independencia en 1878, al sustraerse de la soberanía del Imperio Otomano, que dominaba el país desde el siglo XIV.

El pueblo búlgaro es el resultado de numerosas mezclas étnicas, aunque dos aportaciones sean especialmente relevantes. Se trata de los eslavos, que penetraron en el territorio desde finales del siglo VI, y de los búlgaros, pueblo de origen turcomongol o finougrio, que acabó siendo asimilado cultural y lingüísticamente por la población eslava, aunque se convirtió en el elemento dirigente de la nueva nación, a la que dio nombre.

La rivalidad de los bizantinos, magiares y pechenegos, a los que pudo vencer en numerosas ocasiones, acabó minando la nación búlgara, que fue conquistada completamente por los bizantinos en 1018. Tras ciento cincuenta años de dominio bizantino, los búlgaros lograron recomponer su estado, que se convirtió durante la primera mitad del siglo XIII en una de las grandes potencias de la región de los Balcanes. Luego siguieron la decadencia, el largo dominio turco —casi cinco siglos— y la liberación, de la mano de Rusia.

Durante las dos guerras mundiales, Bulgaria se alió con las potencias centroeuropeas, dándose la circunstancia de que, a pesar de todas las presiones de Hitler, durante la Segunda Guerra Mundial Bulgaria fue el único país que albergó representaciones diplomáticas de Alemania y la U.R.S.S. (heredera de Rusia) al

Datos generales

Denominación oficial: Republika Balgarija
Superficie: 110.994 kilómetros cuadrados
Capital: Sofía (1.107.613 hab.)
Estructura administrativa: 9 distritos
Unidad monetaria: lev
Lenguas: búlgaro (oficial); turco
Minorías étnicas: turcos (9,7 %), gitanos (3,4 %); macedonios, judíos, rumanos, armenios, griegos
Creencias: cristianismo ortodoxo (87 %); islamismo (12,7%); cristianismo católico, cristianismo reformado, judaísmo

Estadísticas e indicadores demográficos

Población absoluta: 8.459.723 habitantes
Densidad: 76,2 hab./km²
Ciudades importantes: Plovdiv (340.810 hab.); Varna (307.915 hab.); Burgas (211.597 hab.); Ruse (190.229 hab.); Stara Zagora (162.368 hab.); Pleven (137.466 hab.); Shumen (112.091 hab.)
Crecimiento vegetativo: -0,4 %
Tasa de natalidad: 10,0 ‰
Tasa de mortalidad: 12,9 ‰
Tasa de mortalidad infantil: 16 ‰
Población mayor de 65 años: 11 %
Esperanza de vida: 67,6 años (hombres); 74,4 años (mujeres)
Población urbana: 70 %

Indicadores sociales

Educación: 1.647.351 alumnos (14,9 % preescolar; 59,8 % primaria; 12,8 % secundaria; 12,3 % superior)
Alfabetismo: 94,5 %
Aparatos de radio por 100 hab: 19,5
Televisores por 100 hab: 17,6
Teléfonos por 100 hab: 34,1
Camas de hospital por 1.000 hab: 10,6
Médicos por 1.000 hab: 3,3
Automóviles de turismo: 400.000 unidades
Red ferroviaria: 4.294 kilómetros
Red de carreteras: 33.887 kilómetros
Autopistas: 277 kilómetros
Aviación: 22.000 000 km de vuelo anuales
Marina: 216 buques (1.348.165 tm de arqueo bruto)
Red fluvial y canales navegables: 470 kilómetros

Indicadores económicos

Producto Nacional Bruto: 9.773 millones de dólares USA
Renta per cápita: 1.160 dólares USA
Población activa: 4.397.000 (23,0 % agricultura; 2,8 % minería; 42,3 % industria; 31,9 % servicios)
Turismo: 6.123.844 visitantes anuales
Importaciones: 4.239 millones de dólares USA
Exportaciones: 4.071 millones de dólares USA

Estadísticas económicas

Agricultura (miles tm): trigo (3.638); maíz (1.038); arroz (10); cebada (958); girasol (378); tabaco (59); remolacha azucarera (120); vid (1.800 hl)
Ganadería (miles cabezas): porcinos (2.680); bovinos (974); ovinos (4.814); caballar (114); caprinos (611); búfalos (22); asnos (303); aves de corral (17.000)
Pesca (miles tm): 35
Silvicultura (miles m³ de madera): 3.668
Minería (miles tm): carbón (254); lignito (30.086); hierro (239); cobre (47,4); petróleo (53); gas natural (11 mill. de m³)
Industria (miles): acero (1.941tm); fundición de hierro (1.023 tm); coque metalúrgico (730 tm); ácido sulfúrico (404 tm); ácido nítrico (712 tm); abonos químicos (1.808 tm); cigarrillos (71.000.000 unidades); cemento (2.132 tm); energía eléctrica (35.587.000 kW/hora)

Datos políticos

Forma de gobierno: República
Jefatura del Estado: Presidente
Poder Ejecutivo: Consejo de Estado y Consejo de Ministros
Poder Legislativo: Asamblea Nacional
Partidos políticos: Partido Socialista, Unión de las Fuerzas Democráticas, Unión Popular, Movimiento para los Derechos y la Libertad (minoría turca)

La zona de los Balcanes constituye el eje del relieve de Bulgaria. La cordillera, que no llega a los 2.400 metros, está constituida en realidad por cerros de considerable elevación, redondeados, que nada tienen de áspero ni de salvaje, fuera de la garganta de los valles. Salvo en el este, donde se descompone en macizos paralelos que constituyen una serie de obstáculos, la zona es fácil de atravesar, pues no forma una barrera ni un mundo aislado. En la fotografía, una vista general de los alrededores de Veliko Tarnovo, ciudad situada en el mismo corazón de los Balcanes.

mismo tiempo. Los búlgaros no deseaban romper con su gran pariente eslavo. La desaparecida Unión Soviética ocupó Bulgaria en 1944 e impuso el partido comunista como núcleo dirigente, pero permitió que se mantuviera en detrimento de Rumania el cambio fronterizo operado en la zona de Dobruja por acuerdo de las potencias del Eje. Tras la ocupación, la política búlgara siguió, a grandes rasgos, las directrices de Moscú. Incluso bajo el mandato de Todor Zhivkov, en 1979, se llegó a considerar la posibilidad de convertir el país en una más de las repúblicas soviéticas. Para sintetizar, la actitud búlgara frente a las involuciones o innovaciones (léase perestroika) de la que

fue política rusa/soviética, siempre estuvo acompañada de grandes dosis de acatamiento e imitación. Así, a pesar de las resistencias del aparato comunista, la liberalización política también se impuso en Bulgaria en un proceso que se inició en 1989 y culminó en 1991.

Una superficie muy diversificada

A primera vista, el paisaje búlgaro se define por dos elementos principales: el Danubio, al norte, que forma frontera con Rumania, y los Balcanes, que atraviesan el centro del país en dirección este-oeste y constituyen el verdadero eje orográfico del territorio. La particular composición que el plegamiento balcánico ofrece en su sucesión de cadenas montañosas y valles fluviales permite distinguir cuatro unidades de relieve, que se distribuyen dispuestas en franjas en dirección general este-oeste.

La plataforma danubiana, al norte, está formada por una sucesión de mesetas que descienden en una suave inclinación desde los Balcanes hasta el margen derecho del Danubio y que se elevan en dirección este hasta la región de Dobruja o Dobrudzha, junto al extremo nordeste

de la plataforma danubiana, conocida como Lugodorie. Esta plataforma está jalonada por los valles fluviales que forman las aguas subsidiarias del Danubio al descender de la cordillera balcánica.

Los Balcanes forman un sistema de unos 600 kilómetros de longitud, ligeramente arqueado hacia el sur y que sigue la dirección norte-sur en su extremo occidental. Esta zona comprende los bloques de los Balcanes propiamente dichos, cuya principal cadena es la Stara Planina, y los Antibalcanes o Sredna Gora, situados al sur y separados de la cordillera principal por una depresión intermedia drenada por el río Tundzha.

Al sur de los Balcanes se encuentra una sucesión de depresiones mayores, entre las cuales destaca la cruzada por el río Iskar o Iskur, y la llanura de Tracia, regada por el Maritsa y abierta hacia el mar Negro. En estas depresiones, que forman el núcleo principal de Bulgaria, se ubican las dos ciudades más importantes: Sofía, a orillas del Iskar, y Plovdiv, en el Maritsa.

La última gran unidad de relieve la constituye el macizo del Ródope o Rhodopi Planina, que cierra la depresión subbalcánica por el sur y que posee las cimas más altas de la península Balcánica: el Musala, con 2.925 metros, y el Vihren, con 2.915 metros.

La plataforma danubiana

Las mesetas que constituyen la plataforma danubiana son formaciones calcáreas sobre las que se han asentado sedimentos terciarios en capas horizontales, con leves ondulaciones sinclinales que se orientan hacia el Danubio. Esta plataforma se halla cubierta de limo y loess, lo que la convierte en la llanura cerealística más importante del país, apta también para el cultivo industrial del algodón y el tabaco.

Los afluentes balcánicos del bajo Danubio, entre los que destacan, de oeste a este, el Ogosta, el Iskar, el Vit, el Osam u Osum, el Yantra y el Lom, atraviesan la plataforma formando pequeños y húmedos valles encajonados de fondo ancho y llano, donde se asientan poblaciones agrícolas que aprovechan la facilidad del regadío.

El extremo norte de la plataforma se precipita sobre el Danubio o Dunav formando, en algunos casos, abruptos acantilados de alturas considerables. La llanura fluvial en la orilla búlgara se extien-

de de forma discontinua, en contraposición al margen rumano. La utilización del río se ve condicionada por el relieve de sus riberas.

Al este de la plataforma se encuentra la región de Ludogorie, un altiplano que enlaza con la región de Dobruja, de paisaje estepario semiárido, disputada históricamente por Rumania y dividida entre ambos estados por el límite fijado el 7 de septiembre de 1940.

Al sur de la región, la meseta va ondulándose escalonadamente al aproximarse a los Balcanes. Las colinas, con alturas que van de los 300 a los 700 metros, alternan con pequeños valles. Vergeles y viñedos conforman el paisaje de este piedemonte balcánico, en el que se enclavan una serie de ciudades medianas, como Vratsa, Lovec, Pleven, Gabrovo, Veliko Tarnovo o Turnovo y Shumen o Sjumen (denominada Kolarovgrado entre 1950 y 1964, en honor del político epónimo, que encabezan las regiones de contacto entre la llanura y la cordillera.

La hidrografía búlgara debe su carácter particular a la situación del Danubio y, a excepción de éste y del Maritsa, los ríos son de escasa importancia. Desde el punto de vista de la orografía, Bulgaria presenta una combinación de altas cordilleras y fértiles valles. Hay montañas que se elevan a más de 2.900 metros y la altura media es de 425 metros. En la imagen de la izquierda, el río Osam, afluente del Danubio; a la derecha, el Valle de las Rosas, en Kazanlak.

Los Balcanes

Con una longitud cercana a los 600 kilómetros, los Balcanes forman el eje del país, al que dividen casi por el centro en un arco que va desde la frontera con Serbia hasta la costa del mar Negro. Su formación tectónica corresponde al movimiento alpino y están constituidos por un núcleo cristalino, que emerge sobre todo en el oeste y centro de la cordillera, y unas coberturas secundarias y terciarias —calizas y areniscas— más importantes al este. En sentido oeste-este, los Balcanes

se pueden dividir en tres grandes grupos: Occidentales, Centrales y Orientales.

Los Balcanes Occidentales se extienden desde la cuenca del Timok, al noroeste, en la frontera con Serbia, hasta el valle por donde el río Iskar atraviesa el sistema definiendo la línea divisoria de aguas entre el Danubio, al norte, y el mar Egeo y el mar Negro, al sur. Por su cobertura de rocas calcáreas y conglomerados, los montes presentan laderas empinadas y cumbres muy redondeadas por la erosión. Destaca por su altura el monte Midzhur, con 2.168 metros, al noroeste de Sofía y en la frontera búlgaro-serbia.

Los Balcanes Centrales, en los que predominan los terrenos cristalinos, poseen la cumbre más alta del sistema en el monte Botev, con 2.376 metros, a partir de la cual la altura de la cordillera desciende gradualmente hasta el sector oriental, formado básicamente por capas de arcillas, margas y areniscas, que se alternan en un rosario de depresiones hasta las inmediaciones de Burgas, en la costa del mar Negro. La vegetación que predomi-na en los Balcanes se compone de hayas, robles y abetos en las zonas más elevadas.

En la vertiente sur del sistema se encuentra una serie de depresiones que separan la cordillera principal o Stara Planina de los Antibalcanes o Sredna Gora. Estos valles, orientados de este a oeste, están protegidos por los propios montes de las influencias climáticas del norte y son muy favorables para la práctica de la agricultura por la abundancia de agua y la temperatura cálida de sus veranos. Destacan los de Karlovo y Kazanlak, este último famoso por el cultivo de rosas.

La cadena de los Antibalcanes está formada de hecho por dos macizos, el propiamente dicho Sredna Gora y el Sarnina Gora. Es un plegamiento secundario situado paralelamente al sistema principal en un tramo de 280 kilómetros, comprendido entre las cercanías de Sofía y Yambol. El antiguo bosque que cubría este sistema ha disminuido su superficie a causa de la expansión de los terrenos dedicados a la agricultura y a la obtención de pastos para la ganadería.

Los grandes valles

Entre los conjuntos balcánicos y el macizo de Ródope, al sur, se abren una serie de depresiones terciarias incomunicadas entre sí, formando una cubeta disimétrica. Los valles más importantes son la depresión de Sofía y la llanura de Tracia.

La región de Sofía es un enclave estratégico por la confluencia de rutas naturales que allí se da. Está regada por el río Iskar, que comunica esta depresión de su valle alto con la plataforma danubiana, atravesando los Balcanes por profundos pasos. Sus suelos son pobres y su clima tiene matices montañosos por su altura (500 metros) y por estar cerrada al sur por el macizo de Rila, el más alto del país.

La llanura de Tracia está cruzada por el Maritsa. Es una antigua región fluvial orientada hacia el mar Negro, cuyo fondo corresponde a un antiguo lago del mioceno. El Maritsa desciende por el centro de la región en dirección noroeste-sudeste, cavando su cauce entre los sedimentos, que en algunos casos forman paredes de unos 10 metros. Recoge las aguas de la vertiente sur de los Balcanes, de donde recibe el cauce del Tundzha, su principal afluente, que atraviesa gran parte de la depresión interbalcánica, y del Ródope, de donde recibe las aguas del Arda, al sur de la llanura de Tracia. Esta llanura es árida, pero las actividades agrícolas han ido ganando terreno a la práctica del pastoreo trashumante.

El Ródope

Al sur del país, junto a la frontera griega, se levanta el complejo montañoso del Ródope o Rhodopi Planina, de naturaleza cristalina y aspecto alpino a causa de la profunda erosión de sus valles y sus escarpadas laderas. El Ródope comprende los macizos de Rila, al noroeste, y de Pirin, al oeste, que alcanzan las máximas alturas de la península balcánica (Musala, 2.925 metros). Al este se encuentra el núcleo del Ródope propiamente dicho, una mole montañosa de cumbres romas a causa de la erosión de las cimas cristalinas y graníticas. El avenamiento de las aguas en estas cimas es muy impreciso, pudiéndose observar los efectos de la erosión producida por las glaciaciones en la profusión de circos y lagos. Los glaciares descendieron hasta los 1.100 metros, confiriendo un aspecto recortado a las laderas de estos montes. Del conjunto del Ródope nacen los ríos tributarios del mar Egeo: el Struma, al oeste, y el Mesta, que descienden por los valles que limitan con el macizo del Pirin; el Arda, que nace al este del Ródope y se une al Maritsa al sur de la llanura de Tracia.

El litoral oriental

El este de Bulgaria está bañado por el mar Negro a lo largo de una línea costera de 378 kilómetros. La zona norte del litoral está recortada por los bellos acantilados en que termina la meseta de Dobruja. En la zona central, donde las estribaciones de los Balcanes llegan hasta el mar, se suceden las playas de las bahías en que pequeños valles rinden sus aguas subsidiarias. Las desembocaduras están a menudo obturadas por brazos de arena, formados por las corrientes marinas, que a veces llegan a unir los islotes a la costa.

Las bahías de Varna y Burgas son las más profundas del litoral, localizándose en ellas los principales puertos. Al sudeste, la playa desaparece de nuevo para dejar paso a los acantilados.

Las influencias centroeuropeas y la ubicación de las cadenas montañosas son condicionantes del clima búlgaro. En las cordilleras se suceden inviernos fríos, lluviosas primaveras y veranos cortos. En la página anterior, los montes Ródope, al sur del país; abajo, vista de la costa norte donde se disfruta de un clima de tipo mediterráneo.

Las condiciones climáticas

El clima búlgaro es predominantemente continental. Con una temperatura media anual de 11,5 °C, sufre una fuerte oscilación térmica. Los inviernos son largos y fríos, llegándose a alcanzar los –25 °C, y los veranos pueden ser sofocantes, con temperaturas cercanas a los 40 °C.

El índice anual de precipitaciones oscila entre los 450 y los 700 milímetros por metro cuadrado, y éstas se concentran en la primavera y el verano.

Las peculiaridades climáticas regionales modifican esta situación general. Así, la ciudad de Ruse, en la plataforma danubiana, tiene una temperatura media de 12,2 °C, con unos márgenes de oscilación de –1,3 a 23,5 °C, y su pluviosidad registra 732 milímetros anuales. Varna, en la costa, tiene la misma media térmica, pero su pluviosidad desciende hasta los 431 milímetros anuales, viéndose afectada por los vientos del sudeste. Plovdiv, en el centro de la depresión de la Tracia, registra temperaturas medias parecidas a la general, pero en invierno rara vez llega a registros negativos, gracias a la protección de las montañas del norte. Sofía, la capital, está más elevada y tiene una media térmica que no supera los 10 °C y una pluviosidad de 617 milímetros anuales.

Las regiones montañosas del centro y del sur registran temperaturas mucho más bajas y una pluviosidad próxima a los 2.000 milímetros anuales.

Área codiciada a lo largo de la historia

El conjunto de regiones que hoy comprende Bulgaria fue poblado de forma desigual a través del tiempo. Los primeros asentamientos se dieron en la llanura de Tracia, durante el Paleolítico Superior. A partir del siglo VI a. C. se produjeron en esta zona las influencias de las grandes civilizaciones de la Antigüedad; Varna, Nesebar y Sozopol, en la costa, fueron colonias griegas; Plovdiv, la antigua Filípolis, fue fundada por Filipo de Macedonia. En el siglo I a. C., los romanos ocuparon la región. Augusto la convirtió en una provincia romana (Mesia) y Domiciano la subdividió en dos (Mesia Superior y Mesia Inferior). Esta última ocupaba el actual territorio búlgaro.

Integrada en el Imperio Romano de Oriente, la Mesia fue ocupada durante los siglos V y VI por tribus eslavas y por otras de origen turcomongol o finougrio, procedentes de la cuenca del Volga, los protobúlgaros, que se asentaron en el territorio a despecho de Bizancio. A lo largo del siglo IX, la voluntad política de los janes Boris y Simeón de impulsar una estructura estatal que superase la antigua división tribal, para hacer frente a los ataques bizantinos, y de instaurar el cristianismo, con la adopción de la liturgia eslava y del alfabeto cirílico, dio lugar al Primer Imperio Búlgaro. Éste se extendió de Macedonia a Serbia y desde el Adriático hasta el mar Negro, con una base étnica que estaba constituida por la fusión de protobúlgaros y eslavos, superpuestos a los antiguos sustratos de origen tracio.

A finales del siglo X, las tensiones internas originadas por el proceso de feudalización debilitaron este vasto imperio, que cayó bajo el dominio de Bizancio a principios del siglo siguiente. La ocupación bizantina se mantuvo hasta finales del siglo XII, dando paso al Segundo Imperio Búlgaro. La presión tártara provocó la división en dos reinos, el de Tarnovo y el de Vidin, que sucumbieron a la invasión turca de fines del siglo XIV.

Durante la ocupación otomana, que se prolongó hasta la segunda mitad del siglo XIX, Bulgaria sufrió importantes transformaciones sociales. Los boyardos cedieron su hegemonía a los señores feudales turcos y se registró una fuerte implantación turca en Tracia y la costa, que orientalizó el país durante cinco siglos, mientras que los búlgaros se refugiaron en el macizo del Ródope y en los Balcanes Occidentales.

El espíritu nacional búlgaro renació a lo largo del siglo XIX. La crisis del feudalismo turco permitió la formación de una clase de pequeños propietarios agrícolas autóctonos y la creación de los primeros talleres textiles en los Balcanes, que abastecieron al ejército otomano durante la guerra de Crimea y a los obreros del canal de Suez. Esta nueva burguesía dirigió los movimientos de liberación, que, tras la fallida revuelta de 1876, contaron con ayuda internacional.

En 1878 el norte de Bulgaria se liberó de la ocupación otomana, que persistió en Rumelia Oriental (Plovdiv) hasta 1885, año en que ambas regiones se reunificaron en un solo estado, que en 1908 proclamó la total independencia.

A finales del siglo XIX y principios del siglo XX, Bulgaria se hallaba inmersa en una grave crisis económica y social, debido a su endeudamiento, a las dificultades para su industrialización y al bajo precio de los productos agrarios, a lo que se sumaba la reivindicación nacionalista de Macedonia (todavía ocupada por Turquía), apoyada por la población eslava asentada en dicho territorio. Todo ello determinó la participación de Bulgaria en las guerras balcánicas.

En 1912, la Unión Balcánica (Bulgaria, Servia, Grecia y Montenegro) llevó a cabo una guerra victoriosa contra Turquía, que dio lugar a un nuevo conflicto, esta vez entre Bulgaria y sus antiguos aliados, por el dominio de Macedonia, arrebatada a los turcos. Esta guerra finalizó en 1913 con la derrota de Bulgaria y la pérdida de sus anteriores conquistas territoriales.

La participación de Bulgaria en la Primera Guerra Mundial, aliada a los imperios centrales, resultó catastrófica para el país, que tuvo que ceder Dobruja a Rumania y su salida al Egeo a Grecia; tampoco logró recuperar Macedonia. En el período de entreguerras se agudizó la crisis económica, social y política (golpe de estado fascista en 1923, insurrección popular, gobierno autoritario de Boris III), que desembocó en la alianza de Bulgaria con las potencias del Eje y su participación en la Segunda Guerra Mundial. Al final de la contienda, Bulgaria quedó en la zona de influencia de la desaparecida Unión Soviética. En 1947 se promulgó una constitución por la que Bulgaria se convertía en una democracia popular aliada de la U.R.S.S., a partir de cuyo modelo socioeconómico se impulsó las colectivizaciones agrarias y el trasvase de población campesina al sector industrial, principalmente al de la industria pesada. Estas transformaciones determinaron la urbanización del territorio.

A fines de 1989, el gobierno comunista tuvo que ceder ante la presión popular que exigía una apertura democratizadora, que se plasmó en la redacción de una nueva constitución, aprobada en 1991, y en la celebración de elecciones libres.

El renacimiento búlgaro del siglo XIX cristalizó en una nueva cultura inspirada en el arte popular. Bajo este criterio se reconstruyó el monasterio de Rila (fotografía de la izquierda). En cuanto a etnografía se refiere, el 89 por 100 de los habitantes de Bulgaria son de cultura y lengua eslavas; las minorías más importantes las componen los turcos, los gitanos y los pomak o eslavos islámicos. En la fotografía de arriba, campesinas búlgaras de Karlovo, en Tracia.

Estancamiento demográfico

Las migraciones consecuentes a la Segunda Guerra Mundial confirieron a Bulgaria una mayor homogeneidad étnica. Actualmente, el 89 por 100 de los habitantes son búlgaros, siendo las minorías más importantes la turca, con el 9,7 por 100 de la población, y la gitana y la pomak —es decir, los búlgaros islamizados desde el siglo XV—, con el 3,4 por 100.

947

Los ciudadanos búlgaros de origen turco se concentran sobre todo al nordeste. Después de la Segunda Guerra Mundial rondaban el millón de personas, pero las presiones ejercidas sobre esta comunidad han hecho descender de forma notable su número. Entre 1950 y 1951 emigraron 155.000 y en 1989 fueron expulsadas 310.000, de las que regresaron unas 80.000 al instaurarse el régimen de libertades democráticas. En diciembre de 1989 y marzo de 1990 se les restituyeron sus derechos relativos al uso de la lengua, la práctica del islamismo y la recuperación de sus nombres vernáculos, eslavizados a la fuerza. En las elecciones de 1994, los turcos ganaron 15 escaños sobre un total de 240.

La demografía búlgara destaca por un desarrollo muy moderado en los últimos decenios. Desde la Segunda Guerra Mundial hasta 1970 la población creció en poco más de 2,2 millones de habitantes, con una tendencia descendente cada vez mayor. A partir de la década de los setenta, esta tendencia se acentuó hasta llegar a una tasa de crecimiento anual del 1,2 por 100 a mediados de los noventa. Las tasas de mortalidad (12,9 por 1.000) y de natalidad (10 por 1.000) indican un progresivo envejecimiento de la población. Cabe destacar la elevada tasa de mortalidad infantil (16 por 1.000). La densidad media se sitúa en 76 habitantes por kilómetro cuadrado, pero la distribución territorial de la población es muy desigual. El decidido proceso de industrialización emprendido en 1950 provocó un trasvase poblacional hacia las ciudades, que triplicaron su número de habitantes en unos decenios. La población se concentra principalmente en la capital, Sofía, en los puertos del mar Negro, y en aquellas ciudades interiores que son antiguos centros regionales de servicios convertidos en núcleos industriales. Sofía, con algo más de un millón de habitantes, es la mayor ciudad, seguida a distancia por Plovdiv, en la cuenca del Maritsa, y Varna, en la costa. Del resto de las ciudades, Burgas, Ruse, Stara Zagora, Pleven, Shumen o Sjumen, Dobric y Sliven superan los cien mil habitantes.

Panorámica de una evolución económica

Bulgaria, un país tradicionalmente agrícola y rural, a partir de la Segunda Guerra Mundial vivió profundos cambios en su economía, bajo el impulso de la planificación socialista. Durante el siglo XIX, los sectores acomodados de la población dirigieron el proceso industrial, con la creación de la transversal ferroviaria que unía Sofía y Constantinopla, y los puertos de Varna y Burgas, que servían de soporte a la joven industria nacional, basada en los sectores textil y alimentario.

Posteriormente, la dependencia de capitales extranjeros y las consecuencias de las guerras en las que Bulgaria se vio envuelta, supusieron una importante carga económica para el país, que recayó sobre el principal sector productivo, el campo, en vías de transformación debido a la distribución de las tierras abandonadas por los turcos. Un campo excesivamente parcelado y descapitalizado, una industria dependiente y sobrecargada por los intereses de la deuda y una situación política de gran inestabilidad, complicada por las tensiones nacionalistas, dificultaban la modernización del país, que se encontraba al borde de la quiebra en vísperas de la Segunda Guerra Mundial.

A partir de 1944, y bajo los auspicios de la desaparecida Unión Soviética, se estableció un nuevo orden social y económico que modificó las estructuras de la propiedad y desplazó a las clases dirigentes tradicionales. Con la implantación del socialismo, Bulgaria entró en la división internacional del trabajo e inició un importante proceso de industrialización. Bulgaria fue el primer país del Este europeo en asumir el sistema económico impulsado por la ex Unión Soviética. En el plan económico de 1947-1948 se reorganizó el sistema económico, se constituyó la banca nacional y se nacionalizaron las industrias, las minas y los bancos. Se inició la colectivización agraria, favorecida por la abundancia de pequeñas parcelas, y se establecieron las primeras instalaciones de maquinaria agrícola, que familiarizaron a un campesinado de corte tradicional con las nuevas técnicas.

Acabada la Segunda Guerra Mundial, la economía búlgara se caracterizó por la implantación de una industria nacional. Dos décadas después, parte de la planificación se dirigió a la mejora de las técnicas agrícolas, creándose para ello centros científicos como el Instituto de Fruticultura de Plovdiv (fotografía de la parte superior derecha). Posteriormente, los esfuerzos se centraron en las redes de distribución. Buena parte de las entradas y salidas de mercancías se efectúan por el puerto de Varna, el principal del país, ubicado en la costa nordeste (en la fotografía de la derecha, instalaciones anexas a los muelles).

Los cuatro primeros planes quinquenales marcaron objetivos de crecimiento extensivo, como la explotación de recursos infrautilizados, la recalificación de la mano de obra, la explotación intensiva de materias primas, el aprovechamiento y la potenciación de las fuentes de energía y la creación de la infraestructura viaria para el transporte. A partir de 1965 se impuso un nuevo método de gestión en el que el estado trazaba las líneas generales de actuación y los objetivos, y las organizaciones periféricas (sindicatos y empresas propiamente dichas) elaboraban sus planes concretos, en un intento de descentralización económica. Entre 1980 y 1985, la planificación se orientó hacia el crecimiento del potencial científico-técnico, en busca de una mayor modernización y productividad, consiguiendo un crecimiento de la renta nacional de un 20 por 100 sobre el quinquenio anterior.

Bulgaria realizó un importante esfuerzo en el terreno económico, si se tiene en cuenta la modesta situación sobre la que edificó su modernización. La colaboración financiera y técnico-científica de los soviéticos fue imprescindible a lo largo de todo este proceso; Bulgaria se convirtió en el país del COMECON, mercado común socialista disuelto en 1991, que más se benefició de las inversiones de la que fue Unión Soviética. Aun así, y a pesar de mantener un ritmo de crecimiento elevado y constante, es un estado con un grado de industrialización menor que el de la mayoría de los países europeos. La agricultura también progresó gracias a la mecanización y a la especialización de los cultivos, pero su aportación a la renta bajó ante el avance industrial y del sector servicios. En la actualidad sólo el 13 por 100 de la renta nacional proviene de la agricultura, frente al 38 por 100 de la industria.

La transformación de la agricultura

Antes de la implantación del socialismo, el campo búlgaro se encontraba repartido en más de un millón de parcelas con una extensión media de 0,5 hectáreas. Esta atomización de la propiedad determinaba la baja productividad, la práctica de una agricultura autárquica y de subsistencia, y encubría un paro que abarcaba al 20 por 100 de la población. Los planes de dinamización económica pasaban necesariamente por la racionalización y mejora de las explotaciones. El sistema de concentración de la propiedad que se aplicó no fue la nacionalización de las tierras, sino la agrupación de las par-

celas en cooperativas. Este proceso se realizó en tres fases: la primera, que duró hasta 1959, se caracterizó por la constitución de cooperativas de tipo medio, la creación de instalaciones de maquinaria y las primeras obras para mejorar el regadío. La segunda fase concentró estas cooperativas en unidades mayores que permitían la aplicación de mejores técnicas, como el empleo de fertilizantes químicos, la extensión del regadío y la mecanización en las labores, con la consiguiente intensificación de las explotaciones. A partir de 1970 empezaron a constituirse complejos agroindustriales mediante la concentración de las antiguas cooperativas, dotándolas de medios industriales para la elaboración o transformación de los productos cultivados. En la década de los noventa, tras los cambios políticos sufridos por el país, el gobierno búlgaro intentó privatizar la agricultura, pero se encontró con la oposición de los propios campesinos. Sólo un 15 por 100 de ellos ha solicitado que le fueran restituidas las tierras confiscadas tras la Segunda Guerra Mundial.

Existen numerosos complejos agroindustriales, con una extensión media de 13.000 hectáreas, así como complejos científicos dedicados a la investigación agropecuaria y el asesoramiento de empresas. Aunque el grado de mecanización se ha cuadruplicado desde 1960 y el regadío se ha desarrollado con la creación de nuevos pantanos (el del río Devinska, en el Ródope), la agricultura búlgara no ha alcanzado aún un nivel de modernización plenamente satisfactorio.

De la producción agrícola destacan en primer lugar los cereales, que ocupan un puesto preferente, con el 38 por 100 de la extensión cultivable dedicada al trigo y el maíz. Las zonas cerealícolas se ubican principalmente en las llanuras del Danubio y Tracia.

En el valle del Maritsa se cultiva también arroz. Otros cereales, como la cebada, la avena, el centeno y el mijo poseen una importancia menor.

Los cultivos industriales constituyen el grueso de las exportaciones. El más importante por volumen y prestigio es el tabaco, que se cultiva en la zona de los Balcanes. Bulgaria es un destacado productor mundial y su tabaco, de tipo oriental, representa más de la cuarta parte de sus exportaciones, sea o no manufacturado.

La agricultura y la ganadería búlgaras sufrieron profundas transformaciones después de la Segunda Guerra Mundial con la creación de complejos agroindustriales bajo directrices colectivistas, para volver luego al régimen de propiedad privada. En la fotografía de arriba, labor agrícola en los campos cercanos a Burgas. A la derecha, granja ganadera del complejo de Liaskovets.

Un cultivo muy característico es el de las rosas, que se concentra en el valle del Tundzha, cerca de Kazanlak y Karlovo, ciudades en las que se elabora su esencia. Otros productos destinados a la exportación son el girasol, el tomate y la patata. Por otra parte, las fresas constituyen el cultivo típico de la región de Plovdiv.

Los cultivos frutícolas ocupan el 2,5 por 100 del campo búlgaro. El más importante es el de la vid, de la que se elaboran gran variedad de vinos (Pamid, Mavrud, Tarnovo, Gamsa, etc.) que gozan de reconocimiento en el mercado internacional. Otros productos son el algodón, el lino, la soja, la colza y el sésamo. A partir de

éstos, se deduce la variedad agrícola que, por motivos climáticos, ofrece el país.

La ganadería se desarrolla en las laderas de los montes y en la parte meridional. Domina la cabaña ovina, a la que, bastante distanciadas, siguen en importancia la porcina, la bovina, la caprina y la caballar. En los últimos años se ha intensificado la explotación avícola.

El bosque, en un país que ha sido explotado extensivamente a lo largo de su historia, se reduce a los macizos de Rila, Pirin y Ródope, al sur.

La expansión industrial

Bulgaria es un país esencialmente agrícola. Los intentos industrializadores del siglo XIX no consiguieron un despegue capaz de transformar su estructura económica tradicional.

Después de la Segunda Guerra Mundial, y con el apoyo técnico y económico de la desaparecida Unión Soviética, el estado se propuso la explotación de los recursos mineros del país para conseguir un desarrollo más armónico de su economía,

utilizando los excedentes humanos de un campo en plena reforma.

Las actuaciones en el sector secundario partieron durante muchos años de la nacionalización de los medios de producción y del aprovechamiento de los recursos infrautilizados. El crecimiento industrial se basó en la creación y potenciación de la industria pesada y en la modernización de la industria alimentaria y textil, que ya existía anteriormente. Los grandes problemas, que se tuvieron que superar, residían en la escasez de recursos energéticos y en la falta de infraestructura, especialmente en transporte, que merecieron atención prioritaria a partir de 1960. La industria fue creciendo en relación a la agricultura en la formación del producto nacional bruto y sus logros fueron importantes, habida cuenta de la modestia de sus orígenes. En 1992, el parlamento búlgaro —surgido de las elecciones libres celebradas en 1990— aprobó una ley sobre la inversión extranjera que definía un marco muy generoso para el capital exterior, a fin y efecto de que los inversores extranjeros ayudasen a superar la crisis que se cernía sobre el país desde la década anterior.

Los recursos minerales que ofrece el subsuelo búlgaro son variados e interesantes. Las cuencas de Svoge, Draganica, Berkovica y Stakevci son importantes por la producción hullera. El lignito es la mayor riqueza del subsuelo búlgaro, y se explota en las cuencas de Pernik, Sofía y Bovodol, al oeste, y en la de Maritsa-Iztok, en la Tracia. En los pozos de Dol, Dabnik, Gigen y Tjulenovo, al norte y noroeste, se obtiene petróleo, que es refinado en Pleven, Ruse y Kameno. Se extrae también gas natural, al norte de la costa del mar Negro, y uranio, en Bulkovada. Es notable la producción de plomo y zinc, en el este y sur del país, y de cobre en las regiones interiores de Pazardzhik y Vraca y en la litoral de Burgas.

La falta de recursos energéticos representó un freno al desarrollo industrial. Los esfuerzos se centraron en la producción de electricidad, mediante la construcción de centrales termoeléctricas en Maritsa-Iztok, Sofía, Ruse y Varna, y las centrales nucleares de Kozloduj, con una potencia instalada de 2.760.000 kilovatios; el funcionamiento de Kozloduj fue puesto en entredicho por expertos internacionales a causa de la obsolescencia de la tecnología soviética con que fue instalada. La energía hidroeléctrica, que representa un 18 por 100 del total, aprovecha sobre todo las aguas de los macizos del sur y permite extender las zonas de regadío.

La localización industrial se concentra en las mayores ciudades: Sofía y Plovdiv. La cuenca de Sofía es una región industrial que se extiende al sudoeste hacia Pernik, y al oeste hasta Kremikovtsi, donde se localiza el mayor complejo siderometalúrgico del país. En esta zona se ubican, además, los principales centros textiles, químicos y de construcciones mecánicas. Plovdiv, en la cuenca del Maritsa, representa el segundo gran centro fabril, dedicado a la industria mecánica y química. Otras ramas importantes son el sector textil, la industria alimentaria, la papelera y la elaboración del cuero.

Los puertos han favorecido el desarrollo de Ruse, en el Danubio, y de Burgas y Varna, en el mar Negro. Varna aprovecha el potencial minero del subsuelo y los recursos turísticos de sus playas. Otros centros de menor importancia son los que, situados en las zonas de transición entre los Balcanes y los llanos, aprovechan la multiplicidad de recursos de un medio variado para convertirse en ciudades agroindustriales: Destacan Vraca, con un rico subsuelo, Pleven, Gabrovo y Veliko Tarnovo, dedicadas a la maquinaria, la industria alimentaria y la textil. Al sur de los Balcanes se encuentran Stara Zagora y Yambol, centros textiles y de elaboración de productos derivados de la agricultura.

Las comunicaciones y el comercio

La situación geográfica de Bulgaria, en la encrucijada de rutas que unen el sur de Europa Central con el oeste asiático, el esfuerzo industrializador y el aprovechamiento de los recursos turísticos han determinado el desarrollo de las comunicaciones nacionales e internacionales. Los ejes principales son los que unen la capital con las ciudades más importantes. Sofía y Plovdiv están unidas por la única autopista del estado y por una línea férrea electrificada. Así mismo, se modernizó la línea que une, mediante un imaginario polígono, la capital, Sofía, con los principales centros industriales del país (Ruse, Varna, Stara Zagora y Plovdiv).

El tráfico marítimo y fluvial es muy intenso. Los principales puertos marítimos son Varna y Burgas. Varna posee, además, la terminal de ferry-boats que van hasta Ilichevsk, puerto cercano a Odessa, lo que la convierte en el punto más importante del comercio exterior. En el Danubio destacan los puertos cerealísticos de Vidin, Lom y Ruse. La compañía aérea estatal cubre las comunicaciones internas e internacionales, que se realizan principalmente con países de Europa desde los aeropuertos de Sofía, Varna, Burgas, Ruse y Plovdiv.

En materia de comercio internacional, Bulgaria realiza su mayor volumen de contratación con los estados de Eurasia Septentrional, seguidos a distancia por Alemania y Polonia. La balanza de pagos está equilibrada, y los principales productos de exportación son el tabaco, los cereales, el vino, los metales ferrosos y la maquinaria eléctrica.

La diversidad regional

El estado búlgaro se divide en 9 entidades administrativas o distritos, pero la regionalización del país está determinada por la asociación de tres factores: la configuración del espacio físico, la impronta histórica y la adecuación de las diferentes zonas a los esquemas de producción, que han motivado la concentración de la población en diferentes ciudades según el potencial económico de las regiones.

La primera de estas grandes unidades regionales corresponde a la Bulgaria danubiana, que se extiende desde los Balcanes hasta la orilla derecha del Danubio. Su superficie, ligeramente ondulada, presenta un paisaje monótono, alterado en ocasiones por los pequeños y anchos valles de los afluentes balcánicos del Da-

nubio. En estos valles se encuentran pequeñas aldeas que aprovechan las posibilidades de riego en una región donde predomina el cultivo de secano. El cultivo intensivo del cereal es la principal riqueza de la región. La generosidad de sus suelos, cubiertos de *loess*, contrarresta el rigor de un clima continental seco y con fuertes vientos, que dificultan el crecimiento de los árboles y confieren un aspecto estepario a esta región. El Danubio es la principal vía de comunicación y favorece el crecimiento de las ciudades más importantes alrededor de los puertos dedicados a la exportación de cereales. El principal centro es Ruse (antes, Ruschuk). Su puerto y el puente que la comunica con Rumania convierten a esta ciudad en un importante nudo de comunicaciones y en la mayor área industrial de la región. Otras ciudades sobre el Danubio son Vidin, Lom y Silistra. En el interior destacan Pleven, núcleo industrial y agropecuario, y Veliko Tarnovo, por funciones administrativas y su industria. Esta ciudad, que fue capital de la Bulgaria medieval, posee el atractivo turístico que le dan sus monumentos y sus pintorescos alrededores, donde se encuentran Boshemzi y Etara, ciudad-museo de oficios tradicionales.

Al sur de la plataforma danubiana se inicia la región montañosa de los Balcanes, que se pliega escalonadamente en colinas de 300 a 700 metros hasta alcanzar cotas superiores a los 2.000 metros en el sistema central o Stara Planina. Los Balcanes propiamente dichos empiezan en las Puertas de Hierro, en la zona de confluencia de las fronteras de Servia, Rumania y Bulgaria, y atraviesan el país, ocupando la franja central que, perdiendo altura, se divide en diversas sierras al llegar al mar Negro. Este sistema montañoso sirve de barrera al clima continental y permite que el sur del país reciba influencias del clima mediterráneo.

En la vertiente meridional se encuentran los Antibalcanes o Sredna Gora, de menor altura, separados del Stara Planina por fecundos valles, entre los que destaca el del Tundzha. La vegetación propia de los Balcanes —bosque de encinas, hayas

La planificación de la economía búlgara llevó al desarrollo de industrias como el combinado siderúrgico de Kremikovtsi (a la izquierda), provisto de hornos eléctricos. Del mismo modo, se crearon nuevos complejos fabriles de acuerdo con las riquezas naturales. Los esfuerzos se dirigieron hacia la consolidación de las industrias básicas, especialmente las energéticas, pero, tras la crisis de los años ochenta, se abrió la perspectiva de necesarias reconversiones.

y abetos— permanece sólo en las partes más elevadas. Las laderas de los montes y los valles han sido tradicionalmente aprovechados para la agricultura y el pastoreo trashumante. Esta región registra densidades inferiores a la media del país, salvo en algunos valles aptos para el asentamiento humano. Entre estos núcleos destacan Gabrovo, en las laderas septentrionales, y Kazanlak, a orillas del Tundzha, que es la capital del Valle de las Rosas, primer centro mundial en la producción de esencia de esta flor. En la vertiente sur, Stara Zagora es el núcleo mercantil y de transformación industrial de los productos de las ricas laderas de los Antibalcanes, expuestas al mediodía.

Al este, donde los Balcanes alcanzan las costas del mar Negro, se encuentra una región que disfruta de características propias por la importancia económica que le confiere ser la única salida al mar de todo el estado. En el litoral destacan dos ciudades: Burgas, capital de un departamento minero y uno de los mayores puertos industriales y pesqueros del país, y Varna, 90 kilómetros al norte, que es la tercera ciudad de Bulgaria y cuyo dinamismo se debe a su puerto, principal centro del comercio exterior, a sus industrias textiles, químicas, alimentarias y mecánicas. Es también un importante centro turístico, privilegiado por sus playas y modernas instalaciones, y cultural, con universidad, museo arqueológico y una arquitectura religiosa de gran riqueza artística.

Las grandes ciudades del interior: Plovdiv y Sofía

Los Balcanes descienden al sur hacia los valles formados por las aguas de su vertiente meridional, que los separan de los macizos del Ródope. Estos valles cerrados y separados entre sí representan el núcleo económico de Bulgaria. Destaca por su extensión el valle del Maritsa, que ocupa la mayor parte de la llanura de Tracia. Este valle, protegido por los montes, posee un clima continental de transición al mediterráneo, con una pluviosidad escasa, 480 milímetros, y unas temperaturas moderadas que no bajan de los 0 °C. Su paisaje agrícola alterna los pequeños pueblos rodeados de huertos y frutales con los campos abiertos en los que se cultiva la vid y el tabaco, en el oeste, y cereales en el este, más árido. Al fondo del valle, en las tierras inundadas por el Maritsa, se da el arrozal. El núcleo más importante de la Tracia búlgara es Plovdiv. Edificada en el siglo VI sobre seis colinas a ambos lados del Maritsa, conserva interesantes muestras de construcciones tracias, helenísticas, romanas y medievales. En el siglo XX, Plovdiv se convirtió en la segunda ciudad búlgara; sus cinco universidades le confieren rango cultural de primer orden y entre sus industrias, que aprovechan la vecina cuenca del Maritsa, destacan la metalúrgica y la mecánica. Es también importan-

te su actividad textil y su mercado agropecuario, con una feria anual internacional.

La otra gran cuenca es la de Sofía, en el alto valle del Iskar. Situada a mayor altura, 560 metros, entre los Balcanes y el macizo de Rila, posee un clima de montaña moderado por la protección de los montes que la rodean. En la actualidad es la región más poblada del país, por la influencia de la capital. Bautizada con el nombre de Serdica por los romanos en el siglo I a. C., Sofía o Sofiya tomó su denominación actual en el siglo XIV. Durante la dominación turca fue el principal centro comercial después de Istanbul. Tras la expulsión de los turcos en 1879, se convirtió en la capital del moderno estado y a partir de este momento se inició su crecimiento, acelerado en los años cincuenta a causa de la industrialización.

Sofía ha modernizado su núcleo urbano con nuevas construcciones que le dan un carácter residencial realzado por sus monumentos, entre los que destacan el templo romano de Serapis, la basílica de Santa Sofía y la catedral moderna, construida entre 1904 y 1912.

Sofía es sede de varias universidades y centros de estudios superiores, es el principal núcleo administraivo y de servicios del país y posee un complejo industrial que, situado en una importante cuenca minera, ocupa a un sector destacado de su población en fábricas de material eléctrico y de la construcción, industrias metalúrgicas, químicas, textiles y alimentarias.

Las vías naturales de acceso a Bulgaria, el Danubio y el mar, son básicas para el transporte de los cereales que se expiden desde los puertos de Ruse, Silistra y Vidin. En la fotografía de la página anterior, vista del Danubio cerca de Vidin. Por su parte, Sofía, la capital, es el centro de la actividad cultural y política. En la fotografía de arriba, el Palacio de la Cultura; a la derecha, cruce de dos céntricas avenidas.

Al sur, dominando la capital, se encuentra el monte Vitosha, con 2.290 metros, que inicia el macizo de Rila, en la región del Ródope. Esta zona, poco poblada, concentra sus núcleos urbanos en los valles del Mesta y del Struma. Sus principales recursos son las explotaciones forestales y, recientemente, el turismo de alta montaña. En consonancia con ello, Sofía ha sido candidata para la organización de los Juegos Olímpicos de Invierno.

En el macizo de Rila se encuentra el monasterio del mismo nombre, construido en el siglo XII, que constituye la más preciosa muestra del patrimonio histórico-artístico de Bulgaria.

LA CIUDAD SOCIALISTA, UN MODELO YA HISTÓRICO

Los llamados países del «socialismo real» tuvieron su nacimiento con la República Rusa (1917) y la configuración de la Unión Soviética (1924). Algo más tarde, al término de la Segunda Guerra Mundial (1945), el sistema socioeconómico socialista se extendió a toda Europa Oriental, desde el Báltico hasta el Adriático. Así, la uniformidad amparó, o lo intentó, dos espacios de origen y evolución históricos muy diferentes: el antiguo Imperio de Rusia, convertido en la U.R.S.S., y un complejo de siete viejos países, de raíces medievales, del centro-este y del este europeos, teóricamente independientes pero ligados social y políticamente a Moscú.

Un nuevo espacio en el que un complejo pasado secular había impuesto e impreso diversas influencias: mediterráneas (romanas), orientales (turcas), centroeuropeas (alemanas) o eslavas (rusas). Así, uniformidad y variedad centraron y caracterizaron dicho espacio, que había sido tradicionalmente rural y en el que la presencia de la ciudad, a manera de isla, había sido, desde el Medievo, significativa e importante. Sobre todo, por su diversidad formal en el tiempo y en el espacio. Y también, por su función directriz y su impacto transformador, civilizador.

La Revolución Soviética no hizo sino acentuar —y matizar— esta función. De acuerdo con Lenin, la ciudad socialista tenía que ser, en esencia, el factor de transformación y modernización de los países socialistas, incluso de los esteuropeos. Y, por ello, constituyó un instrumento decisivo en la ordenación y planificación del territorio y de la difusión social y política. Primero, en la Unión Soviética; después, a su imagen y semejanza, en los restantes países bajo su influencia.

De aquí, un prototipo urbano que a imagen del Moscú revolucionario —y, en especial, del estalinista— se extendió por la U.R.S.S., pero también por Europa Oriental e incluso por China, Corea, Vietnam y Cuba. Ello se dio no sólo en las ciudades de nueva planta, como las rusas Magnitogorsk o Novosibirsk, la polaca Nowa Huta o la húngara Dunaújváros, sino en la remodelación de las viejas urbes, como Varsovia, o en el engrandecimiento de todas ellas, pequeñas o grandes, fueran Leipzig, Belgrado o Kiev.

Esta ordenación urbana, fundamento de un generalizado crecimiento y predominio de la ciudad, tuvo claros precedentes. Sobre todo en la Rusia zarista, desde que Pedro el Grande decidió, según un modelo centroeuropeo y barroco, la construcción de la ciudad que lleva su nombre, San Petersburgo. Pero no menos, en la misma época, la dieciochesca, en Varsovia, Praga o Budapest. Sus semejanzas y sus recuerdos en paseos, calles y palacios lo hacen patente.

Y esa preocupación llegó hasta el período soviético, finalizado en 1991, permitiendo el rescate y la salvaguarda de un espléndido pasado urbano más allá, incluso, de lo llevado a cabo en los países del Occidente europeo. Sólo así, los tremendos destrozos de la última guerra mundial no asolaron algunos de los conjuntos monumentales e históricos más espléndidos de Europa. Y de manera modélica y espectacular. El ejemplo, entre otros, de Varsovia, Dresde o Poznan es digno de resaltar. Una reconstrucción que no olvidó, sino todo lo contrario, la conservación y la defensa de joyas urbanas que no padecieron tanto, como Budapest o Praga.

Los edificios oficiales, como los de la fotografía, pertenecientes al centro de Sofía (Bulgaria) bajo el régimen comunista, reflejaron la fidelidad uniformizadora del llamado realismo socialista.

Incólume al paso de gobernantes y sistemas, el corazón de Belgrado (Yugoslavia) ofrece el ambiente placentero de un día festivo.

«Se considera a los Balcanes como un país mediterráneo: por las estructuras, ciertas formas de economía agraria, los aspectos de subdesarrollo, las relaciones humanas, que no escapan ciertamente a la historia, la geografía y la sociología del Mediterráneo. Pero la zona definida por el clima mediterráneo es más limitada que en las otras dos penínsulas por el obstáculo del relieve. Es en función de oposiciones y de transiciones que se pueden definir los dos Balcanes, no sólo por la forma misma de la península, sino también por los dos dominios, uno perfectamente mediterráneo y el otro continental y montañés.»

A. BLANC, *Geografía de los Balcanes.*

EUROPA BALCÁNICA MEDITERRÁNEA

La ciudad croata de Dubrovnik es fiel reflejo, incluso al producirse sacudidas geopolíticas (abajo, bombardeo en 1991), de la síntesis entre lo mediterráneo y lo balcánico.

La península de los Balcanes, ubicada en el sudeste del continente europeo, es una zona que a una gran complejidad física ha sumado una no menor complejidad humana. Por ello, desde el punto de vista geopolítico se pueden distinguir diversas áreas balcánicas, que aquí se resumen en cuatro.

Por un lado, una área balcánica oriental integrada en sentido estricto por Bulgaria, pero a la que se puede añadir Rumania y que por la sólida presencia del río Danubio y por su evolución y sus vínculos macrorregionales se ha incluido en la presente obra en lo que se ha llamado Europa Centrooriental y Danubiana. Al sur, otra área, la balcánica meridional, está representada exclusivamente por Grecia, que debido a sus lazos con la Unión Europea se ha incluido en esta Geografía Universal en la parte dedicada a Europa Occidental. En el extremo sudeste balcánico, otra área diferenciada la forma la Tracia turca, con el relevante fenómeno urbano de Istanbul, que, aunque europea en lo físico, es tratada lógicamente como un sector de Turquía en la parte de la obra dedicada a Asia Sudoccidental.

Finalmente, el área occidental de los Balcanes está integrada por un conjunto de países medianos o pequeños muy relacionados entre sí, aunque sometidos a una alternancia de fuerzas tanto centrípetas como centrífugas, causantes de una elevada inestabilidad regional. Un factor físico, el mar Adriático (una de las cuencas en que se divide el Mediterráneo), une dichos países como realidad de su esfera territorial o como proyección geopolítica. Esta es una razón de ser para el capítulo que aquí se inicia, la Europa Balcánica Mediterránea, donde se reúnen los Países Eslavos del Sur, en su proceso desde la «gran» Yugoslavia (en abril de 1992 se creó una Yugoslavia reducida) hasta su actual realidad, y Albania.

Dispuestos en diagonal, como la misma costa adriática, los Países Eslavos del Sur abarcan, de noroeste a sudeste, a Eslovenia, Croacia, Bosnia-Herzegovina, Yugoslavia (Serbia y Montenegro) y Macedonia. Lindando con estos tres últimos y compartiendo mucho más que una vecindad, Albania también se abre a las aguas adriáticas y, en definitiva, a las aguas mediterráneas, dentro del mismo contexto balcánico.

Uno de los factores físicos que contribuye a dar mayor unidad a las tierras sudeslavas y albanesas es el dominio de los relieves dináricos, que en amplios sectores del interior, como los de Bosnia-Herzegovina que muestra la fotografía, están cubiertos de una densa vegetación forestal.

961

LOS PAÍSES ESLAVOS DEL SUR

La mayor parte del que aquí se clasifica como sector mediterráneo de los Balcanes corresponde a un grupo de países pequeños o medianos relacionados entre sí por múltiples causas, desde el hecho de compartir fragmentos contiguos de una misma geografía y diversas etapas de un proceso histórico, sobre todo el más reciente, hasta las fuertes similitudes étnicas y lingüísticas de sus habitantes. El marco geopolítico en que se ubican dichos países, conocido como Yugoslavia o la Eslavia del Sur, se halla delimitado por las estribaciones sudorientales de los Alpes, al noroeste; la cuenca del Danubio, al norte; el litoral del mar Adriático, al sudoeste; los relieves meridionales del macizo dinárico, al sudeste; y los relieves occidentales del macizo balcánico, al este.

LOS PUEBLOS SUDESLAVOS

Cuando, en la primera mitad del siglo VII, una de las oleadas migratorias de los primitivos pueblos eslavos, procedentes de sus lugares de origen en los bosques y pantanos de la actual Bielorrusia, avanzó hacia el sudoeste, halló, al otro lado del Danubio y de su afluente el Drava, el conjunto de comarcas que habían integrado la provincia romana de Iliria. Seguramente, los recién llegados apreciaron las sensibles diferencias entre el medio en el que se encontraban, con sus fértiles valles fluviales, sus relieves complejos pero habitables y unas cálidas costas mediterráneas, y aquel un tanto inhóspito del que provenían y decidieron instalarse definitivamente. Con el tiempo, en los siglos sucesivos, no tardaron en quedar separados de sus parientes étnicos septentrionales, checos, polacos, ucranianos, etc., por la cuña danubiano-carpática ocupada por los magiares y los rumanos, quedando ellos en el mediodía de su ámbito etnolingüístico y constituyendo de forma genérica los llamados pueblos eslavos del sur (o yugoslavos, según la traducción directa del término en serbocroata).

Los eslovenos

¿Quiénes serían estos eslavos del sur? En el extremo noroeste del espacio que nos ocupa, se diferenció en torno a la cuenca del alto Sava uno de los grupos sudeslavos, el que hoy se conoce como esloveno. Por la vecindad de las tierras germánicas alpinas no tardaron los primeros eslovenos en caer bajo la influencia de los pueblos alemanes y así, en el siglo VIII, sus jefes nacionales o *knez* reconocían ya la soberanía de una primitiva Baviera (entonces de los francos, cuando éstos eran más germánicos que gálicos) que englobaba partes de la actual Austria. Después del año 955 y de una dominación húngara inferior a cincuenta años los eslovenos quedaron sometidos a la soberanía del Sacro Imperio Germánico. Esta circunstancia es digna de tener en cuenta, pues, desde entonces, casi sin interrupción y a lo largo de muchos siglos, fuera con unos u otros gobernantes, el país de los eslovenos, esto es, Eslovenia, estuvo vinculado al poder germánico, sus gentes se mezclaron con alemanes y sufrieron una sensible influencia cultural alemana. La única excepción la constituyeron las pequeñas zonas de Gorizia, Trieste e Istria, que cayeron bajo el dominio y la asimilación italiana, representada por Venecia.

En las centurias de la Edad Moderna, Eslovenia, correspondiente en su mayor parte al territorio denominado Carniola, formaba parte de los dominios de los Habsburgo y como tal pertenecía al Imperio de Austria (después, Austria-Hungría) y así permaneció hasta los albores del siglo XX. Sólo durante cuatro años, entre 1809 y 1813, el país formó parte de las Provincias Ilirias, una entidad autónoma, aunque satélite de la Francia de Napoleón, con capital en Liubliana, que se puede contemplar como un cierto precedente independentista esloveno. Después de la Primera Guerra Mundial, Austria-Hungría se desmembró y Eslovenia siguió el mismo derrotero que los restantes pueblos sudeslavos. Por lo que se refiere al aspecto confesional, de gran importancia para la identidad étnica sudeslava, hay que constatar que los eslovenos fueron cristianizados entre los siglos VIII y X. Después, al permanecer adictos a la autoridad de Roma los alemanes austríacos, tras la Reforma protestante, los eslovenos (austríacos en el orden político) siguieron profesando el catolicismo, al igual que los restantes súbditos de los Habsburgo.

Aunque muy afines a los serbios por su origen y cultura, largos períodos de aislamiento en sus montañas han forjado la idiosincrasia de los montenegrinos, como el de la fotografía.

Los croatas

Al este y sudeste de los eslovenos se diferenció otro grupo sudeslavo, el de los croatas, que forjó su espacio geográfico expulsando al norte del Danubio a unos invasores anteriores, los ávaros. En un juego de luchas y alianzas con francos y bizantinos, a lo largo de los siglos VIII y IX, los croatas crearon un país de fronteras un tanto móviles, especialmente sobre la zona del macizo dinárico (Bosnia-Herzegovina), aunque con unos puntos fuertes en el área de Zagreb, entre las cuencas del Drava y el Sava (lo que se conoce como Eslavonia) y en la costa adriática (o Dalmacia). Hacia el año 925 existía ya un reino independiente de Croacia y este estado sobrevivió casi dos siglos, hasta 1097.

Cinco años después, se produciría un hecho de enorme trascendencia para los croatas, la vinculación política con Hungría, que se prolongaría bajo diferentes dinastías hasta el siglo XX. Sólo una parte del litoral, Dalmacia, con ciudades como Zadar (Zara), Split (Spalato) o Dubrovnik (Ragusa), tuvo otro rumbo al ser adquirida a principios del siglo XV por Venecia y permanecer en su poder hasta fines del XVIII. Aun así, las influencias veneciana y húngara (a la que habría que sumar la austríaca alemana, a partir del momento en que Hungría y Croacia reconocieron a los Habsburgo como soberanos) no fueron contradictorias en el aspecto cultural y religioso, de forma que, en un ámbito de confluencia y choque entre las civilizaciones grecobizantina-ortodoxa y latina-católica, los croatas se adhirieron fielmente a esta última, diferenciándose así de los restantes pueblos eslavos del área balcánica situados más al este. De este modo, la variante eslava serbocroata que se habla en Croacia, se escribe en caracteres latinos y no cirílicos.

Los serbios y montenegrinos

Mezclados con las avanzadillas croatas en las áreas danubiana y dinárica (Eslavonia, Krajina, Bosnia), y a oriente de éstas, surgió un tercer núcleo étnico sudeslavo, el de los serbios, que en un primer momento (siglo VII) llegaron por el sur hasta la griega Tesalia. Después, se instalaron en la zona dinárica (Rashka o Rasha) y, en lucha con búlgaros y bizantinos, consolidaron su posición hasta conseguir hacia 1180 una clara independencia. Para entonces habían asimilado plenamente las características grecoorientales (de ahí su religión orto-

doxa y su alfabeto, que terminaría siendo el cirílico. La mirada de sus monarcas estaba puesta hasta tal punto en el ámbito bizantino que alguno de ellos, como Stefan Dushan, del siglo XIV, llegó a proclamarse «emperador de serbios y griegos».

Junto con los eslovenos, los croatas constituyen uno de los grupos sudeslavos que acusa una mayor influencia de la cultura europea occidental, evidente a través de su alfabeto latino y de la confesión católica. Abajo, mujeres croatas de la región de Dalmacia.

Después de una etapa de expansión (siglos XII-XIII) y consolidación (siglo XIV), con una existencia nacional más allá de las dos centurias, llegó la fatídica fecha de 1389 en la que los serbios fueron vencidos por los turcos y sometidos a vasallaje, del que prácticamente no se librarían hasta cinco siglos más tarde, en 1878. Para entonces, Serbia se había consolidado como el más vital de los Países Eslavos del Sur y manifestaba claras intenciones de extender su influencia sobre sus hermanos étnicos. A consecuencia de ello tuvieron lugar las llamadas guerras balcánicas (1912-1913), dirigidas tanto a expulsar a Turquía de los Balcanes como a frenar el empuje de los búlgaros, que también pretendían formar un gran estado eslavo al este de los serbios. Pero, además, Serbia tenía puesto el punto de mira en redimir de la sumisión a poderes foráneos a los sudeslavos más occidentales (eslovenos y croatas) y esto le llevó al enfrentamiento con Austria-Hungría y al estallido de la Primera Guerra Mundial, en 1914.

Por lo que respecta a los montenegrinos, no es absurdo opinar que se trata de una diferenciación regional de los serbios, pero que por la configuración accidentada del territorio que habitan han mostrado tradicionalmente una marcada tendencia a una existencia separada. Entre los siglos X-XII y XIV-XV se ubicó en Montenegro (cuya primera mención como tal arranca de 1296) una formación estatal llamada Zeta, anexionada repetidamente por los serbios en 1296-1360 y en 1421-1439. Con la entrada del siglo XVI, Zeta/Montenegro perdió la independencia a manos de los turcos, pero conservó un cierto grado de autonomía hasta finales del siglo XVII, con un gobierno de príncipes-obispos. Bajo el vasallaje y las frecuentes agresiones turcas, los dos siglos sucesivos presenciaron un continuo juego de equilibrios de los gobernantes montenegrinos para la supervivencia de su país, valiéndose de las alianzas o la protección de las potencias europeas, sobre todo de Rusia y Austria, hasta que en 1878 vieron reconocida la independencia. En 1910, los príncipes de Montenegro, que se habían secularizado desde 1852, adoptaron el título de reyes, dando mayor entidad al país.

Sudeslavos como los eslovenos, croatas o serbios, los musulmanes de Bosnia sufrieron una fuerte aculturación por parte de los turcos, lo que, entre otros aspectos, se tradujo en la adopción de la confesión islámica. A la derecha, muchachas bosnias en una escuela, tocadas con el típico chador mahometano.

Los bosnios musulmanes

Extendida prácticamente toda ella sobre el macizo dinárico y emparedada políticamente entre los desplazamientos de la línea de fronteras de croatas, por el oeste, y de serbios por el este, el área conocida como Bosnia, en el corazón del macizo dinárico, apenas gozó de independencia propia a principios del siglo XII hasta 1138 y de autonomía entre 1180 y 1299. Aparte de estos períodos y hasta la conquista turca en 1463, siempre estuvo vinculada bien al núcleo croata o bien al serbio. Parecida suerte corrió la vecina Herzegovina, con un período de independencia entre 1391 y 1482, bajo el gobierno de unos duques croatas dependientes del Imperio Germánico. En la última fecha, Herzegovina (cuyo nombre deriva del alemán herzog, duque) se convirtió en posesión turca.

El dominio otomano tuvo gran trascendencia para Bosnia y Herzegovina, pues el poder de Constantinopla llevó allí a término una decidida política de conversión religiosa que determinó la adopción del Islam por parte de muchos eslavos, que así se diferenciaron de los que permanecieron fieles a la ortodoxia cristiana, considerados como serbios, y de los que siguieron manteniendo el catolicismo, considerados como croatas. De este modo, surgió otra comunidad sudeslava, de lengua serbocroata, integrada por los

que aquí se denomina como bosnios musulmanes y Bosnia y Herzegovina se convirtieron en un complicado mosaico de comunidades confesionales y en objeto de las apetencias expansionistas tanto de Austria-Hungría, en nombre de Croacia, por el oeste, como de Serbia, por el este. En 1908, los austríacos se anexionaron Bosnia y Herzegovina, pero ello no significó otra cosa que el detonante definitivo de la Primera Guerra Mundial pocos años después, al ser asesinado por un nacionalista serbio en Sarajevo, la capital bosnia, el heredero de la corona austro-húngara.

Los macedonios

El nombre de Macedonia evoca raíces y cultura griegas y es de dominio general el origen macedonio del célebre emperador Alejandro Magno, del siglo IV a. C., difusor de la civilización helénica. Cierto es que los macedonios históricos eran afines a los griegos y que una de las regiones de la Grecia contemporánea, con capital en Salónica, se llama Macedonia. Pero, igualmente cierto es que, a principios del siglo VI de nuestra era, un grupo eslavo invadió la Macedonia histórica para asentarse definitivamente en una parte de la misma, la septentrional preferentemente, mezclándose con los

habitantes griegos o yuxtaponiéndose con los mismos.

Disputados entre bizantinos, búlgaros y serbios, los eslavos macedonios estuvieron dependiendo de unos y otros entre los siglos X y XIV, aunque en determinados períodos tuvieran gobiernos locales propios. Desde 1371 cayeron bajo el vasallaje turco y el largo dominio ejercido desde Constantinopla no hizo sino complicar aún más el panorama étnico de la región, pues a griegos y eslavos se añadieron turcos o islamizados y Macedonia se convirtió en sinónimo de la máxima heterogeneidad. El difícil reparto de la región hizo que el poder turco se prolongara hasta las guerras balcánicas de 1912-1913 y si en un primer momento Bulgaria, alegando la misma identidad nacional con los macedonios, se apropió del país, sus vecinos la obligaron a abandonar las nueve décimas partes: Grecia se quedó con la zona litoral del Egeo (y con Salónica) y Serbia con el sector septentrional en torno al medio y alto Vardar (con la ciudad de Skopje).

Macedonia siguió constituyendo motivo de enfrentamientos entre los estados afectados y al compás de cada gran conflicto europeo (Primera y Segunda guerras mundiales) se intentó o consiguió temporalmente una revisión de las fronteras. La «cuestión macedonia» tuvo determinadas consecuencias para los habitantes eslavos de la región. Por una parte, Grecia limpió de eslavos su parte de Macedonia (entre 1919 y 1924 fueron transferidas hacia el otro lado de la frontera 30.000 personas de origen eslavo; aun así en la actualidad sobrevive una minoría eslava en la Macedonia griega). Por otra y para frenar los sucesivos intentos (1915-1919 y 1941-1944) de asimilación nacional por parte de Bulgaria, después de la Segunda Guerra Mundial se fomentó la configuración de una nacionalidad macedonia eslava (con su propia lengua, afín al búlgaro, y de religión ortodoxa), distinta de los búlgaros pero también de los serbios.

Los serbios son el pueblo sudeslavo más numeroso (cerca de diez millones de personas), pero comparten territorios con muchas otras etnias, sobre todo en Voivodina, Eslavonia, Bosnia, Sandzak y Kosovo. La fotografía superior muestra a campesinos serbios en tratos comerciales con vendedores gitanos.

Nacimiento y muerte de la primera Yugoslavia

Al término de la Primera Guerra Mundial y con la derrota de Austria-Hungría y su aliada Bulgaria, Serbia estaba en condiciones de impulsar el sueño paneslavo de unir en un mismo estado a todos los pueblos eslavos del sur, iniciativa en la que contó con poderosos aliados como Francia y el Reino Unido. Surgió así, el 1 de diciembre de 1918, el Reino de los Serbios, Croatas y Eslovenos, gobernado por la dinastía real serbia, que incluía las antiguas dependencias austro-húngaras de Eslovenia, Croacia, Bosnia-Herzegovina y Voivodina, más Serbia (con Macedonia incluida) y Montenegro. El nuevo estado comprendía unos 250.000 kilómetros cuadrados y contaba con algo más de doce millones de habitantes. Cierto es que agrupaba entre éstos aproximadamente a un 80 por 100 de eslavos del sur o yugoslavos, pero las divisiones confesionales entre ellos eran muy marcadas (ortodoxos, católicos, musulmanes), y macedonios y montenegrinos eran considerados como simples ramificaciones del tronco serbio. Además un importante 20 por 100 lo constituían minorías étnicas y nacionales, algunas concentradas de forma homogénea en un territorio, como los húngaros de Voivodina y los albaneses del Kosovo. Más o menos dispersos se encontraban alemanes, turcos, gitanos, valacos, ucranianos, eslovacos, búlgaros, rumanos, checos e italianos. Tal mezcolanza no hacía presagiar precisamente un futuro halagüeño, y menos teniendo en cuenta que pronto surgieron serios enfrentamientos entre serbios y croatas, los dos principales grupos del nuevo estado, que pasó a denominarse oficialmente Yugoslavia el 3 de octubre de 1929, bajo el control autoritario del rey Alejandro I.

Acérrimos enemigos del predominio serbio en Yugoslavia, grupos de croatas, aglutinados en la organización Ustacha y dirigidos por un ex diputado de Zagreb, Ante Pavelic, desencadenaron una campaña terrorista de la que, en 1934, fue víctima el propio rey Alejandro. Con tales expectativas, un progresivo proceso de descomposición interna se adueñó del estado yugoslavo bajo la siguiente regencia del príncipe Pablo, que vio su fin en marzo de 1941, ya iniciada la Segunda Guerra Mundial, al intentarse un pacto con la Alemania nazi para frenar la ocupación de Yugoslavia por parte de ésta. El 6 de abril, tropas alemanas, italianas, húngaras y búlgaras invadieron Yugoslavia desde diversos puntos y pocos días después procedían a su reparto: Eslovenia para Alemania, Dalmacia para Italia,

Después de la Primera Guerra Mundial se pudieron hacer realidad las aspiraciones paneslavas de reunir bajo un mismo estado a todos los pueblos afines. Serbia consiguió desplazar así la frontera hasta los mismos Alpes (en la página siguiente, paisaje alpino de Eslovenia), privando a los pueblos germánicos de su salida mediterránea. Arriba, el mapa muestra las partes de Austria-Hungría que pasaron a integrar la primera Yugoslavia.

Voivodina para Hungría, Kosovo para la Albania dominada por los italianos y Macedonia para Bulgaria.

Montenegro recuperaba una teórica independencia, Serbia quedaba bajo ocupación militar nazi y, en el centro-oeste de lo que había sido el estado yugoslavo (sobre el territorio de Eslavonia, la zona de Zagreb y la mayor parte de Bosnia) surgía un Estado de Croacia Independiente, «obsequio» de los regímenes alemán e italiano a sus aliados de la Ustacha, afines ideológicamente.

La República Federativa de Yugoslavia

Frente a la invasión extranjera y al reparto territorial de Yugoslavia surgieron dos frentes de resistencia, el de los nacionalistas serbios o chetniks del general Mihailovic y el de los partisanos comunistas encabezados por el croata Josip Broz, alias Tito. A lo largo de los años de guerra estos últimos se impusieron como única alternativa viable, mientras ustachis croatas y chetniks serbios se entregaban a grandes matanzas de población civil, según su origen étnico (se calcula en más de 800.000 el número de víctimas por tal motivo).

Paulatina pero firmemente dueño de todo el que había sido primer territorio yugoslavo y consciente de la necesidad de crear unos lazos más sólidos a partir de un cierto reconocimiento de los pueblos, Tito proclamó el 29 de noviembre de 1945 la República Federativa de Yugoslavia, integrada por seis repúblicas

federadas (Eslovenia, Croacia, Bosnia-Herzegovina, Serbia, Montenegro y Macedonia) y reconocida por los poderes aliados que habían derrotado a la Alemania nazi. Tito consiguió incluso aumentar el espacio yugoslavo con la incorporación de Istria, Zadar, Lastovo y una parte del territorio de Trieste, entre 1947 y 1954, a costa de la vencida Italia y como compensación por la agresión de ésta durante la guerra mundial.

La creación de un estado comunista en la nueva Yugoslavia no significó en absoluto que cayera bajo la influencia soviética, ya que las diferencias ideológicas de Tito con Stalin provocaron en 1948 una ruptura que sólo empezó a superarse tras la muerte del dirigente soviético, en 1953. En el campo internacional, Tito favoreció las relaciones comerciales y diplomáticas, no sólo con los países comunistas y los no alineados, de los que se convirtió en líder, sino también con las potencias occidentales, con el fin de mantener el equilibrio político y económico. Esta línea de actuación dio prestigio y cohesión a la República Federativa hasta la muerte de Tito, acaecida en mayo de 1980.

Yugoslavia después de Tito

La crisis larvada que se venía detectando en el sistema de socialismo autogestionario impulsado por el desaparecido gobernante, se mostró con dimensiones reales bajo los sucesores de Tito, reunidos en una presidencia colegiada. Al mismo tiempo, renacieron las tensiones entre las diferentes comunidades étnicas: eran demasiados pueblos para una sola nación. A las tradicionales fricciones entre croatas y serbios, que nunca habían desaparecido (no hay que olvidar que las depuraciones de posguerra costaron la vida a 300.000 croatas frente a 3.000 serbios), se añadieron la marcada tendencia centrífuga de los eslovenos y las reivindicaciones nacionalistas de los albaneses de Kosovo, dependiente de Serbia. El Kosovo era la zona más pobre del estado yugoslavo y con la tasa de natalidad más alta de Europa. Sus habitantes albaneses habían pasado de ser el 60 por 100 del total en 1945, al 80 por 100 en 1995. Tito había concedido una amplia autonomía cultural y política para el Kosovo, convirtiéndolo en provincia autónoma de Servia, según la constitución federal de 1974. Sin embargo, sintiéndose ampliamente mayoritarios en su tierra, los albaneses kosovares aspiraban a mayores cotas de poder y desde 1981 y a lo largo de los años ochenta reclamaron masivamente el estatuto de república

federada. La situación de Kosovo sirvió de detonador de un nuevo nacionalismo serbio, encabezado desde el mismo gobierno de Belgrado por Slobodan Milosevic, que arremetió contra las autonomías de las minorías étnicas hasta conseguir modificar en 1989 la constitución de Serbia y reducir a puro formalismo el autogobierno de Kosovo y de Voivodina, otra provincia autónoma con una nutrida minoría húngara.

La guerra yugoslava y la independencia de las repúblicas

A fines de los ochenta y principios de los noventa, en medio de las grandes transformaciones geopolíticas a nivel mundial, con la caída de los regímenes comunistas como máxima expresión de las mismas, en Yugoslavia se dibujaron dos facciones claramente delimitadas y pronto enfrentadas. Por una parte, unas repúblicas, Eslovenia y Croacia, se pronunciaban por la instalación del pluripartidismo, el abandono del socialismo, la implantación de una economía de mercado, el establecimiento de unos sólidos lazos con la Comunidad Europea, la independencia nacional y la sustitución de la República Federativa de Yugoslavia

La organización federativa del estado y la puesta en práctica del socialismo autogestionario, con la industrialización como objetivo prioritario, especialmente en zonas deprimidas como Bosnia-Herzegovina, dieron buenos frutos en Yugoslavia durante las primeras décadas del gobierno del presidente Tito, gozando el país de un merecido reconocimiento y prestigio internacionales. En la fotografía, arriba, un aspecto del interior de la planta siderúrgica bosnia de Zenica.

por una confederación que mantuviera algunos elementos comunes entre las repúblicas. Por otro lado, Serbia, con una adhesión limitada al pluralismo político y a la economía de mercado, se mostraba partidaria a ultranza de mantener la federación yugoslava en sus mismos términos.

En marzo de 1990, Eslovenia y Croacia efectuaron elecciones pluripartidistas y sendos movimientos partidarios de la total independencia se instalaron en los gobiernos de estas repúblicas. En diciembre del mismo año, mientras las restantes repúblicas yugoslavas se decidían finalmente por consultas democráticas con el resultado de la consolidación de un bloque serbio federalista (Serbia con sus provincias, supuestamente autónomas, junto a Montenegro) y los inicios por desmarcarse del mismo por parte de

Bosnia-Herzegovina y Macedonia, Eslovenia decidía por un 88,2 por 100 de los votantes su adhesión a la plena soberanía política y en el siguiente mes de mayo Croacia hacía lo propio con un 94 por 100 de votos favorables. Por aquellas mismas fechas, la minoría serbia de Croacia (600.000 personas), que recordaba las terribles matanzas de la Segunda Guerra Mundial a manos de la Ustacha, se hallaba en franca rebeldía frente a las autoridades de Zagreb, espoleada por el presidente serbio Milosevic. La región de Krajina, mayoritariamente serbia, se había autoproclamado autónoma en agosto de 1990 y había decidido incorporarse a Serbia y tendencias similares se manifestaban en Eslavonia, donde los serbios eran, sin embargo, claramente minoritarios.

Sin que hubiera acuerdo para crear una confederación yugoslava, dadas las posiciones de los bandos enfrentados, el 26 de junio de 1991 Eslovenia y Croacia proclamaron su independencia. No reconocida por el bloque serbio, el ejército federal yugoslavo inició la guerra en primer lugar contra Eslovenia, aunque a las pocas semanas y con la mediación de la Comunidad Europea se llegó a un alto el fuego, a la retirada de tropas de territorio esloveno y a la congelación de la independencia eslovena por un período de tres meses. La tensión se trasladó entonces a Croacia, donde los choques entre los rebeldes serbios y la guardia nacional croata eran sangrientos. Puesto del lado serbio, el ejército federal inició una conquista de territorio croata como si se tratara de un país enemigo.

En septiembre de 1991, la Comunidad Europea organizó una conferencia de paz, pero la guerra continuó sin cesar. Mientras tanto, Eslovenia, agotado el plazo, proclamó definitivamente la independencia en octubre, Croacia quedó partida en dos y reducida a un tercio de su territorio. Alemania, con fuertes simpatías por las causas eslovena y croata (que algunos analistas interpretaban como una resurrección de la geopolítica imperialista de la Mitteleuropa) presionó a los restantes miembros de la Comunidad Europea y el 15 de enero de 1992 ésta reconocía a Eslovenia y Croacia como estados de pleno derecho. La República Federativa de Yugoslavia había muerto a todos los efec-tos y paralelamente Bosnia-Herzegovina y Macedonia habían escogido igualmente el camino de la independencia.

En Bosnia-Herzegovina, aunque la independencia fue reconocida el 7 de abril de 1992, los serbios proclamaron su propia república, desencadenando una cruenta guerra por el reparto del territorio, que los acuerdos de paz de Dayton de diciembre de 1995 parecieron poner fin. Macedonia, reconocida en 1993, tuvo que vencer la oposición de Grecia (1995), que veía en su nombre oficial la causa de posibles irredentismos. En medio de las convulsiones, Serbia y Montenegro habían creado el 27 de abril de 1992 una nueva federación de Yugoslavia.

En 1998, la represión ejercida por Milosevic contra los albanokosovares –que habían visto derogada su autonomía pocos años antes– provocó nuevas presiones internacionales que culminaron, en 1999, con una guerra abierta entre Serbia y la OTAN, tras la cual el ejército serbio se retiró de Kosovo, se permitió el retorno a los miles de refugiados y se inició el diálogo para decidir el futuro de la región.

La crisis económica y la agudización de las tensiones étnicas llevaron a la desmembración de Yugoslavia y a la cruenta sucesión de guerras que asolaron los Balcanes desde 1991 hasta 1999. A la izquierda, un tanque federal, pro serbio, en una carretera de Croacia. Arriba, Slobodan Milosevic, Alija Izetbegovic y Franjo Tudjman, presidentes de Serbia, Bosnia y Croacia respectivamente, durante la firma del acuerdo de paz de Dayton (1995).

ESLOVENIA

Situada entre Austria, por el norte, Hungría, por el noroeste, Croacia, por el este, sudeste y sur, e Italia, por el oeste, Eslovenia o Slovenija es un pequeño país, independiente desde 1991, que apenas supera los veinte mil kilómetros cuadrados (a escala europea, una extensión inferior incluso a la de Albania y sólo por encima de la de Luxemburgo y otros microestados). Al sudoeste tiene una ventana al mar, sobre el golfo de Trieste, a través del puerto de Koper (la Capodistria italiana), en el sector noroccidental de la península de Istria o Istra. En realidad, su salida natural la constituye el puerto de Trieste, ubicado en una zona poblada en parte por eslovenos, pero que sigue perteneciendo a Italia desde el acuerdo fronterizo italo-yugoslavo de 1954.

Datos generales

Denominación oficial: Republika Slovenija
Superficie: 20.251 kilómetros cuadrados
Capital: Liubliana (267.251 hab.)
Lenguas: esloveno
Grupos étnicos: eslovenos (87,8 %); croatas (2,8 %); serbios (2,4 %); sudeslavos musulmanes; húngaros; italianos
Creencias: catolicismo

Estadísticas e indicadores demográficos

Población absoluta: 1.989.000 habitantes
Densidad: 98 hab/km²
Ciudades importantes: Maribor (103.906 hab.)
Esperanza de vida: 73 años

Recursos económicos

Agricultura (miles tm): maíz (248); trigo (167); patatas (367); manzanas (91); uva (128)
Silvicultura (miles m³ de madera): 1.414
Minería (miles tm): carbón (12); lignito (39); sal (12,3); gas natural (13,4 mill. m³); zinc (62); petróleo (2)
Industria (miles): aluminio (82 tm); cemento (707 tm); acero (355 tm); papel (244 tm); azúcar (21); textil (21.000 m²); electrodomésticos (922 unidades); motores (58 unidades); energía eléctrica (11.682.000 kW/hora)
Turismo: 969.900 visitantes anuales
Energía nuclear: central de Krshko

Datos políticos

Forma de gobierno: República parlamentaria
Partidos políticos: Liberal demócratas (LDS); democristianos (SKD)

Un paisaje atractivo para una población industriosa

Aunque participa de los relieves dináricos (Gorjanci), al sudeste, el relieve esloveno está dominado por las formaciones de los Alpes Julianos o Julijske Alpe y los montes Karavanke, ambos en el sector noroccidental. En la parte nordoriental, más baja, se distingue el macizo cristalino de Pohorje (1.542 metros) y los valles que forman los tramos altos del Drava (afluente, Dravinja) y el Sava (afluentes, Krka, Savinja y Ljubljanica). Al sur se extienden las mesetas calcáreas de Notranjsko y Dosejsko. Las formaciones kársticas se extienden desde Liubliana hasta el litoral y los ríos subterráneos excavan en la caliza cavidades que, como las cuevas de Postojna, de 19 kilómetros de longitud, son de las más importantes de Europa.

Los Alpes Julianos son una prolongación de los Alpes de Carintia y están configurados por altas sierras calcáreas, que conservan numerosas huellas de la erosión glaciar de la Era Cuaternaria. Ésta dio lugar a algunos lagos y abundantes lagunas, que se han convertido en centros de atracción turística, como el lago Bled, famoso por su belleza, que se halla ubicado a una cincuentena de kilómetros de Liubliana y que cuenta con una pequeña isla sobre la que se levanta una antigua iglesia románica. En el corazón de los Alpes se halla otro lago, el Bohinj, punto de partida obligado para los aficionados al alpinismo. Los Alpes Julianos poseen además la mayor elevación del país, en el monte Triglav (2.863 metros). En el aspecto hidrográfico, aparte del Drava y el Sava, cabe citar el río Kupa, al sudeste, que forma frontera con Croacia. El clima esloveno es básicamente alpino, con inviernos rigurosos y suaves temperaturas estivales, salvo en los sectores próximos o abiertos al mar, donde dominan las características mediterráneas. Las precipitaciones son elevadas en las áreas de montaña (1.000-2.000 milímetros anuales) y el manto vegetal es abundante, con predominio de bosques de coníferas, hayas y robles.

Los Alpes Julianos imprimen un sello característico al territorio esloveno, aunque de hecho sólo cubren el sector noroccidental. Los paisajes alpinos son de una belleza sin par y constituyen un foco de atracción turística, sobre todo en torno al lago Bled, con su pequeña isla en la que se levanta una iglesia (en la página anterior) y en el cañón Vintgar formado por el río Radovna (a la derecha).

Eslovenia posee cerca de dos millones de habitantes, de los que un 15 por 100 reside en la capital y núcleo principal, Liubliana. En un 90,5 por 100 pertenecen a la etnia que da nombre al país, mientras que el resto se reparte entre minorías de croatas, inmigrados serbios y de otras nacionalidades sudeslavas y pequeños núcleos de húngaros e italianos, comunidades que gozan de garantías constitucionales. Los eslovenos se encuentran también en la Carintia austríaca (unas 5.000-6.000 personas), residuo de un poblamiento más importante, y en las áreas vecinas de Italia (unas 55.000 personas en Val di Resia, valles del Torre y Natisone, Val Canale y provincias de Gorizia y Trieste). La densidad de población, superior a la media europea, sobrepasa los noventa y ocho habitantes por kilómetro cuadrado.

Liubliana o Ljubljana, la antigua Laibach austríaca y la Emona de los romanos, ocupa una posición central en el país, a orillas del Ljubljanica. Es una ciudad de dimensiones modestas y marcado aire alpino-centroeuropeo, que a menudo se ve envuelta por la megla o niebla. Entre sus monumentos destacan la escultura en bronce al poeta nacional Presheren, las iglesias de los franciscanos y de San Jaime, la fuente alegórica de tres de los ríos eslovenos (Sava, Ljubljanica y Krka), el monumento a Napoleón, que convirtió la ciudad en capital de las Provincias Ilirias, el castillo, con un torreón renacentista italiano, los edificios de Maks Fabiani, fieles al estilo Secession, y las fachadas modernistas de Sodnijski Trg. Otras ciudades dignas de mención son el puerto de Koper; Maribor, junto al Drava, al nordeste; Celje y Jesenice.

La economía eslovena se basa principalmente en las actividades agropecuarias, aunque no es desdeñable la actividad industrial. El 8 por 100 de la población activa se dedica a la agricultura, practicada en los valles fluviales, con predominio de los cultivos de cereales, viñedos y frutales. Los extensos bosques proporcionan la materia prima para diversas industrias derivadas (muebles, celulosa, papel). Aparte de éstas, la actividad fabril se centra en los sectores alimentario, textil, automovilístico, siderometalúrgico, químico y del caucho. Del subsuelo se extrae mercurio, petróleo, gas natural, zinc, plomo y carbón, en proporciones modestas. De cierto relieve es el turismo, dirigido hacia el litoral, Postojna y las áreas montañosas, sobre todo las alpinas (como la del lago Bled, en el parque natural del Triglav).

CROACIA

País de fronteras móviles, Croacia o Hrvatska, actualmente con poco más de cincuenta y seis mil quinientos kilómetros cuadrados (aún así mayor que Dinamarca, Países Bajos o Suiza), ha mostrado configuraciones territoriales diversas a lo largo de los siglos, al avanzar o retroceder sus límites por el lado sudoriental, sobre el macizo dinárico, en lo que se conoce como Bosnia-Herzegovina. Así ésta quedaría englobada en la Gran Croacia, al pretender agrupar dentro de unas mismas fronteras a todos los sudeslavos de tradición europea occidental y religión católica, considerados como croatas, aunque abarcando fuertes minorías eslavas de distinto patrón cultural y confesional. Incluso en sus actuales límites más restringidos, correspondientes a los de la república croata creada por el presidente yugoslavo Tito, la minoría serbia es muy considerable en algunas zonas. La cuestión de los límites fue el detonante de la guerra con Serbia y el ejército federal yugoslavo, desarrollada al proclamar Croacia su independencia en 1991. Aparte de tales consideraciones, Croacia tiene una curiosa forma similar a unas pinzas cuyos brazos serían al norte la región de Eslavonia y al sur la región de Dalmacia (sobre el Adriático) con un punto de unión en el área de Zagreb-Karlovac. Al norte de Croacia se encuentra Hungría; al oeste, Eslovenia; al sudoeste-sur, el mar Adriático; al este, Bosnia-Herzegovina; y al nordeste en el extremo sudeste, Yugoslavia, a través de Voivodina y Montenegro. Como es lógico, a una configuración territorial bastante articulada se corresponde una notable complejidad de límites políticos (de hecho, la región croata de Dalmacia queda cortada a la altura de la península de Peljesac, en un corto tramo, por la salida al mar de Bosnia-Herzegovina).

Las ciudades de Croacia, como las de Eslovenia, tienen una marcada influencia occidental, dividida en germánica-alpina e italiana-mediterránea según se trate de núcleos interiores o costeros. En la página anterior, vista parcial de Liubliana, capital y centro urbano de mayor entidad de Eslovenia, en la que se aprecia la huella de su pasado austríaco. A la derecha, tradicional aspecto de una ciudad costera de Croacia, en este caso Dubrovnik, sumida en el bullicio turístico, con la inconfundible impronta de la época de dominio veneciano.

Ver mapa de Croacia en página 961

Datos generales

Denominación oficial: Republica Hrvatska
Superficie: 56.538 kilómetros cuadrados
Capital: Zagreb (706.770)
Lenguas: croata (oficial); serbio; otras
Grupos étnicos: croatas (77,9 %), serbios (12,2 %); bosnios (0,9 %); eslovenos (0,5 %); magiares (0,5 %); italianos (0,4 %)
Creencias: cristianismo católico (76,5 %); cristianismo ortodoxo (11,1 %); islamismo (1,2 %)

Estadísticas e indicadores demográficos

Población absoluta: 4.763.941 habitantes
Densidad: 85 hab/km²
Ciudades importantes: Osijek (104.761 hab.), Rijeka (167.964 hab.), Split (189.388 hab.); Pula (62.378 hab.); Sisak (45.792 hab.); Duvrovnik (49.728 hab.)

Estadísticas económicas

Agricultura (miles tm): uva (396); maíz (1.672); trigo (887); remolacha azucarera (537)
Ganadería (miles cabezas): bovinos (590); ovinos (520); porcinos (1.262)
Minería (miles tm): carbón (120); gas natural (2.061 mill. m³); petróleo (1.917); energía eléctrica (8.894.000 kW/h)
Industria (miles): siderurgia (111 tm); metalúrgia; mecánica; ácido sulfúrico (278); petroquímica; cemento (1.771 tm); tejido de algodón (29 mill. m³); vino (2.080 hl); cerveza (2.720 tm), tabaco

Datos políticos

Forma de gobierno: República
Partidos políticos: Unión Democrática (HDZ)

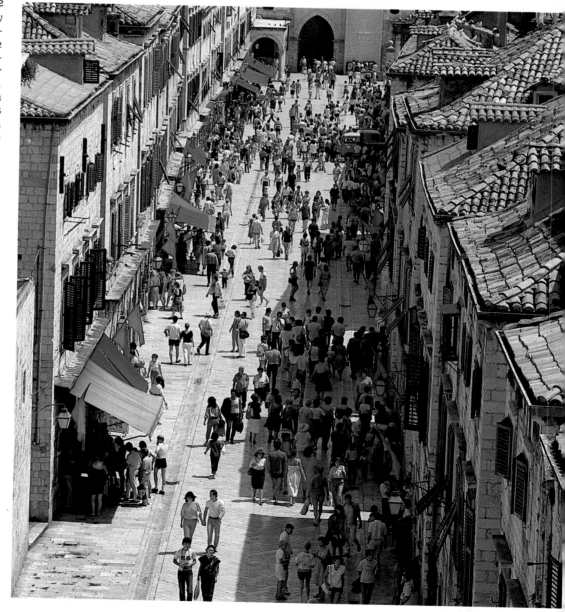

Desde Eslavonia hasta Dalmacia

La región croata de Eslavonia corresponde a una parte de la llanura Panónica. Está delimitada por el Danubio, al este, y por sus grandes afluentes Drava, al norte, y Sava, al sur.

Más que llano, el suelo eslavón es ondulado, al comprender un conjunto de colinas y lomas entre las que emergen algunos pequeños macizos, como el Papuk (953 metros) y el Psunj (984 metros) y otros relieves de menor entidad, como Bilo Gora y Moslavacka Gora. Tanto al Drava como al Sava afluyen un elevado número de pequeños ríos, que, junto a las características edáficas, contribuyen al alto grado de fertilidad de la región.

El clima de Eslavonia es continental centroeuropeo, con inviernos rigurosos, a causa de las inversiones térmicas, y veranos calurosos. Las precipitaciones oscilan entre los 600 y 1.000 milímetros anuales.

El área de Zagreb-Karlovac, corazón de la Croacia histórica y política, no tiene de hecho entidad física, pues se trata en realidad de un sector del extremo sudoccidental panónico. Zagreb se halla a orillas del Sava y Karlovac en la cuenca Kupa-Korana, tributaria del mismo Sava.

Dalmacia es para Croacia sinónimo de litoral, que se extiende en diagonal desde la península de Istria o Istra, al noroeste, hasta la bahía de la montenegrina Kotor, al sudeste. Una cordillera litoral (montes Velika Kapela, Mala Kapela, Pljesivica, Velebit, Dinara Planina, Svilaja, Bjokova), de origen calizo, contrasta con las formas kársticas del interior, separándolas de la costa propiamente dicha mediante un abrupto descenso hacia el mar. En el macizo de Dinara Planina se ubica la mayor altura del país, el pico Dinara, de 1.831 metros, mientras que el Troglav, más alto (1.913 metros), se alza en el mismo límite con Bosnia-Herzegovina.

Dalmacia tiene una forma estrecha, que acentúa este carácter a medida que se avanza hacia el sudeste, y la costa ofrece un perfil sumamente articulado y jalonado por gran número de islas (las principales, de noroeste a sudeste, son Krk, Cres, Rab, Pag, Dugi, Uljan, Pasman, Kornat, Zirje, Sholta, Brach, Hvar, Korchula, Lastovo y Mljet). Los ríos dálmatas (Zrmanja, Krka, Cetina) son cortos y de régimen mediterráneo, como el clima, caracterizado en verano por la sequedad. Las temperaturas, suaves en invierno y calurosas en la época estival, y la limpieza de las aguas marinas, junto con la abundancia de puertos naturales, constituyen un excelente reclamo turístico de la llamada Costa Dálmata. El interior montañoso es de clima frío, sujeto en invierno a copiosas nevadas y al azote de la bora, viento frío del nordeste, que suele ir acompañado de agua y nieve. El manto vegetal comprende en Dalmacia especies perennifolias mediterráneas, destacando las coníferas.

Entre la división étnica y la creación de riqueza

Croacia es la patria reclamada por los croatas, pero ni todos los croatas viven en Croacia (hay unos 800.000 en Bosnia-Herzegovina y menos de 200.000 en Serbia), ni todos los ciudadanos de Croacia son croatas. Cabe destacar la existencia de una importante minoría serbia de 600.000 personas, la mitad de las cuales está concentrada en la zona de Krajina, en el interior dálmata entre los montes Mala Kapela y Dinara Planina, mientras que el resto se halla en Zagreb o diseminado por Eslavonia. La población total ronda los cuatro millones ochocientas mil personas, lo que da una densidad de unos ochenta y cinco mil habitantes por kilómetro cuadrado, muy superior a la media europea.

País de una relativa prosperidad, duramente sacudida por los conflictos étnicos acaecidos a consecuencia de la proclamación de independencia, Croacia cuenta con actividades económicas diversificadas. En Eslavonia predomina la agricultura, destacando los cultivos de cereales, tabaco y remolacha azucarera, así como la ganadería ovina y porcina. En la zona de Zagreb se ubican numerosas industrias atraídas por las buenas comunicaciones y los cercanos yacimientos de lignito y petróleo. El clima de Dalmacia facilita el cultivo de la vid y el olivo y el turismo es fundamental en la costa y en los lagos interiores de Plitvice. Algunos de los puertos marítimos (Pula, Rijeka y Split) poseen astilleros y en Rijeka se localiza el refino de petróleo. El panorama industrial abarca los sectores químico, farmacéutico, del plástico, de los colorantes y metalúrgico.

Zagreb y las ciudades croatas

La capital de Croacia es Zagreb, la antigua Agram austríaca. Está situada a orillas del río Sava, en la prolongación de las laderas de la Zagrebacka Gora, en la llanura que se extiende entre una zona de colinas y el mencionado río. Zagreb cuenta con una población que en la actualidad supera en poco los setecientos mil habi-

Por su condición de amplia fachada marítima y dada la compleja articulación de los límites croatas, la región de Dalmacia posee mayor desarrollo de la línea litoral que profundidad de territorio, por lo que en las zonas orientales queda reducida a una estrecha franja costera. Sin embargo, cuenta con buenos puertos de renombrada historia, como Split (arriba), la Spalato veneciana, y Rijeka (en la página anterior), antes Fiume.

tantes. Su atractivo reside en el contraste de su paisaje y en la antigua arquitectura que ostentan sus principales edificios. En ella coexisten empinadas callejuelas y anchas avenidas y amplias plazas. La ciudad alta constituye el núcleo más antiguo, en el que pueden admirarse monumentos relevantes, como la iglesia de Santa Catalina, el ayuntamiento, el parlamento, la sede del gobierno, diversos museos, etc. La catedral de Sveti-Stjepan tiene especial interés, aunque fue finalizada en el siglo XVIII y ha sufrido varias restauraciones. En la ciudad baja, el sector más moderno, se halla la Academia de

975

Ciencias y Artes, que posee una galería de pintura antigua.

Zagreb es un gran centro industrial, destacado en los sectores metalúrgico, químico, textil, papelero, del calzado, editorial y cinematográfico. Así mismo, constituye un excelente nudo de comunicaciones entre la Europa Central y el Adriático, un punto clave en la vía de salida al mar para el mundo germánico. Sede universitaria, de gran nivel académico, actúa como plataforma de protección y difusión de la cultura nacional.

Aparte de Zagreb y del no lejano centro de comunicaciones de Karlovac, al sursudoeste de la capital, Croacia posee un cierto número de núcleos urbanos de importancia, muchos de ellos (Osijek, Zadar, Split, Dubrovnik) duramente castigados

por las acciones bélicas del ejército federal yugoslavo y alguno de ellos, como la ciudad eslavona de Vukovar, arrasado. En Eslavonia destacan el núcleo industrial de Osijek, Virovitika, Varazhdin, Vinkovci, Brod y Sisak.

En la Costa Dálmata, los puertos de Rijeka (antigua Fiume), Zadar (antigua Zara), Sibenik (antigua Sebenico), Split (antigua Spalato) y Dubrovnik (antigua Ragusa). Esta última, declarada patrimonio de la humanidad por su carácter histórico-monumental y floreciente centro turístico durante decenios, fue objeto de durísimos bombardeos en 1991 por parte del ejército federal yugoslavo. En el interior de Dalmacia sobresale Knin por el hecho de haber sido proclamada capital por los serbios de la Krajina.

La parte alta de Zagreb, la capital croata, mantiene en buen estado la mayor parte del antiguo núcleo histórico, con sus callejuelas, plazas, edificios y monumentos. Arriba, mercado al aire libre en los aledaños de la catedral de Sveti-Stjepan, cuyas torres se alzan al fondo.

En la página siguiente, un aspecto prebélico de Sarajevo, la capital de Bosnia-Herzegovina, que recuerda más al de una ciudad asiática que al de una europea, segura reminiscencia del largo dominio turco y de la masiva islamización de sus habitantes sudeslavos de lengua serbocroata.

976

BOSNIA-HERZEGOVINA

Con una configuración maciza, en el centro del ámbito dinárico, se extienden los algo más de cincuenta y un mil kilómetros cuadrados de Bosnia-Herzegovina o Bosna i Hercegovina, una unidad política e histórica que como se desprende de su denominación doble consta en realidad de dos entidades geohistóricas: Bosnia, la mayor (82,2 por 100 del total), al norte, y Herzegovina, más pequeña (9.119 kilómetros cuadrados), al sur. La parte meridional de Bosnia-Herzegovina se halla muy próxima al mar, pero sólo por una pequeña ventana (Neum) a la altura de la península de Peljesac se abre a las aguas del Adriático, ya que el resto del perímetro de esta zona linda con la estrecha Costa Dálmata de Croacia, país con el que Bosnia-Herzegovina limita al norte, oeste, sudoeste y sur. Al este y al sudeste se extiende Yugoslavia.

Datos generales

Denominación: Republika Bosna i Hercegovina
Superficie: 51.129 kilómetros cuadrados
Capital: Sarajevo (415.631 hab.)
Lenguas: serbocroata, otras
Grupos étnicos: sudeslavos musulmanes o bosnios (43,7 %); serbios (31,3 %); croatas (17,3 %); otros minoritarios
Creencias: islamismo; cristianismo ortodoxo; cristianismo católico

Estadísticas e indicadores demográficos

Población absoluta: 3.707.000 habitantes
Densidad: 72,5 hab/km²
Ciudades importantes: Banja Luka (142.634 hab.); Tuzla (131.861 hab.); Zenica (145.577 hab.); Mostar (126.067 hab.); Livno; Travnik

Recursos económicos

Agricultura (miles tm): maíz (850); tabaco (6); frambuesa (1.000); fresa (6.000)
Ganadería (miles cabezas): bovinos (685); porcinos (550)
Silvicultura: bosque 2.100.000 ha
Minería (miles tm): lignito (15.000); carbón (17.926); bauxita; hierro; cobre; cromita; sal gema; plomo
Industria (miles): cemento (797 tm); papel (281 tm); acero (261 tm); aluminio (89 tm); azúcar (18 tm)

Datos políticos

Forma de gobierno: República presidencial colegiada
Partidos políticos: Partido de Acción Democrática (SDA, musulmán); Unión Democrática (HDZ, croata); Partido Social-Demócrata (SDS, serbio)

En Bosnia-Herzegovina, la riqueza mineral ha contribuido al desarrollo de determinadas industrias. Este es el caso de Tuzla, famosa por sus yacimientos de sal gema que se reflejan en el mismo topónimo, derivado del turco tuz (sal), transcripción a su vez del antiguo nombre eslavo Soli. Tuzla posee además lignito, que alimenta la planta térmica de la fotografía superior.

La vertiente panónica o septentrional del macizo dinárico, en Bosnia-Herzegovina, está surcada por una serie de cursos de agua que, con una dirección general sur-norte afluyen al Sava, uno de los grandes tributarios del Danubio. Además del Bosna y el Drina, entre tales ríos de la cuenca del Sava figura el Vrbas, cuyo curso superior aparece en la fotografía de la izquierda.

Ver mapa de Bosnia-Herzegovina en página 961

La máxima complejidad étnica y grandes recursos naturales

Según los censos más recientes, Bosnia-Herzegovina cuenta con aproximadamente cuatro millones y medio de habitantes, pertenecientes un 44 por 100 de ellos al grupo de sudeslavos musulmanes (o bosnios), a los que se añaden más de un 30 por 100 de serbios, algo menos de un 20 por 100 de croatas y otros grupos minoritarios. Antes de la guerra, estaban distribuidos de tal manera que difícilmente se podían separar por zonas geográficas (sólo los serbios tenían un neto predominio en la zona norte, con capital en Banja Luka). La guerra ha transformado el país, con movimientos de población que han creado zonas más uniformes incluso en Sarajevo, dividida en dos áreas.

La densidad sobrepasa con mucho el promedio europeo, con unos ochenta y seis habitantes por kilómetro cuadrado. La capital es Sarajevo y otras ciudades de importancia son Banja Luka, Tuzla, Travnik, Zenica, Livno (en zona de predominio croata) y Mostar, capital histórica de Herzegovina.

Emplazada en el centro del país, en el valle del río Miljacka y al pie del monte Trebevic, Sarajevo supera los cuatrocientos mil habitantes. Fue fundada en 1263 y los turcos dejaron en ella una huella notable, tras más de cuatro siglos de dominio. Por ello, los alminares de las mezquitas se mezclan con la arquitectura de factura moderna. Esta ciudad alcanzó triste renombre por el magnicidio cometido en la persona del heredero de Austria-Hungría, Francisco Fernando, en 1914, detonante de la Primera Guerra Mundial. Así mismo, ha sufrido importantes asedios y bombardeos, en los años noventa, durante la guerra que ha asolado el país. Sarajevo albergaba industrias mecánica, textil y tabaquera, ahora destruidas, así como una universidad, fundada en 1846.

La base económica de Bosnia-Herzegovina la constituyen la minería y la ganadería porcina y bovina, sustentada esta última por extensas superficies de prados y pastizales. El subsuelo es, sin embargo, el gran recurso del país, con yacimientos de hierro (Liubija y Varesh), carbón, sal, plomo, zinc, manganeso, bauxita, etc. Dada la configuración montañosa, una fuente de energía de extraordinaria importancia corresponde a las reservas hidroeléctricas (unos 16.000 millones de kilovatios/hora). En relación con la riqueza mineral han surgido diversas industrias, como las siderúrgicas. Otro sector de interés es el químico, también afectado por la guerra como el anterior.

El dominio del macizo dinárico

Bosnia-Herzegovina es el país dinárico por excelencia, accidentado por relieves montañosos cuya altitud media es de 500 metros. Las mesetas del Kras se alternan con los terrenos de origen primario y secundario. El Kras (más conocido por el nombre alemán, Karst) es un área morfológica integrada por rocas calcáreas con un modelado característico provocado por la erosión química. En el Kras, las aguas se filtran hacia grandes profundidades y de la disolución de las calizas se forma una arcilla, la *terra rossa*, muy útil para los cultivos. Una formación típica del Kras son los poljés, pequeñas depresiones cerradas, de fondo plano con suelo fértil, por las que un río se filtra o desagua a través de estrechas gargantas. Los poljés constituyen la base de la economía y del poblamiento.

Las cumbres del eje central dinárico (integrado, entre otros, por los macizos Grmech Planina, Viterog Planina, Vlashich Planina, Vranica, Zvijezda y Javor) oscilan entre los 1.500 y 2.300 metros y la principal elevación es el pico Maglic (2.387 metros), junto a Montenegro. En las zonas altas, cubiertas de pastos, las precipitaciones rebasan los 2.000 milímetros anuales y buena parte del territorio (más de 2.300.000 hectáreas) se halla cubierto de una de las masas forestales de Europa más densas y poco holladas por el hombre, con predominio de las coníferas.

Los ríos pertenecen a dos vertientes, la del Danubio, al norte, y la adriática, al sur. La vertiente del Danubio comprende los ríos Una, Vrbas, Bosna y Drina, todos ellos afluentes del Sava, cuyo valle en su lado derecho bordea todo el norte de Bosnia-Herzegovina. La vertiente adriática, por la cercanía de las montañas al mar, comprende ríos de descenso rápido, trayecto más o menos corto y régimen irregular. El más importante es el Neretva, eje de la Herzegovina, que forma una pequeña llanura litoral en su tramo bajo y desembocadura.

MACEDONIA

Con una configuración maciza, un tanto rectángular, Macedonia o Makedonija queda encajonada entre Serbia, al norte, Albania, al oeste, Grecia, al sur, y Bulgaria, al este. En estos dos últimos países vecinos hay minorías de eslavos macedonios, por lo que existe un movimiento panmacedonio, hoy con escaso predicamento, que aspira a la formación de una Gran Macedonia sobre las tierras habitadas por gente de etnia macedonia eslava. Por contrapartida, todos los vecinos tienen aspiraciones sobre una parte o el total del suelo macedonio: los serbios y los búlgaros porque consideran que los macedonios constituyen una rama afín, aunque esto sea más cierto en el caso de los últimos; los griegos, porque reivindican la Macedonia histórica, que fue griega en su origen; y los albaneses, porque gente de su etnia constituye la mayoría poblacional en el sector occidental de Macedonia.

Un país encerrado entre montañas

Macedonia no tiene salida al mar, ya que se vio privada de su abertura natural al Egeo a través de Salónica como consecuencia del reparto de los dominios turcos entre las modernas naciones balcánicas. Un eje central, el valle del Vardar, se halla rodeado por macizos montaños tanto al este (Osogovska Planina, Plachkovica, Gradeska Planina, Ograzden Planina), con alturas entre 1300 y 1700 metros, como al oeste (Shar Planina, Rudoka Planina, Busheva Planina, Baba), donde se alcanzan las mayores elevaciones, formando parte la mayoría de ellos de un sistema orográfico autónomo, el macizo Macedonio. El río Vardar posee una abundante red fluvial, de la que por la derecha destacan el Treska y el Crna y por la izquierda el Pchinja, con el Kriva, y el Bregalnica. En el extremo sudeste, el Strumitsa pertenece a la cuenca del Struma, río búlgaro-griego. Macedonia comparte con Albania y Grecia lagos de cierta extensión: el Ohrid, del que surge el río Crni Drim (el Drin de los albaneses), el Prespan y el Dojran. El clima es continental, moderado por la influencia mediterránea que penetra a través del valle del Vardar.

Macedonia no es étnicamente homogénea, ya que los macedonios sólo constituyen un 65 por 100 de la población total, que sobrepasa ligeramente los dos millones de personas. Los albaneses for-

man una importante minoría que alcanza un 21 por 100 del censo. También hay numerosos turcos, serbios y gitanos.

La capital macedonia es Skopje, la Üskub de los turcos, donde se concentra una cuarta parte del total de habitantes del país. A orillas del Vardar, Skopje remonta sus orígenes a la época romana, pero gran parte de su patrimonio histórico quedó destruido por la acción de un devastador terremoto en 1963. La ciudad alberga industrias diversas (sectores siderometalúrgico, textil, alimentario, del cemento, etc.) y posee universidad desde 1950.

Pese a los esfuerzos de industrialización durante la etapa de gobierno comunista, Macedonia es un país de estructura atrasada, con una base agropecuaria y minera. La desecación de zonas pantanosas y la construcción de canales de riego han mejorado los rendimientos agrícolas, con el algodón, el tabaco, la vid, el olivo y el arroz, como principales cultivos. En el sector ganadero, destacan los ovinos, sobre todo en las zonas montañosas. Del subsuelo se extrae hierro, plomo, zinc y otros metales.

Macedonia tiene una estructura económica poco desarrollada, lo que se traduce en una primacía de las actividades mineras y agropecuarias, llevadas a cabo estas últimas en los valles de la cuenca del Vardar. Arriba, paisaje agrícola cerca de Skopje.

Denominación oficial: Republika Makedonija
Superficie: 25.713 kilómetros cuadrados
Capital: Skopje (563.301 hab.)
Lenguas: macedonio; albanés; serbio
Grupos étnicos: macedonios (64,6 %); albaneses (21,0 %); turcos (4,8 %)
Creencias: cristianismo ortodoxo; islamismo
Población absoluta: 2.063.000 habitantes
Ciudades importantes: Bitola (83.100 hab.); Prilep (66.600 hab.)
Agricultura (miles): tabaco (24 tm); vid (205 tm)
Ganadería (miles cabezas): ovinos (2.351 cabezas); aves de corral (22.000 cabezas)
Minería (miles): lignito (6.635 tm); acero (137 tm)
Industria: química, del vidrio, sedera, metalúrgica, de la madera
Forma de gobierno: República
Partidos políticos: Alianza de la Macedonia (SM); Partido de la prosperidad democrática (PDP)

Ver mapa de Macedonia en página 961

YUGOSLAVIA

Durante mucho tiempo, el Danubio (arriba) formó el límite norte de Yugoslavia y sólo después de la Primera Guerra Mundial se obtuvo el dominio de las dos orillas con la anexión de Voivodina, donde viven serbios, húngaros y otros pueblos.

Pese al sentido que refleja etimológicamente la denominación de «país de los eslavos del sur», Yugoslavia no posee una unidad étnica, puesto que en ella han convivido tradicionalmente serbios, montenegrinos, croatas, bosnios, macedonios, albaneses y húngaros. Lo mismo sucede respecto a la unidad lingüística; a pesar de que la lengua mayoritaria sea el serbocroata, está subdividido en formas dialectales, a las que se unen lenguas minoritarias como el albanés, el húngaro o el macedonio. La misma multiplicidad respecto a las lenguas del país existe también en las creencias religiosas: cristianos ortodoxos, musulmanes y católicos, además de protestantes y judíos. El país, por otra parte, no presenta tampoco una unidad geográfica ya que, extendido entre el Danubio y el Adriático, entre los Alpes y los Balcanes, su diversidad regional es notable.

Datos generales

Denominación oficial: Savezna Republika Jugoslavija
Superficie: 102.173 kilómetros cuadrados
Capital: Belgrado (1.136.786 hab.)
Lenguas: serbocroata; húngaro; albanés
Grupos étnicos: serbios (62,3 %); albaneses (16,6%); montenegrinos (5 %); húngaros (3,3 %); musulmanes (3,2 %); croatas (1,1 %); rumanos (1,3 %)
Creencias: cristianismo ortodoxo; cristianismo católico; islamismo; otras

Estadísticas e indicadores demográficos

Población absoluta: 10.480.000 habitantes
Densidad: 102 hab./km²
Ciudades importantes: Subotica (100.000 hab.); Zrenjanin (81.382 hab.); Panchevo (72.717 hab.); Pizren (41.700 hab); Nish (175.555 hab.); Kragujevac (146.607 hab.)

Recursos económicos

Agricultura (miles tm): trigo (3.027); cebada (253); remolacha (1.304); patatas (592); uva (404); tabaco (13); ciruelas (493)
Ganadería (miles cabezas): bovinos (1.991); ovinos (2.752); aves de corral (22.000)
Minería (miles tm): antracita (102); lignito (40.003); bauxita (799); petróleo (1.165); zinc (337); cobre (519); gas natural (772.000 m³)
Industria (miles): acero (667 tm); fundición de hierro (511 tm); automóviles (8 unidades); ácido sulfúrico (581 tm); azúcar (126 tm); neumáticos (7.534 unidades); energía eléctrica (36.488.000 kW/hora)

Datos políticos

Forma de gobierno: República federal
Partidos políticos: Partido Socialista Serbio (PSS); Partido Radical Serbio (PRS); Movimiento Democrático Serbio (Depos); Partido Democrático de los Socialistas de Montenegro (PDSM)

Ver mapa de Yugoslavia en página 961

981

Encrucijada de culturas y cruce de caminos de diversos pueblos a lo largo de la historia, el país tampoco podía gozar de una arraigada unidad histórica, pues, hasta el fin de la Primera Guerra Mundial, la mayor parte de su territorio pertenecía al Imperio Austro-Húngaro, a Turquía, a Italia y a Serbia. Convertida en el Reino de Yugoslavia en 1929, después de la Segunda Guerra Mundial, y acrecentado su territorio a expensas de Italia, de acuerdo con la Constitución de 1946 surgió una «República Federal Popular» compuesta por seis repúblicas: Serbia (formada por la misma Serbia y dos territorios, Kosovo y Voivodina); Croacia, Eslovenia, Bosnia-Herzegovina, Macedonia y Montenegro. Tito aprovechó el prestigio ganado en la resistencia y su independencia respecto a Stalin para construir un sistema federal, que no permitiera salir a flote las reivindicaciones de independencia. Muerto Tito, las tensiones volvieron a resurgir en 1991, cuando las diversas repúblicas proclamaron su independencia. El conflicto hizo eclosión el 27 de abril de 1992, cuando Serbia refundó Yugoslavia con el apoyo de Montenegro: una decisión unilateral que provocaría, junto con otras diversas causas, el estallido de una cruenta guerra civil que, centrada sobre todo en territorio bosnio, se prolongaría hasta diciembre de 1995, cuando se firmó un prometedor acuerdo de paz.

La complejidad fisiográfica como signo

En su conjunto, y pese a la paradoja de su diversidad, desde un punto de vista geográfico Yugoslavia forma un organismo armónico que, a grandes rasgos, está constituido por dos extensas zonas de cultivos, por los núcleos montañosos y por las llanuras periféricas, una tierra variada en la que se observan las huellas de las distintas civilizaciones que se asentaron en ella a través de los siglos: romana, bizantina, islámica, otomana, germánica. Con límites al norte con Hungría, al este con Rumania y Bulgaria, al sur con Macedonia y Albania, al sudoeste con el mar Adriático, y al oes-

te con Bosnia-Herzegovina y Croacia, Yugoslavia ofrece unos contrastes que se deben tanto al suelo de cada región como a la diferencia climática y a la actividad del hombre que la puebla.

Serbia, un conjunto variado

Serbia participa de diferentes unidades fisiográficas, con la llanura Panónica al norte, en la Voivodina, los relieves dináricos al oeste y los relieves balcánicos al este. La llanura Panónica, con sus suelos negros y capas de loess, está avenada por un gran

número de vías de agua naturales y artificiales, nucleadas por el Danubio o Dunav y sus afluentes Tisza y Sava. Entre éste y el Danubio, el pequeño macizo de Frushka Gora apenas accidenta las suaves ondulaciones panónicas.

Al sur de la línea Sava-Danubio y con el Drina (afluente del Sava) por el oeste, delimitando las tierras serbias y bosnias, se extiende la Serbia central y meridional o Serbia propiamente dicha, que tiene de norte a sur un eje básico en torno al valle del río Morava, afluente del Danubio. En la parte occidental de esta región, entre el

mencionado río Drina más los afluentes de
su cuenca, como el Lim y el río Morava,
con sus afluentes Zapadna Morava e Ibar,
se extienden una serie de macizos dináricos (Povlen, Maljen, Tara, Zlatibor, Chemerna, Golija, Giljeva) con alturas inferiores a 2.000 metros.

Al sur de la cuenca del Ibar, en el rincón sudoeste de Serbia, avenado por el afluente de este último río, el Sitnica, y por el Beli Drim (uno de los ramales del Drin albanés) y delimitado por el Mokra Planina (una estribación de los Alpes Albaneses), el Shar Planina y el sur de los

montes Kopaonik, se ubica la comarca de Kosovo. Justo al lado de la frontera entre Kosovo y Albania se alza el pico más elevado de Yugoslavia, el Daravica, de 2.656 metros. Entre el río Ibar y el Juzhna Morava se encuentran otros macizos, como el citado Kopaonik (2.017 metros) y el Jastrebac. El Shar Planina, en el extremo meridional serbio, vincula el país con los relieves del macizo macedonio. En la parte oriental de la Serbia propiamente dicha, al este de la cuenca del Morava, los relieves presentan una relación directa con la cordillera balcánica, desde el Homoljske

Planina y Deli Jovan, al norte, y Rtanj, Sveti Nikolska Planina, Ciprovska Planina (donde se halla el Midzhor, la principal altura, con 2.169 metros) y Berkovska Planina, en el centro, hasta el Suva Planina y Dukat, al sur.

En resumen, el corazón del país serbio está dominado por alturas escarpadas y valles profundamente erosionados, medio geográfico que, a través de su relativo aislamiento, ha contribuido a preservar las más genuinas tradiciones nacionales y tal vez una cierta incomunicación con los pueblos vecinos.

983

Los largos años de integración económica a través de la estructura estatal yugoslava hicieron complementarias las economías de los países integrados en la federación, de modo que Serbia necesitaba tanto de los productos manufacturados eslovenos y croatas como las industrias de Croacia y Eslovenia precisaban de las materias primas y del mercado serbios y viceversa. A la derecha, el mapa muestra la distribución geográfica de los principales recursos en los Países Eslavos del Sur y en la vecina Albania.

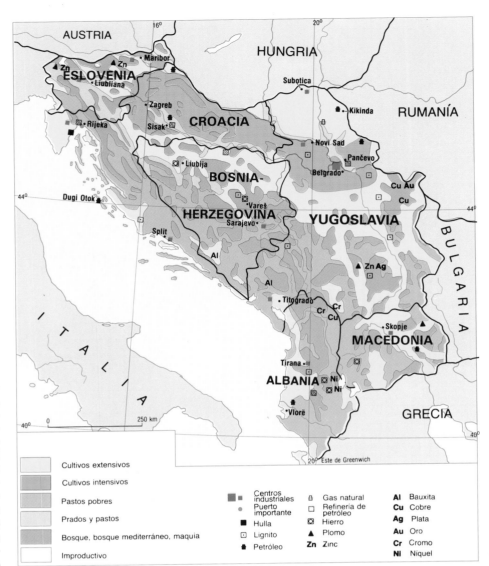

Cultivos extensivos
Cultivos intensivos
Pastos pobres
Prados y pastos
Bosque, bosque mediterráneo, maquia
Improductivo

Centros industriales	Gas natural	Al Bauxita
Puerto importante	Refineria de petróleo	Cu Cobre
Hulla	Hierro	Ag Plata
Lignito	Plomo	Au Oro
Petróleo	Zn Zinc	Cr Cromo
		Ni Niquel

Montenegro: la realidad de un nombre

Montenegro se abre al mar Adriático por el sudoeste y sur, con un litoral articulado en el que posee la abrigada ensenada de las bocas de Kotor o Boka Kotorska, además de algunos puertos de menos importancia (Petrovac, Bar, Ulcinj). Esta circunstancia le otorga importancia estratégica, ya que, si bien a través de territorio accidentado, una carretera une directamente el puerto de Kotor con la capital serbia, Belgrado, y tradicionalmente han sido sólidos los lazos entre serbios y montenegrinos. Montenegro, como su mismo nombre indica, es pura montaña, un país de altura, un gran altiplano kárstico con una altitud media de 800 metros que accidentan los Alpes Dináricos y que alcanza el punto más elevado en el pico Durmitor (2.522 metros), en el macizo de Sinsajevina. La disposición de los relieves determina la existencia de tres vertientes hidrográficas y dos tipos de clima. La mayor parte de los cursos de agua (Lim, Cotina, Tara, Piva) pertenece a la cuenca danubiana, a través de subafluentes de la misma, como el Drina. Otros, como el Moracha y el Zeta, van a parar al lago Scutari o Skadarsko Jezero, el más grande de los Balcanes, repartido entre Yugoslavia y Albania. Un tercer grupo fluvial corresponde a la cuenca mediterránea, de la que el único curso destacable es el Buna, que comunica el lago Scutari con el Adriático y forma frontera.

El clima yugoslavo

El clima es continental, húmedo en las áreas de montaña (más de 2.000 milímetros de lluvia anuales) y más seco (entre 600 y 1.000 milímetros) en la llanura Panónica. Los árboles están ausentes de esta última región, donde dominan los arbustos, mientras que los macizos de las zonas central y meridional de Serbia están cubiertos de bosques de hayas y robles y de pastos.

Un pueblo diseminado con una capital hegemónica

La población total cuenta con cerca de los diez millones y medio de personas, de las cuales sólo el 62,3 por 100 son de etnia serbia y el 16 por 100 montenegrina, ya que existen importantes grupos minoritarios, algunos concentrados territorialmente, como los albaneses (16,6 por 100) del Kosovo o los húngaros (3,3 por 100) de la Voivodina. Hay también sudeslavos musulmanes (en el Sandzak), croatas y otras minorías. La nacionalidad serbia alcanza sin embargo una difusión territorial que sobrepasa las fronteras de su país. Cerca de un millón y medio de personas que se identifican como serbias viven en los países sudeslavos, sobre todo en Bosnia-Herzegovina, donde la guerra civil no ha clarificado aún la futura distribución étnica de la población, y en Croacia.

La densidad de población es bastante alta, ya que supera los cien habitantes por kilómetro cuadrado, lo que la asemeja a un país generador de emigrantes como Por-

tugal. Aparte de la capital, Belgrado, Yugoslavia cuenta con un buen número de importantes núcleos urbanos. En Voivodina, destacan Subotica, Novi Sad, la capital, Zrenjanin, Sremska Mitrovica y Panchevo. En el núcleo serbio por antonomasia, Nish y Kragujevac; en el sur, Leskovac; y en Kosovo, la capital, Prishtina, y Prizren. En Montenegro destaca Podgorica (antes Titogrado), la capital, y Cetinje.

Con más de un millón cien mil habitantes, Belgrado o Beograd se coloca al nivel de una gran metrópoli. A su capitalidad histórica de Serbia unió la categoría de ser la sede de las instituciones federales yugoslavas. Fundada por los celtas en la confluencia del Danubio y el Sava, bajo la denominación de Singidunum (siglo IV a. C.), tuvo desde sus albores un carácter netamente defensivo y de custodia de las rutas que, a través de la llanura danubiana, comunican Centroeuropa con Oriente. Bastión occidental de la lucha contra los turcos, fue ocupada por éstos hasta el siglo XIX y en 1867 se convirtió en capital del reino de Serbia.

El desarrollo económico, demográfico y urbano de Belgrado es reciente, consolidándose en la primera mitad del siglo XX, sobre todo desde 1918. Parcialmente destruida durante la Segunda Guerra Mundial (el bombardeo alemán de 1941 fue devastador), la ciudad se reconstruyó en los años siguientes bajo la óptica del realismo socialista. Su crecimiento demográfico ha sido espectacular a partir de 1960 y el núcleo urbano ha superado el cinturón fluvial extendiéndose por la orilla izquierda del río Sava, donde se levanta el área de la nueva Belgrado, en conurbación con antiguos núcleos como Zemun.

Belgrado, la «ciudad blanca», cuyo núcleo originario se sitúa en una ciudadela sobre un promontorio, es hoy una urbe de aspecto moderno, con amplias avenidas y una diferenciación espacial de los usos claramente definida. Centro fabril, entre sus industrias destacan la metalúrgica, la química, la textil y la automovilística. Posee dos puertos fluviales, uno sobre el Sava y otro sobre el Danubio, así como un aeropuerto internacional localizado en Surchin, al oeste de la ciudad. También cabe destacar su carácter de foco cultural, reflejado tanto en la actividad universitaria, iniciada en 1863, como en el número de todo tipo de publicaciones.

Una difícil trayectoria económica

Si la vida económica de Yugoslavia siempre ha estado condicionada por su caracterización geográfica, el hecho de que Serbia ostentara durante más de setenta años los centros de toda decisión política yugoslava, determinaron no en poca medida que el mayor desarrollo ecónomico e industrial lo alcanzara Serbia, en detrimento de las otras repúblicas del país. Esta situación, propiciada por Tito y mediante la aplicación del socialismo autogestionario, alcanzó en 1980, con la muerte del viejo partisano, su punto de inflexión y el país entró en una profunda crisis que no sólo tuvo manifestaciones económicas sino funestas implicaciones políticas, con el punto álgido de la guerra civil yugoslava, entre 1991 y 1995, y la consiguiente pérdida de relaciones con los países sudeslavos. El bloqueo económico sufrido durante los años de la guerra ha llevado al país a una elevadísima inflación y a un desabastecimiento de materias primas, tan necesarias para la industria, que ha visto mermada, cuando no paralizada en muchos casos, su producción.

Pese al proceso de industrialización, las actividades más destacadas son la agropecuaria y la minera. La región de Voivodina, al norte, con sus suelos fértiles y aptos para la mecanización, constituye la reserva agrícola del país. Los cultivos principales son los del maíz, el trigo y la remolacha azucarera. También cabe mencionar como cultivos generales la vid, el olivo, los frutales y las patatas. En el centro y sur, en relación con el relieve, predominan las actividades forestales y ganaderas, con cría de ovinos, porcinos y vacunos, por lo que se refiere a este último sector. En el área montenegrina, debido a lo accidentado del terreno, sólo son cultivables 56.000 hectáreas, en las zonas bajas, donde se obtiene tabaco, agrios, aceitunas y uva. La ganadería ovina y caprina y la explotación de la madera de los bosques completan el panorama agropecuario.

El subsuelo contiene importantes recursos minerales, sobre todo: cobre, carbón, plomo, zinc, antimonio, gas natural y petróleo. En la explotación minera tiene un papel significativo la provincia de Kosovo, cuya población ofrece sin embargo el mayor nivel de pobreza del país, así como Montenegro, con explotaciones de bauxita (en Niksic), plomo, zinc y carbón (en Gacko). Como Kosovo, Montenegro está escasamente desarrollado, con una quinta parte de la población que vive por debajo de los niveles de pobreza y una cuarta parte de la población activa que sufre el azote del paro. Finalmente, la industria basada en los sectores metalúrgico, químico, maderero, textil, automovilístico y alimentario, se localiza en los principales núcleos urbanos, como Belgrado, Novi Sad, Panchevo, Kragujevac, Prishtina y Podgorica.

El bloqueo económico que sufrió Yugoslavia durante los casi cinco años que duró la guerra civil colocó al país en un grave nivel de desabastecimiento de materias primas. La industria, que no ha logrado desplazar a las actividades agropecuarias y mineras, prácticamente se paralizó durante el conflicto. Abajo, un grupo de jóvenes juegan al baloncesto junto a una planta de energía eléctrica en Yugoslavia.

KOSOVO, ENTRE SERBIA Y ALBANIA

Kosovo, ubicado en el rincón sudoccidental de Serbia, junto a Albania, y con una aplastante mayoría de habitantes de etnia albanesa, constituyó a lo largo de los años ochenta y bajo el punto de vista serbio la mayor «amenaza» para la estabilidad de la ya entonces languideciente federación yugoslava. En 1981 se sucedieron las manifestaciones kosovares reivindicando para la provincia el estatuto de república federada. La respuesta de las autoridades serbias se saldó con numerosos muertos kosovares (albaneses) si bien en realidad ni siquiera se cuestionaba el marco constitucional yugoslavo, que hubiera podido permitir la pacífica transformación de la provincia en república. Los disturbios se prolongaron toda la década, llegando a un punto culminante cuando en 1989 el parlamento serbio recortó la autonomía política kosovar hasta convertirla en mera caricatura del autogobierno concedido por el presidente Tito. En 1992 se celebraron elecciones legislativas, auspiciadas por Albania, no reconocidas por el gobierno serbio, que acentuó la represión en Kosovo. A mediados de los años noventa, el gobierno de Milosevic inició una dura represión sobre la población albanokosovar que desembocó en una guerra civil en 1998. Un año después, la OTAN intervino bombardeando Serbia y forzó a Milosevic a retirar el ejército yugoslavo de Kosovo y a aceptar la ocupación del territorio por una fuerza internacional que controlara el retorno de los refugiados albanokosovares.

La cuestión de Kosovo se enmarca en las históricas diferencias entre Serbia y Albania, trasladadas en su momento a Yugoslavia. En 1912, año del autogobierno de Albania dentro del Imperio Otomano, las potencias europeas trazaron el mapa de los Balcanes y delimitaron Albania según sus actuales fronteras, fuera de las cuales quedaron integrados forzosamente a Serbia, un millón de albaneses que habitaban en Kosovo y en la cuenca Drin-Ohrid (hoy Macedonia). De nada sirvió el precedente de que la primera organización nacionalista albanesa, surgida a fines del siglo XIX, tuviera su sede en la ciudad kosovar de Prizren y que los kosovares desearan estar unidos a sus hermanos étnicos. A partir de entonces, Kosovo, sometido a la asimilación serbia, constituyó un serio escollo en las relaciones entre Belgrado y Tirana, aunque desde esta última capital y a partir de 1944 no se manifestaran oficialmente reivindicaciones territoriales y sólo se exigiera el cumplimiento de los derechos que la constitución yugoslava reconoció a las minorías bajo el régimen de Tito. La muerte del viejo partisano significó un cambio profundo en las relaciones interétnicas en Yugoslavia.

En el caso de Kosovo, los serbios, para justificar su actuación, han apelado siempre al separatismo kosovar y al irredentismo y las ansias expansionistas de Albania, pero cabe considerar que, en el cambio de derrotero sufrido por Yugoslavia, el sometimiento de los kosovares no ha sido más que el primer objetivo del nacionalismo serbio para recuperar la antigua hegemonía sobre el resto de países sudeslavos.

Junto a estas líneas, a la derecha, multitudinario entierro de albanokosovares muertos durante la guerra con Serbia en 1999. En la página siguiente, arriba, los albaneses acogen con júbilo la entrada de las tropas de la OTAN en una localidad de Kosovo. Abajo, imagen de la huida de serbios de Kosovo hacia Serbia tras la retirada del ejército yugoslavo y ante el retorno de la población albanesa.

ALBANIA

La República de Albania está situada al oeste de la península de los Balcanes, siendo el país más pequeño de Europa; su superficie no alcanza los veintinueve mil kilómetros cuadrados, cifra que significa que su territorio equivale a un 0,27 por 100 de todo el continente europeo.

Sus fronteras limitan con Yugoslavia al norte y al nordeste, con Macedonia al este, con Grecia al este y sur, y con los mares Adriático y Jónico, al oeste, a lo largo de unos doscientos cincuenta kilómetros de costa.

El relieve accidentado es uno de los aspectos más determinantes de Albania. Incide en la localización de las ciudades, como la moderna Kruja (fotografía de la derecha), situada en una ladera; y condiciona la economía, pues los numerosos ríos del país son aprovechados para el regadío y como energía hidráulica. Así ocurre con el Osum (en la página siguiente, abajo), del que se muestra una vista a su paso por Berat.

Datos generales

Denominación oficial: Republika e Shqipërisë
Superficie: 28.748 kilómetros cuadrados
Capital: Tirana (243.000 hab.)
Estructura administrativa: 26 distritos
Unidad monetaria: el lek
Lenguas: albanés (oficial) se divide en dos grupos lingüísticos: guego y tosco; griego
Minorías étnicas: griegos; rumanos; macedonios
Creencias: islamismo (70 %); cristianos ortodoxos (10 %); cristianos católicos (10 %)

Estadísticas e indicadores demográficos:

Población absoluta: 3.255.891.habitantes
Densidad: 113 hab./km²
Ciudades importantes: Durrës (85.400 hab.); Shkodër (81.800 hab.); Elbasan (83.300 hab.); Vlorë (73.800 hab.); Korçë (65.300 hab.)
Crecimiento vegetativo: 1,7 %
Tasa de natalidad: 23,8 ‰
Tasa de mortalidad: 5,4 ‰
Tasa de mortalidad infantil: 32,9 ‰
Esperanza de vida: 72 años
Población urbana: 37 %

Indicadores sociales

Educación: 920.240 alumnos (14,5% preescolar; 60,4% primaria; 22,3% secundaria; 2,9% superior)
Alfabetismo: 75%
Aparatos de radio por 100 hab.: 17,9
Televisores por 100 hab.: 8,9
Libros publicados: 381 títulos (2.577.000 ejemplares)
Prensa: 40 (2.577.000 de circulación media)
Camas de hospital por 1.000 hab.: 5,8
Médicos por 1.000 hab.: 0,8
Automóviles de turismo: 61.450 unidades
Red ferroviaria: 720 kilómetros
Red de carreteras: 18.450 kilómetros
Marina: 24 buques (59.060 tm de arqueo bruto)

Indicadores económicos

Producto Nacional Bruto: 1.167 millones de dólares USA
Renta per cápita: 340 dólares USA
Población activa: 1.631.000 (46,4 % agricultura; 19,1 % industria; 35,5 % servicios)
Importaciones: 542 millones de dólares USA
Exportaciones: 324 millones de dólares USA

Estadísticas económicas

Agricultura (miles tm): trigo (430); maíz (110); sorgo (20); cebada (30); avena (15); remolacha azucarera (70); patatas (56); hortalizas (13)
Ganadería (miles cabezas): porcinos (140); bovinos (450); ovinos (1.200); caprinos (750); aves de corral (5.000)
Pesca (miles tm): 13
Silvicultura (miles m³ de madera): 2.556
Minería (miles tm): petróleo (585); lignito (366)
Industria (miles): cigarrillos (1.703.000 unidades); cemento (311 tm); abonos químicos (43 tm); aceite de oliva (1 tm); vino (150.000 hl) energía eléctrica (3.357.000 kW/hora)

Datos políticos

Forma de gobierno: República
Jefatura del Estado: Presidente
Poder Ejecutivo: Presidente y Consejo de Ministros
Poder Legislativo: Parlamento (142 escaños)
Partidos políticos: Partido Socialista (PSA); Partido Democrático (PDA); Partido Socialdemócrata; Partido Republicano

Ver mapa de Albania en página 961

UN PAÍS DIFERENTE

Albania ha sido durante muchos años un caso extraño, tanto dentro de Europa Oriental, como de Europa en su conjunto. En parte, porque se apartaba de las líneas políticas predominantes, y en mayor medida por el desconocimiento que se tenía en el resto del mundo de este pequeño país, que vivía aislado de sus vecinos más próximos. Además, aunque las estadísticas no lo reflejaran en mucho tiempo, posee un porcentaje de población musulmana o de ascendente islámico muy elevado, realmente mayoritario, lo cual viene a complicar aún más su retrato.

Antigua provincia romana, bizantina, búlgara y serbia, la dominación turca, iniciada en el siglo XV, le dejó una impronta todavía hoy perceptible, a pesar de que no fuera nunca una dominación absoluta. Albania no se independizó de Turquía hasta 1912, y aun entonces tuvo que mantener largos litigios para fijar sus fronteras, especialmente con Italia, que acabó invadiendo el país en 1939.

Tras la Segunda Guerra Mundial, Albania se alineó junto a la Unión Soviética. Sin embargo, sus diferencias políticas y su lejanía geográfica llevaron a la ruptura de relaciones entre ambos países en 1962, cuando el gobierno comunista albanés apoyó las tesis ideológicas chinas frente a las soviéticas. Años más tarde, en 1977, le ocurrió algo similar con China.

El estado de absoluto aislamiento internacional de Albania, que ya había mejorado en la década de los ochenta gracias a un fomento de las relaciones diplomáticas y comerciales con los países de Europa Oriental y Occidental, acabó en 1991 cuando la crisis económica y las protestas populares obligaron al régimen comunista a abrirse al multipartidismo y a convocar elecciones. La llegada de la oposición al poder en 1992, con el restablecimiento de las relaciones con la Europa Occidental y los Estados Unidos como una de las prioridades de su programa, culminó este proceso.

Cuatro regiones naturales en el «nido de águilas»

Albania es uno de los países más montañosos y elevados de Europa. El 76,5 por 100 de su territorio está constituido por montañas y colinas de una altura superior a los 200 metros sobre el nivel del mar; la altura media es de 708 metros y supera en más de dos veces la de Europa; la altura máxima se sitúa en los 2.764 metros del pico Korab, en el límite con Macedonia. Por este motivo, Albania es conocida como el «nido de águilas».

En comparación con la pequeñez del país, el litoral tiene un desarrollo considerable. Las costas albanesas se extienden en una longitud de 250 kiló-

metros y en ellas se distinguen dos zonas bien diferenciadas: la costa baja, a orillas del Adriático, y la costa alta, a orillas del Jónico. En este último sector, las montañas descienden como cortadas a pico hasta el mar. En general, las zonas litorales corresponden a las superficies más fértiles del país.

Las particularidades geológicas del territorio y el perfil del suelo albanés determinan cuatro regiones naturales perfectamente diferenciadas: los Alpes Albaneses, la región montañosa central, la región montañosa meridional y las zonas bajas occidentales.

Los Alpes Albaneses (Bjeshket e Nemuna), situados al norte del valle del río Drin, son los relieves más abruptos del país. Cabe destacar el contraste entre las montañas de forma piramidal y los valles profundos sobre un zócalo paleozoico, que no se atenúan hasta el sur, con las ondulaciones de los terrenos formados por pizarras.

La región montañosa central limita al norte con el valle del Drin y al sur con los valles del Devoll y del Osum Meridional. Su perfil geográfico es menos acentuado, debido al predominio de rocas ígneas y a la acción menos intensa de los agentes erosivos, lo que ha dado lugar a la existencia de extensos valles, más apropiados para el cultivo que en la zona de los Alpes.

La región montañosa meridional, que se encuentra al sur de la central, tiene una formación tectónica bastante regular. Se caracteriza por poseer cadenas de montañas constituidas por

rocas calcáreas y valles en forma de planicie que se alternan de manera continua, en dirección noroeste-sudeste. Por occidente, las cadenas montañosas llegan hasta las orillas del mar Jónico, donde el área ribereña ofrece un clima suave y bellos paisajes. Los cultivos se concentran en los valles y en las laderas de las colinas; allí los bancales tienen mayor importancia que en cualquier otra parte del territorio.

Las zonas bajas occidentales se extienden a lo largo del mar Adriático y son llanos de escasa altura, que se prolongan a lo largo de más de 200 kilómetros de norte a sur y penetran unos 50 kilómetros hacia el este. A lo largo de la costa hay muchas lagunas, estrechas fajas de arena y dunas. Los grandes recursos agrícolas, los ricos yacimientos minerales, así como la situación geográfica favorable y las comunicaciones, han hecho de este sector el más poblado de Albania.

El territorio albanés es rico en ríos y arroyos, que tienen una gran fuerza erosiva sobre un territorio ya muy accidentado a causa de su constitución geológica, lo que posibilita que los caudales fluviales sean aprovechados para el regadío y como energía hidráulica. El río más importante es el Drin, al norte; también merecen consideración el Shkumbini, el Semani y el Vijosa, cuyas cuencas están dispuestas de forma más o menos paralela, en sentido norte-sur, en la mitad meridional del país.

Existen numerosos lagos de diverso origen: glaciares en las altas montañas, que constituyen la mayoría; kársticos en las colinas; y tectónicos, como el Scutari, el Ohrit y el Prespës, los más extensos y ricos en pesca, en las áreas fronterizas del noroeste y este-sudeste. El lago Scutari, Shkodra o Ligen Shkodrës (370 kilómetros cuadrados), cuya profundidad no supera los 7 metros, no es más que una parte de la llanura hundida bajo el nivel del mar e inundada.

El clima y la vegetación

Albania se encuentra en la zona de clima mediterráneo, pero el relieve montañoso y, sobre todo, la existencia de regiones naturales bien determinadas, originan variaciones climáticas importantes. La parte más cálida es la occidental, debido a la influencia de las masas de aire caliente procedentes del mar, en donde se alcanzan las temperaturas más altas del país. En cambio, en el sector oriental, la influencia de las masas de aire continentales hace que las temperaturas, con frecuencia, se sitúen por debajo de los 0 °C en invierno y sean muy elevadas en verano, principalmente en los valles.

El verano albanés es, en general, seco, con unas precipitaciones que oscilan alrededor de los 50 milímetros durante los meses de julio y agosto. En cambio, el promedio anual de lluvias alcanza 1.300 milímetros, que en su mayoría provienen de las precipitaciones caídas hacia el final

Las costas de Albania tienen una longitud de 250 kilómetros y presentan dos zonas bien diferenciadas: la costa alta a orillas del Jónico, donde las montañas descienden de forma abrupta hasta el mar, y la costa baja a orillas del Adriático. A la izquierda, puesta de sol en el litoral del mar Jónico.

El actual territorio de Albania estuvo poblado en la Antigüedad por ilirios y también por griegos, los cuales fundaron numerosas colonias a lo largo de la costa, que más tarde serían conquistadas por los romanos. Abajo, vista parcial de los restos arqueológicos de Butrintit.

del otoño y en el invierno. En las regiones montañosas, las precipitaciones son frecuentemente en forma de nieve, con valores de unos 2.000 milímetros anuales. De todas formas, debido a la gran diferenciación regional, la distribución geográfica de las precipitaciones es muy irregular.

En cuanto a la vegetación, se dan contrastes aún más notables que en el clima. La mitad del país, muy accidentada, está cubierta de bosques y pastos; la otra mitad, llana u ondulada, es una estepa. Las especies forestales predominantes son las hayas y las encinas; el resto de la vegetación la componen típicos arbustos mediterráneos.

Luchas históricas por la independencia

Los orígenes del pueblo albanés se remontan a los siglos V-IV antes de la era cristiana. Los antecesores de los actuales albaneses fueron probablemente los ilirios, poseedores de una importante cultura en el mundo antiguo. En el siglo IV a. C., los ilirios formaron importantes estados, como el de los Enkeleos, los Taulantes y los Ardianos. Tuvieron que enfrentarse durante más de siglo y medio a los romanos, cuando éstos empezaron su expansión al otro lado del Adriático, y, finalmente, fueron invadidos por ellos. Sin embargo, jamás se les sometió por completo, no se romanizaron y, por el contrario, conservaron numerosos elementos de su cultura material y espiritual.

Al producirse la división del Imperio Romano, a fines del siglo IV, Iliria quedó bajo la dominación bizantina, que tuvo una duración de nueve siglos, durante los cuales el territorio fue objeto de diversas invasiones, entre otras las de normandos y eslavos.

En el siglo XIV los turcos llegaron a los Balcanes y Albania se transformó en un serio obstáculo para la invasión otomana de Europa Occidental. En esta época alcanzó justa fama el héroe nacional albanés Jorge Kastriota, llamado Skanderbeg por los turcos, que dirigió la

La resistencia de los albaneses contra la invasión de los turcos no pudo impedir que el país acabase siendo ocupado y finalmente asimilado por el Imperio Otomano. El castillo de Skanderbeg, en Kruja, a la derecha, constituye uno de los más vivos recuerdos de la resistencia popular contra el dominio otomano.

resistencia popular contra el dominio otomano. Albania pagó, sin embargo, un alto precio por su resistencia; finalmente, fue ocupada y asimilada en alto grado al conjunto islámico del Imperio Otomano.

En la segunda mitad del siglo XIX comenzó para Albania el período del «renacimiento nacional». En 1878 se fundó en Kosovo la Liga Albanesa de Prizren, organización política que asumió la defensa de la integridad territorial de Albania.

Posteriormente, después de grandes insurrecciones producidas entre 1910 y 1912, en noviembre de este último año se obtuvo una forma de autogobierno bajo Turquía, mientras que la plena independencia nacional (sin el Kosovo) no se alcanzó hasta el 17 de diciembre de 1920.

Tras el fracaso, en 1920, de un intento de invasión italiana, en 1939 la Italia fascista ocupó militarmente el país, ensanchando después sus fronteras con la anexión de zonas yugoslavas y griegas habitadas por albaneses.

Ya en plena guerra mundial, se creó clandestinamente, en 1941, el Partido Comunista (desde 1948, Partido del Trabajo), bajo el liderazgo de Enver Hoxha y con el objetivo prioritario de reconquistar la independencia nacional. En setiembre de 1943, se produjo la capitulación de Italia, con lo que Albania se vio libre de su ocupación.

El 11 de enero de 1946, una Asamblea Constituyente proclamó la República Popular, alineada hasta 1961 con la Unión Soviética y desde dicho año con la China maoísta. A partir de 1977 Albania rompió con China y optó por un riguroso aislamiento internacional.

Tras la muerte de Hoxha (1985), le sucedió en el poder su colaborador Ramiz Alia. Las en otro tiempo impermeables fronteras albanesas comenzaron a mostrar síntomas de fragilidad ante los imparables vientos de reforma que soplaban desde la Unión Soviética y Europa Oriental.

A partir de 1990, el régimen comunista comenzó a verse desbordado por el descontento popular ante la pobreza del país y la falta de libertades, plasmado sobre todo en el éxodo masivo de albaneses, de manera que se hizo inevitable seguir la misma senda que sus vecinos del Este de Europa, como único modo de acceder a la ayuda occidental que tan urgentemente se necesitaba.

Las primeras elecciones generales celebradas en marzo-abril de 1991 aún fueron ganadas todavía por el antiguo partido comunista, ahora denominado Partido Socialista. La crisis económica y política del país no hizo más que agudizarse y en las siguientes elecciones, celebradas en marzo de 1992, la oposición agrupada en torno al Partido Democrático consiguió hacerse ya con el poder, con Sali Berisha como presidente (reelegido en 1996).

Una economía marcada por largos años de colectivización

La apropiación estatal de los medios productivos de la economía albanesa, tras la derrota de las fuerzas del Eje, se caracterizó por su rapidez y radicalismo. En diciembre de 1944, las minas, los bienes de los emigrados políticos, la banca nacional, las bancas extranjeras y las sociedades por acciones fueron nacionalizados. En 1946, la propiedad estatal se extendió al conjunto de la industria ligera, al sector agroalimentario y a todos los medios de propiedad privada.

En la primera etapa posbélica, la lucha por la supervivencia se planteó en términos absolutos. Se promulgaron leyes prohibiendo el comercio del oro; el Estado asumió el monopolio sobre la venta de granos y se apropió de todas las existencias alimentarias; los precios del comercio interior fueron fijados por el gobierno. En enero de 1945 se promulgó una ley estableciendo un impuesto extraordinario para los beneficios obtenidos mediante la guerra o la especulación. Dicho

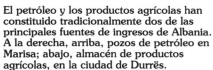

El petróleo y los productos agrícolas han constituido tradicionalmente dos de las principales fuentes de ingresos de Albania. A la derecha, arriba, pozos de petróleo en Marisa; abajo, almacén de productos agrícolas, en la ciudad de Durrës.

impuesto representó en los primeros años una importante fuente de ingresos para el Estado y un medio de asentamiento de la economía socialista. En esta época se crearon, así mismo, las primeras cooperativas de consumo.

La planificación de la economía a nivel nacional se hizo primero mediante planes anuales; después, mediante planes bianuales y quinquenales. Dicha planificación hizo posible que en Albania no se conocieran las crisis periódicas de superproducción, las crisis monetarias, la crisis energética, la inflación, la subida constante de los precios, etc., aunque en contrapartida no consiguió el despegue económico del país.

Paulatinamente, Albania intentó dotarse de una industria nueva y diversificada, pesada y ligera, de extracción y transformación. Contando con sus propias fuerzas, la industria albanesa se propuso como meta el desarrollo independiente de la economía nacional, para satisfacer las necesidades básicas de la población, de la economía en su conjunto y de la defensa del país. En la planificación económica, se dio mayor importancia a la industria pesada y a la producción energética. En consonancia con ello, a partir de 1970 se consiguió la electrificación de todo el país y en 1972 la exportación de energía eléctrica. La mayoría de la producción eléctrica es de origen hídrico. Albania cuenta con yacimientos petrolíferos y diversas refinerías que durante la época de aislamiento internacional permitieron el tratamiento del crudo en el país y el desarrollo de la industria petroquímica. Del subsuelo se extraen también minerales diversos, como cromo, ferroníquel y cobre, cuyas reservas han sido tradicionalmente explotadas por la industria pesada.

La industria mecánica ha venido proporcionando una producción muy limitada, destinada a un consumo nacional, por otra parte sensiblemente reducido. La industria química dota de abonos a la agricultura, y la industria ligera y la alimentaria se sitúan en un lugar importante dentro de la estructura de la producción industrial, que ocupa alrededor de un 19 por 100 de la población activa.

Pese a su autoimpuesto aislamiento, algo relajado tras la muerte de Hoxha, en 1985, Albania llegó a mantener en los últimos tiempos del régimen comunista relaciones comerciales con más de cincuenta países. Los intercambios se realizaron principalmente con estados de Europa Oriental como las desaparecidas Yugoslavia y Checoslovaquia, Rumania, y en menor medida de la Comunidad Europea como Italia, Francia y Alemania. Las exportaciones han consistido tradicionalmente en combustibles, minerales, metales (cromo), productos alimenticios, químicos y energía eléctrica.

Sin embargo, después de tan largo aislamiento, el viejo sistema económico colectivista acabó hundiéndose. La crisis económica se acentuó en los primeros años de la década de los noventa y generalizó la escasez por todo el país, lo que provocó la proliferación del mercado negro. La continua caída del nivel de vida y el crecimiento del desempleo impulsaron a muchos albaneses a la emigración como única salida, que intentaban contener los países de Europa Occidental como Italia. Paradójicamente, la suerte de un país aislado durante más de cuarenta años pasó a depender ahora de la ayuda internacional para afrontar la inevitable transición hacia una economía de mercado.

El sector primario de Albania es todavía la base de la economía del país, dando empleo a casi la mitad de la población activa. Arriba, campos de cultivo en Pazhok; a la derecha, esquileo de ovejas en Borsh.

El importante papel de la agricultura

Después de la Segunda Guerra Mundial, Albania pasó prácticamente del feudalismo al comunismo. En agosto de 1945 el gobierno decretó la Ley de Reforma Agraria, que se concretaba en el reparto de la tierra entre los campesinos, otorgando una extensión de cinco hectáreas por cabeza de familia. Esta reforma, que finalizó en el breve plazo de catorce meses, se convirtió en el inicio de lo que después se denominaría la Revolución Agraria, ya que, a partir de ahí, se pusieron los cimientos para la creación del sector agrícola estatal.

Conscientes de que una división atomizada de la propiedad no produciría la riqueza necesaria para la autosuficiencia del país, las autoridades impulsaron la

colectivización de la agricultura. La creación de granjas estatales, a modo de ejemplo, y las orientaciones gubernamentales hacia esta forma de explotación, determinaron que en un período de diez años se completara la primera etapa de colectivización.

Los años 1956 a 1965 se caracterizaron por la creación masiva de cooperativas. En 1966 quedó prácticamente acabado este proceso, que continuó con la integración de pequeñas cooperativas en otras mayores. El régimen comunista intentó así mismo ampliar las tierras de cultivo, transformando áreas de marismas, como las llanuras de Xorçë y Myzéque, en tierras arables.

De esta manera, el sector primario se convirtió en base de la economía del país, dando empleo prácticamente a la mitad de la población activa. En la colinas se producen frutos y olivos. Entre los cereales más extendiddos destacan el trigo y el maíz, aunque también se cultiva arroz, centeno, avena, cebada y sorgo. Existen también cultivos industriales como el algodón, el tabaco, la vid, el girasol, la remolacha azucarera, así como la horticultura. En las regiones montañosas, la actividad básica continúa siendo la ganadería, sobre todo ovina y caprina. Otro de los recursos primarios importantes es la explotación de los bosques para la obtención de madera.

El campo tampoco se libró en la década de los noventa de los efectos de la fuerte crisis. La productividad cayó por el abandono de las labores. Los cultivos no se alternaron ni las tierras fueron abonadas. Los primeros intentos de privatización impulsados ya por el último gobierno comunista no fueron suficientes para surtir el mercado interno. La población se vio así obligada a hacer colas para aprovisionarse de productos tan básicos como el pan o la leche, cuya venta se limitó mediante cartillas de racionamiento. El país tuvo que recurrir entonces a la ayuda humanitaria internacional para proporcionar alimentos básicos a la población.

La organización territorial albanesa

La reducida superficie nacional se divide en veintiséis unidades administrativas o distritos. Estas entidades se articulan a su vez en torno a ciudades o «localidades», entendidas estas últimas como la agrupación administrativa de pueblos, en el sentido rural. La unidad básica por lo que se refiere a las ciudades es el barrio, y en el caso de las «localidades» la constituyen los diferentes pueblos que las integran.

Los distritos se agrupan en torno a cinco regiones, con más valor económico que geográfico o histórico. Al norte, se sitúa la de Shkodra o Shkodër, compuesta por cinco distritos, con una agricultura especializada en cítricos y tabaco y una importante industria de componentes eléctricos en el distrito del mismo nombre. Dentro de esta región, el distrito de Pukë se distingue por la producción de madera y minerales, y el de Kukës posee una importante industria minera en torno a la extracción y el tratamiento del cobre.

En dirección sur sigue la región de Tirana-Durrës, con seis distritos. El distrito de Tirana proporciona una quinta parte de la producción industrial, al concentrar casi todas las ramas fabriles, entre las que sobresalen la mecánica, la textil, la de materiales de construcción, la química y la alimentaria. Por otra parte, reúne una octava parte de la población total del país. Durrës, cuya cabecera es el principal puerto de la nación, completa con Tirana el eje industrial albanés. Otros distritos de esta región son el de Kruja o Krujë, con vastos sectores dedicados a la horticultura y a la fabricación de cemento y fertilizantes, y el de Mirditë. Este último es una de las áreas más atrasadas, donde actualmente se procede a la elaboración y tratamiento del cobre.

La región Elbasan-Berat, al mediodía de la anterior, comprende siete distritos, entre ellos los de las ciudades que le dan nombre. El primero destaca por su complejo siderúrgico, mientras que Berat tiene industrias textiles, metalúrgicas y alimentarias. También cabe citar los distritos de Lushnjë, principal zona productora de cereales, y Fier, con industrias electrónicas, petroquímicas y de fertilizantes. Fier fue antaño una zona pantanosa, de la que se ha obtenido una notable producción agrícola tras su desecamiento.

La región de Vlora o Vlorë, también llamada Sudoccidental, abarca cinco distritos, entre los que sobresalen los de Vlora, con sectores industriales diversos (electrónico, químico, alimentario, de la construcción) y grandes plantaciones de cítricos y olivo; Gjirokastër, con industria ligera, mecánica y alimentaria; y Saranda o Sarandë, que destaca por la fruticultura, sobre todo de cítricos, y por su ubicación en la llamada Riviera albanesa.

Finalmente, la región de Korça o Korçë, en el interior, fronteriza con Grecia y Macedonia, integra tres distritos. Zona agrícola dedicada en especial a la remolacha azucarera, también posee una floreciente industria de instrumentos de precisión.

Las ciudades albanesas

Tirana no sólo es la capital del país, sino su principal centro económico, administrativo y cultural. Está situada prácticamente en el centro geográfico del estado, rodeada de colinas bajas. Se trata de una ciudad relativamente joven, ya que sólo a partir del siglo XVII inició el crecimiento, no siendo hasta entonces más que un pequeño centro administrativo. Aun así, en la actualidad supera en poco los doscientos cuarenta mil habitantes.

En 1920 se convirtió en la capital albanesa y durante la ocupación italiana de principios de los cuarenta fue el centro de las luchas de liberación nacional. Tiene rasgos de ciudad moderna, pero es muy diferente a las capitales del resto de Europa. Posee anchas avenidas con poco tráfico. Las viviendas de los trabajadores comparten el espacio urbano con las industrias y los jardines. Es una ciudad tranquila, que al atardecer se inunda de paseantes que ocupan aceras y calzadas. No se puede decir que contenga muchos monumentos.

Al oeste de Tirana se localiza Durrës, una de las ciudades europeas más antiguas, fundada en el año 627 antes de nuestra era. Los italianos la denominaron Durazzo y es en esta versión idiomática, al igual que a otras ciudades albanesas, como se la cita a menudo. Goza de la categoría de ser uno de los principales puertos sobre la costa del Adriático y contiene gran número de restos arqueológicos y monumentos, testigos de su prolongada historia. Al sur del núcleo urbano se extiende una vasta playa, bordeada de hoteles y apartamentos.

Entre otras ciudades de relieve figura la antigua villa de Shkodra o Shkodër (en italiano, Scutari; castellanizado Escútari), bañada por el lago que lleva su mismo nombre y que se enorgullece de ser un gran centro industrial.

Kruja o Krujë, antigua capital del héroe nacional Skanderbeg, es una ciudad en la que existen pequeñas viviendas que hacen la función de museos de la artesanía albanesa; así mismo, se puede admirar el castillo reconstruido que perteneció al héroe nacional.

Vlora o Vlorë (en italiano, Valona) es un importante puerto en el litoral sur y un centro industrial y cultural en pleno desarrollo. Finalmente, cabe citar Kuçovë (antes, Qyteti Stalin) y las ciudades-museo del país, Berat y Gjirokastër (en italiano, Argirocastro).

Los viejos muros de la iglesia bizantina de la Santísima Trinidad de Berat (derecha) contrastan con las muestras del mesianismo ideológico desarrollado por el desplazado gobierno comunista a lo largo de cerca de cinco décadas. Bajo estas líneas, presencia internacionalista en las fachadas de los edificios de Tirana y en la página anterior, una muestra del culto al que fue máximo dirigente comunista albanés Enver Hoxha.

«Mayor ámbito del mundo por su extensión (15 % de las tierras emergidas), lo que aquí se denomina Eurasia Septentrional comprende unidades y áreas geográficas de Europa Oriental y de Asia Septentrional y Central, [...]. Durante más de 70 años, Eurasia Septentrional correspondió a una sola entidad política, la Unión de Repúblicas Socialistas Soviéticas o Unión Soviética, integrada por 15 repúblicas federadas y que constituía el estado más extenso y la segunda superpotencia del mundo.»

AA.VV., *Atlas y Geografía Universal Océano.*

EURASIA
SEPTENTRIONAL

Cúpulas de la Cámara Dorada de la Zarina, en el Kremlin de Moscú (Rusia).

Eurasia Septentrional (integrada por un sector del este de Europa y por el norte y centro de buena parte de Asia) es el mayor ámbito geopolítico del mundo en extensión. Si se incluyen los estados bálticos (Letonia, Lituania y Estonia), su superficie comprende más de veintidós millones de kilómetros cuadrados, cifra que supone casi dos veces y media la de los Estados Unidos. Se encuentra enclavada sobre dos continentes: una cuarta parte del territorio pertenece al continente europeo, mientras el resto se inscribe plenamente en Asia.

La Revolución de Octubre de 1917 implantó en este ámbito su propia ideología social y política y lo transformó completamente convirtiéndolo en la Unión Soviética, la heredera territorial del Imperio Ruso. Otra «revolución», en agosto de 1991, desencadenó la modificación de la estructura estatal que se había implantado durante más de 70 años. La consecuencia inmediata fue la independencia de las tres repúblicas bálticas (Lituania, Estonia y Letonia), rápidamente reconocida por la comunidad internacional, al mismo tiempo que también se autoproclamaban estados soberanos e independientes la mayoría de las restantes repúblicas. En diciembre de 1991, después de diversas propuestas que planteaban un mayor o menor protagonismo de un poder centralizado, se llevaron a cabo decisivas iniciativas que propiciaron y terminaron provocando, tras un precipitado proceso político, la desaparición de la Unión Soviética como entidad estatal diferenciada. Así, el 8 de diciembre los presidentes de Ucrania, Bielorrusia y Rusia crearon la Comunidad de Estados Independientes (CEI), a la cual se adhirieron las restantes repúblicas, con la excepción de las bálticas y de Georgia (adherida el 8 de octubre de 1993), en un acuerdo que tuvo lugar el 21 de diciembre, en Alma Ata. Finalmente, el 25 de diciembre se materializó la virtual desaparición de la Unión Soviética, con la dimisión del último presidente, Mijaíl Gorbachov, y el acto simbólico de arriar la tradicional bandera roja del Kremlin.

Eurasia Septentrional comprende inmensos territorios llanos como el de abajo, en Rusia. A su vez, el ámbito se abre a dos océanos y tres mares interiores, uno de ellos el Negro, donde se ubica el puerto de Batumi (a la derecha), en Georgia.

1001

EL RELIEVE

La inmensidad del territorio de Eurasia Septentrional da lugar a que en él sea posible hallar una representación de casi todas las formaciones físicas, aunque considerado en conjunto el relieve posee un aspecto muy monótono, dado el predominio casi absoluto de las grandes llanuras. Sólo los bordes meridional y oriental escapan de dicha monotonía extrema, por lo que el territorio nordeurasiático ha sido comparado en ocasiones con un gran anfiteatro. Si bien la estructura geológica del suelo es bastante compleja, la morfología es muy simple, ya que se puede reducir a dos grandes llanuras rodeadas por sistemas montañosos.

Las llanuras son predominantes en el sector más occidental debido a las vastas superficies de erosión que sucedieron a los movimientos tectónicos; así mismo, la importancia de los depósitos cuaternarios —en especial, de tipo glaciar— enmascara la complejidad de las capas inferiores. En los sectores meridional y oriental, en cambio, existe un mayor contraste de formas, con un relieve reciente en el que destacan las grandes unidades de los Cárpatos Orientales, Caucasia y Transcaucasia, Asia Central y Extremo Oriente.

Cabe distinguir, en síntesis, entre dos grandes bloques, la plataforma de Europa Oriental y la plataforma de Siberia, alrededor y entre los cuales se han desarrollado sistemas montañosos en cada período orogénico.

La plataforma de Europa Oriental

Continuación de la Gran Llanura Nordeuropea, la plataforma de Europa Oriental es una inmensa planicie de débil altitud media (siempre inferior a los 400 metros), que ocupa la mayor parte de Eurasia Septentrional al oeste de los Urales. Formada por un basamento paleozoico sobre el que descansan algunos sedimentos mesozoicos y terciarios, no ha sufrido ningún plegamiento posterior al que dio lugar a los Urales, por lo que las desgastadas montañas existentes se deben a fragmentos de viejas plataformas no deformadas, o a sistemas plegados en la Era Primaria.

La homogeneidad morfológica de la llanura no responde, sin embargo, a una unidad geológica. Su estructura está formada por un conjunto de fosas y cuencas (fosa del Donets y de Bielorrusia, cuenca de Moscú, tábula rusa del Volga-Kama) encuadradas por macizos cristalinos (macizo ucraniano-voliniano, que separa la cuenca del Vístula de la tábula rusa, el sector entre Voronezh y Vitebsk, el sector que separa la cuenca del Volga del geosinclinal uraliano). Las rocas resistentes que componen su basamento afloran a la superficie en áreas muy limitadas: el escudo báltico o de Fenoscandia, al norte, y el escudo ucraniano o de Podolsk-Azov, al sur. El resto está cubierto por materiales sedimentarios, progresivamente más recientes de nor-

La vasta llanura Rusosiberiana presenta distintos aspectos según la latitud y limita con los mares árticos y con el cinturón montañoso que del Cáucaso llega a los montes de Kamchatka. Dicha llanura se convierte en meseta entre las cuencas del Yenisey y del Lena, este último en los límites de Siberia Oriental. A la izquierda, cantiles sobre el Lena.

Abajo, paisaje de la península de Kola, en la Laponia rusa. Esta zona, sobre el Círculo Polar Ártico, está habitada por los lapones, que por lo general se han vuelto sedentarios y continúan teniendo como actividad principal el pastoreo, especialmente de renos. En cuanto al paisaje, es una vasta llanura con numerosos lagos, cubierta por la tundra y los bosques.

te a sur. Afectada además, en gran parte, por las glaciaciones del pleistoceno, cuenta con gran abundancia de depósitos glaciares.

La porción rusa del escudo báltico ocupa el área situada entre el golfo de Finlandia y el mar Blanco, y se extiende hacia el norte en la península de Kola. Aquí afloran los materiales antiguos que presentan muestras de la erosión glaciar, mientras que el hielo ha excavado hondonadas donde se sitúan lagos y marismas. El golfo de Finlandia y el conjunto de los lagos Ladoga y Onega se encuentran al sur del escudo báltico, en una depresión de origen tectónico. Más al sur aparecen las rocas sedimentarias de la llanura de Europa Oriental. Los materiales del paleozoico tan sólo afloran en algunos sectores como las colinas de Valdai, que constituyen una importante divisoria de aguas, y se extienden en dirección nordeste-sudoeste, desde el extremo meridional del lago Onega hasta la frontera septentrional de Bielorrusia.

En algunos puntos se hallan cubiertas por una morrena que eleva su altitud hasta los 347 metros. Otra sierra morrénica de importancia considerable es la constituida por los montes Smolensk-Moscú, que presentan una dirección nordeste y se sitúan al norte de Moscú.

Al sur de la capital rusa aparece, de este a oeste, una alternancia de mesetas bajas y valles llanos y poco profundos. Las elevaciones de Rusia central, que alcanzan los 286 metros, constituyen el borde sudoriental de la cuenca de Moscú. Estos promontorios están limitados, al oeste, por las llanuras del alto Dniéper y, al este, por el alto Don. Estas llanuras abren paso, al este, a las alturas del prevolga. Los materiales que componen este sector son predominantemente depósitos fluvioglaciales de *loess* y limos.

Más al sur aparece el escudo ucraniano. Los materiales arcaicos afloran en el sector occidental, en los altos de Volinia-Podolia que descien-

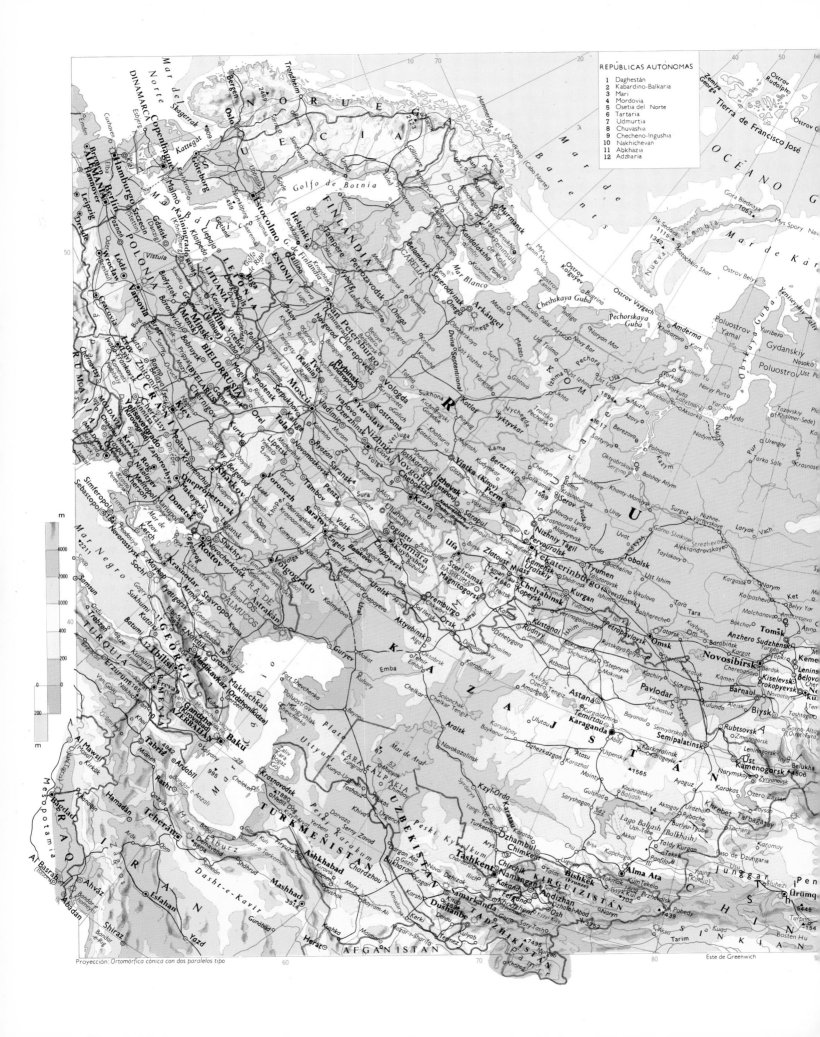

den hacia el este a través del Dniéper, pero que en las colinas del preazov alcanzan los 320 metros. También aquí el conjunto se halla recubierto por depósitos de loess y limos. Las colinas del preazov se prolongan hacia el nordeste por las alturas del Donets, borde septentrional del escudo ucraniano donde se alcanzan 366 metros sobre el nivel del mar. Al sur, se extienden por Ucrania y la península de Crimea unas amplias llanuras, suavemente inclinadas, cubiertas de loess y sedimentos terciarios, que alcanzan la sierra de Crimea, de plegamiento terciario. Esta última es un fragmento de un gran arco montañoso que unía en la Antigüedad los Balcanes con el Cáucaso. La depresión Azov-Caspio se halla recubierta por materiales cuaternarios.

Desde los Urales hasta el Ártico se destaca la cordillera de Timan, extendiéndose hacia el noroeste en el sector oriental de la gran llanura. Cabe destacar también al oeste del Ural la meseta de Ufa. Pero en conjunto, este sector oriental es el más monótono, por lo que hace referencia al relieve, de toda la llanura de Europa Oriental. En este sector dominan las rocas sedimentarias. Está avenado en el norte por el río Dvina Septentrional y en el sur por los ríos Kama y Volga. Hacia el mar Caspio se extienden grandes superficies de tierras bajas cuaternarias que indican la primitiva extensión de este mar.

Los Urales

Los montes Urales son el límite tradicional entre el continente europeo y el asiático, aun cuando nunca han constituido un obstáculo serio para la comunicación. La cadena está formada por una serie de cordilleras paralelas, separadas por depresiones longitudinales y abiertas por valles transversales, con numerosos pasos de escasa altitud, especialmente en el centro, que han sido la puerta de comunicación tradicional. El proceso de formación de la cadena se sitúa en tiempos paleozoicos, cuando, en la depresión existente entre la plataforma europea y la siberiana, se depositaron materiales sedimentarios procedentes de ambas. A finales de la Era Primaria o Paleozoica, los materiales fueron plegados por el paroxismo herciniano, formando un vasto sistema montañoso desde los actuales Urales hasta la cuenca del Yenisey (Yenisei). La denudación posterior dio lugar a una inmensa penillanura. En la Era Terciaria, un sector relativamente estrecho del margen occidental fue nue-

vamente elevado por la orogenia alpina, dando lugar, con la erosión subsiguiente, a los actuales Urales.

Los Urales cuentan con una altitud media de 1.500 a 1.900 metros y una anchura de unos 60 kilómetros, excepto en el sector más meridional donde se alcanzan los 200 kilómetros; a pesar de ello, como se ha visto, no son más que una reliquia del complejo y extenso sistema montañoso que existió en la Era Primaria.

Al norte de la cadena se abre un arco montañoso, desde el Ártico (isla de Nueva Zembla) hasta los 58° de latitud. Formado por una cordillera central y otras menores paralelas, su zona axial se compone de materiales muy resistentes

(esquistos cristalinos) con altitudes que sobrepasan los 1.500 metros, alcanzando los 1.894 metros en el Narodnaya.

El centro está formado por un arco más sencillo que termina a lo largo de la meseta de Ufa. Es el sector más estrecho del conjunto (60-80 kilómetros al norte; 6 kilómetros al sur) formado por rocas menos duras y valores altimétricos mucho menores (máximos en torno a los 800 metros).

El sur de los Urales lo compone un arco que al noroeste se apoya en la misma meseta de Ufa y que al sudeste se abre al norte del mar de Aral o Aralskoye More. Más ancho y más elevado, alcanza su punto culminante en el Yaman Tau, con 1.640 metros.

La plataforma siberiana

Al este de los Urales y hasta el río Yenisey se extiende la segunda gran llanura, que continúa al este por la meseta de Siberia Central y una gran muralla montañosa en los bordes oriental y meridional.

Siberia Occidental

La llanura, cuya altitud media es inferior a los doscientos metros, está formada por una gran acumulación de sedimentos y aluviones sobre un basamento tabular herciniano. Se extiende desde los Urales hasta el Yenisey (1.600 kilómetros de este a oeste; 1.900 kilómetros de norte a sur), inclinándose suavemente hacia el

En la fotografía de la izquierda, el lago Borovoe, en la meseta del Kazajstán, al sur de la llanura occidental siberiana. Esta área fue plegada durante el herciniano, y posteriormente arrasada y reelevada en un proceso de formación paralelo al de los Urales, con los que conecta a través de la meseta de Turgai. Paisaje muy distinto es el de la tundra siberiana, arriba, que cubre toda la zona polar. Su subsuelo es helado y el suelo, falto de vegetación arbórea, está cubierto de musgos y líquenes, con abundantes pantanos y ciénagas.

norte. Es una región pobremente avenada con abundantes áreas pantanosas y numerosos lagos. Por ella discurren grandes ríos, anchos y lentos, como el Yenisey (Yenisei), el Ob (Obi) o el Irtysh (Irtish). Al sur se encuentra la meseta del Kazajstán, un área plegada durante el herciniano, posteriormente arrasada y finalmente reelevada en un proceso de formación paralelo al de los Urales. Alcanza su mayor altitud en su sector central, con 1.565 metros, aunque las alturas medias se sitúan entre 450-900 metros. La erosión ha permitido la afloración del basamento precámbrico y la explotación de su riqueza mineral. La meseta del

Kazajstán conecta con los Urales meridionales a través de la meseta de Turgai, área de materiales terciarios horizontales, con una elevación media de entre 180 y 280 metros sobre el nivel del mar. Cruzada en el centro por un estrecho corredor (puerta de Turgai), esta meseta comunica Siberia Occidental con las tierras bajas del Turán, prolongación a su vez de las tierras bajas del Caspio, donde se encuentran muestras de endorreísmo en el mar de Aral, centro de un sistema donde desaguan el Amudarya y el Syrdarya, y en el lago Baljash.

Alta Siberia o Siberia Oriental

Al este del Yenisey, la llanura se convierte en meseta, en un país de transición entre la llanura occidental y la región de Extremo Oriente, donde sobresalen formas individualizadas por dislocaciones verticales. Es una rígida masa precámbrica delimitada por el valle del Yenisey al oeste, el Sayan (Saian) al sur, y los montes Yablonovi, Stanovoi y Verkhoyansk (Verjoiansk) al este y nordeste, formada por una serie de mesetas de altitudes diversas (300-750 metros) según las formas de erosión. El conjunto ha sido fraccionado por fallas, en una serie de horsts y fosas tectónicas, y la presencia de rocas especialmente resistentes ha dado lugar a cadenas montañosas de importancia (montes Putorana, con 1.701 metros).

El escudo ha servido de pospaís a los empujes caledonianos, hercinianos e incluso secundarios, que han formado cordilleras como los montes Byrranga en el norte, en la península de Taymyr, y las cadenas de Extremo Oriente: montes Yablonovi, Stanovoi, Verkhoyansk, Cherskogo o Cherski, Kolyma y Kamchatka.

El relieve accidentado del sudoeste, sur y este

El gran anfiteatro de Eurasia Septentrional no es una unidad morfológica ni tampoco de tipo estructural: los sistemas montañosos no constituyen una barrera continua y su época de formación, los materiales que los componen y las mismas formas de relieve son variables. Las formas más antiguas, de origen caledoniano, como las del sur de Siberia Oriental, o herciniano, como las del Asia Central, han estado expuestas largo tiempo a la denudación y tienen, pues, escasa altitud, con pendientes suaves y valles anchos y abiertos. Las más recientes, de origen mesozoico (secundario), como las de Extremo Oriente, o terciario, como los Cárpatos, Crimea, Cáucaso y el sur de Asia Central, están cortadas vigorosamente por ríos y glaciares y cuentan con una altitud media superior; las formas son más abruptas y las pendientes más acusadas.

A la vez que rejuvenecía los montes Urales, la orogenia alpina accidentó directamente el sur de Eurasia Septentrional, en una parte de los Cárpatos y la cordillera del sur de Crimea, fragmento del arco que enlaza los Balcanes con el Cáucaso, así como las altas montañas de Asia Central, de la frontera mongola o del nordeste de Asia.

Los montes de Crimea y los Cárpatos Orientales

La cordillera de Crimea es un pequeño conjunto montañoso de 150 kilómetros de longitud por 50 de anchura, formado por tres sierras paralelas, que constituye el esqueleto de la península. El plegamiento es un anticlinal muy disimétrico terminado al sur en una línea de flexión-falla muy enérgica en forma de acantilado sobre el litoral. Se compone de capas triásicas, jurásicas y cretácicas de aspecto, en su mayor parte, calcáreo. La inclinación del pliegue ha dado lugar a

El Cáucaso, cordillera situada al sudoeste de Eurasia Septentrional, se extiende en dirección noroeste-sudeste, del mar Negro al mar Caspio. En su sector occidental, se halla el monte Elbrús, un volcán apagado y cubierto de glaciares que es el pico más alto de la cordillera. A la izquierda, el Cáucaso en la república rusa de Kabardino-Balkaria. Arriba, vista aérea del sector donde se alza el monte Elbrús.

extensas superficies estructurales que son, a su vez, las cimas altas (yailas para los tártaros): Roman-Kosh (1.545 metros) y Babugán-Yaila.

Los Cárpatos Orientales llegan a alcanzar los 2.000 metros con formas pesadas, a pesar de los esbozos de erosión glaciar de sus cimas. Su zona axial está formada por materiales antiguos (areniscas esquistosas) y está flanqueada externamente por materiales terciarios. Los depósitos han sido muy plegados y de la alternancia de depósitos duros y blandos ha surgido un relieve diferenciado, aunque el conjunto conserva un aspecto macizo. Después del plegamiento alpino, aún sufrió posteriores empujes orogénicos: en el oligoceno, movimientos verticales y dislocaciones, y en la Era Cuaternaria, movimientos de plegamiento. El relieve es, pues, muy joven y en él coexisten formas estructurales recientes y formas de erosión antiguas, más o menos alteradas por las deformaciones posteriores y los retoques glaciares.

El Cáucaso

El Cáucaso es el más complejo de los sistemas plegados de Eurasia Septentrional. Con una extensión aproximada de 450.000 kilómetros cuadrados, es un sistema poco uniforme emplazado en los 1.500 kilómetros que separan el estrecho de Kerch de la península de Apsheron, es decir, el istmo entre los mares Negro y Caspio.

La cadena principal, con una dirección general noroeste-sudeste, se inicia en la península de Crimea, desaparece bajo el mar Caspio y vuelve a aparecer al otro lado con el nombre de cordillera de Kopet-Dag, al norte del Irán. Constituye el eje central de la Caucasia, región a la que divide en dos grandes llanuras: una en la Ciscaucasia, al norte, y otra en la Transcaucasia, al sur. Comprende dos alineaciones principales: el Gran y el Pequeño Cáucaso. El Gran Cáucaso (Bolshoy Kavkaz), el mayor eje anticlinal, es estructuralmente una continuación de los montes de Crimea. Su sector occidental ha sido erosionado hasta la afloración del núcleo central granítico y metamórfico, flanqueado por materiales mesozoicos plegados. La cresta de la alineación supera los 3.600 metros en una longitud considerable, y alcanza su altitud máxima en el monte Elbrús (5.633 metros). El sector oriental aparece menos erosionado y cubierto por materiales mesozoicos, con altitudes medias entre los 2.000 y los 2.700 metros; alcanza su máximo altimétrico en el Tebulosmta (4.494 metros). Al norte, el Gran Cáucaso aparece flanqueado por una meseta terciaria, el altiplano

En el sector más sudoriental de Asia Central, se encuentra un sistema montañoso perteneciente a la orogenia alpina, cuyo nudo central es la meseta del Pamir. Esta región, muy elevada, que cuenta con las máximas alturas de Eurasia Septentrional, anuncia ya el relieve de Mongolia y el Tíbet, cuyas alturas llega a superar. Arriba, imagen de satélite del alto Pamir; a la derecha, campamento en el Pamir.

de Stavropol, con una altitud media de 600 metros, ya en la Ciscaucasia.

La cadena principal del Cáucaso está individualizada por dos series de llanuras: la depresión ciscaucásica y las de Azerbaiján y Georgia, o cuencas de Transcaucasia, a mitad de camino entre el Cáucaso y el Pequeño Cáucaso. La Ciscaucasia presenta un aspecto monótono: una estepa gris en un país de relieve suave, formado por macizos, conos de deyección y colinas.

La meseta de Stavropol separa dos fosas de subsidencia en las que se acumularon gruesas capas terciarias. El paisaje de colinas actual es el resultado de la disgregación del relieve como consecuencia de movimientos más recientes.

Las cuencas de Transcaucasia no presentan tanto estatismo ni amplitud como la zona de subsidencia ciscaucásica. Al oeste, en Georgia, las condiciones de sedimento terciario fueron idénticas a las del norte de la cadena principal, aunque no puede hablarse propiamente de la existencia de una depresión, sino de un complejo de llanuras, valles y macizos antiguos, en el que destaca la región de Cólquida, llanura triangular con su base en el mar Negro.

Al este, el relieve y la estructura de la llanura de Azerbaiján o del Kura corresponden a una gran área de subsidencia montañosa. En ella se distinguen dos fosas: una gran fosa principal al norte, que comprende la región de la península

de Apsheron, y en la falda del Pequeño Cáucaso, la fosa de Talysh. Los materiales terciarios depositados fueron plegados por los movimientos tectónicos caucásicos, por lo que la topografía está muy fragmentada a consecuencia de la falta de continuidad entre los pliegues; finalmente, el relieve aún varía con la presencia de volcanes de lodo resultantes de la subida a la superficie de aguas de infiltración cargadas de gas metano.

El Pequeño Cáucaso (Malyy Kavkaz) marca el límite con la región volcánica de Armenia, y es una unidad más variada estructuralmente que el Gran Cáucaso. Constituido por formaciones plegadas, más tarde fracturadas en grandes bloques de falla que dieron lugar a altiplanos y cuencas elevadas, este sistema montañoso cuenta también con la presencia de grandes coladas volcánicas terciarias que complican, si cabe, el relieve. El monte Ararat, con 5.165 metros, es su punto culminante.

En su sector occidental se encuentra la región de Armenia, en la que pueden distinguirse tres zonas tectónicas de nordeste a sudoeste: la plataforma de Azerbaiján, un zócalo más bien rígido; la región de las altas mesetas volcánicas (Akmangan y Karabakh o Arzaj); y finalmente, una zona muy plegada y cubierta de fallas, que es un foco de sismicidad muy elevada. Las cuencas de hundimiento (lagos Sevan, Paravani, Madatapa) son puntos de concentración de la población.

Asia Central y el Extremo Oriente Ruso

Esta extensa región abarca la depresión Aralocaspiana hasta el reborde septentrional de la meseta del Irán, al sur, y la zona de montañas que limitan al Sinkiang o Turquestán chino y Mongolia por el sector oeste. Comprende cinco estados: Kazajstán, Kirguizistán, Tadzhikistán, Turkmenistán y Uzbekistán.

La extensa depresión Aralocaspiana tiene forma de un gran cuadrilátero aproximadamente de 1.500 kilómetros de ancho. Es una región muy deprimida, con un relieve uniforme, en la que únicamente destacan algunos accidentes tectónicos terciarios que no dan lugar, sin

embargo, a desniveles importantes. Limitada al norte por la plataforma de Turgai y del Kazajstán, al oeste por la terminación de la plataforma herciniana rusa y al sur por el reborde montañoso del Kopet-Dag, que la separa del Irán, su punto topográfico más bajo se halla a 130 metros por debajo del nivel del mar. En la depresión se distinguen dos escalones: de un lado, la cuenca turquestana, entre el Kazajstán y las cadenas montañosas de Asia Central, limitada al sur por el eje del Cáucaso, con desniveles inferiores a 100 metros y cuyo fondo está ocupado por las aguas poco profundas del mar de Aral y por dos tercios del mar Caspio; por su parte, el sector meridional del mar Caspio ocupa el escalón inferior de la depresión, cuyo fondo se encuentra unos 7.000 metros más bajo que la cima del monte Elbrús, que la domina por el sur.

En el sector más sudoriental del Asia Central, en el margen oriental de Tadzhikistán, se encuentra un sistema montañoso complejo que pertenece a la orogenia alpina, y cuyo nudo central es la meseta

del Pamir, una región muy elevada que anuncia ya el relieve de Mongolia y el Tíbet, cuyas alturas llega a superar. En el Pamir se distinguen dos sectores: el Pamir Oriental responde a la idea de «techo del mundo», ya que entre sus bloques montañosos relativamente bajos (1.500-2.000 metros) se yerguen cimas de alturas superiores a los 6.000 metros (aquí se hallan las máximas altitudes de Eurasia Septentrional, con 7.134 y 7.495 metros, respectivamente); en el Pamir Occidental la erosión ha llegado a individualizar aristas con alturas de 3.000 a 4.000 metros. El Pamir posee, con el Himalaya y el Tien Shan, los mayores glaciares de la Tierra, como es el caso del de Fedchenko, que cubre 77 kilómetros de longitud por 3-4 de ancho. De la meseta del Pamir parten cordilleras en diversas direcciones: hacia el nordeste, a lo largo de la frontera china; al sudeste, hacia Cachemira y el Tíbet, y hacia el oeste, en dirección a Afganistán.

Los montes Alay o Alai, al norte del Pamir, entre las cuencas del Syrdarya y Amudarya, superan los 5.000 metros en

Armenia es una región montañosa del sur del Cáucaso, perteneciente en parte a Eurasia Septentrional. Su mayor altura en este territorio es el monte Aragats, que supera los 4.000 metros. Arriba, vista de las montañas armenias.

Kirguizistán y Tadzhikistán, pero en su sector oriental descienden gradualmente hasta los 500-750 metros para terminar junto al desierto de Kyzylkum (Uzbekistán); pueden incluirse en el Tien Shan, la extensa región montañosa entre las cuencas del Syrdarya y el lago Baljash. Al sur de Siberia Occidental, entre los ríos Irtysh y Angara, se hallan la cordillera del Altai (4.506 metros en el pico Belukha o Beluja) y los montes Sayan.

Al este, los montes Yablonovi cierran por el sur la compleja región de fallas del Baikal y constituyen la divisoria de aguas

El territorio insular de Eurasia Septentrional, que se localiza sobre todo en el Ártico y en el Pacífico, no tiene gran relevancia en el vasto conjunto del estado al que pertenece, Rusia. En la ilustración superior, fauna de la isla Komandorskiye, en el mar de Bering.

entre el Ártico y el Pacífico. Los Yablonovi son el punto de divergencia de dos sectores montañosos: al nordeste, las cadenas de Stanovoi, Dzhugdzhur y Verkhoyansk, con apéndices septentrionales en los Cherskogo, Kolyma, la meseta de Anadyr y las montañas de Kamchatka, que se prolongan hacia el Japón a través de las islas Kuriles; al sudeste, los montes Tukuringra, Bureya y Sikhote Alin o Sijote Alin, en la frontera con Manchuria, con altitudes próximas a los 3.000 metros, conforman un sistema que separa la cuenca Amur-Ussuri del mar del Japón.

Un escaso territorio insular

Las tierras insulares de Eurasia Septentrional se concentran, básicamente, en el océano Glacial Ártico y en el océano Pacífico, con algunos pequeños enclaves en el mar Báltico. En general presentan un gran contraste, pues aunque existen islas de tamaño mediano, el conjunto destaca por la grandiosidad, como ocurre en Nueva Zembla (82.600 kilómetros cuadrados) y Sajalín o Sakhalin (76.400 km²), o la pequeñez, como es el caso de las islas Kuriles, que suman un total de 15.600 kilómetros cuadrados, o de las islas que componen la Tierra de Francisco José, con una extensión conjunta de 15.000 kilómetros cuadrados, 14.000 de los cuales se hallan cubiertos por los hielos.

Estructuralmente, estas islas se configuran como una continuación lógica de la plataforma continental más cercana. Así, en el océano Ártico se encuentran las islas Kolguyev y Belyy; de Nueva Zembla o Novaya Zemlya, continuación de los Urales; las de la Tierra de Francisco José o Zemlya Frantsa Iosifa; las de Severnaya Zemlya o Tierra del Norte, con un conjunto de unos 37.500 kilómetros cuadrados, de similares características a las de la península de Taymyr; y las de Nueva Siberia o Novosibirskiye Ostrova y la isla de Wrangel o Ostrov Vrangelya, prolongación de Siberia Oriental.

En el océano Pacífico están la isla de Sajalín (Sakhalin), emparentada físicamente con los montes Sikhote Alin, en el vecino continente; pequeñas islas, como las Karaginskiy y Komandorskiye, en el mar de Bering; y las islas Kuriles, que se extienden entre la península de Kamchatka, de cuyas montañas son continuación, y las islas de Japón. En el mar Báltico sobresalen las islas de Saaremaa y de Hiiumaa, frente a Estonia.

CLIMA, SUELOS Y VEGETACIÓN

La gran extensión territorial de Eurasia Septentrional, y su situación nórdica, hacen de ella una región muy continental, con un clima riguroso, en el que cabe, sin embargo, una gran variedad climática zonal. De norte a sur se distinguen diversos grandes dominios climáticos, que se ajustan también, de modo general, a la distribución de los tipos de vegetación.

Clima de tundra

El clima de tundra se extiende sobre las regiones de latitudes altas, origen de las masas de aire árticas. Predomina con claridad al norte del Círculo Polar Ártico y, con mayor precisión, al norte de la isoterma de 10 °C en julio. Las temperaturas son uniformemente bajas durante el verano; el ángulo de incidencia solar es muy pequeño y el calor se reduce por el carácter oceánico de las regiones de tundra (la temperatura media del mes más cálido es inferior a los 10 °C, pero superior a los 0 °C). La oscilación térmica es, pues, considerable, pero comparativamente menor a la del clima subártico, que es extremadamente continental. En invierno, las temperaturas son exageradamente bajas (medias inferiores a –20 °C), puesto que la influencia marítima desaparece al estar el océano cubierto de hielo y nieve. Por ello, existe poca evaporación, poco contenido en humedad y las precipitaciones son débiles durante todo el año (media anual inferior a 250 milímetros).

El clima de tundra se asocia con los suelos y la vegetación natural característicos que reciben este mismo nombre. Los suelos son el resultado más de procesos físicos que químicos, ya que el agua del subsuelo está permanentemente helada, en un fenómeno que se conoce como «permafrost»; ello disminuye las reacciones químicas y crea una capa impermeable a una profundidad que varía según las temperaturas de verano. El permafrost se extiende a través de diez millones de kilómetros cuadrados, es decir, aproximadamente la mitad del territorio; su espesor es variable y oscila desde un metro en los límites con Manchuria, hasta los 400 metros que alcanza en las costas árticas. Aquí, la capa de permafrost tiene un grosor superior a los 300 metros en la mayor parte de la región; la parte que se deshiela durante la estación cálida oscila entre los 10 y los 60 centímetros bajo la superficie. El resultado es que los suelos de tundra tienen un drenaje insuficiente y suelen ser bastante pantanosos durante el verano.

La vegetación está constituida por una asociación de gramíneas, líquenes, musgos, juncos, abedules y coníferas enanas en los márgenes más meridionales.

Clima subártico continental

Con una amplitud que puede situarse entre los 50-70° de latitud, dentro de los que se encuentra Siberia Central, las características del clima subártico continental se sitúan entre las del clima propiamente continental húmedo y el clima de tundra. Esta zona recibe escasa influencia del océano, posee extremadas variaciones de temperatura, según las estaciones, y una escasa precipitación anual, concentrada en los meses cálidos.

Las temperaturas son extremadamente bajas en invierno (en Verkhoyansk o Verjoiansk, en Siberia, se observa una media en el mes de enero de –51 °C), seguidas por un caldeamiento rápido en verano, que es muy corto (menos de 4 meses con temperaturas superiores a 10 °C). En estas altas latitudes, el sol se encuentra sobre el horizonte de dieciséis a dieciocho horas desde mayo hasta agosto, lo que posibilita la agricultura a pesar de la brevedad de la estación. Las temperaturas medias mensuales son inferiores a 0 °C durante seis o siete meses consecutivos, por lo que la humedad del suelo y el subsuelo está helada en una profundidad de varios metros. Las temperaturas de los meses más cálidos sólo son capaces de fundir la parte más superficial de esta capa, por lo que el permafrost domina también aquí en una extensa zona. La pluviosidad es modesta —inferior a los 500 milímetros e incluso a los 250 en los sectores septentrionales—, aunque, dadas las bajas temperaturas, la escasa evaporación permite mantener la humedad en el suelo y el aire. La estación de Yakutsk, al nordeste de Siberia, es una buena muestra de un régimen continental modificado por la influencia polar; en ésta se observa una temperatura media anual de –12 °C, siendo el mes más frío el de enero (–45 °C) y el más cálido el de julio (17 °C). Aquí se

La taigá es el bosque de los sectores de invierno largo y riguroso, verano muy corto y de cuatro meses como máximo, con temperaturas medias superiores a 10 °C. En estas condiciones climáticas se desarrolla la taigá siberiana en la zona con mayor oscilación térmica anual del mundo, superior a los 60 °C, debido a la escasa influencia oceánica. En la fotografía de la izquierda, taigá en Yakutia (Siberia Oriental). En las fotografías de arriba, pasto de renos, a la derecha, y sus criadores descansando, a la izquierda.

registra la oscilación térmica anual más elevada del mundo, superior a los 60 °C (obsérvese que incluso en el centro de la Antártida, donde se hallan las mínimas absolutas del Globo, la oscilación no supera los 36 °C). El invierno es muy seco, aunque se conservan durante la mitad del año pequeñas cantidades de nieve; la pluviosidad anual para la estación de Yakutsk es de 192 milímetros.

Los suelos predominantes son los del tipo podzol, con fuerte lixiviación y de carácter ácido, y extremadamente pobres desde el punto de vista agrícola. En ellos se desarrolla la taigá, la zona más extensa de bosque ininterrumpido del mundo. En el oeste de Siberia predominan las especies perennifolias, sobre todo coníferas, mientras que en el centro-norte y este de Siberia predominan las especies caducifolias.

Clima continental húmedo

El clima continental, que tiene su máximo exponente en la llanura Rusa, experimenta una elevada oscilación térmica anual, ya que en invierno dominan las masas de aire polares continentales y el aire es predominantemente frío, y en verano, las masas de aire tropicales continentales y las temperaturas relativamente altas. Los inviernos son fríos y largos (durante cinco meses las temperaturas son inferiores a 0 °C), seguidos de un deshielo rápido en primavera, que provoca la crecida de los ríos, y viene acompañada del ascenso súbito de las temperaturas, que es mayor o menor según la latitud (Moscú, 3,5 °C en abril y 12 °C en mayo). Las precipitaciones son abundantes todo el año

(Moscú, 631 milímetros), con máximos pluviométricos en verano (150 milímetros en julio y agosto en la región de Moscú).

En las zonas más húmedas se encuentran suelos podzólicos con fuerte lixiviación, apropiados para el desarrollo de los bosques de coníferas. En las zonas más secas, en cambio, predominan los suelos de pradera y chernozioms (tierras negras), de color oscuro y compuestas por una única y gruesa capa situada sobre el material inferior. Estos suelos contienen abundante calcio y potasio, porque, al ser menos abundantes las precipitaciones, la lixiviación tiene menor papel en la formación del suelo. La vegetación natural incluye un bosque mixto de especies caducifolias y coníferas, abarcando también los límites meridionales de la taigá.

La llanura Rusa experimenta una elevada oscilación térmica, con temperaturas relativamente altas en verano e inviernos muy fríos. La influencia de las masas de aire polares hace habituales las precipitaciones sólidas. Arriba, paisaje nevado en los alrededores de Moscú.

Estepa y desierto de latitudes medias

Este clima se encuentra en la baja Asia Central, Armenia y las orillas del mar Caspio (unos 40° de latitud en el interior de los continentes, con una franja de dominio que comprende los 35-50°). Es una zona con desfavorables condiciones para

1016

Frente al clima continental seco de Siberia, la llanura Rusa recibe abundantes precipitaciones todo el año, aunque hay zonas menos húmedas que otras en las que predominan los suelos de pradera, usados a menudo para pastos, como se observa en la fotografía superior.

recibir precipitaciones, al estar separada de las masas de aire húmedo por cadenas montañosas. En su ascenso forzado sobre las cordilleras, seguido de un calentamiento al descender las laderas protegidas del viento, las masas de aire se ven privadas de humedad y aumentan su temperatura. La zona recibe menos de 200 milímetros anuales, y está sometida a una intensa evaporación. Los rasgos dominantes son la continentalidad (oscilación térmica bastante alta, por lo caluroso de los veranos) y la ausencia de precipitaciones, que se concentran en los meses de invierno y primavera.

El suelo y las asociaciones vegetales de las tierras secas de latitudes medias se parecen bastante a los de los subtrópicos. En esta vegetación semidesértica destaca el matorral espinoso.

Climas locales

El clima báltico, variante océanica del clima de llanura Rusa, registra una oscilación térmica menos amplia (22 °C en San Petersburgo). Los inviernos son menos duros y se registran temperaturas medias superiores a 10 °C, al menos durante 5 meses, al tiempo que los veranos son ligeramente menos cálidos. Así mismo, la humedad es más acentuada y las precipitaciones alcanzan los 600-800 milímetros.

A orillas del mar Negro, en la vertiente meridional de los montes de Crimea, se da un clima subtropical húmedo. Este es casi el único sector del territorio nordeurasiático que se beneficia de temperaturas invernales tolerables (menos de 30 días de hielo), elevadas temperaturas estivales (media del mes de julio superior a 20 °C) y abundantes precipitaciones (1.000 milímetros en la llanura y 2.000 milímetros en los relieves que la rodean). Comprende el oeste de Georgia y la Cólquida o Kóljida, y las riberas de Sochi y Crimea.

En las zonas costeras del Pacífico, la influencia del monzón hace que se registre un aumento de la pluviosidad (500-800 milímetros anuales en las montañas), sometida al régimen monzónico (finales de verano y comienzos de primavera), siendo las temperaturas menos extremas que en Siberia (Vladivostok, −13,8 °C en enero; Ojotsk −23,6 °C).

Los bosques de Extremo Oriente tienen un gran espesura, sobre todo en los macizos montañosos cercanos al océano (alerces, tilos, arces, etc.). Hacia el sur, se pasa progresivamente de formaciones forestales relativamente continuas a otras menos densas, y después a praderas con árboles diseminados, las llamadas estepas boscosas.

El clima de los bordes montañosos se caracteriza, desde el punto de vista térmico, por una gran variedad local debida a los intercambios de aire entre las cimas y los valles. Las precipitaciones son, así mismo, variables, pero en general la condensación de la humedad del aire se produce entre los 1.000 y los 2.000 metros de altitud, y las máximas precipitaciones tienen lugar entre los 2.500 y los 2.700 metros. Por encima de estas alturas se observa una rápida disminución de las precipitaciones; el Pamir, por ejemplo, sufre un clima desértico con una pluviosidad de 48 milímetros anuales.

El impacto del clima sobre el factor humano

Sin olvidar las circunstancias históricas y económicas, es justo reconocer el impacto del clima, como el de otros elementos del medio físico, sobre aspectos humanos como la agricultura, los sistemas de transporte o el asentamiento de la población. Por ejemplo, los intentos de extender la agricultura más allá de los límites climáticos, en lugar de invertir en la intensificación agrícola de las áreas óptimas, resultaron extraordinariamente caros, y sólo se justificaron en aras de una política de autosuficiencia agrícola regional.

La importancia de los problemas derivados del prolongado y paralizante invierno nordeurasiático, en lo que respecta a los sistemas de transporte, es también bastante evidente. Hasta hace un siglo, la mayoría de las mercancías se transportaban a través de los ríos, y aún hoy el transporte fluvial tiene una relativa importancia; la mayoría de los cursos nordeurasiáticos, sin embargo, están obstruidos durante meses por el hielo, provocan inundaciones en primavera y conocen unas peligrosas aguas bajas en verano. Además, casi todos los puertos marítimos quedan obstruidos por el hielo durante parte del año, causando no sólo

inactividad, sino daños a las instalaciones portuarias. Por otra parte, la presencia del permafrost en casi la mitad del territorio hace costosa y difícil la construcción de carreteras y vías férreas.

Los movimientos poblacionales pueden resultar así mismo afectados en cierto grado, por el factor climático. Si en los años cincuenta se produjo un desplazamiento masivo hacia el este, en la actualidad se registra un saldo migratorio negativo en Siberia, en beneficio de las regiones meridionales. Se ha hecho patente la dificultad de atraer y retener la fuerza de trabajo en Siberia a pesar de los constantes esfuerzos gubernamentales realizados ya durante el período soviético.

LAS AGUAS

El drenaje fluvial del territorio de Eurasia Septentrional es enormemente sencillo, dadas las grandes dimensiones de las regiones naturales y la uniformidad climática regional. Además, las aguas están concentradas en un número reducido de cuencas fluviales de excepcionales dimensiones, ya que cubren extensiones de varios centenares de miles de kilómetros cuadrados, y con un idéntico sentido general: de norte a sur al oeste de los Urales, de este a oeste en Asia Central, y de sur a norte en Siberia. En general, existe una dificultad en el avenamiento, que se manifiesta tanto en

las grandes cuencas endorreicas de la baja Asia Central, como en las vastas superficies pantanosas de la taigá del norte de la Rusia europea, de las llanuras de Siberia Occidental y del norte de Siberia Oriental, lo que representa, más o menos, una décima parte del total del territorio nordeurasiático.

Lo que más destaca son los amplios y grandes ríos. Pero existen alrededor de doscientos cauces con un recorrido superior a 500 kilómetros y unos 150.000 de más de 10 kilómetros. De éstos, el 60 por 100 de las aguas desaguan en el Ártico, el 22 por 100 en el Pacífico y sólo el 8 por 100 en el Atlántico; el 10 por 100 restante afluye a los lagos y mares interiores. La densidad fluvial más eleva-da se encuentra en las tierras menos habitadas. Además, un 27 por 100 del territorio de Eurasia Septentrional está sometido a condiciones de aridez, recibiendo sólo el 2 por 100 de las aguas superficiales y no con regularidad.

Las aguas de los ríos nordeurasiáticos están concentradas en un número reducido de cuencas fluviales, muy extensas y con un idéntico sentido general: de norte a sur al oeste de los Urales, de este a oeste en Asia Central y de sur a norte en Siberia. En la fotografía, una excepción, el Pechora, que al oeste de los Urales desagua en el Ártico, siguiendo la dirección sur-norte.

Los ríos de la plataforma de Europa Oriental y de Caucasia

Los cursos de la plataforma de Europa Oriental presentan una corriente de dirección general norte-sur y discurren sobre una llanura casi horizontal, en un cuadrilátero de unos 2.000 kilómetros de lado y un desnivel máximo de 400 metros, por lo que los perfiles fluviales ofrecen una de las menores inclinaciones del mundo. Esta dirección general de las corrientes sólo presenta dos excepciones: los ríos del oeste y noroeste, cuyas cuencas se ven sometidas a influencias oceánicas o a accidentes de relieve que no

dejan ejercer su influencia sobre la corriente, que toma una dirección este-oeste (Dvina Occidental), y los ríos tributarios del océano Ártico, con dirección sur-este-norte-oeste. De estos últimos, los principales son el Dvina Septentrional y el Pechora, que circulan por regiones que están un poco más accidentadas que las grandes cuencas fluviales del centro y del sur, y en las que los inviernos son muy largos y los veranos frescos. Discurren bajo un clima continental moderado, de veranos progresivamente más cálidos hacia el sur y de inviernos fríos; durante varios meses, el suelo y los ríos se ven cubiertos por la nieve y el hielo.

Las aguas fluviales circulan por un número muy reducido de cuencas, que cuentan, sin embargo, con superficies muy extensas: la del Volga tiene 1.400.000 kilómetros cuadrados; la del Dniéper o Dnepr, 503.000 km²; la del Don, 429.777 km²; la del Dvina Septentrional o Severnaya Dvina, 362.284 km²; la del Pechora, 320.343 km², y la del Ural, 237.000 km². Sólo las cuencas de los ríos del noroeste tienen menor extensión, con dimensiones más cercanas a las que se encuentran en Europa Central y Occidental: Neva (281.925 km²), Dvina Occidental o Zapadnaya Dvina (88.000 km²), Neman, Nemunas o Niemen (100.000 km²), Mezen y Onega.

Cada una de las cuencas fluviales forma un sistema de convergencia de las aguas hacia una zona central, en cuyo bajo curso comienza un canal de desagüe que llega al mar, sin apenas recibir afluentes laterales; especialmente característica en este sentido es la cuenca del Volga.

Los ríos de la llanura Rusa presentan, en su régimen, algunos trazos comunes: poseen un caudal importante, fruto de las enormes dimensiones de sus cuencas, como la del Volga, que con 8.000 metros cúbicos por segundo en la cabecera de su delta se sitúa en primer lugar; la lentitud de la corriente, fruto de la escasez de pendiente; y un ritmo estacional similar en todos los ríos, que se caracteriza por la crecida de las aguas como resultado de la fusión de las nieves. Se trata de grandes crecidas que se producen en primavera, desde mediados de marzo hasta mediados de mayo, en latitudes entre 50-60°. Los ríos del oeste y del noroeste presentan crecidas más precoces, y, en general, éstas aparecen más tardíamente cuanto más se vaya hacia el sur. En verano, los regímenes fluviales se muestran en su época de escasez al no disfrutar de las aguas de fusión y al verse sometidos a una evaporación intensa, algo normal en las llanuras de corriente lenta. En otoño se produce un aumento del caudal al decrecer la evaporación y recoger las aguas de

las lluvias otoñales. Finalmente, en invierno, el hielo produce una nueva época de escasez. En conclusión, el régimen de los ríos de llanura es casi independiente de la repartición estacional de las lluvias; sólo en otoño existe una coincidencia entre el caudal de los cursos y las precipitaciones.

En las cuencas fluviales del noroeste se encuentran abundantes extensiones de agua lacustre, sobre un suelo recubierto de arcillas morrénicas impermeables y con una topografía desigualmente modelada por las glaciaciones. En la cuenca del Neva se hallan los lagos Onega u Onezhskoye Ozero, Ladoga o Ladozhskoye Ozero e Ilmen o Ilmen Ozero, que suman una extensión cercana a los 30.000 kilómetros cuadrados, mientras en la cuenca del Neman existe una gran cantidad de pequeños lagos. La presencia de estas extensiones lacustres origina el espaciamiento y la menor intensidad de las crecidas producidas por la fusión de las nieves. El clima es, en esta zona, menos contrastado que en el este y las precipitaciones son un poco más abundantes, por lo que el caudal de los cursos es proporcionalmente mayor que en los de la llanura Rusa. El Neva, emisario del lago Ladoga, cuenta con un caudal de 2.600 metros cúbicos por segundo a la entrada de San Petersburgo, en una cuenca inferior a los 300.000 kilómetros

cuadrados; el caudal del Neman alcanza los 650 metros cúbicos por segundo después de dejar el territorio lituano, con una cuenca inferior a los 100.000 kilómetros cuadrados. En general, presentan una mayor regularidad en su régimen debido a la pluviosidad veraniega y a la amortiguación del deshielo; los empujes otoñales son así mismo más acusados. El Volga, en cambio, presenta un régimen más irregular, con una crecida muy rápida que se inicia en abril y llega a multiplicar el caudal medio por doce, para descender de modo absoluto sus aguas en los meses de junio y julio. El régimen del Volga es, en palabras del geógrafo fran-

Los ríos más importantes de la gran llanura Rusa siguen en su mayor parte la dirección norte-sur para desaguar en el mar Negro, como el Dniéper y el Dniéster, en el de Azov, como el Don, o en el mar Caspio, como el Volga. En los mares Báltico y de Barents sólo desaguan los cursos de las partes septentrional y occidental de la llanura Rusa. El río de mayor caudal es el Volga (en la fotografía de la izquierda a su paso por Nizhniy Novgorod). El Dniéster (abajo), por su parte, tras cruzar Ucrania y Moldavia, desemboca en el mar Negro. Ambos son excelentes vías navegables.

cés Pierre George, de una «simplicidad grandiosa», y responde perfectamente a la definición de río de régimen continental. Con 3.531 kilómetros de longitud, el Volga es considerado el río más largo de Europa. Los ríos del sudoeste, entre los que destacan el Don y el Dniéper o Dnepr, cuentan con unas aguas primaverales más precoces que el Volga, y la escasez no llega hasta finales de verano o principio de otoño.

Los ríos de las montañas meridionales del oeste de la plataforma de Europa Oriental presentan un régimen nival: el Dniéster o Dnestr, y en parte el Bug, ve regularizado su régimen por la presencia de la montaña y su situación en latitud, ya que las aguas altas llegan hasta la estación seca y los efectos del hielo son atenuados.

Los ríos caucásicos

La influencia de la alta montaña es así mismo clara en el Kubán, en Ciscaucasia, que ve retrasado su caudal máximo hasta junio. El Rioni, en Transcaucasia (Georgia), se aparta del régimen continental por la abundancia y relativa regularidad de las precipitaciones en las pendientes del Cáucaso Occidental. Los ciscaucásicos Terek y Kuma presentan un régimen

nivo-glaciar, con aguas altas en verano (julio), fruto de la fusión de las nieves desde el mes de mayo, y escasez en invierno a causa de la altura de la cuenca. También recibe los aportes de la gran cordillera del Cáucaso en su curso alto el transcaucásico Kura, que desemboca en el Caspio tras recibir el Araks, nacido éste en Turquía.

Los ríos siberianos

Los ríos siberianos circulan en sentido contrario a los de la llanura Rusa, es decir, de sur a norte, desde regiones de veranos más o menos calurosos hacia regiones de veranos fríos (menos de 10 °C en julio). El clima extrema su carácter continental al pasar de la llanura de Siberia Occidental a las mesetas y montañas de Siberia Central. Las longitudes de los cursos y las dimensiones de las cuencas son aquí aún mayores: el Ob u Obi, con 4.070 kilómetros de longitud (excluido el Irtysh), cuenta con una cuenca fluvial de 2.975.000 kilómetros cuadrados, doble que la del Volga; el Yenisey o Yenisei, con afluentes importantes como el Angara, posee más de 4.000 kilómetros de longitud y tiene una cuenca de 2.580.000 kilómetros cuadrados; el Amur, con 4.416 kilómetros de longitud, pertenece ya a un sector hidrológico diferente, al extremo oriental de clima monzónico.

Los ríos siberianos presentan una serie de características comunes. Además del ya mencionado sentido general sur-norte de su corriente, cabe destacar la gran extensión de sus cuencas —situadas en regiones de clima continental, poco regadas y de inviernos largos y fríos, veranos cortos y temperaturas decrecientes de sur a norte— y la escasa inclinación del perfil de los cursos ya desde sus cuencas superiores en las montañas, por lo que la corriente es también aquí muy lenta. Finalmente, hay que señalar el papel importante de su caudal de montaña que les asegura, a pesar del poco volumen de la cobertura de nieve de las mesetas siberianas, un caudal muy respetable.

La crecida primaveral de los ríos siberianos es aún más importante que en los de la llanura Rusa, por la mayor duración del invierno y por recibir la aportación, no sólo del agua de las nieves, sino de los glaciares de montaña. Además, presentan la peculiaridad de sufrir el deshielo del curso alto antes que los correspondientes al medio y bajo, por lo que las inundaciones son numerosas e importantes, al extenderse las aguas fuera de su cauce normal.

El Ob es un río de llanura con un caudal medio inferior a 12.500 metros cúbicos por segundo, a pesar de la inmensidad de su cuenca. El Lena es, en cambio, más montañoso y discurre por mesetas de clima duro, sin apenas verano, por lo que está exento de una gran evaporación, siendo su régimen más comparable al del Volga.

El Amur sufre los efectos del clima monzónico; el invierno es la estación más seca (unos 100 milímetros) y en la que se produce su estiaje, y las precipitaciones abundantes del verano provocan su crecida, en la que el elemento esencial ya no es la nieve, sino las lluvias monzónicas. Estos ríos poseen importantes afluentes; así, el Ob tiene al Irtysh o Irtish, y el Lena a los ríos Vitin, Aldan y Vilyuy.

Los ríos de Asia Central

En la baja Asia Central, la penuria de las precipitaciones y la intensísima evaporación veraniega dan lugar a una extrema aridez, que provoca destacados fenómenos de endorreismo, como el que ha originado el lago Baljash (21.000 kilómetros cuadrados). Sólo los ríos que reciben agua de las montañas circulan todo el año; los restantes discurren en cuencas cerradas durante la época de aguas altas. El Kazajstán —150-300 milímetros, con medias estivales inferiores a 20 °C y con máximas de 45-55 °C— es el país endorreico por excelencia (buen ejemplo es la cuenca del Chu), y en él se encuentra la mitad norte del mar de

Los ríos siberianos, que circulan en sentido contrario a los de la llanura Rusa, es decir, de sur a norte, desaguan en el océano Glacial Ártico. Los más importantes de estos ríos, de amplias cuencas y de curso más largo que los europeos, son, de oeste a este: el Ob, de doble extensión de cuenca que el Volga, el Yenisey y el Lena (en la fotografía), cuyo curso es el más accidentado. El Amur, también considerado siberiano, pertenece ya a un sector hidrológico distinto, el de Extremo Oriente.

entre los 13 y los 14 °C, pero a partir de los 200 metros de profundidad tiene una temperatura casi constante de 4 °C que se mantiene hasta el fondo.

El lago Baljash o Balkhash, en Kazajstán, cuenta con una extensión de 18.200 kilómetros cuadrados y es el menos profundo de los grandes lagos eurasiáticos. Su sector oriental presenta una profundidad máxima de 26 metros, en tanto que su sector occidental apenas alcanza los 6-8 metros. Recibe escasas aportaciones fluviales, como es el caso del Ili, ya que los cursos se pierden por la estepa a causa de la fuerte evaporación.

El Ladoga o Ladozhskoye Ozero, cercano a la ciudad de San Petersburgo, es el mayor de los lagos europeos, con 18.400 kilómetros cuadrados. De origen tectónico, posteriormente transformado por la glaciación cuaternaria, su profundidad máxima es de 230 metros. Su superficie permanece helada de diciembre a febrero y en él desembocan varios cursos fluviales, además de constituir el nacimiento del Neva. El lago Onega u Onezhskoye Ozero, con 9.610 kilómetros cuadrados, está situado igualmente en una cuenca tectónica modificada por el glaciarismo y posee una profundidad máxima de 127 metros. Está unido al Volga y al mar por diversos canales, y es de gran importancia para el transporte.

Las obras de ingeniería para el aprovechamiento hidroeléctrico han dado lugar a gran cantidad de lagos artificiales, entre los que destacan los embalses de Bratsk, en el Angara, afluente del Yenisey, y de Rybinsk, en el Volga.

En el territorio de Eurasia Septentrional existen numerosos glaciares que abarcan aproximadamente una extensión de 56.000 kilómetros cuadrados, y constituyen una gran reserva de agua dulce. Las mayores exten-

Aral (que se encuentra en vías de desecación progresiva), al que desembocan dos ríos importantes que descienden de las altas montañas del Tien Shan y del Pamir y lo van colmatando de limos arcillosos.

De estos dos ríos, el Amudarya o Amu Darya (2.600 kilómetros de longitud) desemboca en un amplio delta en la zona sur del mar de Aral, en Uzbekistán, mientras que el Syrdarya o Syr Darya (2.991 kilómetros) lo hace al nordeste, en el Kazajstán. Al recibir las aportaciones de las montañas del centro-sudoeste asiático, estos cursos están sometidos a un régimen nivo-glaciar, esto es, con crecidas durante la estación seca por la importancia relativa de la aportación nival y glaciar.

La superficie lacustre y glaciar

En Eurasia Septentrional se encuentran más de 250.000 lagos, la mayoría de pequeña extensión, pues sólo trece superan los 1.000 kilómetros cuadrados. El lago Baikal, al sur de Siberia Central, tiene una extensión de 31.500 kilómetros cuadrados y es el más profundo del mundo, con una media de 700 metros y un punto máximo de 1.752 metros. En él desembocan más de 300 cursos de agua, como el Selenga, la mayoría torrentes que descienden de las montañas circundantes, y tiene como emisario el Angara, afluente del Yenisey, sobre el que ejerce un papel de moderador. La temperatura estival de sus aguas superficiales varía

Los miles de lagos de Eurasia Septentrional presentan como característica general su pequeña extensión, pues, aunque algunos sean enormes, sólo poco más de una docena superan los 1.000 kilómetros cuadrados. El mayor es el Baikal, al sur de Siberia Central, el más profundo del mundo. En la fotografía, el lago Riza, en Georgia, al sudoeste del Cáucaso.

siones de hielo se encuentran en el Ártico, en las islas de Nueva Zembla, de Francisco José o de Severnaya Zemlya. Pero también hay glaciares de montaña en la meseta del Pamir, en Tien Shan y en el Cáucaso, cuyas aguas alimentan algunos de los ríos más caudalosos de la región. Los glaciares de montaña constituyen una reserva de agua de aproximadamente 2.500 kilómetros

cúbicos, que los científicos han empezado a utilizar en algunas situaciones.

Las aguas subterráneas desempeñan también un importante papel; en Siberia Occidental se encuentra una gran cuenca artesiana que ocupa más de tres millones de kilómetros cuadrados; favorecen también con su presencia las regiones más áridas, como el Kazajstán y otras regiones de Asia Central.

LAS COSTAS Y LOS MARES INTERIORES

A pesar de la gran extensión de las costas de Eurasia Septentrional, sólo una pequeña parte del litoral posee una latitud suficientemente baja para permitir la vida marítima. En la zona europea, la costa pertenece a mares interiores (Báltico, Negro y Caspio) o corresponde al Ártico, inactivo durante una buena parte del año. En la zona asiática, los trece mil kilómetros de la costa norte son, en general, bajos y pantanosos y están, además, inutilizados por el hielo salvo unas cortas semanas en verano. Los mares costeros del océano Pacífico (mar de Bering, de Ojotsk u Okhotsk, del Japón) están bordeados de altas montañas e igualmente helados buena parte del año. No obstante tiene gran importancia su riqueza pesquera.

La cuenca polar y los mares árticos

La cuenca ártica se divide en dos cubetas hidrológicamente autónomas: las fosas atlántica y pacífica, separadas por una cresta submarina que alcanza los 954 metros bajo las aguas, conocida como cresta de Lomonosov en honor al gran científico ruso. El centro de la cuenca está permanentemente ocupado por los hielos, que alcanzan su espesor máximo en invierno (4-5 metros); a finales de julio, los hielos se fragmentan por las aguas de fusión de las nieves superficiales, dando lugar a témpanos a la deriva. La cubeta polar está separada del continente por una plataforma de unos 600-700 kilómetros.

Los mares árticos son, con la excepción del mar Blanco que penetra hacia el interior del continente, mares marginales encarados hacia el norte con la cuenca polar central; situados por encima del Círculo Polar Ártico, están cubiertos de hielo la mayor parte del año. Sólo el mar de Barents recibe la penetración de las aguas tibias y de gran salinidad del Atlántico, lo que le permite poseer unas temperaturas elevadas para su latitud y ser el mar cálido entre los restantes mares árticos, alcanzando en verano una tempera-

El litoral nordeurasiático, a pesar de su longitud, se halla muy poco explotado, ya que la elevada latitud de la mayoría de sus costas impide el desarrollo de la vida marítima, salvo en zonas muy determinadas. En la imagen, el mar Blanco, sector ártico que penetra hacia el interior del continente.

tura superficial superior a los 10 °C. Los mares de Kara, de Laptev, de Siberia Oriental y de los Chukchi son mucho más continentales, con un régimen térmico más duro.

El mar Báltico

Con más de mil kilómetros de fachada marítima por lo que se refiere a Eurasia Septentrional, el mar Báltico es poco profundo y de salinidad escasa, debido a la pluviosidad elevada y a recibir ríos importantes.

Esta baja salinidad facilita la formación del hielo —casi toda la costa se hiela en invierno—, aunque en poca extensión mar adentro, pues sólo se hiela totalmente el golfo de Botnia y se hace difícil la navegación en el golfo de Riga (por el que flotan enormes témpanos). Es ésta una destacada área pesquera, en cuyo litoral se encuentran la mayoría de centros conserveros. Sus puertos más importantes son San Petersburgo (Rusia), Tallinn (Estonia), Riga (Letonia) y Klaipeda (Lituania). Además, la costa báltica acoge centros turísticos, balnearios y deportivos.

Entre los mares interiores de Eurasia Septentrional, el mar Negro es el más animado económicamente gracias a su situación anexa al Mediterráneo, con el que comunica a través del Bósforo y el mar de Mármara. Arriba, la ciudad de Yalta, sobre el mar Negro, en Crimea. En esta ciudad, en la fase final de la Segunda Guerra Mundial, se reunieron las potencias aliadas para tratar, entre otros temas, del reparto de Europa en zonas de influencia, entre los Estados Unidos y la extinta Unión Soviética.

Mar Negro y mar de Azov

El mar Negro, con más de 400.000 kilómetros cuadrados, es un mar anexo al Mediterráneo con el que entra en contacto a través del Bósforo y el mar de Mármara; por el estrecho de Kerch comunica a su vez con su apéndice, el mar de Azov. Es un mar profundo, que alcanza los 2.244 metros en la fosa meridional que bordea las costas turca y georgiana, mientras que en la costa occidental y septentrional se extiende una plataforma continental, desde el delta del Danubio hasta Crimea, con profundidades inferiores a los cien metros. Por su situación, éste es el mar más animado económicamente. Situado

en las tierras más meridionales del sector europeo de Eurasia Septentrional, sólo el extremo nordoccidental se cubre de hielo en invierno. Sus puertos (Ilichevsk, Odessa, Nikolayev [Nikolaiev], Kerch, Sebastopol, en Ucrania; Novorossiysk, en Rusia; y Batumi, en Adzharia, república autónoma de Georgia) le comunican con los países mediterráneos. El litoral es una región turística muy popular, que acoge a numerosos veraneantes en las estaciones ucranianas de Yevpatoriya (Eupatoria), Sebastopol y Yalta, la rusa de Sochi, etcétera.

El mar de Azov o Azovskoye More, con 37.600 kilómetros cuadrados, recibe una gran aportación de agua dulce por parte de los cursos fluviales —entre ellos, el Don—, por lo que la salinidad es escasa y el aluvionamiento intenso. Registra elevadas temperaturas en verano que le convierten en una excelente área pesquera, con un gran desarrollo de las industrias afines.

El mar Caspio, el mayor mar interior del mundo, está situado entre Europa y Asia y entre Eurasia Septentrional y la meseta del Irán. En él desembocan grandes ríos y su salinidad es muy escasa. Entre sus puertos destaca el centro industrial de Bakú, abajo.

Los mares interiores

Sin que los especialistas se pongan de acuerdo sobre si se trata de grandes lagos salados o auténticos mares, Eurasia Septentrional comprende en su territorio dos vastas cuencas cerradas: las del mar Caspio y del mar de Aral.

El Caspio, que ocupa el sector más bajo de la gran depresión Aralo-caspiana, si se contempla como lago, es el mayor del mundo con unos 371.000 kilómetros cuadrados, si bien se encuentra en constante regresión (1930, 424.300 km²; 1952, 393.000 km²), y está dividido en dos cuencas por un umbral que es prolongación del anticlinal del Gran Cáucaso. En el sector septentrional desembocan el Volga y los cursos procedentes de los Urales, que aportan gran cantidad de agua y sedimentos; este sector es escasamente profundo (media de 25 metros) y el agua se hiela durante más de cien días al año a causa de su escasa salinidad. En cambio, el sector meridional, más profundo (máximo 995 metros), con un contraste térmico inferior y una mayor salinidad, está libre de hielos todo el año. La fuerte evaporación a la que se ve sometido, y que hace bajar el nivel de las aguas a pesar de las aportaciones de los ríos tributarios, determinó que se llegara a plantear el desvío de parte del caudal de

los ríos árticos para frenar su descenso hídrico. Entre sus puertos más importantes destacan el núcleo industrial de Bakú (Azerbaiján) y el centro pesquero de Astrakán, Astrakhan o Astrajan (Rusia).

El mar de Aral o Aralskoye More, con 66.500 kilómetros cuadrados y una baja profundidad media (30 metros), es alimentado por dos grandes ríos de Asia Central, el Amudarya y el Syrdarya, cuyos deltas se encuentran en constante progreso. Con un clima extremadamente continental, se hiela durante tres o cuatro meses en invierno, mientras en verano las temperaturas son muy elevadas, alcanzando en superficie los 24-27 °C. Mar sin salidas y rodeado de desiertos, su equilibrio hídrico se establece únicamente por la evaporación, experimentando una preocupante y progresiva regresión en los últimos decenios.

Mares del océano Pacífico

El mar de Bering, en el extremo septentrional del Pacífico, comunica con el océano Glacial Ártico a través del estrecho del mismo nombre. Ocupa una superficie de 2.292.000 kilómetros cuadrados y su profundidad media es de 1.558 metros. El sector septentrional es poco profundo, con menos de doscien-

tos metros, y permanece helado durante diez meses al año; en el sudoeste se alcanza la mayor profundidad, con 4.773
metros. Otro mar, el de Ojotsk (Okhotsk),
separado del océano por la península de
Kamchatka y las islas Kuriles, tiene una
superficie de 1.583.000 kilómetros cuadrados y una profundidad máxima de
3.372 metros. Destaca por su riqueza pesquera. Finalmente, el mar del Japón, entre el estado del mismo nombre y la costa más sudoriental del Extremo Oriente,
tiene una extensión algo superior al millón de kilómetros cuadrados y una profundidad media de 1.530 metros.

En el sector más oriental de Eurasia
Septentrional, tres mares se abren al
océano Pacífico. El de Bering al norte, que
comunica con el océano Glacial Ártico a
través del estrecho del mismo nombre; el
de Ojotsk, abajo en la fotografía, separado
del Pacífico por la península de Kamchatka
y las islas Kuriles, con una gran riqueza
pesquera; y el más meridional, el mar del
Japón, entre la península de Corea, las
islas japonesas y el Primorje ruso de
Extremo Oriente.

LA POBLACIÓN

Eurasia Septentrional constituye una de
las regiones más pobladas del mundo, con
más de doscientos noventa millones de
habitantes, tras China e India. A diferencia de estos dos países, sin embargo, el
conjunto de Eurasia Septentrional tiene
una muy baja densidad de población, algo superior a los 13 habitantes por kilómetro cuadrado, frente a los más de 120
y de 270 de China e India. Su superficie,
que abarca la sexta parte de las tierras
emergidas (equiparable a la suma de los
territorios de China, India y Estados Unidos), apenas contiene una veinteava parte de la población mundial.

Por otra parte, Eurasia Septentrional
cuenta con una población muy hetero-
génea, integrada por una larga serie de
pueblos con sus diferencias étnicas, culturales, históricas, religiosas y lingüísticas, que hasta 1991 se agruparon en la
extinta Unión Soviética, heredera del territorio que el Imperio Ruso había ido
conquistando en Europa Oriental y norte de Asia, en una expansión que duró
cuatro siglos.

Distribución espacial de la población

Si la cifra global de densidad de población se muestra reveladoramente baja, debe observarse, sin embargo, la existencia de un gran contraste entre extensas
áreas prácticamente deshabitadas y áreas relativamente pequeñas que están densamente pobladas.

Más de dos tercios de la población de
Eurasia Septentrional vive en su sector
europeo, es decir, la cuarta parte de la superficie total, mientras que extensísimas
áreas, como Siberia y Extremo Oriente,
están prácticamente despobladas; el
Extremo Oriente, con una superficie similar a la de Europa, apenas contiene una
población equiparable a la de Suiza.

El territorio, cuya densidad de población supera la media regional, puede delimitarse dentro de un gran trián-
gulo que tendría su base en los límites
con la Europa Centrooriental y Danubiana (Polonia, República Checa, Eslovaquia, Rumania) y su vértice en los
montes Urales, con un apéndice meridional en el norte del Cáucaso y los países transcaucásicos. Aparte de ésta,

Eurasia Septentrional es uno de los ámbitos más poblados del mundo después de China e India, pero, a diferencia de estos dos países, tiene una densidad de población muy baja a nivel global, pues hay que diferenciar extensas áreas casi despobladas de otras densamente habitadas, como es el caso de las grandes ciudades del sector europeo. Arriba, galerías comerciales en Moscú, la capital de Rusia.

las zonas cuya densidad supera la media nordeurasiática son pequeñas y discontinuas: del sudoeste de Siberia hacia el Pacífico en una franja a lo largo del Transiberiano y algunos puntos de Asia Central. La densidad de población de los diversos estados que componen Eurasia Septentrional da idea de la desigual distribución poblacional. Entre las menores densidades se cuentan las de Kazajstán (6 habitantes por kilómetro cuadrado), Turkmenistán (8 hab./km²) y Rusia (8,6 hab./km²), que contrastan sobremanera con las de Moldavia (129 hab./km²), Armenia (125 hab./km²), Ucrania (86 hab./km²) y Azerbaiján (85 hab./km²). El resto de países recorren un amplio espectro, de los 20 a los 80 habitantes por kilómetro cuadrado.

Las tierras europeas

Los distritos más poblados del sector europeo de Eurasia Septentrional son los que contienen las principales ciudades (Moscú, en Rusia; Kiev y el complejo industrial de Donbass, en Ucrania). Sin embargo, también algunas áreas rurales registran densidades elevadas allí donde las condiciones para la agricultura son especialmente favorables, como ocurre en el sector occidental de Ucrania, que posee densidades entre los 50 y los 100 habitantes por kilómetro cuadrado, a pesar de contar con una baja proporción de población urbana. El este de Ucrania, por su parte, ofrece una de las mayores densidades nordeurasiáticas de población gracias al peso de las ciudades industriales (la provincia de Donetsk ronda los doscientos habitantes por kilómetro cuadrado). Las densidades decrecen tanto hacia el norte como hacia el sur, a pesar de que en la fértil región agrícola del norte del Cáucaso se alcanzan cifras notables.

Al norte de la línea San Petersburgo-Perm, se produce un cambio brusco y las densidades medias descienden hasta 10 habitantes por kilómetro cuadrado e incluso, en muchos casos, por debajo de 1 habitante por kilómetro cuadrado. En estas áreas septentrionales, la agricultura tiene escasa importancia y las actividades dominantes son la minería y la explotación forestal; por ello, la proporción de población urbana es anormalmente alta. Por ejemplo, en la provincia rusa de

1029

Murmansk, en la península de Kola, la población urbana sobrepasa el 80 por 100. Hacia los Urales, las zonas densamente pobladas vuelven a escasear, ya que las áreas desfavorables de taigá y tundra al norte, y la estepa seca y el desierto al sur, van dominando el territorio. En los Urales centrales se encuentra la principal área industrial, que alcanza densidades entre 25-50 habitantes por kilómetro cuadrado.

El Cáucaso

La cadena principal del Cáucaso forma una estrecha franja de territorio escasamente poblada, a ambos lados de la cual se encuentran las fértiles tierras bajas, donde la densidad de población supera varias veces la media nordeurasiática. Ello es especialmente destacable en zonas de Georgia y Armenia, que alcanzan, en ocasiones, densidades rurales por encima de los 100 habitantes por kilómetro cuadrado.

Kazajstán y Asia Central

En las estepas del Kazajstán septentrional, a pesar de la extensión de las superficies cultivadas, las densidades están generalmente por debajo de los 10 habitantes por kilómetro cuadrado, siendo las densidades rurales inferiores a los 5 hab./km². Por ejemplo, la provincia kazaka de Akmol cuenta con una densidad media superior a los 9 hab./km², pero una densidad rural inferior a los 5 hab./km². En otra provincia kazaka, Karaganda, donde ha existido un desarrollo industrial a gran escala y las condiciones son demasiado áridas para la agricultura, la población urbana supera el 80 por 100; con una densidad global de 12 habitantes por kilómetro cuadrado, la densidad rural apenas llega a los 2 habitantes por kilómetro cuadrado.

Al sur de la estepa kazaka, en el gran desierto turaniano, las densidades están por debajo de 1 habitante por kilómetro cuadrado. Más allá del desierto, en la zona de piedemonte, la agricultura de irrigación ha permitido alcanzar densidades rurales notorias. Otras franjas relativamente pobladas se extienden también a través del desierto, a lo largo de los valles del Amudarya y el Syrdarya.

Las regiones escasamente pobladas proliferan en Eurasia Septentrional debido a la dureza de las condiciones climáticas. Se localizan sobre todo en las extensiones árticas, siberianas y centroasiáticas. En la fotografía, una de ellas, la montañosa región de Naryn, en Kirguizistán.

En el amplio territorio que forma Eurasia Septentrional, se hallan difundidas varias grandes familias lingüísticas, entre las que figura la de los uraloaltaicos, que desde el punto de vista territorial se distribuyen sobre todo por Asia. Uno de los grupos uraloaltaicos es el túrquico, al que pertenece la familia turkmena de la fotografía de la derecha.

Siberia y Extremo Oriente

Estas regiones, pertenecientes a Rusia, son las menos pobladas de Eurasia Septentrional. Siberia Occidental, Siberia Oriental y Extremo Oriente tienen unas densidades globales sobre los 5, 2 y 1 habitantes por kilómetro cuadrado, respectivamente. Sólo en Siberia Occidental hay un sector relativamente extenso en el que las densidades exceden los 10 hab./km²: lo constituyen el área industrial de Kuzbass y los sectores agrícolamente más productivos del territorio del Altai y de las provincias de Novosibirsk y Omsk. A pesar del reciente desarrollo de la producción de petróleo y gas, los sectores central y septentrional de Siberia Occidental están verdaderamente muy poco poblados. La mayor parte de esta región corresponde a la provincia rusa de Tyumen, con 1.435.000 kilómetros cuadrados de superficie y una población que supera los tres millones, es decir, con una densidad media de poco más de 2 habitantes por kilómetro cuadrado.

En Siberia Oriental y Extremo Oriente, la densidad sólo supera los 10 habitantes por kilómetro cuadrado en una estrecha franja a lo largo de la vía del Transiberiano. Más allá de este eje, el poblamiento está confinado a los valles de los ríos y a los márgenes costeros, entre los cuales hay vastas extensiones prácticamente deshabitadas.

Los distritos de Taymyr y Evenki, por ejemplo, tienen una población que apenas supera los setenta mil habitantes en un área superior a 1.600.000 kilómetros cuadrados, lo que da una proporción cercana a una persona por cada 25 kilómetros cuadrados. En muchas de estas áreas escasamente pobladas del norte de Siberia, la proporción urbana es, además, muy alta; en la provincia de Magadan, por ejemplo, oscila sobre el 80 por 100.

Composición etnolingüística

Eurasia Septentrional es un ámbito de gran riqueza antropológica e idiomática. A nivel general se pueden contabilizar noventa y dos etnias distintas, cuyo volumen demográfico es en extremo variable. Dieciséis de ellas cuentan con menos de 10.000 individuos, treinta y nueve quedan por debajo de los 300.000 y treinta y siete (con un equivalente al 99 por 100 de la población total nordeurasiática) oscilan entre la última cifra y los más de 145.000.000 de individuos que reconocen su adscripción étnica al llamado pueblo ruso, el mayor con mucho de toda el área nordeurasiática, seguido a gran

distancia por el pueblo ucraniano (47.000.000), en Europa Oriental, y el pueblo uzbeko (17.000.000), en Asia Central.

A causa de las grandes migraciones, las etnias se han mezclado en un grado muy alto. Sin embargo, se mantienen mayorías homogéneas locales y, en cada uno de los estados, la etnia titular constituye la mayoría de la población a nivel general, aunque en algún caso sea por un mínimo porcentaje, como sucede en Kazajstán.

En base al criterio lingüístico, las etnias se distribuyen entre varios grandes grupos y éstos, a su vez, entre las diversas familias lingüísticas, de las que en Eurasia Septentrional se hallan representadas las dos

y en puntos diversos del desaparecido espacio político soviético.

También de lengua eslava, el ucraniano es el segundo gran pueblo de Eurasia Septentrional, ya citado antes. Emparentado con los rusos, se diferenció de los mismos en un proceso de siglos, asentado en las estepas meridionales del sector europeo que se abren al mar Negro y en los relieves de los Cárpatos Orientales. Muchos ucranianos emigraron también a Siberia, sobre todo a su sector occidental, a Kazajstán y a Extremo Oriente.

El bielorruso es un pueblo así mismo de lengua eslava, mucho más reducido numéricamente (unos 10.000.000 de individuos) que los anteriores y territorialmente concentrado en el extremo occidental nordeurasiático. A causa de su ubicación y de su historia ha sufrido gran influencia de sus vecinos lituanos y polacos. Estos últimos, también eslavos por su idioma y propios de la Europa Centro-oriental, forman minorías de cierta consistencia (más de 1.000.000 de individuos) en partes de Lituania, Bielorrusia y Ucrania, que en otro tiempo estuvieron bajo el dominio político de Polonia y donde la población está muy mezclada. Otro pueblo eslavo más propio de un ámbito geopolítico vecino, en este caso el danubiano-balcánico, pero presente en Eurasia Septentrional es el búlgaro, con algo menos de 400.000 individuos en las regiones próximas al mar Negro.

Entre los pueblos de lengua indoeuropea no eslavos destacan en primer lugar, con unos 6.200.000 individuos en conjunto, los bálticos lituanos y letones, que junto con sus vecinos estonios (que son uraloaltaicos, del grupo finougrio) viven en la zona litoral del mar que les da nombre.

Incorporados por la fuerza en el desaparecido estado soviético entre 1940 y 1991, se vieron debilitados demográficamente por el exilio y las deportaciones masivas en tiempos de Stalin y afectados culturalmente por el proceso de rusificación. Para los bálticos, aparte de la lengua, la religión constituye un factor de afirmación étnica. Así ocurre con el cristianismo católico, implantado a causa de un largo contacto con Polonia, por lo que se refiere a los lituanos, y con el luteranismo, introducido por inmigrantes alemanes, en relación a los letones y estonios.

Otros pueblos nordeurasiáticos de lengua indoeuropea y no eslavos son los moldavos (más de 3.000.000), que hablan una variante del rumano, lengua romance, y habitan junto a Rumania, en la zona entre los ríos Prut y Dniéster; los alemanes (unos 2.000.000), de lengua germánica, descendientes de los agricul-

mayores, la indoeuropea y la uraloaltaica, y dos muy peculiares, la paleosiberiana y la caucásica.

Pueblos de lenguas indoeuropeas

La familia lingüística indoeuropea se extiende desde el Atlántico hasta el norte de la India. En Eurasia Septentrional, el mayor grupo lingüístico indoeuropeo lo constituye el eslavo, al que pertenecen diversos pueblos o etnias que representan las tres cuartas partes de la población nordeurasiática.

El pueblo de lengua eslava predominante es el ruso, cuyo considerable volumen demográfico (debido en parte a la asimilación de otros pueblos conquistados) ya se ha citado. Desde su foco europeo al oeste del Volga se extendió hacia Siberia a partir del siglo XVII, llegando a constituir el mayor contingente de población en las áreas urbanas o de extensión agrícola de dicha región. Durante el período soviético, los rusos emigraron en cantidades considerables hacia Kazajstán, donde forman el 38 por 100 del total de habitantes, y hacia Asia Central, concentrándose básicamente en las áreas urbanas. En relación con el desarrollo industrial de determinadas áreas, también es notable su presencia en Ucrania oriental (cuenca del Donbass), en Estonia y Letonia

tores y artesanos que se instalaron en Rusia a partir del siglo XVIII y que estuvieron concentrados hasta la Segunda Guerra Mundial en la orilla occidental del Volga, lugar desde el cual fueron dispersados por las entonces autoridades soviéticas hacia Kazajstán, Asia Central y Siberia; los griegos, que, en número superior a 300.000, viven en antiguos núcleos comerciales a lo largo de la costa del mar Negro; los armenios (4.600.000), propios de las altas mesetas de Transcaucasia.

Dentro de los pueblos de lengua indoeuropea, una rama de gran importancia corresponde a los pueblos indoiranios, que en Eurasia Septentrional están representados por los tadzhik (más de 4.000.000 de individuos) de Asia Central y por los osetios (600.000) y kurdos (150.000) del Cáucaso.

Un caso especial lo constituyen los hebreos, antaño muy numerosos y actualmente rondando el millón de individuos, dispersos por toda Eurasia Septentrional, aunque con núcleos más fuertes en Europa Oriental. Si bien su tradición cultural y religiosa les relaciona sobre todo con los pueblos de lenguas semíticas, su realidad idiomática les clasifica dentro de la familia indoeuropea, pues o bien hablan ruso o bien yiddish, una variante germánica medieval con palabras procedentes del hebreo.

Pueblos de lenguas uraloaltaicas

La macrofamilia lingüística uraloaltaica abarca dos grandes subfamilias, la urálica y la altaica. La primera comprende los grupos finougrio y samoyedo. La segunda, los grupos túrquico, mongol y manchútungús. La difusión territorial de todos ellos es amplísima, un poco por los diferentes extremos de Eurasia Septentrional y también en el corazón de la misma.

Los finougrios se hallan distribuidos en una amplia zona de Siberia Occidental, la mitad norte de la Rusia europea y el norte de la fachada báltica. Muchos han sido asimilados por la mayoría eslava rusa, pero en diversas áreas conservan su lengua. Los más numerosos son los estonios, de los que ya se ha hablado en relación a sus vecinos bálticos, y los mordovianos (algo más de 1.000.000 en ambos ca-

sos), seguidos por los udmurtios, los mari, los komi y los carelios (entre 750.000 y 130.000). Los finougrios khanti y mansi y todos los pueblos samoyedos (nentsi, selkup, etc.) apenas suman unas decenas de millares de individuos. Igualmente finougrio y aunque sea propio de la Europa Centroriental, también tiene una representación consistente en Eurasia Septentrional el pueblo magiar o húngaro, con 175.000 individuos.

El grupo de los túrquicos abarca unos 50.000.000 de individuos, ubicados sobre todo en Asia Central, en Rusia al este del Volga y en el Cáucaso. Los pueblos túrquicos centroasiáticos comprenden a los uzbekos, ya citados, los más numerosos, y a los kazakos, turkmenos y kirguises (entre 8.000.000 y 2.500.000). En Rusia destacan los tártaros (6.700.000), los bashkiros (1.500.000), los yakutos (400.000), los tuvinios (200.000) y minorías como los kumik, los karachai, los balkar y los hogai. Un grupo occidental aislado lo forman los gagauz o gagauzos, de Moldavia (160.000). En el Cáucaso se ubican los pueblos azerbaijanos o azeríes (6.800.000 individuos).

Eurasia Septentrional comprende hasta noventa y dos etnias distintas, que se distribuyen entre diversos grupos y familias lingüísticas. Arriba, ciudadanos rusos en el centro de Moscú; arriba, a la derecha, mujer balkar, de la región centrooccidental del Cáucaso Septentrional (Rusia).

Los mongoles forman un pequeño grupo integrado por dos etnias: los buriatos de la región del lago Baikal, en el sur de Siberia, con 450.000 individuos, y los calmucos o kalmukos, con menos de 200.000, que, en la Rusia europea, alcanzaron la estepa al sudoeste del bajo Volga en el siglo XVIII.

En extremo minoritarios son los manchú-tunguses (nanai, evenki, etc.), que apenas comprenden unos millares de individuos en algunos distritos de Siberia Oriental y de Extremo Oriente.

Pueblos de lenguas paleosiberianas y caucásicas

Con una difusión exclusiva en Eurasia Septentrional, los paleosiberianos (chukchi, koriak, etc.) se ubican en Extremo Oriente y comprenden unos pocos millares de individuos.

También exclusivos del ámbito que nos ocupa, pero muchísimo más importantes demográficamente, son los caucásicos, propios de la región que les da nombre. El pueblo más destacado es el georgiano (unos 4.000.000). A notable distancia (entre 800.000 y 100.000 individuos) se sitúan los chechenos, ávaros, lesguianos, kabardinos, dargwa, ingush, abkhaz, adiguetios y lakk, entre otros, la mayoría de ellos en la zona norte del Cáucaso.

Sociolingüística y política

El dominio de la desaparecida Unión Soviética sobre las tierras de Eurasia Septentrional dio lugar a que surgieran características lingüísticas especiales, en particular por la tendencia oficial a imponer la lengua rusa. En los años setenta, la mayoría de los diferentes pueblos soviéti-cos declaró la lengua autóctona como lengua oficial. El gobierno central no consiguió integrarlos a todos en un conjunto con una sola lengua oficial, a pesar de que la política lingüística siempre tendió a este objetivo. Desde los años treinta se practicó una política de bilingüismo, que conllevó la adopción del alfabeto cirílico y el uso de la lengua rusa en la comunicación oficial.

Las diversas lenguas de Eurasia Septentrional se encontraron así, en general, en una posición menos favorecida que el ruso. Con todo, la permeabilidad de los diferentes pueblos a la rusificación fue variable: entre los eslavos, los más propensos fueron los bielorrusos, antropológicamente más cercanos y con una lengua menos diferenciada. Los pueblos bálticos fueron, en cambio, más impermeables al haber sido los últimos en ser anexionados y poseer alfabetos latinos. Aún con mayor intensidad mantuvieron viva su identidad lingüística y cultural los pueblos del Cáucaso (georgianos y armenios), y los de origen turco; los georgianos, con una tradición cultural antiquísima

ДОСКА ПОЧЕТА

ИНСОННИ
МЕХНАТ
УЛУГ-
ЛАЙДИ

ТРУД
ДЕЛО
ЧЕСТИ
ДОБЛЕСТИ
И
ГЕРОЙСТВА

El gobierno central soviético no consiguió integrar los diversos pueblos en un estado con una sola lengua, a pesar de que la política lingüística oficial siempre persiguió ese objetivo. En la fotografía superior, tablero de honor del período soviético, con los mejores obreros de una fábrica en Uzbekistán, escrito en ruso y en uzbeko.

A la derecha, muchedumbre presenciando un partido de fútbol en Tbilisi (Georgia). Es muy difícil señalar con precisión la evolución de la población nordeurasiática a lo largo del siglo XX por diversos motivos, pero se ha estimado que de no haber sido por los reveses sufridos, la población actual sobrepasaría los 350 millones de personas.

y con una lengua que no se emparentaba con ninguna otra de la extinta Unión Soviética, la mantuvieron vigorosamente; los armenios fueron más accesibles al ruso, pese a conservar viva su cultura y contar con un alfabeto propio. La identidad de los pueblos de origen turco se vio reforzada por su unidad religiosa y el crecimiento demográfico (en el período 1959-1979 doblaron sus efectivos), fuertemente endogámico.

La gran diversidad de pueblos que albergaba la desaparecida Unión Soviética produjo graves conflictos nacionalistas, escondidos por las autoridades soviéticas, pero que en su gran mayoría salieron a la luz pública con el aperturismo de la perestroika. La disgregación de la Unión Soviética y la independencia formal de sus antiguas repúblicas, fomentó la recuperación de las diversas identidades nacionales; por ejemplo, en Moldavia, se reinstauró el uso del alfabeto latino para su lengua, emparentada con el rumano.

Evolución contemporánea de la demografía

Hay que señalar, en primer lugar, la dificultad que existe para trazar con precisión la evolución de la población de Eurasia Septentrional a lo largo del siglo XX, y ello por dos motivos: el hecho de que se hayan realizado pocos censos (1897, 1926, 1939, 1959, 1970, 1979, 1989) y la existencia de grandes cambios en las fronteras. Después de la Primera Guerra Mundial, grandes áreas (Finlandia, los Países Bálticos, Polonia y Besarabia) se independizaron de Rusia. Buena

parte de éstas fueron recuperadas después de la Segunda Guerra Mundial, momento en el que la desaparecida Unión Soviética anexionó, además, territorios de Alemania y Checoslovaquia. A finales de 1991, la Unión Soviética se disolvió, alcanzando la independencia sus diferentes repúblicas.

Debe señalarse también que las dos guerras mundiales, la Revolución de Octubre y la guerra civil que la siguió, junto con otros trastornos internos, tuvieron profundas consecuencias sobre el crecimiento demográfico, ya que no sólo causaron una gran mortalidad sino que redujeron la fecundidad a niveles anormales. Se ha estimado que, de no haber sido por estos reveses históricos, la población de la desaparecida Unión Soviética hubiera superado los trescientos cincuenta millones de personas, a principios de la década de los noventa.

El período 1897-1959

Antes de la Primera Guerra Mundial, la población del Imperio Ruso crecía a un ritmo del 1,6 por 100 anual. Una fertilidad muy alta (tasa de natalidad de 1913: 47 por 1.000) sólo era parcialmente atenuada por una elevadísima mortalidad (30 por 1.000). El período 1897-1913 registró, en conjunto, un crecimiento del 27,8 por 100 de la población, que alcanzó los 160 millones de habitantes en vísperas de la Primera Guerra Mundial. En el período 1913-1926 —fecha esta última correspondiente ya al período soviético—, en cambio, sólo se registró un incremento de 5,8 millones (3,6 por 100), con una tasa de crecimiento anual del 0,3 por 100. Ello muestra claramente los desastrosos resultados demográficos de la guerra, la revolución y la guerra civil. Si la tasa de crecimiento natural de preguerra se hubiera mantenido hasta

1926, la población se habría situado en 193 millones, en lugar de los citados 160 que se registraban en 1913. Este déficit de 28 millones puede llegar incluso a computarse, teóricamente, del modo siguiente: 16 millones en muertes provocadas por la guerra, un déficit de 10 millones de nacimientos y un saldo migratorio negativo de 2 millones.

En el período de entreguerras —por completo soviético—, entre 1926 y 1940, la población pasó de 165 a 194 millones (incremento del 17,6 por 100), con un crecimiento anual medio del 1,2 por 100 (2,37 por 100 en 1926; 1,32 por 100 en 1940). Este descenso de la expansión demográfica estuvo provocado por una caída de la tasa de natalidad, pero las cifras proporcionan, además, un dato adicional: durante algunos años, la tasa de crecimiento natural fue inferior a la de 1940. Esta situación puede atribuirse a

los efectos de la colectivización obligada y a la baja productividad agraria que, en algunas áreas, produjo hambrunas a principios de los años treinta. Antes de iniciarse la Segunda Guerra Mundial, estas dificultades ya se habían superado y la entonces población soviética crecía con una tasa mucho mayor que la de cualquier país de Europa Occidental.

La Segunda Guerra Mundial supuso un revés demográfico más importante aún que el del período 1913-1926. Entre 1940 y 1950 hubo un decrecimiento de 15,6 millones de habitantes (8 por 100 de la población); teniendo en cuenta que esta década incluye los cinco años de posguerra, de rápido crecimiento, el declive durante el conflicto debió ser mucho mayor, posiblemente alrededor de los 30 millones. De no ser por la guerra, incluso con la caída de las tasas de natalidad perceptible ya antes de ella, la población

1037

habría alcanzado los 224 millones en 1950, en lugar de los 179 (el déficit del período de guerra puede así cifrarse en 45 millones). Un análisis del censo de 1959 sugiere que este déficit puede distribuirse en 10 millones de muertes militares, 15 millones de muertes civiles y una falta de nuevos individuos (debida tanto a baja fecundidad como a alta mortalidad infantil) de alrededor de 20 millones.

Los efectos de la guerra eran claros en el censo de 1959 e incluso aún eran perceptibles en el de 1970. Entre ellos destaca el desequilibrio entre los sexos: en 1959 la proporción era de 122 mujeres por cada 100 hombres. En 1979 la situación se había equilibrado considerablemente (114-100), pero sin llegar todavía a alcanzar una proporción normal. Este desequilibrio entre la población de ambos sexos era visible en todos los grupos de edades nacidos antes de 1940 y alcanzaba su máximo entre aquellos nacidos entre 1910 y 1924, la mayoría de los cuales estaban en edad militar durante la Segunda Guerra Mundial: entre los que tenían edades entre 45 y 59, en 1970, había 60 hombres por cada 100 mujeres.

Otro efecto de la guerra, la baja fecundidad durante los años de conflicto, se reflejaba en el reducido efectivo de ambos sexos del grupo de edades comprendidas entre los 25-29 años en 1970, al tiempo que las mayores cifras se encontraban en los grupos entre los 10-19 años, mostrando el acelerado crecimiento natural de los primeros años de posguerra.

Como resultado de este proceso, la población nordeurasiática aparece relativamente joven, aunque menos que hace un par de décadas. En 1970 había unos 70 millones (29 por 100) por debajo de los 15 años; en 1995 este porcentaje se había reducido al 25 por 100, pese al ligero, pero estable, aumento del crecimiento anual.

La población global, durante este período, creció en 18,1 millones (incremento del 9,5 por 100, tasa anual de 0,4 por 100), con un gran declive durante la guerra y un rápido crecimiento en los años siguientes. La población rural decreció en muchas áreas, sobre todo en la parte europea, llegando incluso hasta el punto de compensar el crecimiento urbano del período. Sólo algunas áreas asiáticas registraron un crecimiento por encima de la media: Kazajstán, con un 50,8 por 100, y el Extremo Oriente, con un 69,7 por 100.

La tasa de crecimiento de los años de posguerra superó a la de entreguerras; aun cuando la tasa de natalidad bajó de 31,2 por 1.000 en 1940 a 24,9 por

1.000 en 1960, la tasa de mortalidad cayó drásticamente de 18 a 7,1 por 1.000. El resultado de estas tendencias, junto con la migración a gran escala hacia el área asiática, supuso un crecimiento relativo de la población de Siberia, Extremo Oriente, Asia Central y Transcaucasia. Entre 1939 y 1959, la población de la parte europea creció un 2,9 por 100, mientras que en Transcaucasia el crecimiento era del 18,4 por 100, en Asia Central del 29,8 por 100, en Siberia y Extremo Oriente del 36,9 por 100 y en Kazajstán del 50,8 por 100. El reparto entre zonas pasó de 79 a 74 para el sector europeo y de 21 a 26 para el sector asiático.

La evolución reciente

En el período 1959-1979, la población nordeurasiática creció 53,6 millones, es decir, un 25,7 por 100, con un crecimiento anual medio del 1,2 por 100. Ello muestra un descenso de la tasa de crecimiento en los años sesenta y setenta, respecto a la de los cincuenta, principalmente como consecuencia de la disminución de la fecundidad. Hasta 1960, la tasa de natalidad bajó progresiva aunque lentamente, lo que, junto a un descenso continuado de la tasa de mortalidad, proporcionó un crecimiento natural en aumento, con un máximo de 1,78 por 100 en 1960. Desde aquel año, la tasa de mortalidad se elevó lentamente por el envejecimiento de la población, y la tasa

de natalidad aceleró su caída. Así, en 1969, la tasa de crecimiento natural había caído al 0,89 por 100, un nivel significativamente inferior al de los años de entreguerras y la mitad de 1960. A principios de los setenta se produjo un ligero incremento en la tasa de natalidad, pero la tasa de mortalidad volvió a crecer y el crecimiento natural en 1976 volvía a ser de 0,89 por 100.

Entre 1950 y 1960 este incremento anual tenía una media de 3.380.000 con una punta de 3.900.000 en 1959. En los años sesenta esta media era de 2.940.000 para caer nuevamente en el período 1970-1979, con un crecimiento medio anual de 2.302.000. En el período 1980-1995 la tasa de crecimiento se estabilizó en torno al 0,9 por 100.

Cualquier predicción de las futuras tendencias presenta considerables dificultades pero parece posible aventurar una futura reducción de la fecundidad, al menos en aquellas áreas asiáticas que se caracterizan actualmente por elevadas tasas de natalidad. Al mismo tiempo, la mortalidad mostrará probablemente un ligero incremento en razón del envejecimiento de la población. Si ello fuera así, la tasa de crecimiento natural de Eurasia Septentrional podría descender incluso a los niveles de Europa Occidental. En esta valoración tendrá un peso importante la política natalista de los diversos estados nordeurasiáticos, surgidos de la disgregación de la Unión Soviética.

A la izquierda, población femenina en Moscú (Rusia). Abajo, una tradición implantada durante decenios: unos recién casados depositan flores ante la tumba del soldado desconocido. Las guerras, sobre todo la Segunda Guerra Mundial, fueron las causantes del desequilibrio de sexos en Eurasia Septentrional a lo largo de este siglo.

Las grandes migraciones internas

El primer gran movimiento migratorio se registró en la época de la colonización agrícola, que se inició poco después de la expansión demográfica del siglo XVIII y abarcó hasta los años treinta del siglo XX, y en la que oleadas sucesivas de colonos se desplazaron desde la zona de los bosques hasta las tierras agrícolas de las estepas.

Desde los años treinta, las migraciones se relacionaron con la colonización de la época industrial; se trató de importantes movimientos de población provocados por la industrialización sistemática iniciada con el primer plan quinquenal de la etapa soviética (1928-1932), y estimulada por el peligro que suponía la despoblación de Siberia Central y Extremo Oriente frente a las ambiciones japonesas (el efímero estado de Manchukuo se constituyó en 1931); por otro lado, la amenaza del imperialismo alemán hizo que se pensara en desarrollar la producción industrial de las regiones de los Urales y de

Siberia Occidental, inaccesibles ante una
eventual agresión. La puesta en marcha
de los centros industriales urálicos y
siberianos determinó importantes
movilizaciones de mano de obra y el
surgimiento de nuevas ciudades junto a
las fábricas, en los valles de los Urales o
en la cuenca del Kuzbass. Del mismo
modo crecieron las periferias urbanas
de Leningrado (la actual San
Petersburgo) y de Moscú y las ciudades
de la cuenca del Volga.

La guerra y la posguerra fueron también períodos de importantes migraciones interiores, con un rápido aumento
de la población urbana, y la continuación de la ocupación de los territorios
urálicos y asiáticos.

En 1979, la proporción de población
nordeurasiática que residía en Europa
había decrecido al 69,2 por 100 de la
población global (73,2 por 100 en 1959,
78,6 por 100 en 1939, 82,1 por 100
en 1913). La migración desempeñó un
importante papel, pero las variaciones
regionales en la tasa de incremento
natural fueron también muy significati-
vas, con marcadas diferencias entre la
tasa de natalidad de los eslavos y las de
los otros pueblos nordeurasiáticos. Existe
hoy en día una clara dicotomía entre
Asia Central, Transcaucasia y algunas
áreas marginales de Rusia, con elevadas
tasas de crecimiento natural, saldo
migratorio positivo y rápido crecimiento de la población urbana y rural, y la
mayor parte de la Europa Oriental
nordeurasiática y de Siberia, con baja
fertilidad, saldo migratorio negativo,
despoblación rural y crecimiento urbano relativamente lento.

El proceso de urbanización

La proporción de población urbana
se elevó desde el bajísimo nivel del 15
por 100 en 1897 al 48 por 100 en el
censo de 1959. La frontera del 50 por
100 se superó en 1961, y en 1995 se alcanzó el 70 por 100.

El proceso de urbanización debe entenderse en el doble sentido del crecimiento de las ciudades tradicionales y

La proporción de población urbana en Eurasia Septentrional se ha cuadruplicado prácticamente en la última centuria. El proceso de urbanización debe entenderse en el doble sentido del crecimiento de las ciudades tradicionales y en el de la creación de otras nuevas. Arriba, el nuevo barrio residencial de Väike Oistmäe, casi una ciudad satélite de Tallinn (Estonia).

en la creación de nuevas ciudades o la transformación industrial de centros rurales. En el período 1926-1968, las medias anuales de crecimiento de la población en las grandes ciudades han sido más bajas que en el conjunto de los núcleos urbanos de la macrorregión, como resultado de los esfuerzos de las desaparecidas autoridades soviéticas por contener el excesivo crecimiento de las grandes urbes.

El geógrafo F. M. Listengurt estableció tres períodos de desarrollo urbano: entre 1926 y 1939, un período de industrialización en el que se produjo un gran robustecimiento de las grandes ciudades en las regiones meridionales de la parte europea, las más desarrolladas económicamente. Al mismo tiempo, el desarrollo de las antiguas regiones periféricas supuso un estímulo para la aparición de grandes ciudades en Transcaucasia y Asia Central.

Entre 1939 y 1958 se produjo el desplazamiento de todo el potencial económico a las regiones alejadas, con la consiguiente aparición de grandes ciudades en distintas partes de Rusia: los Urales, la región del Volga y Siberia Occidental.

Por fin, desde 1959 se registró un aumento del número de grandes ciudades con una elevada tasa de incremento demográfico; la tendencia al desarrollo de las grandes ciudades se produjo por la proyección económica de determinados sectores.

Se registraron así movimientos a gran escala desde el campo a la ciudad, a la vez que grandes movimientos interregionales y hacia los países de la periferia (hasta 1950 hacia Siberia, para ser superados en las décadas de los sesenta y los setenta por la emigración hacia Kazajstán y el resto de Asia Central). La urbanización siguió avanzando, aunque el área rural continuó teniendo en la desaparecida Unión Soviética un peso mucho mayor que en la mayoría de países industrializados.

Si la población de los países asiáticos creció mucho más rápidamente que en los de la zona europea, ésta es, en cambio, arrolladoramente predominante en efectivos demográficos y en producción agrícola e industrial. Además, con la independencia de las distintas repúblicas que integraban la desaparecida Unión Soviética, los diversos grupos de población sufrirán una reestructuración y adaptación forzosa a la nueva situación, que no excluye una redistribución territorial.

SIBERIA: EL FIN DEL MITO DE LA FRONTERA INTERIOR

La vastedad de Siberia, una superficie de trece millones de kilómetros cuadrados que se extiende de los Urales al Pacífico, constituyó una reserva natural inmensa en la que pudo apoyarse la Unión Soviética en su andadura de potencia mundial. De vegetación monótona y aclimatada a condiciones extremas, la tundra y la taigá eran el hábitat de una veintena de pueblos autóctonos que en el siglo XVI, cuando los cosacos llevaron a cabo las primeras incursiones europeas en la región, apenas sobrepasaban el cuarto de millón de individuos. En el siglo XIX la población superaba ya el millón y medio: se convirtió preferentemente en la tierra de deportación de los presos políticos del régimen zarista y en centro minero explotado por mano de obra forzada. A comienzos del siglo XX, el ferrocarril transiberiano abrió el camino de una colonización interior, que sentó las bases de las primeras industrias que se instalaron y de los futuros complejos dentro de los planes quinquenales soviéticos.

Siberia quedaría impresa en la mitología de la Rusia moderna como una suerte de frontera interior que señalaba los avances del progreso, considerado en la mentalidad productivista y antropocéntrica de la época como el triunfo del hombre sobre la naturaleza. Entre 1954 y 1960 la euforia desarrollista se tradujo en una auténtica revolución verde que representó la roturación de más de cuarenta millones de hectáreas de tierras vírgenes en Siberia Occidental y Kazajstán. Fueron los años en que la planificación optó por un modelo de desarrollo territorial más descentralizado y equilibrado, en el que cobraron impulso las ciudades-satélite.

Sin embargo, en el orden tecnológico fue la energía nuclear, gracias a la capacidad destructora demostrada en Hiroshima y Nagasaki, el gran mito por excelencia de la guerra fría. También sus aplicaciones posteriores, exaltadas en Occidente bajo el eslogan propagandístico de «átomos para la paz», demostrarían su perversidad intrínseca en la Ucrania soviética de Chernóbil. El Jano nuclear, considerado una forma de energía estratégica por el estado, obtuvo su acomodo en los planes soviéticos y, con ello, el correspondiente lugar en la frontera interior siberiana. Treinta y cinco ciudades secretas se construyeron a partir de esos años para albergar a los científicos, técnicos y operarios que trabajaban en el programa nuclear puesto en marcha para disputarle la primacía a Estados Unidos. La mayoría de ellas se emplazaron en Siberia Occidental, pero también en el entorno de Moscú, los Urales o incluso una en el remoto este de la costa del Pacífico (Shkótovo-17), también considerada, aunque impropiamente, Siberia. Ese complejo militar-

industrial se estructuraba en dos categorías según las ciudades dependieran orgánicamente del Ministerio de Energía Nuclear o del Ministerio de Defensa. Diez de ellas pertenecían a la primera y otras veinticuatro a la segunda, mientras que una última (Múrmansk-60), abierta sobre el mar de Barents, en la península de Kola, dependía directamente del Comité de la Federación Rusa de la Industria Militar. Tras la caída de la Unión Soviética, cerca de dos millones de personas seguían viviendo en esos municipios secretos, de acceso restringido a funcionarios, trabajadores y familias, que no figuran en los mapas e incomprensiblemente pasaron inadvertidos durante años: Tomsk-7, de 110.000 habitantes, destinada a la fabricación y enriquecimiento de plutonio; Sverdlovsk-44, con 95.000, complejo electroquímico para la fabricación de armas nucleares; Arzamás-16, con 83.000, sede del Centro Nuclear de Rusia, pionero en la modernización de láseres y cabezas atómicas, entre las de mayor tamaño. La actividad de las empresas militares de dichos complejos se orientó, tras los tratados de desarme de los años ochenta, hacia el desmontaje de las armas obsoletas pactadas y la investigación en nuevos ingenios destructores. Pero el fiasco soviético tuvo como consecuencias inmediatas en ese sector: las restricciones presupuestarias, que afectaron a los programas de investigación y a los sueldos; una hiperinflación que agravó tales restricciones; niveles de paro del orden de hasta el 10 por 100; la aparición del pluriempleo en tareas marginales, etcétera. La caída del estatus de ese estamento social antaño privilegiado, sólo ofrecía una salida digna en eventuales y quiméricos contratos de la competencia extranjera. Un estado de opinión de signo antinuclear vino a sumarse y poco menos que a criminalizar su labor profesional: la ruptura del bloqueo informativo en torno a las consecuencias sanitarias del accidente de Chernóbil de 1986 y

de otros accidentes mantenidos en secreto hasta ese momento, como el de 1957 en la ciudad secreta de Cheliabinsk-40 —próxima a Kyshtim, en los Urales— originado en la planta de plutonio de Mayak y considerado el segundo en el orden de gravedad sufrido por la industria atómica. La desmoralización en el sector creaba el terreno abonado para las redes mafiosas que, conforme a uno de los estilos de vida emergentes en la sociedad poscomunista rusa, adquirían un peso creciente en la economía del imperio caído. La realidad de un tráfico ilegal de materiales radiactivos sirvió como arma desestabilizadora de servicios secretos rivales, pero desgraciadamente también era una realidad reconocida por sus protagonistas ante los tribunales. Una imagen que hacía virtual la realidad de una frontera interior convertida en cárcel.

Lluís Cànovas Martí
Historiador

La desenfranda carrera por alcanzar el poder nuclear en el mundo llevó a la antigua Unión Soviética a sembrar de ciudades-laboratorio sus tierras. La mayoría de estos complejos nucleares fueron construidos en Siberia, donde continúan siendo una amenaza para la población. A la izquierda, un laboratorio nuclear en Rusia, principal heredera de las centrales soviéticas. Abajo, una pala mecánica recoge los residuos de un río ruso contaminado.

LAS ACTIVIDADES ECONÓMICAS

La descripción de la economía de los países que componen Eurasia Septentrional pasa por un análisis previo del papel jugado durante más de setenta años por la planificación estatal, un elemento íntimamente relacionado con la ideología política triunfante en Rusia tras la Revolución de 1917. El plan central fue, en efecto, la guía rectora del desarrollo económico de la antigua Unión Soviética, que se convertiría en la segunda potencia del Orbe.

La economía de la Rusia prerrevolucionaria

En vísperas de la Primera Guerra Mundial, gran parte del Imperio Ruso permanecía inexplorado. Vastas regiones casi desconocidas se extendían por el norte y nordeste siberianos, por el Tien Shan y el Pamir. Los mapas topográficos de la época apenas alcanzaban a representar con detalle una quinta parte del territorio de Eurasia Septentrional.

Desde un punto de vista económico, la Rusia zarista presentaba los rasgos de una nación eminentemente rural y agraria, en el seno de la cual se incrustaban los islotes industrializados de San Petersburgo y Moscú, y las cuencas mineras ucranianas del Donets y del Dniéper. En conjunto, la economía rusa dependía sobremanera del occidente europeo, al que exportaba productos del campo y del que se abastecía de bienes industriales.

La escasa productividad de la agricultura, lastrada por los mediocres rendimientos y por la reducida superficie cultivable por habitante, mantenía a la

El imperio zarista, que se extendió por Eurasia Septentrional, fue esencialmente rural y agrario, y en él los campesinos mantenían una economía de mera subsistencia, que a menudo completaban con los trabajos de tipo artesanal, tradición esta última que ha llegado hasta la actualidad. A la izquierda, típicos objetos de arte popular de Mari-el (Rusia), realizados en madera y pintados a mano.

mayor parte de la población rural al nivel de la mera subsistencia. Mientras en las grandes propiedades los ricos kulaks cultivaban productos especializados, que vendían en los mercados urbanos y exportaban a Europa Occidental, el campesinado debía procurarse una ganancia adicional para poder sobrevivir, bien trabajando artesanalmente en el hogar, bien empleándose como mano de obra en la industria local.

Dos terceras partes de la industria rusa de gran escala se concentraban en las principales ciudades del oeste y en el Donbass-Dniéper, región ésta donde los importantes yacimientos de hierro y carbón estimulaban el desarrollo de la metalurgia pesada. En cambio, las grandes plantas industriales escaseaban o no existían tanto en el sudeste de la llanura Rusa como en Siberia y en Asia Central. La incipiente explotación de los recursos carboníferos del Kuzbass, en el occidente siberiano, generaba la única aportación industrial importante emplazada más allá de los Urales.

El desarrollo económico planificado

Aunque la necesidad de la planificación económica aparecía ya en forma explícita en el discurso de los clásicos marxistas, el triunfo de la revolución bolchevique no supuso en modo alguno la inmediata aplicación de un plan centralizado.

Las primeras semanas del régimen de Lenin se caracterizaron por el control estatal de los sectores clave de la vida económica. Las nacionalizaciones y la intervención estatal de manera directa en la producción se acentuaron durante la etapa de «comunismo de guerra», desarrollada durante la contienda civil que asoló Rusia entre 1918 y 1921. Pese a este intervencionismo, las decisiones perentorias impuestas por el conflicto impidieron cualquier intento de concretar un plan económico a medio plazo.

La Nueva Política Económica (NEP) emprendida en 1921, al finalizar la guerra civil, estimuló el funcionamiento de

A principios de siglo, buena parte del Imperio Ruso permanecía todavía inexplorado y la economía, con una agricultura de baja productividad, presentaba un marcado carácter rural. En la actualidad, algunos de los países de Eurasia Septentrional, como Rusia, Ucrania y Kazajstán, poseen un considerable potencial económico, avalado tanto por sus reservas de materias primas como por la existencia de una estructura industrial desarrollada durante el período en que formaron parte de la Unión Soviética, heredera ésta del imperio de los zares. Abajo, trabajos de minería en la región de Dnepropetrovsk, en Ucrania.

los mecanismos comerciales del mercado y la actividad de grandes empresas (trusts) industriales de carácter privado. Se intentaba con ello sustituir la economía centralizada por, en palabras del propio Lenin, «un sistema transitorio y mezclado, asimilable al capitalismo de estado». La NEP constituía de hecho un recurso pragmático, destinado a favorecer la rápida reconstrucción del tejido económico.

Al comienzo de la etapa soviética, la Nueva Política Económica emprendida en los países de Eurasia Septentrional se orientó hacia un desarrollo rápido, basado en la industria pesada. Estas directrices tuvieron una especial aplicación en Ucrania, país al que pertenece la factoría metalúrgica que muestra la fotografía inferior.

El «gran debate» de los años veinte

Hacia 1925 podían ya apreciarse algunos logros económicos propiciados por la NEP. Los niveles de las producciones agrícola e industrial superaban ya los conseguidos en la preguerra. La creación de instituciones planificadoras se remontaba a marzo de 1920, fecha en que se fundó la Comisión Estatal de Electrificación (Goelro), absorbida un año más tarde por la Comisión Planificadora Estatal (Gosplan). Pero el amplio debate sobre la planificación tuvo lugar en los años centrales del decenio.

La polémica se entabló entre aquellos que subrayaban la necesidad de mantener un equilibrio entre los sectores agrícola e industrial, y los partidarios de asegurar una tasa elevada de acumulación mediante la masiva transferencia de capital de la agricultura a la industria.

Ambas posiciones, por otra parte, llevaban aparejadas dos concepciones distintas del papel político que el campesinado y el proletariado industrial de las ciudades debían tener en la construcción de un estado socialista.

Por fin, tras un período de tensas discusiones, jalonadas por constantes purgas y depuraciones de los mejores cuadros de la vieja guardia bolchevique, la controversia se zanjó con el triunfo de la tesis «industrialista» a ultranza, hábilmente recuperada por Stalin, ade-

más de la consiguiente renuncia al crecimiento equilibrado de la economía, en aras de un vigoroso salto adelante de las ramas pesadas de la industria y de la paralela estatalización de los medios de producción y de distribución.

El Primer Plan Quinquenal

En 1926 se encargó al Gosplan la elaboración de un plan económico. Después de sucesivas redacciones, en la primavera de 1929 fue aprobado el Primer Plan Quinquenal, vigente para el período comprendido entre el otoño de 1928 y el de 1933.

El rasgo más definitorio del plan consistía en el ambicioso programa de inversiones previstas, equivalentes a casi una tercera parte del presupuesto nacional, concentradas en buena parte en la industria pesada. Simultáneamente, y ante la interdependencia existente entre desarrollo industrial y productividad agrícola, se dio comienzo a una intensa campaña de colectivización del campo mediante la concentración de las tierras en granjas cooperativas (koljoses) y estatales (sovjoses).

Muchas de las previsiones se revelaron demasiado optimistas. El aumento de la producción agraria no alcanzó los niveles deseados. La colectivización acelerada, considerada como una «cruzada contra los kulaks (pequeños y medianos propietarios agrícolas)», que desembocó en la eliminación física o el destierro a Siberia y la condena a trabajos forzados de millones de personas, fue contestada con la matan-za generalizada del ganado, lo que provocó una carencia de fuerza animal que no pudo ser compensada por la incipiente mecanización. Con todo, y contemplado globalmente, el objetivo esencial del plan se logró. La producción de maquinaria, que se cuadriplicó, y la de petróleo y energía eléctrica, multiplicada por dos, asentaron los cimientos del posterior desarrollo industrial de la que fue Unión Soviética.

Con el llamado Primer Plan Quinquenal soviético, se llevó a cabo en los países de Eurasia Septentrional una intensa campaña de colectivización del campo, que consistió en la concentración de tierras en granjas cooperativas, los koljoses. El establecimiento ucraniano de la fotografía inferior fue uno de ellos.

Los Planes Quinquenales durante el período estalinista

La importancia del Primer Plan Quinquenal radica en que señaló los ejes en que se basó el crecimiento económico de la antigua Unión Soviética. En concreto, los cuatro sucesivos planes (del Segundo al Quinto) desarrollados bajo la égida de Stalin, siguieron estrictamente las directrices esbozadas en el primero, si bien la progresiva experiencia se tradujo en un control más preciso de las previsiones.

Sin embargo, la emergencia de la nueva clase burocrática, cuyos únicos méritos se basaban en la fidelidad y obediencia ciega, el desmesurado culto a la personalidad y el terror implantado por la policía política estalinista (la siniestra GPU) generaron unos hábitos de deformación sistemática de las previsiones y realizaciones económicas. Las estadísticas eran amañadas según los dictados de la cúpula del poder estalinista, falseando los datos de la economía nacional. Todas las ramas de la investigación, incluida la ciencia económica, sufrieron un fuerte retraso, paralizadas por el dogmatismo oficial.

Sin embargo, hubo considerables avances cuantitativos durante ese período de más de veinte años (de 1933 a 1955), más aún teniendo en cuenta la masiva destrucción de vidas y bienes causada por la Segunda Guerra Mundial y los crímenes de Stalin, denunciados por primera vez en el XX Congreso del PCUS por Nikita Jruschov. Mediada la década de los cincuenta, la Unión Soviética se había convertido en una gran potencia industrial. Las debilidades de su economía se centraban en la agricultura, en la producción de bienes de consumo y en el sector de los servicios, poco desarrollado.

El reformismo económico de Jruschov

Aunque el Sexto Plan Quinquenal, que abarcaba la etapa de 1956 a 1960, no difería demasiado de los precedentes, la vía reformista emprendida por Jruschov a partir del XX Congreso del Partido Comunista de la Unión Soviética (PCUS) conllevó algunos cambios significativos.

Ya durante el desarrollo del Quinto Plan se había evidenciado la dificultad

A raíz del plan quinquenal, modelo económico estalinista que duró hasta 1958, la industria de los países integrantes de Eurasia Septentrional tuvo un notable desarrollo, y el desaparecido estado soviético se convirtió en una gran potencia en este campo. Uno de los sectores destacados fue el metalúrgico, del que es exponente la factoría superior, en Novosibirsk (Rusia).

de integrar, en un plan único, el cada vez más complejo volumen de parámetros económicos. Por esta razón, en 1957 se procedió a una descentralización económico-administrativa, basada en la abolición de la treintena de minis-

Uno de los principales objetivos del reformismo económico soviético bajo el dirigente Jruschov fue llevar a cabo en los países nordeurasiáticos una rápida expansión de la industria química, aprovechando la abundancia de materias primas como el petróleo, que auspició la petroquímica. Arriba, refinería en Achinsk (Rusia), localidad centrooccidental de Siberia, próxima a Krasnoyarsk.

terios sectoriales que dirigían las principales ramas industriales, y en la creación de más de un centenar de consejos económicos de ámbito regional (sovnarjoses), a los que se subordinaban las actividades de las empresas.

En 1958 la planificación vigente fue abandonada y sustituida por un plan septenal que debía cubrir el período 1958-1965. Los principales objetivos de éste estribaban en la expansión acelerada de la industria química (debía triplicar su producción), y en el especial impulso inversor en la agricultura y en la construcción de viviendas.

Este ambiente de reformas y de apertura ideológica propició un nuevo debate sobre el funcionamiento de la economía soviética y su burocratización. Los temas centrales de la discusión se basaron en las relaciones existentes entre el plan central y las decisiones empresariales autónomas, y en la significación del beneficio como índice de la rentabilidad de las empresas.

Reorganización y burocratización

El incumplimiento de las previsiones del plan septenal, especialmente grave en el sector agrícola, determinó drásticos cambios en la cúpula del poder político y en la organización de la economía. Los criterios pragmáticos presidieron el viraje económico iniciado en

1965 y concretado en un nuevo plan quinquenal (1966-1970). Las veleidades descentralizadoras de la anterior etapa fueron abandonadas, y se retornó a la planificación estatal realizada por los distintos ministerios.

El renovado énfasis centralizador se conjugó con la introducción de diversas medidas orientadas a estimular la eficiencia productiva. Se redujo el número de indicadores del plan aprobados desde el centro, otorgándose en general una mayor autonomía a las empresas y dando un mayor realce a la ganancia de éstas. A la vez, se reconocía la importancia prioritaria de la política tecnológica y del crecimiento de la industria de consumo.

Sin embargo, la evolución de la economía soviética durante la década de los setenta y los primeros años ochenta estuvo marcada por un progresivo aletargamiento. La estructura económica global, con tasas de crecimiento ya muy moderadas (5,1 por 100 entre 1971 y 1975, 3,6 por 100 en el quinquenio siguiente), se mostró anquilosada y tecnológicamente atrasada en un contexto internacional caracterizado por profundos cambios.

Los antiguos espacios económicos

Más allá de retóricos propósitos de la planificación, la consecución del equilibrio entre los diversos espacios económicos se vio dificultada en muchas ocasiones por la imposibilidad de aunar los criterios de eficiencia con los de distribución geográfica. La propia extensión del territorio que abarcaba la antigua U.R.S.S., donde las distancias se contaban por miles de kilómetros, impuso severas condiciones a la localización industrial, y el sector europeo, históricamente más desarrollado, siguió concentrando la mayor parte del potencial industrial y poblacional. Por otra parte, los instrumentos analíticos empleados por la planificación centralizada mostraron serias insuficiencias en el examen de factores tan importantes como las inercias demográficas.

Criterios de localización industrial

En consonancia con el papel decisivo que tuvieron en el crecimiento de la economía, las ramas pesadas (en especial la metalurgia) y la producción de combustibles y de energía eléctrica señalaron las pautas del emplazamiento de la industria soviética. Aunque la proximidad a los grandes ejes ferroviarios tuvo también cierta influencia, la orientación dominante consistió en instalar las factorías cerca de los yacimientos. De ese modo, se minimizaban los costos del transporte de las materias primas minerales, habitualmente voluminosas y pesadas. Este criterio propició la expansión industrial hacia oriente, en busca de los recursos de los Urales y del Kuzbass, primero, y de las áreas del norte de Siberia y del Extremo Oriente, más tarde.

Entre otras metas fallidas del período soviético y heredadas por el conjunto de países de Eurasia Septentrional, la perestroika auspiciada por el líder soviético Gorbachov se propuso dinamizar la economía del estado gobernado desde Moscú, intentando estimular la capacidad de reacción de la sociedad frente a los retos planteados por la revolución tecnológica y científica. Abajo, uso de computadoras en la Universidad Politécnica de Letonia.

Otra característica espacial de la economía soviética fue el empleo de la denominada técnica de enlaces. Este método, dictado también en gran medida por la inmensidad de las distancias, se basaba en que la industria de una región «alimentaba» el desarrollo industrial de un territorio contiguo. Así, las minas de los Urales abastecieron de metales el Kuzbass durante varias décadas (formando el combinado «UKK»), y este último suministró los recursos necesarios para la industrialización de la cuenca del Yenisey, en Siberia.

La distribución de las industrias de consumo no se ajustó frecuentemente al deseado equilibrio regional. Si, por una parte, el abastecimiento de bienes semielaborados aconsejaba emplazar las ramas ligeras junto a las pesadas, las economías externas solían favorecer su localización cerca de los grandes centros urbanos consumidores. Además, no siempre resultaba fácil movilizar a los trabajadores cualificados, asentados principalmente en la zona europea, hacia distantes regiones asiáticas. Este conjunto de problemas evidenciaba las dificultades que encontraba la planificación centralizada ante la jerarquización económica y urbana existente en el territorio objeto de aplicación.

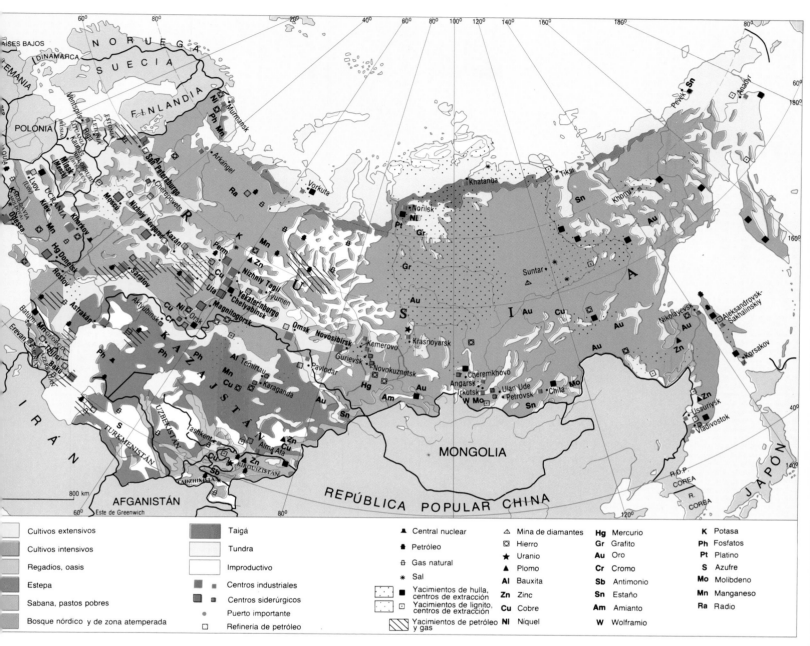

Cultivos extensivos	Taigá	▲ Central nuclear
Cultivos intensivos	Tundra	⬟ Petróleo
Regadíos, oasis	Improductivo	⊟ Gas natural
Estepa	▪ Centros industriales	✳ Sal
Sabana, pastos pobres	▪ Centros siderúrgicos	△ Mina de diamantes
Bosque nórdico y de zona atemperada	• Puerto importante	⊠ Hierro
	□ Refinería de petróleo	★ Uranio

△ Mina de diamantes	Hg Mercurio	K Potasa
⊠ Hierro	Gr Grafito	Ph Fosfatos
★ Uranio	Au Oro	Pt Platino
▲ Plomo	Cr Cromo	S Azufre
Al Bauxita	Sb Antimonio	Mo Molibdeno
Zn Zinc	Sn Estaño	Mn Manganeso
Cu Cobre	Am Amianto	Ra Radio
Ni Níquel	W Wolframio	

Yacimientos de hulla, centros de extracción
Yacimientos de lignito, centros de extracción
Yacimientos de petróleo y gas

La conquista del espacio agrícola

El desarrollo de la agricultura se basó en la expansión geográfica de los cultivos, más allá de la fértil franja de tierras negras (chernozioms) que cubre el sur de la estepa rusa y la región ucraniana. Se incrementó, por tanto, aun a costa de obtener rendimientos a veces muy mediocres, la colonización en las áreas situadas al norte de la citada franja, así como en el sector caucasiano.

Pero el proyecto agrícola más ambicioso, llevado a término entre 1954 y 1960, fue la campaña de las tierras vírgenes emprendida en Siberia Occidental y en el norte del Kazajstán. Pese a que la propaganda oficial otorgó a los sovjoses del Kazajstán un importante valor emblemático, los resultados conseguidos no pasaron de discretos. De hecho, el plan inicial fue modificado en aras de una mayor intensificación del abonado y de la expansión de la ganadería como actividad complementaria.

Unas débiles economías regionales

La división del territorio de la antigua U.R.S.S. en regiones económicas tuvo en general un marcado carácter administrativo, de mero soporte al plan central en la gestión de la pequeña industria y en la organización de los servicios públicos. Hasta la instauración de los 104 sovnarjoz en 1957, no cabe hablar propiamente de la existencia de una política de desarrollo regional en la que fue Unión Soviética.

Las amplias atribuciones otorgadas a las administraciones de los sovnarjoz, en detrimento de las funciones de los ministerios sectoriales, pretendían adecuar el desarrollo económico al marco de las nuevas regiones industriales. Esta reforma chocó con las pretensiones centralizadoras del Gosplan, con lo que la audaz propuesta reformadora acabó finalmente en fracaso.

En 1963 se procedió a dividir la entonces Unión Soviética en dieciocho regiones económicas, de extensión y demografía muy variada, a las que se sumaba el pequeño país moldavo. La creación de estas regiones respondió,

1051

lejos de cualquier consideración autárquica, al principio del equilibrio espacial en el contexto global de la economía soviética. Las funciones de la administración regional se limitaban, pues, a orientar las decisiones sectoriales y territoriales del plan central. Además, la carencia de ciudades que ejercieran de auténticas capitales regionales coartaba las posibilidades de regionalización económica.

El carácter industrial de las ciudades

El desarrollo histórico de la sociedad soviética estuvo acompañado por una progresiva urbanización. A mediados de la década de los sesenta, 119 millones de habitantes, algo más de la mitad de la población, residía en las ciudades. Esta cifra, que quintuplicaba la población urbana de 1920, se fue incrementando en los dos decenios siguientes hasta los 180 millones de habitantes, un 65 por 100 del total. De éstos, 98,8 millones vivían en ciudades de más de 100.000 habitantes.

Acorde con las peculiaridades de la economía soviética, la función de las ciudades solía estar muy ligada a la industria, hecho que se acentuaba en las «ciudades nuevas» de la zona asiática. Así, ciudades rusas como Chelyabinsk, Osmk o Novosibirsk, prácticamente inexistentes antes de 1928, alcanzan hoy poblaciones superiores al millón de habitantes, fruto de su espectacular desarrollo industrial. Karanganda, fundada en los años treinta en el Kazajstán, constituye, con más de 600.000 habitantes, un buen ejemplo de urbe ligada a la explotación minera.

Las capitales de los diversos países de Eurasia Septentrional y los centros políticos de menor rango son ciudades más variadas, conjugándose habitualmente en ellas la actividad administrativa con una notable presencia del sector industrial. Menor relevancia tuvo hasta el final del régimen soviético el comercio urbano, relegado por el carácter planificado del almacenamiento y la distribución de los productos.

De la planificación al mercado

En una situación de crisis larvada surgió en 1985 la propuesta de reestructuración o renovación (perestroika), auspiciada por el secretario general del PCUS Mijaíl Gorbachov. En octubre de 1985, en una intervención ante el Co-

mité Central Gorbachov propuso un plan de reestructuración económica hasta el año 2000 buscando conjugar el desarrollo económico con el bienestar social. En el plano económico, la perestroika propugnaba nuevas directrices, tanto en el funcionamiento interno de las empresas, como en la planificación global.

Durante el período soviético, la base de la agricultura de los países de Eurasia Septentrional fue la expansión geográfica de los cultivos, y también una mayor intensificación del abonado y el desarrollo de la ganadería como actividad complementaria. Abajo, zona de pastos en Estonia; a la izquierda, ganado de explotación familiar, en una aldea de Osetia del Norte (Rusia).

Se intentaba, pues, dinamizar la economía de la Unión Soviética mediante la simplificación de las estructuras administrativas, la autonomía financiera de las empresas y la introducción de «factores estimulantes del mercado socialista». Del triunfo de estos cambios, ensalzados por unos y criticados por otros, parecía depender la capacidad de reacción de la sociedad soviética ante los retos planteados por la actual revolución cientificotécnica.

Sin embargo, las tensiones que generó la aplicación de las reformas, con una poderosa burocracia atrincherada tras sus múltiples privilegios y una red de intereses creados por la formidable maquinaria del poder pusieron en graves dificultades a la perestroika. De hecho, las reformas agudizaron la crisis del antiguo aparato de producción y distribución sin que se consolidaran alternativas. La obstaculización e incluso la paralización de los intercambios entre las repúblicas introdujeron elementos de caos en la economía. La produción agroalimentaria se volvió cada vez más insuficiente para garantizar el abastecimiento de la población y la industria se vio gravemente afectada por la carencia de materias primas, mientras que un número cada vez mayor de productos se desviaban hacia el mercado negro. Todo ello contribuyó a que la economía entrara en una caída continua de la producción y en una una espiral inflacionista. Según avanzaba el proceso, la reforma del sistema se veía cada vez más problemática y comenzó a hablarse simplemente de paso a una economía de mercado. Los planes de transición al mercado no acababan de cuajar —a pesar de que el Parlamento concedió al propio Gorbachov en setiembre de 1990 poderes especiales con esta finalidad— porque en la cúpula del poder seguía sin resolverse el conflicto entre conservadores y reformistas.

Después del frustrado golpe de estado de agosto de 1991 se impusieron ya las medidas radicales para implantar de una manera definitiva la economía de mercado. Con la disgregación de la U.R.S.S. la iniciativa de este proceso quedaba ahora en manos de Rusia y del nuevo hombre fuerte, su presidente Borís Yeltsin. Las restantes repúblicas, a pesar de su asumida independencia, no tenían más remedio que seguir el ritmo impuesto por Rusia. Todo el entramado económico que había puesto en marcha el sistema de planificación central repartiendo a cada una de las antiguas regiones económicas un papel determinado había quedado obsoleto sin que hubiese sido sustituido por otro. De esta manera los nuevos estados se encontraron con un aparato productivo que los supeditaba en extremo unos a otros, pero además con la paradoja de existir grandes dificultades para la definición de unas reglas de funcionamiento en un espacio económico común, como se pretendía con la creación, en diciembre de 1991, de la Comunidad de Estados Independientes (C.E.I.).

Los sectores económicos

El panorama económico actual de los países de Eurasia Septentrional presenta notables complejidades. Los nuevos estados han heredado las deficiencias del viejo sistema que ya se hicieron patentes en la década de los ochenta, ahora agudizadas por el colapso de una economía que busca el camino para

1054

El progresivo descenso en la participación de la agricultura en la renta nacional y el incremento del sector terciario mostraron una modernización del que fue estado soviético, implantado entre 1924 y 1991 en Eurasia Septentrional. Con los años, a partir de los setenta, se pusieron de manifiesto, sin embargo, graves deficiencias. Así, se planteó la necesidad, recogida tardía e insuficientemente por la perestroika de Gorbachov (1985-1991), de una urgente reconversión en muchos campos, al tiempo que una mejora en la calidad de los productos y en los niveles de producción y distribución. La corrupción y el abuso de los distintos estratos que detentaban el poder, la obsolescencia misma del sistema, las tensiones nacionalistas, la desconfianza social generada por el mal uso de la tecnología, entre otras causas, minaron de tal modo las estructuras soviéticas que facilitaron su liquidación (1991) a manos de los sectores reformistas más radicales de los diversos países nordeurasiáticos. Arriba, destrucción de productos tóxicos en Chinkhany (Rusia); en la página anterior, fábrica de tractores en Chelyabinsk (Rusia).

pasar de la planificación al mercado. Estas carencias afectan en especial al sector agroalimentario y a diversas ramas de la industria, urgentemente necesitados de inversión y de innovaciones tecnológicas.

El complejo tejido burocrático urdido por cincuenta años de planificación centralizada convirtió la maquinaria económica en una estructura mastodóntica que ahogaba las iniciativas, incapaz de afrontar los retos de la reconversión tecnológica y la calidad de los productos, salvo en las industrias ligadas a la tecnología militar o espacial. Hay que recordar al respecto el protagonismo económico que llegó a alcanzar el complejo militar. El mantenimiento de la carrera armamentista con Estados Unidos, al absorber un porcentaje notable de los esfuerzos de la nación, se convirtió finalmente en una gran rémora que atenazó el desarrollo de la antigua Unión Soviética.

Otros factores negativos heredados son la inercia burocrática, el absentismo y la falta de motivación de los trabajadores, la obsolescencia del aparato productivo y la falta de transparencia, incluso en la evaluación estadística de las grandes magnitudes econométricas. Por otro lado, después de más de medio siglo de economía planificada, estos países no disponen todavía de una clase empresarial capaz de operar ya en el marco de una economía de mercado.

Existen, sin embargo, algunos factores sobre los que fundamentar la recuperación de la economía de los países nordeurasiáticos. En algunos de ellos son evidentes los rasgos de modernización social, apreciables en el lento pero progresivo descenso de la participación de la agricultura en la renta nacional y en el incremento del sector terciario. Además, los recursos del territorio, de un enorme valor potencial, permiten augurar un futuro económico esperanzador.

El sector primario

El enorme volumen económico generado por la agricultura de los países de Eurasia Septentrional, en lógica correspondencia con el amplio territorio que ocupan, no puede ocultar su relativa insuficiencia. Tiene ésta su origen tanto en las dificultades impuestas por el clima, elemento determinante de la improductividad de más de una cuarta parte de la superficie de Eurasia Septentrional, como en el carácter eminentemente extensivo de la política agraria del antiguo régimen soviético, antes abocada a grandes proyectos de colonización de tierras vírgenes que a la mejora de los cultivos existentes.

Tras las reformas emprendidas en 1965, que incluían medidas destinadas a especializar los cultivos y a intensificar el abonado de los campos, se apreció un sensible, aunque irregular, aumento de la productividad. Ello propició la drástica reducción del número de trabajadores agrícolas, que pasó de unos 39 millones estimados en dichos años (un 32 por 100 de la población activa), a unos 17 millones a mediados de los noventa (menos del 15 por 100 de la población activa).

El programa alimentario iniciado en 1982 y vigente durante el resto de los años ochenta se propuso diversificar la agricultura y mejorar la gestión del almacenamiento y la distribución de los productos. Se pretendía de este modo atender adecuadamente las demandas sociales sin necesidad de recurrir a la compra en el mercado exterior. Sin embargo, a finales de la década de los ochenta era evidente que el programa no se había cumplido. Al problema de una producción insuficiente (las cosechas siguen siendo muy dependientes de la climatología, escasea la oferta de maquinaria, los repuestos son caros) y de baja calidad de una parte importante de los artículos de alimentación se han venido a sumar las dificultades en el transporte y la distribución. De hecho gran parte de la oferta agroalimentaria circula al margen de los canales oficiales, bien en el mercado negro a precios altos, bien en una economía de trueque.

Formas de organización agraria

Antes de la Revolución, la agricultura del Imperio Ruso se basaba en los mir, explotaciones campesinas de carácter comunal, y en las granjas privadas, que alcanzaban enormes extensiones en el caso de los kulaks. A partir de la colectivización acelerada iniciada en 1928,

la estructura productiva del campo soviético se repartió entre dos tipos de empresas: granjas estatales (sovjoses) y granjas cooperativas (koljoses). Desde entonces, la política agrícola se encaminó hacia el incremento del número de sovjoses y la agrupación de los koljoses en unidades de mayor extensión.

La organización de los sovjoses se asemejaba a la de las grandes empresas industriales. Los trabajadores (una media de 450 a principios de los ochenta) eran empleados del Estado, y los índices económicos esenciales (productividad, rentabilidad, inversión y aprovisionamiento) se planificaban centralmente.

Los koljoses, por su parte, eran unidades de producción agrícola en que el Estado, propietario de la tierra, la cedía a perpetuidad al colectivo de trabajadores, y compraba un volumen estipulado de la producción al precio decidido por los planificadores. El colectivo de koljosianos era poseedor a su vez de la maquinaria y de los edificios, y elegía un comité de dirección que gozaba de amplia autonomía en la gestión organizativa. El excedente productivo podía ser vendido, bien al Estado, bien en los mercados libres, o ser distribuido entre los propios trabajadores.

Aunque ambos tipos de explotación se repartían casi a la par la superficie cultivada en la Unión Soviética, la producción que generaban se diferenciaba notablemente. Los sovjoses se dedicaban especialmente al cultivo de cereales y forrajes, en tanto que tres cuartas partes de los cultivos industriales se realizaban en los koljoses. Junto a ambos tipos de explotación agraria, coexistían las pequeñas parcelas privadas (dvor), normalmente especializadas en la producción de patatas y hortalizas.

La modificación de las formas de propiedad de la tierra se fue abriendo camino con la perestroika. Así en marzo de 1990 se aprobaba la ley de la tierra que permitía la propiedad privada y la herencia. De todas las formas, la privatización derivó en un proceso lento. En este sentido, es significativo que a mediados de los noventa, con todos los planes de reforma económica en marcha, la regulación de la compra y venta de la tierra podía considerarse un proceso lento.

Trigo

Patatas

Cebada

Avena

Centeno

Maíz

Uvas y vino

92.300

Tomates y sandías

Guisantes y cebollas

Azúcar

Algodón y simiente

Otros productos

87.

**Principales productos agrícolas de
los países de Eurasia Septentrional
(miles de toneladas)**

51.400

21.400

15.000

12.500

12.291

11.200

11.150

7.978

8.350

9.160

Las grandes regiones agropecuarias

El clima y la variedad de los suelos determinan diversas zonas agrícolas en el territorio de Eurasia Septentrional. Dificultada por el frío, la actividad en Rusia es prácticamente inexistente en el cinturón más septentrional, dominado por la tundra, y en las regiones boscosas de la taigá. Más al sur, en latitudes inferiores a los 60°, las gradaciones climática y edáfica conforman tres franjas paralelas que, estrechándose de oeste a este, se extienden por la llanura Rusa hasta Siberia Occidental.

El pobre y ácido suelo podzólico de la más nórdica de esas franjas favorece el predominio del centeno, cereal que requiere pocos cuidados. Está también muy extendido en esa región el cultivo industrial del lino, que ocupa las mejores tierras. Las labores agrícolas, de rentabilidad mediocre, son complementadas por la explotación de los bosques y por la ganadería bovina, abundante sobre todo en las praderas del litoral báltico.

Hacia mediodía, en los suelos parduzcos donde crecen las especies caducifolias, se practica una agricultura más variada, asociada a una muy notable cabaña bovina y porcina. La cebada y la avena, junto con el trigo en las áreas más cálidas, sustituyen al centeno, en tanto que los campos de cáñamo complementan y aun desplazan al lino. La elevada densidad demográfica de esta zona, en especial a lo largo del eje Moscú-Nizhniy Novgorod, en Rusia, estimula la producción de frutas y hortalizas destinadas a los mercados urbanos.

Las tierras negras de la estepa rusa, famosas por su gran fertilidad, constituyen la región más productiva. Aunque el paisaje formado por extensos trigales es tradicionalmente hegemónico, la lucha contra la erosión y el agotamiento del suelo ha propiciado la diversificación hacia otros cultivos, entre los que destacan la remolacha azucarera, el maíz y el girasol. Las plantas forrajeras, ampliamente extendidas, permiten alimentar el ganado vacuno, productor de leche y carne. El río Volga divide la zona en dos sectores bien diferenciados. En la parte occidental, más poblada y húmeda, la explotación tiene un carácter más intensivo y los rendimientos son mayores, aun cuando distan de los obtenidos en Europa Occidental y en los Estados Unidos. Al este del Volga aumentan los prados naturales no cultivados y la ganadería se integra menos con las labores agrícolas. En el margen oriental de las tierras negras, a caballo entre Siberia

Occidental (Rusia) y el Kazajstán, se encuentran las tierras vírgenes, objeto de la campaña colonizadora de los años cincuenta. Más allá, al este del curso del Irtysh o Irtish, la agricultura siberiana se concentra en los valles superiores de los grandes ríos. Únicamente en la cuenca media del río siberiano Lena, unas condiciones climáticas favorables permiten el cultivo primaveral de cereales.

Las regiones meridionales del sector europeo se distinguen por una agricultura más intensa y variada. El cálido clima de Moldavia y de la península ucraniana de Crimea acoge la viticultura y el cultivo de árboles frutales y de hortalizas, muy difundidos también en el Cáucaso y en el valle inferior del Volga, en Rusia. En particular, la ribera georgiana del mar Negro, muy húmeda y calurosa, está especializada en productos subtropicales de alto valor, como el té, el tabaco o los agrios.

En la árida Transcaucasia y en las faldas montañosas de Asia Central, la agricultura está basada en el regadío. El cultivo tradicionalmente predominante es el del algodón, pero también abundan los campos de arroz, la fruticultura y los forrajes, que alimentan una importante cabaña bovina.

Una gran producción cerealística

De los más de doscientos millones de hectáreas de tierras cultivadas en Eurasia Septentrional, casi la mitad están dedicadas a los campos de cereales. Pese a que en el conjunto de los países nordeurasiáticos se concentra la mayor producción mundial de centeno, cebada y avena, y a que comparten con los Estados Unidos la primacía en la producción de trigo, la irregularidad climática y las graves deficiencias en el almacenamiento y la distribución del grano provocan periódicas carestías.

Aunque el trigo sigue siendo la especie cereal hegemónica, la creciente

Importantes zonas agrícolas de Eurasia Septentrional son la ribera del mar Negro en Georgia, cuyo clima húmedo y caluroso favorece el cultivo de productos subtropicales (té, agrios, tabaco), y los valles de las repúblicas de Asia Central, con cultivos de algodón y hortícolas. Arriba, plantación de té en Georgia; a la izquierda, mercado en Samarkanda, Uzbekistán.

diversificación agraria supuso la disminución de la superficie sembrada, que pasó de casi setenta a poco más de cincuenta millones de hectáreas en un período de algo más de un cuarto de siglo. Al mismo tiempo descendió la extensión de los campos de centeno, que conforman el paisaje característico de las regiones agrícolas más frías. Con todo, su producción representa algo menos de la mitad del total mundial.

La cebada, que madura con mayor rapidez, tiende a sustituir al centeno y al trigo en las regiones más septentrionales y en las laderas montañosas. Su difusión fue espectacular en el período soviético: más de treinta millones de hectáreas cultivadas a mediados de los ochenta casi doblaron la superficie ocupada veinte años antes.

Menor importancia económica tienen el maíz, que ocupa una superficie de apenas cuatro millones de hectáreas, y el mijo. El cultivo del arroz, limitado antaño a las áreas irrigadas de Asia Central, se extiende en la actualidad hacia latitudes superiores, como el delta del Volga, en Rusia, y los valles inferiores de los grandes ríos ucranianos y de Moldavia.

Gracias al aumento de los prados artificiales y al cultivo de plantas forrajeras, la ganadería experimentó un considerable incremento en los diversos países de Eurasia Septentrional con condiciones físicas favorables, es decir, sobre todo los del sector europeo. Los rendimientos medios siguen, sin embargo, siendo bajos y el sector, al igual que otros, tiene que hacer frente a las reestructuraciones derivadas de la economía de mercado. A la derecha, pastor distribuyendo en envases la leche recién ordeñada y aspecto de una zona de pastos en Karachaievo-Cherkesia, en el Cáucaso de Rusia.

Aunque secundarios respecto a la producción cerealística, tienen notable importancia los cultivos industriales utilizados por el sector textil, básicamente el algodón y el lino. El primero, necesitado de temperaturas altas, es propio de los valles de los estados centroasiáticos y de Transcaucasia, y se extiende sobre una superficie de más de tres millones de hectáreas. La producción de fibra de algodón se ha estabilizado en los últimos años. El lino, de características biológicas opuestas al algodón, se cultiva en las regiones frescas y húmedas del noroeste de la llanura Rusa (Rusia) y en Bielorrusia. Los campos de lino ocupan algo más de un millón de hectáreas.

Entre el resto de cultivos industriales destacan el del girasol y el de la remolacha. Los campos sembrados de girasoles se esparcen a lo largo de una ancha franja que, extendiéndose a lo largo del sector meridional de la llanura europea, desde Moldavia hasta el curso del Volga a la altura de Samara, en Rusia, se prolonga por el sur hacia el Cáucaso. La abundancia del girasol (casi cuatro millones de hectáreas de extensión), apenas deja espacio a otras especies oleícolas, como la colza o la soja. Una superficie semejante ocupa la remolacha, sembrada mayoritariamente en los campos ucranianos.

El cultivo de la patata está también muy difundido, especialmente en los Países Bálticos y en general en las áreas situadas al norte de las tierras negras. La superficie sembrada de patatas es de casi siete millones de hectáreas, con unos elevados índices de productividad, destinadas tanto al consumo humano como a la preparación de forrajes e incluso a usos industriales. Por contra, las hortalizas y los árboles frutales tienen únicamente relevancia en pequeñas áreas del territorio de Eurasia Septentrional en la península ucraniana de Crimea, en Georgia y en las laderas montañosas de las repúblicas de Kirguizistán y de Uzbekistán.

La ganadería

La cabaña de los países de Eurasia Septentrional no ha llegado a alcanzar los rendimientos medios que se consiguen en Europa Occidental y Estados Unidos, debido sobre todo a la mediocridad de las razas seleccionadas en dicho territorio.

Más de una tercera parte de la cabaña bovina está formada por vacas lecheras. Aunque los bóvidos se hallan distribuidos por todo el territorio nordeurasiático, los mejores ejemplares pacen en los húmedos prados de las comarcas europeas de los Países Bálticos.

El ganado ovino predomina en las estepas de Siberia meridional, del Cáucaso y de Asia Central. El tradicional pastoreo de carácter nómada ha sido eliminado en gran parte mediante el cultivo de plantas forrajeras que permiten alimentar a los rebaños.

El sector porcino ocupa también un lugar importante en la ganadería de Eurasia Septentrional. La explotación más eficiente se realiza de forma semiestabulada en las grandes granjas del norte de las regiones europeas.

La actividad pesquera

Las principales regiones pesqueras de Eurasia Septentrional se hallan en los sectores marinos situados al noroeste y este, que, con gran diferencia en relación al resto de países nordeurasiáticos con salida al mar, hacen de Rusia una de las principales potencias pesqueras del mundo.

En la zona ártica de Rusia, el mar de Barents se mantiene en gran parte libre de hielos, incluso en la estación invernal, debido a la llegada a sus aguas del extremo septentrional de la corriente del Golfo. Esta circunstancia especial favorece la presencia de un importante banco de merluzas y arenques, explotado por una moderna flota altamente tecnificada.

La ciudad portuaria de Murmansk, en la península de Kola, centraliza la actividad pesquera del oeste ártico, tanto en la captura como en la transformación industrial del pescado. También desarrolla un destacado papel la ciudad de Arkángel.

Los grandes mares de la cuenca del Pacífico constituyen la otra gran región rusa de pesca. En especial, la franja de contacto entre las aguas continentales y oceánicas, a la que llega la atenuada influencia de la cálida corriente del Kuro-Sivo, se caracteriza por su riqueza ictiológica, que ha sido explotada de una forma continuada desde los tiempos antiguos.

Los principales puertos pesqueros de esta zona son los de Vladivostok y Nakhodka (Najodka), en aguas del mar del Japón, Magadan, en el mar de Ojotsk (Okhotsk), y Petropavlosk-Kamchatskiy, en el de Bering.

Menor importancia tiene la pesca en las aguas casi cerradas de los mares Báltico y Negro. En ellos, la escasa salinidad de los estratos más superficiales limita la presencia de plancton y con ello la vida piscícola. Por contra, las aguas poco profundas del mar de Azov acogen una enorme variedad de especies marinas. En sus orillas se encuentran los principales centros de elaboración de pescado del sur de Eurasia Septentrional, Rostov, en Rusia, y Mariupol, en Ucrania.

En las aguas del Caspio tiene una gran importancia la pesca del esturión, cuyas huevas constituyen el apreciado caviar. Las principales instalaciones de preparación y conservación de este producto se hallan en las ciudades de Astrakán (Rusia) y Guryev (Kazajstán), ambas en la costa septentrional. Alcanza también un volumen notable la pesca de especies de agua dulce, en especial la de salmones.

La explotación forestal

Los bosques, poblados predominantemente por coníferas, ocupan en Eurasia Septentrional una superficie de 9.200.000 de kilómetros cuadrados, lo que representa el 41 por 100 del territorio conjunto de todos los países integrantes. El aprovechamiento de este importante recurso está muy concentrado en las regiones nórdicas de la Rusia europea, accesibles tanto por vía terrestre como por vía fluvial. La ciudad de Kotlas, situada a orillas del río Dvina Septentrional, es tradicionalmente el centro distribuidor de la madera cortada hacia las pobladas urbes de la llanura, en tanto que el puerto de Arkángel, en el mar Blanco, acoge las mayores serrerías de Rusia.

En los últimos lustros, ante la deforestación excesiva observada en el área europea, ha aumentado significativamente la explotación forestal de la taigá. Para favorecer la rentabilidad de la tala en los exuberantes bosques de Siberia y de Extremo Oriente, se procede a la apertura de nuevas vías de comunicación y se acentúa la mecanización del trabajo forestal.

Una tercera parte de la leña cortada es empleada como combustible, y la producción restante es destinada a usos industriales (construcción de muebles, pasta de papel). Además, una parte de madera es exportada a través de los puertos rusos de Arkángel y Onega, en el mar Blanco, y de Vladivostok, en el océano Pacífico.

Los recursos madereros del conjunto de países de Eurasia Septentrional representan más de un tercio del área forestal mundial, aunque Rusia y Bielorrusia son los que más destacan en este aspecto. Una tercera parte de la madera obtenida se utiliza como combustible, mientras que la producción restante se destina a usos industriales como la pasta de papel, la fabricación de muebles o la exportación. Arriba, transporte de madera por el río Vishera (sector europeo de Rusia); en la página siguiente, arriba, talleres de un periódico de Moscú (Rusia), importante consumidor de papel fabricado.

La industria

La evolución histórica de la antigua Unión Soviética estuvo relacionada con un ingente desarrollo de la actividad industrial en toda Eurasia Septentrional. El avance fue espectacular durante los primeros planes quinquenales: la producción bruta alcanzada hacia 1940, siete veces superior a la correspondiente a 1913, fue a su vez sextuplicada a mediados de los sesenta. En los años setenta y ochenta el crecimiento fue más moderado, descendiendo las tasas anuales por debajo del 5 por 100.

Privilegiadas durante un largo período, las ramas pesadas (la siderurgia y la construcción de maquinaria en espe-

cial) siguen ostentando la primacía de la industria, pese a que la tendencia actual se orienta hacia el estímulo de los sectores productores de bienes de consumo.

El innegable crecimiento cuantitativo no estuvo, sin embargo, acompañado de la correspondiente innovación tecnológica, lo que originó la relativa obsolescencia del aparato productivo y, por consiguiente, el descenso de la productividad.

La empresa industrial

La empresa estatal ha constituido durante decenios la unidad productiva básica de la industria de los países que componen Eurasia Septentrional. En este tipo de empresa, habitualmente de grandes dimensiones, el patrimonio era

propiedad del Estado, y la dirección administrativa estaba subordinada a los órganos superiores que decidieron su creación y que planificaban su producción. El modelo de organización industrial solía chocar con la inercia burocratizada de la gestión y con las rigideces contables del plan.

Hasta 1965, los sistemas de cálculo de amortización de la maquinaria e instalaciones inducían al desinterés empresarial por modernizar y rentabilizar al máximo los equipos.

Con el fin de estimular la amortización acelerada y la renovación tecnológica, las reformas iniciadas en dicho año introdujeron el concepto del «desgaste moral» de la maquinaria causado por el progreso técnico.

El debate en torno al tema de hasta donde tiene que llegar la privatización de las empresas no está cerrado. El Banco Mundial se mostró partidario de privatizar casi todas las empresas estatales de la antigua U.R.S.S. En algunos países, como los bálticos, se inició la introducción del mercado con una privatización radical, repartiendo bonos entre los ciudadanos para adquirir propiedades del Estado, o devolviendo propiedades confiscadas por el régimen soviético.

El último gobierno de la antigua U.R.S.S. tenía ya en cartera diversos planes para privatizar la industria pesada y reconvertir el complejo militar en industria ligera. Se ha de tener en cuenta que el complejo militar suponía entre el 15 y el 20% del producto interior bruto de la Unión Soviética y que en la fábricas de material militar también se producían bienes de uso civil como podían ser vehículos, aviones, buques, refrigeradores.

Grandes regiones industriales

Antes de la Revolución, la industria rusa se hallaba concentrada casi exclusivamente en el continente europeo. En la actualidad, pese al notorio desarrollo de la región siberiana, más de dos terceras partes de los bienes industriales de Eurasia Septentrional se producen en la zona comprendida entre los países nordeurasiáticos más occidentales y los montes Urales, en Rusia. Las principales áreas industriales europeas siguen siendo aquellas que empezaron a desarrollarse durante la época zarista mediante la aportación financiera de las grandes firmas del capitalismo occidental, es decir, las cuencas metalúrgicas del este de Ucrania y de los Urales y los núcleos urbanos de Moscú y San Petersburgo. Aunque en un tono menor, debe citarse también el desarrollo industrial más reciente de las ciudades del valle medio del Volga (de Samara a Volgogrado, en Rusia), de la región caucasiana (a partir de los antiguos pozos petrolíferos de Bakú, en Azerbaiján), y de las capitales de influencia nacional, como Kiev (Ucrania), Minsk Bielorrusia), Kaunas (Lituania) o Riga (Letonia). La industrialización de la zona asiática ha estado asociada a la explotación de los recursos minerales y energéticos. Destacan sobre todo el complejo siderometalúrgico pesado creado en la cuenca del Kuzbass, en Siberia Occidental (Rusia), objetivo prioritario de las inversiones durante los primeros planes quinquenales, y los nuevos centros creados en el Kazajstán Septentrional (alrededor de los yacimientos de Karaganda), y en la cuenca del río Yenisey y su afluente el Angara, en Rusia.

En Moscú y en las ciudades de su periferia (Yaroslavl, Nizhniy Novgorod,

Ryazan, Tver, Tula) se concentra buena parte de las instalaciones de la industria ligera más modernas no sólo de Rusia, sino de toda Eurasia Septentrional (en especial en los sectores mecánico, de fabricación de electrodomésticos, editorial, textil, químico y del automóvil).

La abundancia de trabajadores profesionalmente cualificados, la presencia de un gran mercado consumidor y la densa red radial de transportes, centrada en la capital, compensan con creces la pobreza de los recursos naturales de la región central rusa, que se abastece de la electricidad generada por el conjunto de centrales existentes en el curso alto del Volga.

La rama industrial predominante en San Petersburgo es la mecánica, que ocupa a casi la mitad de la población activa del sector secundario. También son notables las industrias ligeras en general (textil, alimentaria) y la de construcción naval, que son abastecidas de materias primas provenientes de Carelia y de la península de Kola, en Rusia.

Ucrania, industrializada a partir del siglo pasado sobre la base de los yacimientos carboníferos del valle inferior del Donets y del mineral de hierro extraído en Krivoy Rog, fue el bastión principal del desarrollo industrial soviético anterior a la Segunda Guerra Mundial. Pese a que su aportación relativa al conjunto de la economía soviética disminuyó después, el Donbass, completamente reconstruido tras la devastación bélica, sigue siendo una región industrial de primer orden,

caracterizada como antaño por su producción metalúrgica, hoy en día más diversificada. Centros fabriles como Donetsk, Kramatorsk, Lugansk, Makeyevka o Gorlovka, conforman un paisaje industrial característico.

El desarrollo industrial de la región rusa de los Urales fue intensamente estimulado durante los dos primeros planes quinquenales soviéticos, con el objeto de crear una industria pesada protegida y alejada de las potenciales amenazas exteriores. Para ello se estableció el Kombinat Urales-Kuzbass (UKK), que aprovechaba los recursos carboníferos de esta última cuenca. La región de los Urales, desligada ya del carbón siberiano, ha diversificado su producción industrial, centrada actualmente en la metalurgia, mecánica y automovilística. Las mayores ciudades (Yekaterinburgo, Chelyabinsk, Magnitogorsk, Perm), además de concentrar las principales instalaciones, ejercen como centros administrativos.

A modo de apéndice del área industrial de los montes Urales, entre éstos y el Volga, se encuentra la denominada segunda Bakú, una importante zona petrolífera rusa situada en el valle medio del Volga. A lo largo de este eje fluvial se implantó un conjunto de grandes instalaciones del sector petroquímico, cuyos centros principales son las ciudades rusas de Samara, Saratov y Volgogrado.

La grandiosa cuenca hullera del Kuzbass, en Rusia, con una superficie de 26.700 kilómetros cuadrados, constitu-

El extinguido sistema soviético fomentó la industrialización de las diversas partes del estado que lo sustentaba sobre las tierras de Eurasia Septentrional. Sin embargo, al contemplar el conjunto de países como un todo unitario, creó complementaridad y dependencia entre las economías, y particularmente las industrias, de los actuales estados nordeurasiáticos independientes, originándoles enormes dicultades para seguir una vía nacional plenamente autónoma. Arriba, en esta página y en la anterior, empresa textil en Ogre (Letonia). Sobre estas líneas, planta siderúrgica en Dnepropetrovsk (Ucrania).

ye una región industrial de gran importancia. Produce el 10 por 100 de todo el acero de Eurasia Septentrional y colabora en un porcentaje mayor a la metalurgia no ferrosa y a la construcción de maquinaria. La antigua colaboración con la región de los Urales, que abastecía de metales al Kuzbass, fue progresivamente reemplazada por la aportación de minerales del Kazajstán. Los principales centros industriales son Kemerovo, Novokuznetsk, Belovo y Barnaul, en tanto que el papel de capital administrativa corresponde a Novosibirsk.

En la árida cuenca de Karaganda, en el Kazajstán Septentrional, se ha desarrollado una notable actividad industrial desde

los años treinta, aprovechando los diversos yacimientos carboníferos y metálicos (hierro, manganeso y cobre, en especial).

En Siberia Oriental, junto al curso alto del río Angara, se encuentra la región industrial rusa de desarrollo más reciente. Las instalaciones construidas, que pretenden aprovechar los enormes recursos energéticos existentes en la zona (el carbón de Irkutsk y Minusinsk, las grandiosas centrales hidroeléctricas del Yenisey y el Angara), conforman un importante complejo de industrias electrometalúrgicas y electroquímicas.

Las restantes áreas industriales de Eurasia Septentrional se limitan a pequeños núcleos aislados, de influencia meramente local o regional. Destacan entre éstos la capital del Uzbekistán, Tashkent, especializada en los sectores de la industria ligera. Por su parte, la industrialización del Extremo Oriente de Rusia, todavía incipiente, se desarrolla prioritariamente en la cuenca media del río Amur (complejos de Khabarovsk-Komsomolsk) y en el alto Ussuri (Vladivostok y Suchan).

Una ingente riqueza minera

Los enormes recursos del subsuelo de Eurasia Septentrional han permitido tradicionalmente abastecer de la mayor parte de los productos metálicos a las industrias de todos los países integrantes. En Eurasia Septentrional se extrae la cuarta parte de todo el hierro que se produce en el Planeta. El mineral de hierro se encuentra tradicionalmente en los ricos yacimientos ucranianos de Krivoy Rog y Kremenchug, en la península de Crimea o el istmo de Kerch, y en los rusos de los montes Urales (Serov, Nizhniy Tagil o Nizhnii Taguil y Magnitogorsk son los centros más notables). En las últimas décadas, y gracias a concentrar grandes inversiones, adquirió progresiva importancia el aprovechamiento de la veta férrica que origina la anomalía magnética de Kursk, en el corazón de la estepa rusa.

Respecto de los minerales que contienen aluminio, se extrae bauxita en Boksitogorsk, en las cercanías de San Petersburgo, en el norte del Kazajstán (yacimiento de Arkalyk) y en los Urales. El hecho de que las reservas de este mineral fueran insuficientes para atender la gran demanda en la antigua Unión Soviética favoreció la explotación de nefelina en la península rusa de Kola, así como de alunita en Transcaucasia.

Entre los restantes metales destaca el manganeso que se explota en Nikopol (Ucrania) y en Chiatura (Georgia), en tanto que la extracción del tungsteno, también muy concentrada, se realiza en la localidad rusa de Tyrnyauz, en la ladera septentrional del Cáucaso. Gran parte de la producción de níquel procede del yacimiento de Verkhniy Ufaley (Rusia), en los Urales. En esta cordillera se halla también el centro productor de cromo más importante, Hromtau.

El sector energético

El papel de los distintos recursos energéticos ha experimentado cambios muy notables en los últimos decenios. La aportación del carbón, que representaba tres quintas partes del balance energético de la antigua U.R.S.S. en 1960, se redujo en la década de los noventa al 20 por 100.

Por contra, la participación del petróleo se mantuvo en cambio bastante estable entre ambas fechas, alrededor de un 30 por 100, en tanto que la del gas natural se incrementó notablemente de manera que en la actualidad se ha convertido en la primera fuente generadora de energía de los países de Eurasia Septentrional.

Las principales zonas carboníferas están emplazadas en las cuencas del Kuzbass y del Pechora (Rusia), de Karaganda (Kazajstán) y del Donets (Ucrania). El carbón extraído en esta última ha venido suministrando tradicionalmente energía a la industria ucraniana y en general a todo el sector europeo. También en este sector, pero en su vertiente septentrional, se encuentra el campo carbonífero del valle del Pechora, cuya producción sirve de complemento a la del Donbass (Ucrania).

Entre los yacimientos situados en el continente asiático, el Kuzbass, en Rusia, produce unos cien millones de toneladas anuales, de notable calidad, estimándose sus reservas potenciales en unos doscientos cincuenta millones de toneladas. El carbón procedente de esta cuenca es utilizado en las plantas siderometalúrgicas de los Urales y en las fábricas de Siberia Oriental y del Asia Central. De las minas de Karaganda, en Kazajstán, que aprovisionan desde los años treinta a las industrias urálicas, se generan actualmente unos treinta millones de toneladas anuales. También en Kazajstán, en el valle del Irtysh, se encuentra el importante yacimiento de Ekibastuz, explotado a partir de los años cincuenta.

Por lo que concierne al petróleo, en el conjunto de los países de Eurasia Septentrional se concentra la mayor producción petrolífera mundial. Más del 70 por 100 de la producción actual procede de la cuenca rusa del Volga-Urales (la «segunda Bakú»), y el resto de los campos emplazados en el Cáucaso septentrional y en la propia Bakú (Azerbaiján), a orillas del Caspio. En los años ochenta se inició en Rusia la explotación de nuevos yacimientos en las tierras bajas de Siberia Occidental (Uray, Tomsk y sobre todo Tyumen, en la denominada «tercera Bakú»), y en el oeste de Kazajstán, en Mangyshlak.

La producción de gas natural ha aumentado con celeridad en las dos últimas décadas. La mitad de la producción está localizada en las clásicas regiones petrolíferas, pero recientemente han adquirido gran importancia los yacimientos de Ucrania (Dashava y Borislav, junto a la frontera occidental;

Sebelinka, en el Donbass), de Estonia y de los países asiáticos (Saltyk y Acak, en el Turkmenistán; Bukhara, en el Uzbekistán). Una extensa red de gasoductos conecta las áreas productoras con los centros industriales.

Aunque el 70 por 100 de la energía producida en Eurasia Septentrional procede de plantas térmicas, las centrales hidroeléctricas han jugado un papel importante en el desarrollo energético de los países del ámbito. Al pionero aprovechamiento del Volga y del Dniéper, mediante la creación de una cadena de embalses interrelacionados, sucedió la construcción de enormes centrales en los principales ríos siberianos, de las cuales las de Krasnoyarsk y de Sayano-Shushenskoye son las mayores del Viejo Mundo.

El dramático accidente ocurrido en la planta de Chernobil (Ucrania), en 1986, no interrumpió en principio el ambicioso programa nuclear de la antigua Unión Soviética, que pretendía multiplicar por cinco en el año 2000 la producción eléctrica generada por las centrales atómicas (un 10 por 100 del total en la actualidad). Sin embargo, en 1992, un nuevo accidente en la central rusa de Sosnovi Bor, cerca de San Petersburgo, similar en sus características técnicas a la de Chernobil (que sufrió un nuevo accidente, leve, en 1996), volvió a plantear serias dudas sobre la seguridad de estas plantas nucleares. En la actualidad existen 17 reactores del mismo tipo emplazados en Lituania, Rusia y Ucrania que generan la mitad de la energía de origen nuclear de Eurasia Septentrional y son cien veces más inseguros que los existentes en Europa Occidental.

Los principales subsectores industriales

La fabricación de hierro y acero sigue jugando un papel muy importante en la economía de algunos países de Eurasia Septentrional. Si bien las tres regiones siderúrgicas europeas (Ucrania y el centro moscovita y los Urales, en Rusia) concentran la mayor parte del hierro y del acero, es evidente la progresión de las plantas instaladas en el Cáucaso, en Siberia y en la región de Karaganda (Kazajstán).

La metalurgia del aluminio, gran consumidora de energía eléctrica, tiene sus más recientes instalaciones junto a las grandes centrales hidroeléctricas rusas de Siberia: Novokuznetsk, a orillas del Tom, Krasnoyarsk y Abakan en el Yenisey, Bratsk y Irkutsk en el Angara.

Las instalaciones del subsector de fabricación de maquinaria y de construcciones metálicas suelen localizarse en las cercanías de las grandes urbes, donde se hallan los principales mercados consumidores. Los tractores agrícolas se fabrican principalmente en Volgogrado y San Petersburgo (Rusia), Odessa, Kiev y Krivoy Rog (Ucrania);

las máquinas para la industria metalúrgica en Kharkov (Ucrania), Kramatorsk (Ucrania) y Yekaterinburgo (Rusia).

El subsector químico se desarrolló notablemente a partir de los años sesenta. Sobresalen las ramas de fabricación de fertilizantes, tanto minerales, como nitrogenados y fosfatados. También está muy desarrollada la in-

Sumados en conjunto, los países de Eurasia Septentrional ocupan la primacía mundial en la producción de petróleo. La distribución no es, sin embargo, homogénea y hay estados que carecen de él, como los bálticos. El crudo se extrae en gran parte en Rusia, en la cuenca del Volga, el Cáucaso, los Urales, Siberia y Extremo Oriente. Un productor tradicional es Azerbaiján, con sus yacimientos de Bakú (arriba), sobre el fondo del Caspio.

Durante el período en que estuvo vigente, el poder soviético fomentó la creación de centrales nucleares en los países de Eurasia Septentrional para incrementar la producción de energía, pero a partir del accidente de Chernobil (1986) las instalaciones se revelaron como un serio peligro para la vida humana dadas sus deficiencias tecnológicas. Arriba, aspecto parcial del interior de la planta atómica de Koskaya (Rusia).

dustria relacionada en general con la química orgánica, en tanto que el crecimiento de las instalaciones petroquímicas es relativamente reciente. Mientras que las regiones que poseen yacimientos tienden a concentrar las producciones más pesadas, en las áreas urbanas se emplazan las industrias más ligeras, como las de fibras sintéticas o productos farmacéuticos.

El sector de la industria alimentaria tuvo su máxima expansión mediada la década de los años setenta a raíz de las priorida-des definidas por el régimen soviético en el Décimo Plan Quinquenal (1976-1980). Esta industria, que ocupa al 10 por 100 de la población industrial, es una de las más armónicamente distribuidas a lo ancho del territorio de Eurasia Septentrional. Las plantas productivas se localizan de manera regular en los centros urbanos, así como en algunos núcleos de carácter rural (aldeas agrícolas o puertos pesqueros).

Si bien la fabricación de vehículos automóviles data de los años veinte y hacia 1940 la producción automovilística había recibido un notable impulso, no fue sino a partir de la Segunda Guerra Mundial cuando este sector experimentó un considerable incremento.

El desarrollo de la industria del automóvil en la antigua U.R.S.S. se basó en la fabricación de un vehículo adaptado al clima del país y a una red de carreteras en no muy buenas condiciones, el modelo denominado Ziguli, de cilindrada media. Si a mediados de los años sesenta la cifra total de producción de vehículos alcanzaba cuatrocientos mil, de los cuales el 44,2 por 100 eran turismos, un cuarto de siglo más tarde el total de unidades sobrepasaba ampliamente los dos millones, con un porcentaje de turismos de un 65 por 100. Una parte importante de la producción de vehículos procede de la fábrica rusa en el área de Samara, junto al Volga, cuya construcción se inició en 1967 con la colaboración de la compañía italiana Fiat. Otros centros importantes se hallan en Nizhniy Novgorod y Moscú (Rusia), Dnepropetrovsk (Ucrania), Kutaisi (Georgia) y Minsk (Bielorrusia).

Transportes y comunicaciones

Los ferrocarriles han desempeñado tradicionalmente un papel de singular importancia en Eurasia Septentrional, dada la dimensión de las distancias y la

muy discreta densidad del tráfico por carretera. La red se extiende a lo largo de unos ciento cincuenta mil kilómetros, de los cuales casi una tercera parte están electrificados. Antes de la Revolución se había construido ya casi la mitad de esa red, incluyendo las principales arterias del sector europeo, las líneas que enlazan Moscú con el Cáucaso y con Tashkent (Uzbekistán), y el eje transiberiano, el más largo del mundo con sus casi nueve mil trescientos kilómetros, que conecta la capital rusa con Vladivostok, a orillas del océano Pacífico.

La etapa soviética se caracterizó por la densificación progresiva de dicha red, mediante la construcción de enlaces entre las principales líneas, y por la mejora de las infraestructuras (electrificación de los tendidos, duplicación de las vías, automatización de las señales, modernización de la maquinaria y de las estaciones). Además, se procedió al trazado de nuevos ejes básicos, entre los que cabe citar el del ferrocarril Vorkuta, que se

adentra desde la Rusia central hacia la cuenca carbonífera del Pechora (Rusia), llegando incluso hasta la desembocadura del Ob u Obi, y el segundo transiberiano, el BAM, que discurre a lo largo de más de 3.000 kilómetros por el norte del lago Baikal hasta la ciudad de Komsomolsk, sobre el Amur.

Pese a que la longitud de la red pueda parecer a primera vista impresionante, la magnitud del territorio a cubrir y la distribución desigual de las líneas determinan que únicamente los países del sector europeo, incluida la parte correspondiente de Rusia, gocen de una densidad de líneas aceptable. Así, en tanto el 60 por 100 de las vías se encuentran en dicho sector, con una configuración eminentemente radial en torno del centro moscovita, los Urales, el Cáucaso y los vastos territorios asiáticos comparten el 40 por 100 restante. Casi el 60 por 100 del transporte de mercancías y más de una tercera parte del tráfico de pasajeros se ha venido realizando hasta ahora por vía

Dada la población activa que emplea, la industria siderúrgica ocupa un lugar preponderante en diversos estados nordeurasiáticos. De una localización tradicional en las áreas europeas, sobre todo de Ucrania, progresó bajo el sistema soviético hacia Siberia (Rusia), Kazajstán y el Cáucaso, donde se asienta la fábrica de laminado de tubos de Sumgait (arriba), en Azerbaiján.

férrea. Este elevado uso del ferrocarril ocasiona con cierta frecuencia una saturación de las líneas, más apreciable en los ejes entre áreas industriales.

La red viaria de Eurasia Septentrional, muy modesta en relación con los países occidentales, está formada por poco más de 1,5 millones de kilómetros de carreteras, de los cuales el 70 por 100 están asfaltados. Al igual que ocurre con los ferrocarriles, también el territorio europeo se ve favorecido por una red de carreteras más moderna y densa que la que existe en las restantes regiones del ámbito geopolítico nordeurasiático.

El transporte por carretera, inapreciable antes de 1917, se extendió lentamente después de la Revolución, para desarrollarse con gran fuerza tras la Segunda Guerra Mundial, gracias al paulatino aumento del parque automovilístico de vehículos comerciales y, en menor medida, del de turismos. Este crecimiento determinó que, desde mediados de la década de los setenta, el transporte de pasajeros por carretera superase al realizado por ferrocarril. Por contra, el transporte de mercancías por carretera sigue siendo muy escaso, apenas el 7 por 100 del total.

En Eurasia Septentrional existen diversas cuencas hidrográficas, casi totalmente llanas, de excepcional extensión: más de 2,5 millones de kilómetros cuadrados en el caso del Ob, el Yenisey y el Lena; 1.360.000 kilómetros cuadrados la superficie de la cuenca del Volga; y 504.000 kilómetros cuadrados la del Dniéper. Estos cursos fluviales tienen considerables longitudes (los ríos siberianos citados superan los 4.000 kilómetros y el Volga los 3.500), y sus regímenes fluviales se caracterizan por la imponente crecida de los ríos en el momento del deshielo y fusión de las nieves (entre finales de abril y principios de junio), los estiajes estivales e invernales y la recuperación de los caudales en otoño debido a la menor evaporación y a las últimas lluvias.

Los primeros canales de navegación datan de la época de Pedro el Grande; posteriormente, en el período soviético, se realizaron grandes obras en la regularización de los ríos y en la construcción de múltiples canales, siendo el sector europeo donde el transporte fluvial se halla más desarrollado.

El río Volga es la vía de comunicación interior más apropiada para el tráfico de mercancías. El conjunto de sus embalses y canales facilita la comunicación de este río con el Báltico (a través del embalse de Rybinsk y los lagos Ladoga y Onega), con la ciudad de Moscú (por el canal del mismo nombre) y con el mar Blanco (mediante el canal mar Blanco-Báltico). En su curso inferior, el canal Volga-Don permite la conexión con el mar Negro. Por este gran eje circulan barcos de hasta dos mil toneladas, que transportan aproximadamente dos terceras partes de las mercancías desplazadas por vía fluvial. A pesar de la importante extensión de la red fluvial y de su repercusión en la vida económica, su utilización real se ve muy entorpecida a causa de los largos y fríos inviernos.

La comunicación por vía aérea tiene una gran importancia en Eurasia Septentrional, tanto por el volumen de mercancías y pasajeros transportados, como por el hecho de que facilita el acceso a áreas muy alejadas de los grandes ejes viarios (especialmente en las regiones desérticas o montañosas de Asia Central, y en las zonas septentrionales rusas dominadas por la taigá o la tundra).

Los servicios regulares aéreos de los distintos países nordeurasiáticos vienen a cubrir una red aproximada de unos ochocientos mil kilómetros. El peso relativo del tráfico de mercancías es menor, si bien tiene mucha importancia para el avituallamiento de las regiones más aisladas. Los aeropuertos principales se encuentran en Moscú y San Petersburgo (Rusia), Kiev (Ucrania), Minsk (Bielorrusia), Tashkent (Uzbekistán), Bakú (Azerbaiján) y Alma Ata (Kazajstán).

El litoral de Eurasia Septentrional tiene una longitud aproximada de unos 40.000 kilómetros, distribuidos en una docena de mares, que se agrupan a su vez en tres grandes cuencas oceánicas: la ártica, la pacífica y la atlántica. Aunque los mares se hallan desconectados entre sí, el transporte marítimo de mercancías tiene bastante importancia, triplicando el efectuado en las vías fluviales. De manera análoga, también el transporte de pasajeros es actualmente superior al tráfico fluvial.

El tráfico más intenso tiene lugar en el mar Negro (donde Odessa, en Ucrania, es el puerto principal) y en el mar Caspio (puertos de Astrakán, en Rusia, y Bakú, en Azerbaiján), conectado con el anterior mediante el canal Volga-Don. En el norte se encuentran los importantes puertos de San Petersburgo y Arkángel, en Rusia, cuya actividad sin embargo está limitada por el bloqueo de los hielos invernales. En el corto verano ártico (de apenas diez o doce semanas) la ruta septentrional permanece abierta, pudiendo navegar los barcos regularmente a través del océano Glacial Ártico, desde Murmansk hasta Vladivostok, a la vez que los puertos de la costa nórdica permiten la salida al limitado tráfico de los ríos siberianos.

El comercio exterior

La actividad comercial de la antigua Unión Soviética siguió una evolución muy peculiar, en razón de los avatares políticos que jalonan la historia del presente siglo. Con anterioridad a la Segunda Guerra Mundial, sus relaciones comerciales con el resto de países fueron escasas y poco normalizadas. Después de la conflagración, y al socaire de la consolidación del bloque económico de los países socialistas (que incluyó la constitución del COMECON en 1949) y de la expansión de la producción nacional interna, la situación

del comercio exterior soviético se vio radicalmente transformada, aumentando espectacularmente. Los intercambios comerciales con el resto de países del COMECON (disuelto en 1991) se realizaban preferentemente por vía terrestre; hacia el oeste mediante las líneas férreas y las carreteras que atravesando la llanura de Bielorrusia llegan a Varsovia y desde allí a Berlín, y hacia el sur mediante el ferrocarril que alcanza la llanura Panónica a través de Transcarpatia (región que constituye un nudo de comunicaciones básico para el comercio). Cabe también mencionar la importante vía que para la exportación de hidrocarburos significan los oleoductos y los gasoductos.

Sin posibilidad de comparación con Occidente, desde los años setenta se produjo en los países de Eurasia Septentrional un auge de la industria automovilística, singularmente en la fabricación de vehículos comerciales. A la derecha, una partida de vehículos de distinto tipo (furgonetas, todo terreno, tractores, etc.), dispuesta para ser embarcada en el puerto de Ilichevsk, en Ucrania.

La red de ferrocarriles de los países de Eurasia Septentrional, escasa en relación al inmenso territorio, cuenta en Rusia con líneas de extraordinaria longitud, que es el caso de los dos transiberianos, el que llega a Vladivostok, con 9.280 kilómetros, y el que tiene por destino Komsomolsk, con 3.000 kilómetros, que une el lago Baikal y el río Amur. A la izquierda, acondicionamiento estacional de esta última vía.

Sin embargo, la crisis final de la Unión Soviética supuso un descenso del comercio exterior, de forma que ya en 1990 las importaciones se situaron en 64.900 millones de dólares frente a los 67.700 millones del año anterior, mientras que las exportaciones bajaban de los 50.200 millones de dólares en 1989 a los 49.600 en 1990.

Actualmente las exportaciones hacia el exterior de Eurasia Septentrional están constituidas sobre todo por petróleo y sus derivados (40 por 100 del total), maquinaria y vehículos industriales (13 por 100), algodón, carbón y gas natural. Por lo que hace referencia a las importaciones, la maquinaria diversa y los productos alimenticios constituyen más de la mitad de los bienes totales.

La viabilidad económica de los estados independientes

La disgregación de la U.R.S.S. puso de manifiesto las radicales diferencias económicas existentes entre los estados ahora independientes.

En primer lugar no se puede ignorar el papel hegemónico de Rusia, que se mantendrá a pesar de la disolución de los lazos políticos. No está de más recordar que Rusia producía el 89 por 100 del petróleo de la antigua U.R.S.S., el 75 por 100 del gas, el 55 por 100 del carbón, el 56 por 100 del maíz, el 48 por 100 de la carne, el 48 por 100 del trigo, etc. En realidad únicamente importaba del resto de la Unión Soviética el 15 por 100 de lo que consumía. Además, no sólo es independiente desde el punto de vista energético respecto al resto de países de Eurasia Septentrional, sino también respecto al resto del mundo. Un caso similar es el de Ucrania que venía importando de las restantes repúblicas de la antigua U.R.S.S. el 17 por 100 de su consumo interior. No sólo era una potencia agrícola, «el granero de Europa», sino también un país industrializado y con materias primas. En cambio, la dependencia de Bielorrusia con respecto a los restantes estados es grande, sobre todo en el apartado de materias primas que han de ser importadas de Rusia. Por ejemplo, ha fabricado hasta ahora gran parte de los camiones que se utilizan en los países de la antigua U.R.S.S., pero el acero para producirlos procede del exterior.

Entre los estados del Báltico, Estonia es el que menos dependencia energética tiene respecto a Rusia, en parte gracias a sus esquistos bituminosos. Cuenta además con una industria manufacturera de bienes de consumo y electrónica que le permite exportar a países como Alemania y Finlandia. Letonia también exporta una parte de su producción (el 5,7 por 100) fuera del ámbito de Eurasia Septentrional, y en ello ha jugado sin duda un papel importante el puerto de Riga. Es el país que tiene una renta per cápita más alta y su principal recurso es la industria electrónica. Por contra, su dependencia energética respecto a Rusia y Ucrania es grande. El mismo problema padece Lituania, a pesar de disponer de energía nuclear. Con todo cuenta con una industria diversificada, en la que destaca la fabricación de electrodomésticos, de motores y de maquinaria, y una importante ganadería. Por lo que se refiere a Moldavia, su desarrollo depende esencialmente de la agricultura y la ganadería. Es la principal suministradora de frutas a

los países de Eurasia Septentrional, produciendo además el 33 por 100 del vino que se consume en ellos.

Azerbaiján cuenta como principal riqueza sus recursos energéticos, ya que es el tercer productor nordeurasiático de petróleo y de gas natural. No es extraño pues que las refinerías de Bakú jueguen un papel básico en su economía. Pero su carencia de otras fuentes de riqueza le hace sumamente dependiente. Georgia, una de las primeras repúblicas en declarar su independencia, ha venido manteniendo un comercio muy activo con los res-

tantes países de Eurasia Septentrional ya que exporta el 60 por 100 de su producción e importa el 25 por 100 de lo que consume. Sus principales recursos son los productos agrícolas como el algodón, el tabaco o los cereales, y los yacimientos de caolín, los más importantes del mundo, y de bauxita. La economía de Armenia, excesivamente dependiente, se ha visto debilitada por los conflictos étnicos. Exporta productos agrícolas y cuenta además con ganadería, energía hidroeléctrica e industrias química, de cemento y textil de algodón.

El más rico de los estados de Asia Central es Kazajstán, país industrializado (siderurgia, metalurgia, química) que llegó a aportar el 3 por 100 de la producción industrial de la antigua U.R.S.S.. Cuenta además con una importante riqueza minera (petróleo, carbón, hierro, cobre, plomo, zinc) y una considerable producción agrícola (el 6 por 100 de los países de Eurasia Septentrional). Kirguizistán es uno de los estados más pobres. Sus recursos más importantes son la ganadería, algunos yacimientos de petróleo y carbón e industrias de elec-

trodomésticos. Tadzhikistán tiene como principales recursos el algodón y la ganadería, a los que se suman algunas industrias textiles y alimentarias. Uzbekistán basa su economía en la agricultura. Él solo ha venido produciendo el 60 por 100 del algodón y el 50 por 100 del arroz consumido en los países de Eurasia Septentrional. Turkmenistán también se especializó en producir algodón para la antigua U.R.S.S. (16 por 100). Su producción de gas (el 12 por 100 de Eurasia Septentrional) contribuye a paliar la dependencia propia del monocultivo.

Dentro de Eurasia Septentrional hay países como Bielorrusia, Moldavia, Armenia y los centroasiáticos que se ven privados de salida al mar. El más marítimo de todos es, sin duda, Rusia, abierta a varios mares y océanos. Los muelles del puerto de San Petersburgo, a la izquierda, a orillas del mar Báltico, constituyen el más vivo ejemplo de la singular importancia que allí tiene el transporte marítimo de mercancías y de pasajeros. Abajo, industria textil en Dushanbe, capital de Tadzhikistán, país centroasiático sin costas.

TECNOLOGÍA Y COMPLEJO INDUSTRIAL-MILITAR

Racionalizar esa locura básica de la producción de armas era la tarea en la que intentaban aplicarse las grandes potencias. Tras la caída del muro de Berlín, la llamada «carrera de armamentos» entre los respectivos complejos industrial-militares de los grandes bloques dio paso a otra carrera, más desigual, en la que uno de los antiguos gigantes, Estados Unidos, pasó a enfrentarse a unos fabricantes europeos sometidos aún a las contradicciones existentes entre las políticas nacionales de sus respectivos países y los esbozos de una política común acordada a través del Grupo Industrial de Defensa Europeo y el Grupo de Armamentos de la Unión Europea. Entre una y otra polaridad, las industrias militares de los llamados «países emergentes» y los restos maltrechos del sector de defensa ruso —amenazado por unas privatizaciones susceptibles de colocar a sus industrias bajo el control de potencias extranjeras— intentaban hacerse un hueco disputando a aquéllos cuotas crecientes de mercado, sobre todo en el subsector de las armas ligeras y automáticas —que desde 1991, tras la guerra del Golfo, había crecido un 25 por 100 y había pertrechado de fusiles de asalto zonas conflictivas permeables a las facilidades del tráfico ilegal; en Mozambique, por ejemplo, se han contabilizado un millón y medio de Kalashnikov y, en el norte de la India, cerca de tres millones— pero también, en el caso ruso, compitiendo en la exportación de aviones militares.

En realidad, la industria armamentística ha experimentado una reestructuración a gran escala que ha contemplado tanto sus aspectos propiamente económicos —principalmente productividad y estructura de costes—, como la aplicación de los avances tecnológicos a los ejércitos, y que ha traducido, en términos de estrategias de mercadotecnia, los ritmos impuestos por el liderazgo estadounidense y la adaptación a los imperativos de la mundialización en curso.

En Estados Unidos, donde en 1996 se localizaban siete de las diez mayores empresas del sector armamentístico, en el que destaca como principal vendedor, la mundialización ha venido acompañada de la disminución de los gastos de defensa, cuyos presupuestos pasaron a absorber del 6,6 por 100 al 3,9 por 100 del PIB, entre 1986 y 1995, mientras el Pentágono redujo en un 70 por 100 sus compras. Esta caída de la demanda interna se compensó con creces en el exterior, donde las empresas estadounidenses aumentaron su cuota de mercado, que pasó del 34,5 por 100 al 55 por 100 de las ventas en armamento pesado convencional, entre 1990 y 1994, por la misma época en que Rusia se hundió, pasando a vender del 33,9 por 100 al 3,9 por 100. En este período, sólo resultó significativo el despegue de Alemania, motor de la economía europea, que aprovechó la coyuntura para subir sus ventas del 5,4 por 100 al 14,6 por 100, colocándose en una ventajosa segunda posición, por delante del Reino Unido (7,3 por 100), China (5,5 por 100) y Francia (que con el 3,2 por 100 perdió el tercer puesto que ocupaba en el ranking).

Dicho proceso se allanó a través de distintas prácticas crediticias y gracias a las «liberalizaciones» que, en el campo armamentístico, significaron los numerosos levantamientos de embargos que aplicó la Administración estadounidense. El embargo de armas demostró a la postre su capacidad como una forma de presión que podía dejar de ejercerse en cuanto la evolución política del país sancionado tomaba el rumbo de cliente, una condición que la diplomacia estadounidense logró asegurar a través de los correspondientes acuerdos y tratados: en 1993 les llegó dicho turno a Polonia, Hungría, Eslovaquia y República Checa; en 1994, a Estonia, Letonia, Lituania, Rumania, Bulgaria, Albania, China y, también, a Argentina, mientras que, en 1996 con la aplicación de la paz en Bosnia, se planteaba la necesidad de adoptar la misma medida en los Balcanes, oficializando así la provisión de unos pertrechos que previamente, durante cuatro años y medio de guerra, Estados Unidos había canalizado irregularmente a través de países aliados como Arabia Saudí.

Los expertos estadounidenses y europeos en geoestrategia coincidían, en 1996, en que la superioridad estadounidense en materia aeroespacial y electrónica acabaría imponiendo el monopolio de EE.UU. en el campo armamentístico, salvo en el improbable caso de que la UE fuera capaz de desarrollar una política común consecuente. A fines de los noventa, sólo había dado alguna muestra en ese sentido con el proyecto European Fighter Aircraft, y aun así los expertos se inclinaban por considerar la superioridad del F-22 estadounidense. Algunos incluso pensaban que cuando, en el año 2006, el Eurofighter pudiera entrar en servicio, aún estaría por debajo del nivel de los aviones americanos de 1996.

La industria de la guerra, que desde 1976 se cobró cerca de doce millones de vidas en todo el mundo, se demostraba dispuesta a proseguir su andadura. Las estadísticas señalaban que, en su conjunto, el mundo venía gastándose 124 billones de pesetas al año en material bélico. Por supuesto, se frustraron los vaticinios de quienes auguraban que, con el fin de la guerra fría, dicho dinero podría aplicarse a promover el desarrollo del Tercer Mundo. Bien al contrario, durante 1994 los países del Tercer Mundo fueron los destinatarios del 72 por 100 del armamento vendido en el Mundo, al tiempo que la multiplicación de guerras civiles registradas en ellos —una de las características destacadas de la transición hacia el milenio— agravaba la precariedad que los define.

Lluís Cànovas Martí
Historiador

La industria de la guerra, que al final del milenio ha multiplicado sus clientes y el destino de su producción, se cobró entre 1976 y 1996 alrededor de 12 millones de vidas. En la fotografía, fuerzas egipcias en acción en el sudoeste de Kuwait durante el segundo día de la guerra del Golfo.

PAÍSES BÁLTICOS

ESTONIA

Datos generales
Denominación oficial: Eesti Vabariik
Superficie: 45.100 kilómetros cuadrados
Capital: Tallinn (442.700 hab.)
Unidad monetaria: corona estonia
Lenguas: estonio (oficial); ruso
Grupos étnicos: estonios (61,5 %); rusos (32,1 %); ucranianos (3,1 %); bielorrusos (1,6 %)
Creencias: luterana (mayoritaria); católica; ortodoxa; uniata

Estadísticas e indicadores demográficos
Población absoluta: 1.517.000 habitantes
Densidad: 34 hab./km²

Indicadores económicos
Renta per cápita: 3.040 dólares USA

Estadísticas económicas
Agricultura (miles tm): cebada (399); centeno (114); patatas (652)
Ganadería (miles cabezas): porcinos (772); bovinos (661)
Silvicultura (miles m³ de madera): 1.653
Minería (miles tm): esquistos bituminosos (18.849)
Industria (miles): papelera (77,5 tm); cemento (483 tm.); cigarrillos (1.780.000 unidades)

LETONIA

Datos generales
Denominación oficial: Latvijas Republica
Superficie: 64.600 kilómetros cuadrados
Capital: Riga (874.000 hab.)
Lenguas: letón (oficial); ruso
Grupos étnicos: letones (51,8 %); rusos (33,8 %); ucranianos (3,4 %); polacos (2,3 %)
Creencias: luterana (mayoritaria); ortodoxa; católica

Estadísticas e indicadores demográficos
Población absoluta: 2.680.000 habitantes
Densidad: 41,5 hab./km²

Indicadores económicos
Renta per cápita: 2.030 dólares USA

Estadísticas económicas
Agricultura (miles tm): cebada (446); centeno (341); remolacha azucarera (218); patatas (127)
Ganadería (miles de cabezas): bovina (1144); porcina (867); aves de corral (4.000)
Silvicultura (miles m³ de madera): 1.421
Industria (miles): papelera (107 tm); material ferroviario (263 locomotoras); textil (22 millones de m³); cemento (340 tm); cerveza (859 hl.)

LITUANIA

Datos generales
Denominación oficial: Lietuvos Respublica
Superficie: 65.200 kilómetros cuadrados
Capital: Vilna (590.100 hab.)
Lenguas: lituano (oficial); ruso; polaco
Grupos étnicos: lituanos (79,6 %); rusos (9,4 %); polacos (7 %); bielorrusos (1,3 %); otros (2,7 %)

Estadísticas e indicadores demográficos
Población absoluta: 3.689.779 habitantes
Densidad: 57 hab./km²

Indicadores económicos
Renta per cápita: 1.710 dólares USA

Estadísticas económicas
Agricultura (miles tm): centeno (437); cebada (842); patatas (1.200); remolacha azucarera (700); lino (4)
Ganadería (miles de cabezas): bovina (1.701); porcina (1.360); aves de corral (9.000)
Silvicultura (miles de m³ de madera): 1.443
Industria (miles): papelera (107 tm); química (368 tm); azúcar (67 tm); cemento (3.126 tm)

A la izquierda, reunión de los ministros de asuntos exteriores de los Países Bálticos y de Alemania, el 27 de agosto de 1991, el mismo día en que, tras el fallido golpe de estado involucionista en la Unión Soviética, la Comunidad Europea reconocía por unanimidad la independencia de Estonia, Letonia y Lituania. Los estados del Báltico habían perdido la libertad nacional en 1940, cuando, violando el derecho internacional y mediante el acuerdo con la Alemania de Hitler, Stalin los anexionó a la U.R.S.S.

ESTONIA

El conjunto formado por los tres Países Bálticos recibe el nombre de Pribáltica —literalmente, próxima al Báltico. Durante dos siglos, la región formó parte del Imperio Ruso y llegó a ser una de las áreas de mayor desarrollo, con una industria de transformación de las materias primas que hallaba su mayor mercado en las regiones interiores de Rusia. En 1918, aprovechando la desintegración del imperio zarista, se independizó; la pérdida del mercado ruso, unido a las dificultades de abrirse camino en el mercado europeo, reorientó la economía báltica, que concentró sus esfuerzos en la ganadería para la exportación.

En 1940, Estonia, Letonia y Lituania fueron anexionadas a la antigua Unión Soviética y, tras la derrota de Hitler, conocieron una rápida expansión económica con la modernización de la industria tradicional y el surgimiento de nuevos sectores industriales. Los Países Bálticos permanecieron durante décadas integrados en la Unión Soviética, pese al desacuerdo de los países occidentales y sin que por ello se mitigase el sentimiento nacionalista, que no pudo manifestarse abiertamente hasta las reformas de Gorbachov. Lituania proclamó así la recuperación de la independencia en marzo de 1990, mientras que Letonia y Estonia lo hicieron en agosto de 1991, durante el intento golpista en la U.R.S.S. El 6 de septiembre, Moscú negó la validez de la anexión de 1940 y, con ello, reconoció la plena soberanía nacional de los bálticos.

Con 650 kilómetros de fachada litoral, 45.100 kilómetros cuadrados de superficie y una población algo superior al millón y medio de habitantes, Estonia o Eesti es el más septentrional de los estados del Báltico. País eminentemente agrícola, con tres quintas partes de su superficie cubiertas de prados, el agua desempeña en él un destacado papel, con lagos interiores y numerosas islas litorales.

La agricultura se encuentra en la actualidad altamente mecanizada, destacando los cultivos de cereales y patatas. De mayor trascendencia económica es, sin embargo, la ganadería, con una explotación intensiva y una importante producción cárnica y lechera. Estonia cuenta con más prados que campos arados, lo que individualiza su paisaje dentro del contexto báltico. El litoral presenta tres grandes recursos: la pesca, el turismo y las comunicaciones. Sus casi ochocientas islas (Saaremaa y Hiiumaa entre las mayores) han sacado partido de un mejor aprovechamiento pesquero, hoy organizado a escala industrial. Por otra parte, las temperaturas templadas del agua del golfo de Riga, las excelentes instalaciones recreativas y la vegetación natural han hecho del litoral estoniano una notable área turística, en la que destaca el centro de Pärnu, que alberga, además, la mayor empresa conservera de pescado de los Países Bálticos.

Aunque un tercio de la población actual de Estonia la constituyen inmigrantes eslavos, procedentes sobre todo de Rusia, que se ubican en el sector nordeste, los habitantes autóctonos mantienen muy arraigado el sentimiento de identidad étnica, que les emparenta, especialmente en lo que se refiere a la lengua, con los vecinos finlandeses, como parte de los pueblos finougrios. En la página anterior, grupo de escolares estonios.

La ciudad de Tallinn, a sólo 80 kilómetros de Finlandia en línea recta, es un núcleo importante del mar Báltico. Surgió como centro de comercio y artesanía en el siglo X, al pie de Tompea, loma calcárea donde los antiguos estonios erigieron una fortaleza cuyos muros y torres, aún en pie, se aprecian en la fotografía. Fuera de los límites de la antigua Tallin, los barrios nuevos constituyen un claro exponente del crecimiento urbano.

Las únicas riquezas del subsuelo son los yacimientos de fosfatos y los esquistos bituminosos en la región nordoriental. En todo el Báltico no hay carbón ni petróleo, por lo que los esquistos han sido siempre contemplados como un combustible muy apreciado. El mineral extraído es quemado en las centrales térmicas próximas para la producción de energía; en parte es transformado en gas, dando lugar a la formación de una gran región química. En 1970 se terminó en Kohtla-Järve la construcción de una gran empresa para la producción de abonos nitrogenados que se sirve así mismo de la otra riqueza mineral del país: los fosfatos. Otros productos derivados son el combustible líquido, azufre, lacas, colorantes, plásticos, medicinas, etc. La energía de la región proviene de la central hidroeléctrica del Narva, construida en la posguerra, así como del gas natural de los Urales y de Siberia, llevado a Estonia por un gasoducto.

La industria cuenta con un desarrollo relativamente poco importante pese a que, ya en el período prerrevolucionario, Estonia poseía una infraestructura industrial relevante. Los sectores que priman en la industria son los que tienen poca necesidad de energía y de materias primas, y que ponen el acento en la transformación. Destacan las factorías para la producción de papel y celulosa de Kohtla-Järve y Tartu, y las industrias alimentarias de Narva (pescado), Tallinn, Rakvere, Keila, Paide y Viljandi.

Tallinn (antigua Reval) es la capital del estado, así como su mayor centro económico y demográfico. Ocupa el declive del glint —estrato de roca calcárea que sigue a la orilla, erosionado hasta formar un abrupto escalón— y la franja costera, al pie de éste, en el fondo de una profunda bahía del golfo de Finlandia. Edificada en torno a la antigua fortaleza de Tompea, de la que han sobrevivido los muros y torres, a su alrededor se conserva aún parcialmente la ciudad baja medieval, circundada de murallas, con sus casas góticas de piedra gris, sus calles estrechas pavimentadas con losas de piedra y sus viejos edificios, algunos de ellos estimables muestras del gótico nórdico. Adyacentes a la ciudad medieval se encuentran

los distritos comerciales, construidos en los primeros decenios de siglo. La zona industrial se localiza en las proximidades del puerto, donde han afluido, desde siempre, las materias primas importadas. El crecimiento demográfico de Tallinn ha sido notable; de 98.000 habitantes en 1915, había pasado a 160.000 en 1939, para concentrar en la actualidad más de la cuarta parte de la población estoniana. Además de la industria alimentaria mencionada, Tallinn es un notable centro dedicado a la industria ligera: textil (algodón), de la madera y productos artesanos (cerámica, cuero), así como de montajes mecánicos y electrotécnicos.

Tartu es la segunda ciudad del estado. Emplazada junto al río Emaighi, afluente del lago Peipus o Chudskoye, es el centro cultural estoniano por excelencia. Su actividad industrial se centra en la fabricación de instrumentos de precisión y el montaje de maquinaria agrícola.

Por su parte, los acontecimientos históricos han hecho célebre a la ciudad fronteriza de Narva; en ella han tenido lugar episodios destacadísimos de la historia de la Rusia zarista, así como del período soviético. Su importancia industrial es anterior a la Revolución Rusa, gracias a su situación marítima (importación de algodón), la posibilidad de adquirir energía a bajo precio y su proximidad a San Petersburgo, cuyas fábricas textiles requerían hilados. Aquí se construyó la mayor manufactura de Europa, llamada en ruso Krengólmskaya, que fue uno de los mayores kombinats textiles de la antigua Unión Soviética.

LETONIA

Al sur de Estonia se encuentra Letonia o Latvia, el más marítimo de los estados bálticos, con 475 kilómetros de litoral y el mayor puerto del Báltico, Riga. Ocupa 64.600 kilómetros cuadrados de superficie, tiene más de dos millones seiscientos mil habitantes y alcanza una densidad de población de 41,5 habitantes por kilómetro cuadrado.

Pese a un notable grado de industrialización, Letonia todavía posee las dos quintas partes de su superficie cubiertas de masa forestal, de la que un pequeño exponente es el bosque de Jurmala (abajo).

El país habitado por letones tiene en su capital, Riga, el mayor puerto del Báltico. En la página siguiente, el centro neurálgico de dicha ciudad, con la plaza de la Libertad en primer término.

Ver síntesis de Letonia en página 1076 y mapa en página 1077

1081

Entre los principales rasgos físicos del país letón destaca la presencia del Daugava (Dvina Occidental o Zapadnaya Dvina), un gran río navegable donde se encuentran tres centrales hidroeléctricas. Dos quintas partes de la superficie están ocupadas por bosques y las tierras cultivadas abarcan grandes extensiones, especialmente tras la desecación de las tierras pantanosas (en cincuenta años se recuperaron más de 2.000.000 de hectáreas).

El subsuelo sólo cuenta con algunos yacimientos de turba, que abastecen parcialmente las centrales térmicas de Riga. La industria se halla, pues, distribuida en función de las comunicaciones, ya que no de las materias primas. Destacan los sectores químico, de materiales para la construcción, papelero, mecánico y alimentario. Un centro industrial importante es Ventspils, emplazada junto al mar en el punto más septentrional del Báltico que prácticamente no se hiela; acoge un ramal del oleoducto de las zonas petrolíferas del Volga y tiene industrias químicas y alimentarias (conservas de pescado).

Liepaja, ciudad situada más al sur, cuyo puerto tampoco sufre los inconvenientes del hielo —sustituye al puerto de Riga en invierno—, posee un potencial industrial notable: industria pesada (reparación de barcos, fundición de acero) y también confección (con una gran empresa surgida del plan quinquenal soviético de 1966-1970).

Si la agricultura fue antaño la principal actividad, hoy ha sido claramente desplazada por la industria. Pese a ello, el área al sur de Riga —la llamada «estepa letona»— está intensamente cultivada; los principales cultivos son la patata, la remolacha azucarera, el lino, los cereales y especialmente los forrajes para la ganadería, que es la actividad agropecuaria predominante.

Riga es la capital del estado y un gran centro industrial que concentra una tercera parte de la población letona. Es, además, el principal centro de toda la Pribáltica, gracias a su puerto (uno de los más importantes de Eurasia Septentrional) y su posición central en la red ferroviaria. Las comunicaciones fueron también las responsables del temprano desarrollo de la ciudad —transbordo de mercancías entre Rusia, Escandinavia y Bizancio—, cuyo origen se sitúa en el siglo XI. A su esplendor medieval, del que son testimonio los edificios góticos que han sobrevivido a la destrucción bélica, añadió una segunda época de brillantez con el desarrollo industrial del capitalismo ruso. El surgimiento de la industria se realizó con capital extranjero y materias primas importadas, lo que conllevó una

gran expansión portuaria, así como el crecimiento de la vieja ciudad gótica.

La ciudad de Riga se fue erigiendo en isla industrial inmersa en un territorio agrario y económicamente atrasado; por ello, desde hace algunas décadas se ha venido realizando un importante esfuerzo para desarrollar la industria de las demás ciudades letonas, recurriendo, en lo posible, a materias primas no importadas. Así, en los núcleos del interior existen pequeñas empresas madereras o dedicadas a la elaboración y transformación de los productos agrarios.

El sector industrial predominante en las urbes letonas es hoy el mecánico (especialmente en las ramas de electrónica y radiotecnia), aunque destaca también la fabricación de tejidos y la elaboración de muebles.

En el área urbana litoral se encuentra la estación balnearia de Jurmala, situada en una barra arenosa entre el Báltico y el río Lielupe, y otros centros costeros de vacaciones, unidos a la capital mediante un ferrocarril electrificado local, como Bolderaia, Dzintari, Maiori, Dubulti, Pumpuri, Asari, Vaivari y Kiémeri. Por lo que se refiere a este sector, la costa letona, que en otros tiempos se situó entre las más aristocráticas del Imperio Ruso, se ha convertido en un moderno foco turístico, que ha experimentado un gran desarrollo en los últimos decenios.

Lituania, el más meridional y mayor de los tres Países Bálticos, está sembrada de áreas palustres. A la izquierda, valle del Nemunas o Neman, principal río del país.

LITUANIA

Los avatares históricos de este pequeño estado báltico no difieren, en síntesis, de los de Estonia y Letonia. Sometida, al igual que estos dos países, a la influencia de los polacos, suecos, alemanes y, recientemente, a la de los rusos, Lituania ha mantenido siempre un fuerte espíritu nacionalista.

En 1940 Lituania fue anexionada por la Unión Soviética, formando parte de este país como república federada durante décadas. Las reformas introducidas por la perestroika de Gorbachov favorecieron el renacimiento de los movimientos nacionalistas que reclamaron sin demora la recuperación de la perdida independencia. Esta fue proclamada por el parlamento lituano por unanimidad en marzo de 1990, poco después de haberse efectuado unas elecciones legislativas y de haberse elegido presidente del parlamento lituano a Vytautas Landsbergis, un diputado soviético que no era miembro del partido comunista (PCUS).

Pese a la proclamación de independencia del parlamento lituano, la presencia militar soviética persistió en este estado báltico, que fue sometido por parte de Moscú a un duro aislamiento y boicot económico: así, a las restricciones energéticas de gas y petróleo (un solo gasoducto en funcionamiento de los cuatro existentes) siguieron las limitaciones de agua (de 19 millones de m³ se pasó a 3,5).

El estado de Lituania no obtuvo, sin embargo, el reconocimiento de su independencia por parte de la Comunidad Europea, y también de la comunidad internacional, hasta 1991, a consecuencia de la llamada «revolución de agosto», el levantamiento popular que hizo fracasar el golpe de estado involucionista en la antigua Unión Soviética.

Vista parcial de Vilna o Vilnius, capital de Lituania. Dicha ciudad se levantó en el siglo XIV junto al río Neris, y es hoy un importante centro comercial e industrial, en franca expansión.

Ver síntesis de Lituania en página 1076 y mapa en página 1077

Lituania es el estado más meridional, extenso y poblado de la región Pribáltica. Con 65.200 kilómetros cuadrados de superficie y casi tres millones setecientos mil habitantes, su densidad de población alcanza los 57 habitantes por kilómetro cuadrado. Su relieve es algo más accidentado que el de sus vecinos, con pequeñas elevaciones típicas del relieve glaciar. El Nemunas o Neman, con su afluente Neris, es el río más importante. La abundancia de marismas y pantanos ha requerido complejas obras de desecación.

Lituania o Lietuva es el menos marítimo y el más agrícola de los Países Bálticos, pues su sector agrícola emplea al 19 por 100 de la población activa. Los principales cultivos son el lino y, sobre todo, los cereales. La ganadería se halla en constante expansión y ha dado lugar a una notable industria alimentaria (conservas cárnicas, derivados lácteos).

En el período 1970-1980 se construyeron cuatro centrales térmicas y una central nuclear, y se hizo llegar un oleoducto hasta Mazheíkiai, donde se instaló una refinería de petróleo. Este aumento del flujo energético fue paralelo a un notable desarrollo industrial en numerosos centros: Jonava (planta de ácido sulfúrico y superfosfatos), Kedainiai (fá-

brica de abonos nitrogenados), el núcleo industrial de Panevezhys (industria alimentaria y del lino). Sin embargo, la mayor concentración industrial se ha producido en las tres principales áreas urbanas.

Klaipeda (la antigua Memel alemana, hasta 1923) es el mayor puerto y una de las principales ciudades, con casi doscientos diez mil habitantes. Emplazada sobre la albufera de Kurski Zaliv, surgió como una salida al mar que permitiera la pesca y el comercio. En la actualidad destacan las industrias textil y química, los astilleros, la industria de la madera y la alimentaria. Kaunas, que fue capital tras la Primera Guerra Mundial —la actual capital, Vilna, fue ocupada por Polonia— se halla en la confluencia de los ríos Neris y Nemunas. Es la segunda ciudad lituana y cuenta con una sólida y diversificada base industrial en la que destaca la fabricación de turbinas y un kombinat para la fabricación de fibras sintéticas. Cerca de la ciudad, además, se construyó la primera central hidroeléctrica sobre el Nemunas. Finalmente, Vilna o Vilnius, la capital del estado, se levantó en el siglo XIV junto al Neris. La llegada del ferrocarril marcó el inicio del crecimiento demográfico (79.000 habitantes en 1867, 204.000

Vilna o Vilnius, de la que la fotografía superior muestra un aspecto del sector histórico, fue capital del Gran Ducado de Lituania entre los siglos XIV y XVI y de la república lituana independiente de Rusia de 1918 a 1922, año en que la ciudad fue incorporada por la fuerza a Polonia. De nuevo lituana en 1939, pasó al dominio soviético, siguiendo la misma trayectoria que el resto del país y convirtiéndose en plaza fuerte del movimiento nacionalista que consiguió la recuperación efectiva de la independencia nacional en 1991.

en 1915); destruida durante la ocupación alemana, su recuperación fue lenta (más de un cuarto de millón de habitantes en 1959 y más de medio millón hoy día). Se trata de un núcleo industrial en plena expansión: construcciones mecánicas, material eléctrico, productos químicos y también industria textil.

LOS PAÍSES ESLAVOS ORIENTALES

Respondiendo a las grandes divisiones del ámbito eslavo, los países habitados por sus respectivos pueblos se tratan en la presente obra de acuerdo con la gran dispersión geográfica de los mismos. Así, los Países Eslavos Occidentales (Polonia, República Checa, Eslovaquia) aparecen dentro de la Europa Centrooriental y Danubiana, macrorregión en la que los tradicionales criterios de la geopolítica de cuño alemán —reafirmados por la ordenación políticoterritorial y socioeconómica establecida durante la etapa comunista-soviética— han favorecido la inclusión además de una nación eslava meridional como es el caso de Bulgaria. Por su parte, los Países Eslavos del Sur propiamente dichos (Eslovenia, Croacia, Bosnia-Herzegovina, Yugoslavia, y Macedonia) se han incluido en la llamada Europa Balcánica Mediterránea. Queda otro grupo, el de los Países Eslavos Orientales, que forman una parte muy considerable de Eurasia Septentrional y que se abordan a continuación.

De oeste a este y de norte a sur, en primer lugar entre los Países Eslavos Orientales figura Bielorrusia o Byelarus, un país de extensión entre mediana y grande a nivel europeo, algo más del doble que Portugal, por ejemplo, con el que en cambio se ve equiparado en población. A continuación, la más que respetable Ucrania, con su superficie y número de habitantes similares a los de Francia. Y, a caballo de Europa y Asia, la gigantesca Rusia, no sólo el país eslavo más extenso, sino el mayor país de la Tierra, gracias a sus inacabables extensiones siberianas, y uno de los primeros en población, con sus cerca de ciento cincuenta millones de ciudadanos (aun así, cien millones menos que los de los Estados Unidos de América —antaño

temidos rivales de Rusia—, por no establecer diferencias cuantitativas con los colosos demográficos del Tercer Mundo, como China o India).

Las necesidades de abarcar todo el espacio geográfico sin excepción han obligado a efectuar una inclusión más en este apartado. Se trata de Moldavia, casi un apéndice de Ucrania durante mucho tiempo, pero que en puridad no es ni mucho menos un país eslavo, aunque sí un país eslavizado (de raíces rumanas). Y ello no sólo es así por el hecho de que tanto los zares como los gobernantes comunistas de Moscú llevaran a término una dura política de rusificación, sino que en la república moldava hay actualmente cerca de un 27 por 100 de eslavos (rusos y ucranianos) o eslavizados —1.200.000 personas—, rusófonos en su mayoría y que frente al carácter prorrumano de los gobernantes de Chisinau (la Kishinev o Kishiniov de los eslavos) levantan la bandera de la autodeterminación en la franja territorial de la izquierda del río Dniéster, la llamada República de Transnistria o Pridniestrovia (6.700 kilómetros cuadra-

dos y 700.000 habitantes, ucranianos en un 30 por 100, rusos en un 25-27 por 100 y moldavos/rumanos en un 40 por 100), con capital en Tiraspol. Por otra parte, hay así mismo moldavos/rumanos en las áreas circundantes de Ucrania —en el Budzhak, entre Ismail y Odesa, y en Balta, que fue en su tiempo capital de una primera república autónoma moldava articulada por los políticos soviéticos para encauzar las ansias irredentistas sobre la Moldavia actual—, como también quedan todavía residuos minoritarios eslavos al oeste del río Prut, en Rumania, que forma el límite imaginario entre las macrorregiones de Eurasia Septentrional y Europa Centrooriental y Danubiana.

En resumen, todo ello viene a confirmar que en geografía no existen compartimentos estancos y menos cuando se trata de países y gentes y que Moldavia se puede considerar un área de transición entre el mundo eslavo oriental y el danubiano-balcánico. Queda de este modo suficientemente justificada su inclusión entre los aquí llamados Países Eslavos Orientales.

La población de Bielorrusia, uno de los Países Eslavos Orientales, vive principalmente de la agricultura y la ganadería (a la derecha, ganado bovino de esta república), aunque en la actualidad la ciudad de Minsk y su provincia se han convertido en una área industrial de primer orden. Así, se han desarrollado, entre otras, las industrias textil y alimentaria.

BIELORRUSIA

BIELORRUSIA

Denominación oficial: Respublika Belarus´
Superficie: 207.600 kilómetros cuadrados
Capital: Minsk (1.671.000 hab.)
Unidad monetaria: Rublo, rubel
Lenguas: bielorruso; ruso
Religiones: cristianismo católico uniato; cristianismo ortodoxo ruso; judaísmo
Grupos étnicos: bielorrusos (77,9 %); rusos (13,2 %); polacos (4,1 %); ucranianos (2,9 %); hebreos (1,1 %)
Población: 10.353.000 habitantes
Densidad: 50 hab./km²
Ciudades principales: Vitebsk (369.200 hab.); Moguilev (364.000 hab.); Gomel (506.000 hab.); Brest (284.000 hab.)
Esperanza de vida: 73 años
Población urbana: 67 %
Alfabetismo: 98 %
Televisores por 100 hab.: 28,9
Red de carreteras: 265.600 kilómetros
Renta per cápita: 3.110 dólares USA
Estadísticas económicas (miles): centeno (2.800 tm); patatas (11.600 tm); remolacha (1.568 tm); bovinos (6.221 cabezas); caballos (215 cabezas); aves de corral (49.000 cabezas); potasio (3.600 tm); petróleo (2.000 tm); turba (7.000 tm)

Bielorrusia (Byelarus es su nombre oficial), con 207.600 kilómetros cuadrados y más de diez millones de habitantes, es más extensa y poblada que los tres estados de la Pribáltica juntos, y está organizada en seis provincias. Sin salida al mar, posee un clima más continental que el de los Países Bálticos. Un 21,6 por 100 de su superficie se halla cubierto de pantanos y turberas (el mayor recurso natural); en el período 1975-1980 se procedió a la desecación de 775.000 hectáreas, es decir, un 10 por 100 de la superficie agraria útil entonces. Las principales cuencas hidrográficas son la del Dvina Occidental y la del Dniéper.

La población es medianamente densa (50 habitantes por kilómetro cuadrado), aunque se halla envejecida y con bajos índices de crecimiento. Sin embargo, el grado de concentración urbana no ha cesado de aumentar y en la actualidad existen siete ciudades que superan los doscientos mil habitantes: Minsk (o Mensk), Gomel, Vitebsk, Moguilev, Grodno, Brest (antigua Brest Litovsk) y Bobruysk.

Las actividades económicas predominantes son la agricultura cerealística y la ganadería. Unas excelentes redes de transportes (fluvial, ferroviario) y de oleoductos y gasoductos han facilitado su gran crecimiento industrial, el más alto entre los países que integraban la Unión Soviética en el período 1970-1980, en el que Bielorrusia dobló el conjunto de su producción. Las ramas industriales más destacadas son la de material de construcción, la textil y de confección, la química, la mecánica y la alimentaria.

La región septentrional, que comprende el curso superior del Neman, el Viliya y el curso medio del Dvina Occidental o Zapadnaya Dvina, participa de la economía báltica. Aquí se origina más de la tercera parte de la producción de carne y leche, y la mitad de la de lino de todo el país. Los principales centros industriales y capitales de provincia (Grodno, Vitebsk, Polotsk) se han desarrollado a lo largo de las vías férreas, rodeados de un cinturón hortícola. Vitebsk es uno de los focos industriales más importantes de Bielorrusia; a la tradicional industria textil se han añadido la fabricación de maquinaria, de instrumentos de medición y de casas prefabricadas. Polotsk, por su parte, es la más antigua de las ciudades de la región, pues data del siglo IX, y en ella el refino de petróleo ha originado empresas petroquímicas.

La región meridional, que comprende las provincias de Brest, Gomel y Moguilev, gravita hacia el Dniéper. La progresiva desecación de los pantanos del Pripyat o Pripet ha permitido extender los cultivos forrajeros y alcanzar una elevada densidad ganadera. La Polesia o cuenca del Pripyat es un área llana, carente de una buena circulación hídrica y con un tercio del territorio ocupado por suelos pantanosos. El desarrollo agrícola ha necesitado de considerables obras de saneamiento, que se aceleraron con el plan quinquenal soviético de 1966-1970. La turba ha sido, sin embargo, un buen incentivo para la industria y aquí se instaló una fábrica de fibras sintéticas, así como un kombinat de celulosa y papel. Al mismo tiempo, los yacimientos de sales, así como los de petróleo, han permitido el desarrollo de la industria química (Mozyr).

La provincia de Minsk, la capital, es la más poblada y con un mayor crecimiento

Minsk (izquierda), la capital de Bielorrusia o Byelarus, se alza a orillas del Svisloch, un río de categoría secundaria perteneciente a la cuenca del Dniéper. La ciudad constituye de hecho el polo administrativo y económico de una área bastante extensa, en realidad la de toda la república, con un relieve monótono, carente de fronteras naturales y sin salida al mar.

Ver mapa de Bielorrusia en páginas 1004-1005 y 1127

industrial. La industrialización se inició a partir de los recursos locales (hilados y tejidos, elaboración de productos alimenticios, industria de la madera), a los que en una segunda etapa se unieron los kombinats de fabricación de maquinaria y elaboración de aparatos eléctricos.

Minsk presenta una concentración notable (16 por 100 de la población total del estado y una cuarta parte de la producción industrial del país), propia del crecimiento industrial acelerado de su área. En 1867 contaba con 36.000 habitantes, cifra que se había más que triplicado en 1915, para superar los doscientos mil habitantes en 1939; en 1959 sobrepasaba ya el medio millón y en la actualidad ha superado el millón seiscientos mil habitantes. Si, tradicionalmente, esta ciudad había sido el centro comercial de intercambio de mercancías occidentales y rusas, en la actualidad es un gran centro industrial en el que destacan la industria del metal y las construcciones mecánicas (fabricación de automóviles y tractores). Devastada durante la invasión nazi, la ciudad se reconstruyó según un plano ortogonal; los nuevos distritos se han desarrollado en el sector sudeste de la ciudad, donde se han concentrado además las grandes factorías de construcciones mecánicas y también las de aparatos eléctricos.

UCRANIA

El más extenso y poblado de todos los países eslavos, después de la inmensa Rusia, es Ucrania, que vincula Eurasia Septentrional con la mayor parte de los países centroorientales y danubianos, esto es, Polonia, Eslovaquia, Hungría y Rumania. Plenamente abierta al norte y este a sus vecinas Bielorrusia y Rusia, por el sur es ribereña del mar Negro y del mar de Azov.

La horizontalidad del relieve ucraniano, con la única excepción del sector más meridional, permite la acción de las tempestades de viento seco del este que

La conjunción entre la feracidad de las tierras negras y la relativa moderación del clima, hace de Ucrania un área importantísima desde el punto de vista agrícola y ganadero. La contigüidad del mar Negro no es ajena al factor climático. A la derecha, arriba, vista aérea del estrecho de Kerch; a la derecha, ganado caballar cerca de Dnepropetrovsk.

Ver síntesis de Ucrania en página 1089 y mapa en páginas 1004-1005 y 1127

Ucrania une una rica tradición cultural, patente en sus principales ciudades (a la derecha, vista parcial de la catedral de Santa Sofía con la plaza Khmelnitskiy al fondo, en Kiev), a un avanzado proceso de desarrollo industrial. En este último campo, destaca el sector siderometalúrgico, con una notable producción de acero (a la izquierda).

Ucrania es la tierra del trigo por excelencia. Desde el siglo XVI fue el granero proveedor del Imperio Turco y de gran parte de Europa, y bajo el régimen soviético, una vez sofocada la resistencia de los kulaks a la colectivización, pasó de la explotación extensiva a una agricultura diversificada y racionalizada, en la que primaba la preocupación por el mantenimiento de los suelos y la mecanización integral facilitada por la ausencia del relieve. Ucrania suministró habitualmente una cuarta parte de la producción agrícola soviética, cuando su proporción territorial era menor de un 3 por 100.

En la franja septentrional, la agricultura es de tipo bielorruso-báltico, con predominio de los cereales pobres (cebada y centeno), asociados al lino, la patata y la cría de ganado mayor. El sector central es el de la remolacha azucarera, asociada a la cebada, el trigo y las plantas oleaginosas (girasol). Hacia el sur se encuentra el sector del trigo, asociado a la remolacha, las plantas forrajeras y el girasol; aquí hay industrias agrícolas concentradas en grandes complejos que constituyen el principal sector industrial de las ciudades medias. La franja más meridional se halla ocupada por una policultura de tipo mediterráneo, con productos hortícolas, tabaco y viña. La ganadería destaca en general en los sectores bovino y porcino.

Desde el punto de vista agrícola, hay que destacar el problema que constituyen las tempestades de polvo y arena que soplan del este, acumulando depósitos de varios metros y asolando los cultivos (catástrofes de 1892, 1938, 1960 y 1963), y la aridez del verano que periódicamente se prolonga más allá del límite estacional medio; por ello, el regadío se ha hecho necesario, incluso en épocas de normalidad, como factor de rendimiento.

La industria ucraniana es el caso típico de una industria pesada desarrollada en el siglo XIX sobre la base de los inmensos yacimientos de carbón, mineral de hierro y las reservas de energía hidráulica. A finales del XIX se inició la explotación carbonífera de la cuenca del Donets (o Dinec); las primeras concesiones fueron adquiridas por capital extranjero (belga,

periódicamente asolan la estepa y llegan a destruir los cultivos. Los valles de los grandes ríos son el único relieve que rompe la homogeneidad del paisaje. La pluviosidad es escasa, con una gradación de 700 a 500 milímetros de oeste a este, y con mínimos inferiores a los 300 milímetros. Una cuarta parte de la superficie total (603.700 kilómetros cuadrados) está ocupada por el bosque mixto de especies caducifolias y el resto es un inmenso campo de labor. Sólo en los extremos oeste y sur se encuentran el bosque alpino

de los Cárpatos y el mediterráneo de Crimea, respectivamente.

A pesar de contar con cinco ciudades que superan el millón de habitantes, la ocupación del territorio es predominantemente rural (32 por 100 de la población). La única excepción la constituye la región del Donets-Dniéper (Dinec-Dnipr), centrada en la cuenca hullera del Donbass, cuyo porcentaje de población urbana alcanza la cifra del 75 por 100. En total la población ucraniana supera los cincuenta y dos millones de habitantes.

UCRANIA

Denominación oficial: Ukrajina
Superficie: 603.700 kilómetros cuadrados
Capital: Kiev (2.635.000 hab.)
Unidad monetaria: karbovanets
Lenguas: ucranio; ruso
Religiones: cristianismo católico uniato; cristianismo ortodoxo ucranio
Grupos étnicos: ucranianos (72,7 %); rusos (22,1 %); bielorrusos (0,9 %); polacos (0,4 %); moldavos (0,6 %); búlgaros (0,5 %); húngaros
Población: 52.179.000 habitantes
Densidad: 85,1 hab/km²
Ciudades principales: Kharkov o Kharkiv (1.623.000 hab.); Dnepropetrovsk o Dnipropetrovske (1.189.000 hab.); Odessa (1.106.000 hab.); Zaporpzhye o Zaporizhzha (897.000 hab.); Lvov o Lviv (798.000 hab.)
Esperanza de vida: 64 años
Población urbana: 68 %
Alfabetismo: 74 %
Televisores por 100 hab.: 32,7
Libros publicados (títulos): 4.410
Médicos por 1.000 hab.: 4,3
Red de carreteras: 255.170 kilómetros
Renta per cápita: 600 dólares USA
Recursos económicos (miles): trigo (21.831 tm); cebada (13.550 tm); centeno (1.180 tm); patatas (21.090 tm); lino (34 tm); girasol (2.075 tm); tabaco (8 tm); carne (2.625 tm); huevos (660,44 tm); leche (18.199 tm); ovinos (6.597 cabezas); bovinos (22.457 cabezas); caprinos (640 cabezas); carbón (127.818 tm); mercurio (0,453 tm); hierro (48.347 tm); manganeso (2.078,1 tm); gas natural (18.200.000 m³); acero (32.357 tm); ácido sulfúrico (279,8 tm)

República autónoma de Crimea

Superficie: 27.000 kilómetros cuadrados
Población: 2.550.000 habitantes
Capital: Simferopol (353.000 hab.)
Grupos étnicos: rusos; ucranianos; tártaros

británico y francés) que explotaron las mejores vetas con una mano de obra rural. En el período soviético los mismos recursos fueron desarrollados, completados y diversificados; en los últimos planes quinquenales, la economía se orientó hacia la industria ligera y a un mayor autoabastecimiento regional. Entre los recursos energéticos ucranianos destacan, además del carbón del Donbass, los yacimientos de gas natural de las regiones de Kharkov o Kharkiv, Lubny, Crimea e Ivano-Frankovsk, el petróleo suministrado des-

de los Urales, la producción de energía eléctrica a partir de las centrales térmicas, las grandes centrales hidroeléctricas sobre el Dniéper, y las modernas centrales nucleares construidas durante el Décimo Plan Quinquenal (1976-1980), entre las que destaca la tristemente famosa central de Chernobil, accidentada en 1986.

La riqueza energética, el carbón del Donbass y el mineral de hierro extraído de Krivoy Rog fueron las bases sobre las que se asentó la industria pesada tradicional. Los altos hornos aún producían du-

rante la última etapa de la Unión Soviética las dos quintas partes de la producción siderúrgica total, con un gran desarrollo de actividades mecanometalúrgicas y químicas que aprovechan los productos y subproductos de los centros industriales concentrados en la región central y oriental, en el bajo Dniéper y el Donets. En el resto de núcleos urbanos destacan las industrias ligeras: mecánica, textil y, especialmente, alimentaria —se producían las dos terceras partes del azúcar de la antigua U.R.S.S.—, vinos y champañas, aceite de girasol y conservas de verduras y frutas. En las vertientes carpáticas del oeste se concentran, además, algunas factorías de producción de papel y de celulosa.

El sistema urbano es complejo, con una cincuentena de ciudades que superan los cien mil habitantes y se reparten entre las veinticinco provincias que forman Ucrania. Las actividades mineras y metalúrgicas han dado origen a nuevas ciudades o a la conversión de núcleos rurales en urbanos, especialmente en la cuenca del Donbass, donde se alcanza la mayor densidad de población (superior a los 600 habitantes por kilómetro cuadrado) con la enorme aglomeración siderúrgica de la conurbación de la ciudad de Donetsk. En la franja costera, en torno a los puertos del mar Negro o a lo largo del litoral turístico de Crimea, junto a los centros tradicionales de Yevpatoriya o Eupatoria, Sebastopol (la Sebastopil ucraniana), Yalta y Feodosiya, se ha producido un gran desarrollo turístico y balneario destinado al ocio interior.

A parte de las capitales actual y antigua, Kiev y Kharkov, y del puerto de Odessa, otras dos ciudades, Dnepropetrovsk y Donetsk, superan largamente el millón de habitantes. Dnepropetrovsk (o Dnipropetrovske), conocida hasta el año 1926 como Yekaterinoslav, posee una población cercana al millón doscientos mil habitantes. Emplazada sobre el Dniéper, en la cuenca minera de Krivoy Rog, es un núcleo industrial destacado, que se ha especializado en la siderurgia y en las construcciones mecánicas, así como en la industria química y alimentaria. Donetsk (o Donecke), con casi un millón cien mil habitantes, es el centro de la industria extractiva y siderometalúrgica del Donbass.

Kiev o Kiyev es el gran centro histórico y cultural de Ucrania, con dos millones seiscientos mil habitantes. Si al iniciarse el siglo apenas contaba con medio millón de habitantes, su población en 1939 ya alcanzaba la cifra de ochocientos cincuenta mil. Muy afectada durante la Segunda Guerra Mundial, el 42 por 100 de la ciudad tuvo que ser reconstruido, lo que permitió crear grandes jardines, parques y bulevares, al tiempo que se conservaban los grandes conjuntos monumentales. Situada en una encrucijada de caminos, es, así mismo, un gran centro de transportes y de comunicaciones terrestres, aéreas y fluviales. A su actividad cultural tradicional se ha añadido una importante función turística.

Kharkov o Kharkiv, por su parte, con algo más de un millón seiscientos mil habitantes, se halla en las tierras negras, en un cruce de líneas férreas que favore-

ció un temprano desarrollo industrial en el siglo XIX, propiciado por la proximidad del Donbass. Fue capital de Ucrania en el período 1919-1934, en el que alcanzó un crecimiento espectacular (de 258.000 habitantes en 1915 a 833.000 en 1939). Es un activo centro industrial, donde destacan las construcciones mecánicas (tractores, motores, equipo minero), así como las industrias química, alimentaria y ligera.

Odessa, con más de un millón cien mil habitantes, es el puerto tradicional de exportaciones de cereales. Gracias a su actividad comercial fue la primera ciudad de Ucrania (actualmente, es la cuarta) hasta principios de nuestro siglo. Aún hoy es, sin embargo, el primer puerto del mar Negro, y cuenta con un notable tráfico de pasajeros y de mercancías, además de ser la base de una importante flota pesquera. Otra función tradicional es la turística, ya que cuenta con un notable número de establecimientos balnearios en sus alrededores. La ciudad presenta un trazado regular y calles anchas, conserva muchos edificios neoclásicos del siglo XIX, como la escalinata que baja hacia el puerto y que fue el escenario del alzamiento obrero de 1905 y del motín del acorazado Potemkin.

Otras cuatro ciudades superan el medio millón de habitantes: Zaporozhye, Lvov, Krivoy Rog y Mariupol. Zaporozhye (o Zaporizhzha) es un centro siderometalúrgico y de construcciones mecánicas; Lvov (o Lviv), sobre el Peltev, afluente del Bug, es el centro económico y cultural de Ucrania occidental, y cuenta con industrias mecánicas y ligeras (textil, alimentaria y papelera); Krivoy Rog (o Kryvyij Rih) es una antigua aldea rural que sufrió una gran expansión a partir de la explotación de sus yacimientos férricos y es hoy día uno de los mayores centros siderúrgicos de toda Eurasia Septentrional; Mariupol (antes, Zhdanov), por último, es un centro siderúrgico del Donbass, situado sobre el litoral del mar de Azov, que ha experimentado un desarrollo reciente.

MOLDAVIA

Moldavia es uno de los países más pequeños (33.700 kilómetros cuadrados) de Eurasia Septentrional, tras Armenia, y el más poblado en proporción, pues, aunque no llega a cuatro millones y medio de habitantes, la densidad de población se sitúa sobre los 129 habitantes por kilómetro cuadrado.

El territorio moldavo es una estrecha franja interior, comprendida entre dos cursos fluviales de dirección noroeste-sudeste, el bajo Dniéster y el Prut. Moldavia es una llanura baja de *loess*, con la única elevación de Kodry (429 metros) en el centro. El clima es templado, moderadamente continental, con un invierno corto y un verano cálido y prolongado; las temperaturas aumentan de norte a sur y

las lluvias decrecen (desde 560 milímetros al norte hasta 370 milímetros al
sudoeste).

La gran fertilidad del suelo, junto a la
ausencia de yacimientos minerales
destacables, ha determinado la inclinación agrícola del país. La población rural
alcanza el 50 por 100 del total, a pesar de
contar con una elevada tasa de crecimiento de la población urbana.

Las cuatro quintas partes de la superficie se hallan cultivadas, con una alta productividad gracias al grado de mecanización (facilitada por la horizontalidad del
terreno). Los principales cultivos son los
cereales, la vid, las frutas y las hortalizas.
La ganadería tiene menor importancia,
con bovinos, porcinos y ovinos. El sector
secundario se apoya totalmente en la
riqueza agrícola: industrias vinícola, conservera, harinera, azucarera, tabaquera,

etc., que aparecen concentradas a lo
largo de la vía férrea y de las carreteras
que comunican Eurasia Septentrional con
Europa Oriental. La energía proviene de
las centrales hidroeléctricas sobre el
Dniéster y el Prut y de las centrales térmicas en el sector central.

Chisinau (en ruso, Kishinev), la capital,
se halla en el centro del país sobre el Byk,
afluente del Dniéster. Con más de 750.000
habitantes, ha experimentado un gran
crecimiento, pues hasta 1945 apenas
alcanzaba los 100.000. Primer centro
cultural y de servicios, cuenta además con
industrias química, mecánica, del cemento, tabaquera y aceitera.

Tal como se explica en la introducción
de los Países Eslavos Orientales, el área
del Transdniéster, con capital en Tiraspol,
destaca por su carácter eslavo mayoritario y sus tendencias secesionistas.

MOLDAVIA

Denominación oficial: Republica
Moldova
Superficie: 33.700 kilómetros cuadrados
(Transdniéster: 6.700 km²)
Población: 4.358.000 hab.
Capital: Chisinau (756.000 hab.)
Forma de gobierno: República
Lenguas: moldavo; gagauz; ruso
Grupos étnicos: moldavos (64,5 %);
ucranianos (13,8 %); rusos (13 %);
gagauzos o turcófonos cristianos
(3,5 %)
Religiones: cristianismo ortodoxo
Ciudades principales: Tiraspol
(186.000 hab.)
Recursos económicos (miles): girasol
(216 tm); tabaco (60 tm); vid; (730 tm);
remolacha azucarera (1.900 tm); patatas
(300 tm); bovinos (909 cabezas); porcinos (1.600 cabezas); aves de corral
(23.000 cabezas)

Ver mapa de Moldavia en página 1127

RUSIA

Rusia o Rossiya, con 17.075.400 kilómetros cuadrados de superficie y una población superior a los ciento cuarenta y ocho millones, es el mayor y más poblado de los estados de Eurasia Septentrional y el único de ellos que es auténticamente eurasiático, pues su espacio territorial participa de los dos continentes, europeo y asiático. Este gran país se halla organizado administrativamente y bajo el sistema federal en 49 provincias u oblast, 6 territorios o krai (Krasnodar, Stavropol, Altai, Krasnoyarsk, Khabarovsk y Primorje o del Litoral) y 21 repúblicas (Daghestán, Kabardino-Balkaria, Mari-el, Mordovia, Osetia del Norte, Udmurtia, Chechenia, Ingushia, Chuvashia, Carelia, Komi, de los Calmucos o Kalmykia, Tatarstán, Bashkortostán, Adiguetia, Karachaievo-Cherkesia, Gorno Altai, Khakasia, Tuva, Buriatia y Yakutia); a éstos hay que sumar una provincia autónoma (Birobidzhán o de los Hebreos), diez circunscripciones nacionales u okrugui (Buriata de Ust-Ordiynskiy, Komi-Permyatskiy, Buriata de Aginskiy, Nentsi, Yamalo-Nentsi, Khanti y Mansi o Janti y Mansi, Taymyr, Evenki, Chukchi y de los Coriacos o Koriak) y dos ciudades (Moscú y San Petersburgo). Esta organización no sólo pretende ajustarse a una realidad étnica, diversa, sino que también proporciona la base territorial precisa para una planificación económica eficaz y plural.

Tradicionalmente se han distinguido dos grandes regiones, la europea y la asiática, no tanto por razones de tipo físico como por la diferente historia de sus actividades humanas. La Rusia europea comprende tan sólo una cuarta parte del territorio (4.309.500 kilómetros cuadrados), pero en ella se hallan las cuatro quintas partes de la población. Aunque la mayor proporción de los recursos económicos naturales se halla en la Rusia asiática, el sector europeo, gracias a la concentración de la población durante siglos, obtiene la mayor parte de la producción, tanto agraria como industrial. Sin embargo, más allá de esta gran división, el marco territorial más idóneo son las regiones económicas. En la Rusia europea, estas regiones son Rusia Central, Norte y Noroeste, Urales, Medio y Bajo Volga y Rusia del Sur. La Rusia asiática comprende las regiones de Siberia Occidental, Siberia Oriental y Extremo Oriente.

La Rusia Central

Esta región, organizada en torno al gran centro de Moscú, es el verdadero corazón del estado. Ocupa una posición de contacto entre el norte y el sur, y entre el este y el oeste: de la taigá a la estepa, del podzol al chernoziom. Sin embargo, su carácter central no proviene tanto de su situación como de su emplazamiento en una región de dispersión de los cursos de agua, circunstancia que facilita la convergencia de las más importantes vías de comunicación estatales. Comprende una superficie de 723.000 kilómetros cuadrados, más de la cuarta parte de la cual se halla cultivada y cumple dos funciones agrícolas principales: el abastecimiento diario de las grandes aglomeraciones, lo que ha conllevado el desarrollo de sectores hortícolas, y el cultivo cerealístico, destinado en parte a cubrir el déficit de las regiones orientales, limitadas por los condicionamientos climáticos.

RUSIA

Datos generales

Denominación oficial: Rossija, Rossijskaja Federacija
Superficie: 17.075.400 kilómetros cuadrados
Capital: Moscú (8.769.000 hab.)
Estructura administrativa: 57 provincias, 8 territorios y 21 repúblicas
Unidad monetaria: rublo
Lenguas: ruso (oficial)
Grupos étnicos: más de cien nacionalidades y etnias, entre ellos rusos (81,5 %), tártaros (3,8 %), ucranianos (3 %)
Creencias: cristianismo ortodoxo (mayoría); islamismo, budismo, judaísmo

Estadísticas e indicadores demográficos

Población absoluta: 148.537.000 habitantes
Densidad: 9 hab/km²
Ciudades importantes: San Petersburgo (4.456.000 hab.); Nizhniy Novgorod (1.438.000 hab.); Novosibirsk (1.436.000 hab.); Omsk (1.148.000 hab.); Samara (1.257.000 hab.); Rostov (1.020.000 hab.)
Crecimiento vegetativo: 0,4 %
Tasa de natalidad: 10,7 ‰
Tasa de mortalidad: 12,2 ‰
Tasa de mortalidad infantil: 18,4 ‰
Población urbana: 73,9 %

Indicadores sociales

Educación: 31.139.000 alumnos (23,2 % preescolar; 38,2 % primaria; 30,0 % secundaria; 8,6 superior)
Alfabetismo: 98 %
Televisores por 100 hab.: 36,9
Teléfonos por 100 hab.: 16,6
Prensa diaria: 339
Automóviles de turismo: 10.499.000 unidades
Red ferroviaria: 87.113 kilómetros
Red de carreteras: 879.100 kilómetros
Aviación: 134.000.000 km de vuelo anuales
Marina: 4.909 buques (16.301.753 tm de arqueo bruto)

Indicadores económicos

Producto Interior Bruto: 348.413 millones de dólares USA
Renta per cápita: 2.350 dólares USA
Población activa: 72.878.000 (14,4 % agricultura; 59,8 % industria; 24,8 % servicios)
Importaciones: 26.807 millones de dólares USA
Exportaciones: 44.297 millones de dólares USA

Estadísticas económicas

Agricultura (miles tm): trigo (42.480); cebada (26.628); avena (11.539); arroz (686); patatas (38.000); girasol (28.000); remolacha azucarera (25.500)
Ganadería (miles cabezas): bovinos (52.226); ovinos (48.183); caprinos (3.186); porcinos (31.520); aves de corral (649.000)
Pesca (miles tm): 5.611
Silvicultura (miles m³ de madera): 23.800
Minería (miles tm): carbón (193.470); lignito (123.538); petróleo (399.337); gas natural (557.677 mill. m³); hierro (86.700); uranio (2,7)
Industria (miles): metalurgia (40.871 tm); ácido sulfúrico (9.700 tm); fertilizantes minerales (12.300 tm); tejido de algodón (5.949 mill. m²); azúcar (24.800 tm); cerveza (27.500 hl); cemento (52.200 tm); energía eléctrica (1.008.450 mill. kW/hora)

Datos políticos

Forma de gobierno: República federal
Jefatura del Estado: Presidente de la Federación
Poder Ejecutivo: Presidente Federación, Jefe del Estado y Ministros
Poder Legislativo: Asamblea Federal (bicameral): Duma del Estado (450 diputados elegidos cada 4 años); Consejo de la Federación (178 miembros elegidos cada 4 años)
Partidos políticos: Elección Rusa; Partido Liberal-democrático; Partido Comunista; Partido Agrario; Yabloko; Unidad y Acuerdo; Mujeres de la República

Ver mapa de Rusia en páginas 1004-1005 y 1127

En el sector septentrional se halla extendida la ganadería, mientras que en el meridional predomina el cultivo de los cereales, especialmente del trigo, y de plantas de uso industrial.

El crecimiento industrial de la región ha estado ligado al aumento demográfico y al desarrollo cultural y político. La llegada de productos de Asia, su posición de encrucijada entre el norte, el Báltico y las estepas, la liberación de abundante mano de obra con la abolición de la servidumbre existente en la Rusia zarista, y la explotación carbonífera de la cuenca del Tula, han sido los factores que, combinados, contribuyeron a la aparición de la industria moderna, sin base energética pero con un gran carácter tradicional en la transformación industrial de productos locales o importados. Al iniciarse el siglo,

aún en la Rusia zarista, ésta era la primera región industrial del imperio con el 40 por 100 del valor de la producción. En la actualidad, las características mencionadas se mantienen parcialmente: la producción ha aumentado en cantidad y se apoya en otras fuentes de materias primas y de energía, pero continúa siendo una industria de productos elaborados. El desarrollo industrial se vio favorecido por la elección de Moscú como capital y la creación de una potente red de comunicaciones que nace y converge en dicha metrópoli.

Rusia Central aglutina más del 25 por 100 de la población del estado, con una densidad media de 30 habitantes por kilómetro cuadrado, y una importante concentración en las ciudades grandes y medianas; una treintena superan los cien

De los quince estados independientes que corresponden a Eurasia Septentrional y que surgieron a partir de la desintegración de la Unión Soviética, Rusia, el que es realmente eurasiático, posee la mayor población y extensión con mucha diferencia. Equivale a algo más de seis veces la superficie de Kazajstán, el segundo país en kilómetros cuadrados, y tiene cerca del triple de habitantes que Ucrania, la segunda república ex soviética más poblada. Comprende dos grandes regiones, una europea, con mayor densidad de población, y otra asiática, donde se localiza la mayor proporción de recursos económicos naturales. Abajo, paisaje del sector central europeo de Rusia.

mil habitantes, con tasas de crecimiento desiguales, más débiles, en general, al norte que al sur.

Sin contar Moscú, la ciudad más importante es Nizhniy Novgorod (llamada Gorki hasta 1990), con cerca del millón y medio de habitantes. Emplazada en la orilla derecha del Volga, en la confluencia con el Oka, era conocida antes de la Revolución por su feria anual, en torno a la cual surgió una notable producción manufacturera. La industrialización se vio favorecida después de las dos guerras mundiales por el desplazamiento estratégico de las actividades en prevención de posibles amenazas occidentales.

En la actualidad, Nizhniy Novgorod es un gran centro industrial, al estar situado en una encrucijada entre el sector de la madera al norte, el sector agrícola al sur, el centro industrial al oeste y las cuencas de petróleo al este. Integra todas las ramas industriales, entre las que sobresale cada vez más la petroquímica.

Yaroslavl (633.000 habitantes) es una de las más antiguas y la más poblada de las ciudades del Volga superior. Fundada en el siglo XIII, en el eje Moscú-Arkángel, ha sido la primera capital de la industria textil y ya en el siglo XVIII albergaba la mayor manufactura de telas de Europa Oriental. La ciudad histórica, en forma de estrella, ha permanecido intacta a orillas del Volga. A ella se ha añadido una moderna ciudad industrial, que se ha desarrollado alrededor de las manufacturas tradicionales, hoy renovadas. En la actualidad, Yaroslavl constituye un centro especializado en la producción de materiales para la industria automovilística (caucho, motores, barnices, etc.), así como en su montaje.

Ivanovo (481.000 habitantes), el centro textil por excelencia, fue la capital de los tejidos de algodón, y a sus grandes familias se debe la fundación de la industria de Lodz durante la ocupación rusa de Polonia. A finales del siglo XIX contaba

Nizhniy Novgorod (Gorki entre 1932 y 1990) es, después de Moscú, la ciudad más importante de la Rusia Central. Está situada en la orilla derecha del Volga y su industria abarca todas las ramas del sector, si bien destaca de modo especial la petroquímica. Arriba, vista parcial de dicha ciudad.

ya con 70.000 habitantes, 30.000 de los cuales eran asalariados repartidos en una cuarentena de industrias. La llegada del ferrocarril en 1868 supuso un nuevo impulso para la industria textil. Su actividad tradicional se ha visto diversificada con el desarrollo de las industrias química y mecánica; sin embargo, aun hoy una parte importante de los tejidos producidos en Rusia proceden de aquí.

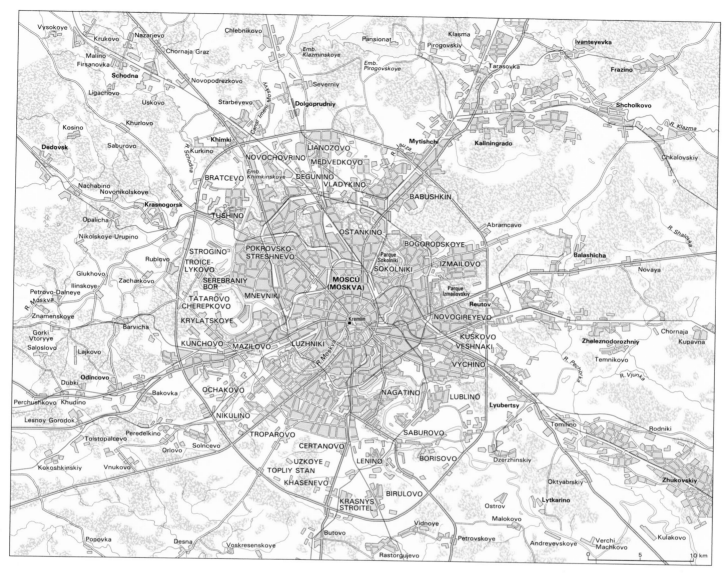

Moscú, la gran capital

Con más de ocho millones de habitantes y centro de un gran complejo urbano con ciudades satélite que comprenden siete millones más, Moscú o Moskva es, con Londres y París, la mayor aglomeración urbana de Europa. En Rusia, Moscú cumple las funciones propias de una gran capital: además de encrucijada de las vías de comunicación y de energía (confluencia de once vías férreas radiales, aeropuertos, convergencia de gasoductos y oleoductos), centraliza las más altas funciones administrativas y políticas del estado, es un incuestionable centro cultural y científico, concentra parte de la producción industrial, posee un papel internacional fundamental en cuanto a los contactos exteriores, y es un centro turístico de primer orden, con gran capacidad hotelera.

Fundada en el siglo XII, la ciudad tuvo que hacer frente a los repetidos ataques de los tártaros, pero, a pesar de ello, logró convertirse en centro de un poderoso estado. Con el zar Iván III Moscú adquirió el estatuto de capital del estado ruso, que mantuvo hasta que en 1703 fue trasladada a San Petersburgo, por iniciativa de Pedro el Grande. A pesar de la pérdida de la capitalidad, Moscú siguió manteniendo su floreciente comercio y naciente industria, y conservó su carácter de centro espiritual de la iglesia ortodoxa rusa. Las destrucciones que sufrió la ciudad, tanto frente a las tropas de Napoleón, principalmente a manos de los propios moscovitas, como frente a las de la Alemania nazi durante la Segunda Guerra Mundial, que no llegaron a conquistarla, han servido para conformar la actual fisonomía de la capital. La ciudad antigua se configura en torno a la Plaza Roja, donde se encuentra el mausoleo de Lenin, y el Kremlin, antigua fortaleza y residencia de los zares rusos entre 1474 y 1703 y sede del gobierno soviético entre 1918 y 1991, y del gobierno ruso a partir de 1991, mientras que la ciudad nueva se articula a lo largo de las vías férreas y las grandes carreteras, alrededor del gran parque de la zona norte y del barrio de la universidad Lomonosov, en el sur.

A principios del siglo XIX Moscú contaba con algo más de un cuarto de millón de habitantes; en 1861, con la abolición de la servidumbre, que reforzó la inmigración y la incipiente industrialización, alcanzó la cifra de 360.000 habitantes. En 1917 su población se elevaba ya a 1.700.000 y en 1935, recobrada ya la capitalidad, llegó a alcanzar los 3.700.000.

Desde 1932 la política urbana tuvo como objetivo restringir el crecimiento de las grandes ciudades, y, en particular, limitar el desarrollo industrial en Moscú y San Petersburgo. El plan general para la reconstrucción de la ciudad de Moscú, proyectado en 1935, fue un primer intento de limitar el crecimiento urbano, dentro de un objetivo de planificación central. En 1935 el tope demográfico se estableció en cinco millones de habitantes; sin embargo, el censo de 1939 ya registraba una peligrosa cifra de 4.132.000 habitantes, y tras la Segunda Guerra Mundial, cuando mucha gente y actividades fueron evacuadas hacia las regiones del este, el primer censo realizado mostró una población superior a los cinco millones. Ésta dejó de ser para siempre una cifra significativa, ya que en 1960 un decreto incorporó áreas suburbanas a la ciudad, con lo que su área se duplicó y su población se incrementó en casi un millón de habitantes. En el censo de 1989 la población de Moscú (incluyendo las áreas suburbanas anexionadas) alcanzó los 8.769.000 habitantes, casi dos millones más que en 1970, lo que supone una tasa de crecimiento cuanto menos comparable a la de las capitales de Europa Occidental en las décadas de los cincuenta y los sesenta.

Ahora bien, incluso este Moscú «extenso» no es sino una parte de un todo urbano mucho mayor. Efectivamente, una quincena de ciudades satélite (gorodasputniki) sumaban una población de 2.000.000 de habitantes en 1979, cuando diez años atrás sólo alcanzaban 1.200.000. Algunos sputniki son ciudades por propio derecho; Mytishchi, con una población superior a los 150.000 habitantes, y Lyubertsy, que forman parte del cinturón verde, y Noginsk, Elektrostal y Podolsk, más allá de dicho cinturón, que oscilan entre los 120.000-200.000 habitantes. Están relacionadas por numerosas líneas de ferrocarril; las más cercanas, a unos 35 kilómetros del centro de Moscú y menos de una hora de viaje, son, en muchos casos, origen de grandes desplazamientos pendulares. Desde los años sesenta el anillo se ha ampliado hasta los 100 kilómetros y las dos horas de viaje; de hecho, podría decirse que en los noventa el anillo satélite se había ampliado hasta confundirse con el oblast de Moscú que, en conjunto, reúne una población superior a los quince millones de habitantes.

A la derecha, vista parcial del Kremlin (Moscú), residencia de los zares entre 1474 y 1703 y sede del gobierno soviético de 1924 a 1991 y actualmente del gobierno ruso. Después de París y Londres, Moscú posee la mayor concentración urbana de Europa; cuenta, además, con un gran complejo urbano de ciudades satélite, que duplican la población de la capital.

Estas ciudades satélite no deben ser consideradas como ciudades plenamente planificadas, a pesar de que algunas de las más recientes tienen este carácter. Las más antiguas se desarrollaron en el período prerrevolucionario, como parte del desarrollo industrial de la región de Moscú, iniciando luego una rápida expansión. Sólo unas pocas fueron creadas conscientemente para mitigar la presión de la industria y de la población dentro de la capital (Elektrostal, Khimki o Jimki). Zelenogrado es el prototipo de ciudad satélite planificada; situada 29 kilómetros al noroeste de Moscú, en la principal línea de ferrocarril hacia Kalinin y San Petersburgo, junto al aeropuerto internacional de Sheremetyevo, fue un intento de desarrollar conjuntamente industria y población en una comunidad autosuficiente. Con un tope demográfico inicial de 65.000 habitantes, en 1991 había casi triplicado esta cifra, por lo que

se impuso un nuevo límite de 200.000 habitantes.

Una vez concluida de la Segunda Guerra Mundial, el desarrollo industrial agudizó espectacularmente el déficit de viviendas. Uno de los principales objetivos de la planificación fue, con los límites territoriales establecidos en 1960, estabilizar la población y llevar a cabo un programa a gran escala de construcción de nuevas viviendas. Durante el período 1956-1970 el impulso constructivo fue notable. Desde los años setenta, sin embargo, el énfasis pasó de la construcción de nuevas áreas urbanas en las afueras a la renovación urbana de los viejos edificios más cercanos al centro, convertidos en elevados rascacielos con la planta baja dedicada a tiendas y servicios, y dejando el 80 por 100 del espacio libre. En 1981, el 56 por 100 de las viviendas se encontraban en edificios de nueve o más pisos, cuando este porcentaje se reducía al 31 por 100

Moscú, la capital de Rusia, presenta una gran concentración industrial y es el principal centro político y cultural del país. Durante el período soviético fue el escenario predilecto para las demostraciones del régimen, como el desfile del Primero de Mayo que muestra la fotografía superior. A la derecha, vista de las iglesias del Arcángel y de la Anunciación, en el Kremlin, con el río Moskva al fondo.

diez años atrás. La planificación de las áreas residenciales periféricas se basó en la organización de los raion y microraion, barrios residenciales autosuficientes dotados de servicios y empleo. Estos raion debían contar idealmente con una superficie entre 30 y 50 hectáreas, una población comprendida entre los 5.000 y los 15.000 habitantes, y todos los servicios públicos básicos necesarios.

El rediseño de la red de transportes es un tema fundamental de la planificación urbana de Moscú, ya desde el plan de 1935. Por entonces, Moscú contaba con la típica trama de calles radiales, plazas simétricas y bulevares concéntricos. Muchas de las calles eran demasiado estrechas para las exigencias de nuestro siglo, de modo que el plan de 1935 trazó un esquema monumentalista de nuevos anchos de calles y grandes arterias que supuso el ensanchamiento del bulevar Sadovoye, de las calles radiales, como la calle Gorki, y el desarrollo de las autopistas existentes. El énfasis monumentalista se mostró también en el pesado diseño de las fachadas (como en la Universidad y en varios edificios públicos de principios de los cincuenta). Aunque persistieron durante algunos años, los excesos arquitectónicos fueron condenados ya en 1956; el cambio de estilo se dirigió hacia el libre planeamiento de los bloques residenciales, su núcleo de servicios y sus espacios libres. Se aplicaron así mismo el antidecorativismo y la productividad, introduciendo la prefabricación en la construcción.

Las grandes áreas residenciales de las afueras se encuentran rodeadas por una autopista circular, abierta en 1962, con una longitud de 106 kilómetros, que encierra la ciudad en un radio de 18 kilómetros desde el centro. Forma el límite interior del cinturón verde, propuesto en 1935 como un anillo de diez kilómetros de ancho que rodeara la ciudad; hoy cumple una función de área de recreo, fácilmente accesible (habitualmente, más de dos millones de personas dejan la ciudad los fines de semana, el 70 por 100 de los cuales se desplazan dentro de un radio de 30 kilómetros desde los límites urbanos).

En 1971 se definió un nuevo plan general para el desarrollo de Moscú, cuyos criterios básicos eran la descentralización de la ciudad y el progresivo desarrollo urbano de modo policéntrico; el centro urbano estaría así equilibrado por siete centros periféricos, cada uno sirviendo a un sector de la ciudad, de entre 600.000 y 1.200.000 habitantes. La población del área central se reduciría de 600.000 a 250-300.000. El propósito último es el de equilibrar residencia y empleo en cada gran sector, a la vez que preservar el centro urbano histórico. Al mismo tiempo se incluye la mejora de las comunicaciones (cinco nuevas líneas de metro radiales y una línea exterior circular; mejora de las autopistas y multiplicación de pasos elevados y subterráneos para peatones y automóviles). Podría decirse que las líneas básicas del plan de 1935 no se han modificado sustancialmente: segregación funcional de los usos del suelo y consecución de zonas residenciales equilibradas y conectadas por un buen transporte público.

La última ocasión de notable cambio urbanístico, hasta el momento, fue propiciada por los *Juegos Olímpicos de 1980*, con el fin de abundar en la proyección internacional de la ciudad. Así se llevó a cabo la construcción de la nueva terminal del aeropuerto de Sheremetyevo, del gran hotel Kosmos con diez mil plazas (superando las seis mil del Rossiya, terminado en 1967) o de la ciudad olímpica en el barrio de la Universidad.

La región Norte y Noroeste

El norte de la Rusia europea es una región más extensa y menos poblada que la región central; con una densidad media de 7,8 habitantes por kilómetro cuadrado, su distribución es extremadamente irregular, ya que el 30 por 100 de la población se halla concentrado en la ciudad de San Petersburgo, en tanto que grandes extensiones septentrionales están prácticamente deshabitadas. La región, atravesada por el Círculo Polar Ártico, pertenece casi por entero al dominio de la taigá; su franja septentrional aparece cubierta por la tundra y los mares Blanco y de Barents están helados durante la mitad del año, de modo que una situación que podría parecer ventajosa (fronteras con Finlandia, Suecia, Estonia y Letonia, y costas con dos mares) se ve contrarrestada por la dureza del clima.

El poblamiento ha seguido los cursos fluviales, las orillas de los lagos y las vías de comunicación, concentrándose en las cuencas mineras y en las ciudades nuevas. Esta concentración demográfica, marcada por la inmigración hacia los centros urbanos, conlleva que esta región septentrional posea, junto con la región de Extremo Oriente, el mayor porcentaje de población urbana de Rusia.

En la Rusia zarista, la región era el camino de acceso a las regiones siberianas por el norte de los Urales. Durante la Primera Guerra Mundial se evidenciaron las ventajas estratégicas de estos territorios vacíos, lo que permitió el trazado del ferrocarril de Murmansk, en función de las posibilidades de abastecimiento por mar; en la Segunda Guerra Mundial éstas se plasmaron en la ayuda suministrada por los convoyes aliados a la antigua Unión Soviética a través de Murmansk. Después del conflicto la región se agrandó con la república de Carelia, que desde principios del siglo XVIII y hasta 1939 había pertenecido en parte a Finlandia.

Las condiciones de explotación de estas tierras, tardíamente conquistadas y ocupadas por los rusos, definen los problemas de equipamiento y ordenamiento regional. La prospección de recursos naturales es aquí tan reciente como en Siberia. Dadas las escasas condiciones climáticas para la agricultura, sólo el 2,1 por 100 de la superficie total está cultivada, y aparece básicamente concentrada entre el Ladoga y el Báltico, lo que ha configurado un cinturón hortícola alrededor de la ciudad de San Petersburgo.

Los recursos forestales son, en cambio, de una magnitud excepcional; la taigá cubre aquí una superficie mucho mayor que toda Escandinavia. En esta zona se produce la cuarta parte del volumen global de maderas de Eurasia Septentrional y la tercera parte del de celulosa y de papel. La explotación forestal ha dado lugar al surgimiento de nuevas localidades río abajo, en el punto de llegada del transporte o a lo largo de la vía férrea de Vorkuta. Parte de la producción se exporta hacia los puertos árticos o a San Petersburgo, mientras el resto es absorbido en el mismo lugar por los complejos de producción, muy variados: maderas para la construcción, ebanistería, obtención de celulosa, papel y cartón. Tres grandes centros son los que están relacionados con las industrias derivadas de la explotación de la madera: Arkángel (Arkhangelsk o Arjánguelsk) en la orilla derecha del Dvina Septentrional, donde las fábricas y papeleras se suceden río abajo hasta llegar a un antepuerto situado a 40 kilómetros del Ártico, punto de apoyo de la flota ártica; Severodvinsk, complejo dedicado a la química de la madera; Vologda, sobre un cruce ferroviario y de oleoductos, centro de la celulosa.

Las fuentes de energía y los recursos minerales han sido explotados tardíamente; pese a contar con una gama muy completa, éstos se hallan muy dispersos geográficamente y las reservas y las posibilidades de explotación son variables. La turba, que se encuentra en unas buenas condiciones de extracción, ha dado lugar a numerosas centrales térmicas en los yacimientos más accesibles. El carbón se encuentra en la cuenca del Pechora, a uno y otro lado del Círculo Polar, con importantes yacimientos cuya explotación sólo se inició a partir de los años cuarenta a causa de las dificultades que imponía el clima, aunque la disposición de las capas permite la explotación a cielo abierto. En 1929 se descubrieron las posibilidades de yacimientos de petróleo en la misma cuenca, si bien la fase decisiva de su explotación empezó, así mismo tardíamente, en la década de los cincuenta. En Ukhta o Ujta y Sosnogorsk se instalaron centrales térmicas y refinerías de capacidad media.

El gas, de importancia local, ha influido en el poblamiento y en la formación de ciudades de tamaño medio monoindustriales a lo largo de la vía férrea, como, por ejemplo, Syktyvkar, capital de la república de Komi.

Los yacimientos minerales (minerales de aluminio, níquel) se distribuyeron por el antiguo zócalo de Carelia y de la península de Kola, desde el Ladoga hasta Noruega. De explotación relativamente re-

ciente, han dado lugar a notables migraciones y a la creación de centros urbanos.

El factor más importante para la industrialización ha sido, sin embargo, la hidroelectricidad; la disponibilidad de energía barata atrajo durante los años sesenta a las industrias que exigían gran cantidad de energía, como la electroquímica y la electrometalúrgica.

No existen en esta región grandes centrales hidráulicas, pero sí una serie sucesiva de centrales de potencia media que aprovechan los desniveles de los cursos de agua que atraviesan crestas rocosas o enlazan lagos de origen glaciar a diferente nivel. Las primeras centrales se construyeron a orillas del Volkhov o Voljov en la desembocadura del Ladoga. Posteriormente se construyeron nuevas centrales en los afluentes del río Onega, el Tuloma (el río de Murmansk), y los ríos fronterizos con Finlandia y con Noruega —permitiéndose la firma de acuerdos bilaterales para el reparto de la producción—, así como las grandes centrales del sistema Pechora-Kama.

El desarrollo industrial no hubiera sido posible, no obstante, de no haberse contado con una adecuada infraestructura de transportes. A través de ríos y lagos, los canales comunican los mares Blanco y Báltico, y unen esta zona con el canal que, a su vez, enlaza el Onega con el embalse artificial de Rybinsk o Rybinskoye Vodokhranilishche. Los lagos Ladoga y Onega están así mismo conectados con

la ciudad de San Petersburgo. Los grandes buques pueden así navegar por la parte septentrional de una extensa red que abastece a Moscú y San Petersburgo de madera, minerales y materiales de construcción.

Las vías férreas fueron construidas, como se ha señalado, con fines estratégicos. Antes de la Primera Guerra Mundial se habían construido dos líneas de dirección norte-sur que comunicaban los dos grandes puertos, Murmansk y Arkángel. Después de la guerra se construyeron otras dos líneas transversales, la de Vorkuta, prolongada con posterioridad hasta Siberia Occidental y hasta los centros mineros y urbanos de la república de Komi mediante ramales laterales, y la de Belomorsk-Arkángel.

El tráfico marítimo de esta región supone una parte importante del de toda Rusia y en ella se han realizado grandes inversiones en los doce puertos del mar Blanco y del de Barents. Los dos mayores, al mismo tiempo grandes núcleos urbanos, son Arkángel, el gran centro de explotación de la madera, emporio de las industrias conserveras y con un gran astillero que sirve de apoyo a la marina del norte, y Murmansk, la ciudad más poblada en el interior del Círculo Polar, situada a 70 kilómetros del mar en el fondo del fiordo de Tuloma, junto a la estación ferroviaria, de vital importancia para Moscú. En ella destaca la exportación de la madera y las industrias pesquera y naval.

Gran parte de la producción de madera de la región norte de la Rusia europea se destina a usos variados, como obtención de celulosa, fabricación de pasta para papel y cartón, materiales para la construcción, ebanistería, etc. Los centros principales con industria derivada de la explotación forestal son Arkángel, Severodvinsk y Vologda. A la izquierda, la fotografía muestra el transporte de madera por el río Dvina Septentrional, en la zona de Arkángel.

Abajo, el Palacio de Invierno de San Petersburgo. Esta ciudad fue fundada por Pedro el Grande en 1703 y experimentó en seguida un gran auge demográfico, transformándose en un importante centro cultural, político y comercial. Capital del Imperio Ruso entre 1712 y 1917, es hoy una ciudad de gran atractivo turístico, al tiempo que un núcleo industrial de primer orden, dotado de un activo puerto. Entre 1914 y 1924 recibió la denominación de Petrogrado, sustituida luego y hasta 1991 por la de Leningrado.

La gran capital de la región es, sin duda,
San Petersburgo (Petrogrado en el período 1914-1924 y Leningrado o Leningrad
hasta 1991, en que recuperó su antiguo
nombre), hoy convertida en la segunda
capital rusa. Situada sobre los bancos del
delta del Neva, la ciudad se construyó en
medio de agua y bosques, por lo que fue
preciso drenar los terrenos pantanosos y
trazar canales sobre estas tierras húmedas, construir sobre pilares los primeros
edificios y endurecer los suelos con turba,
arcilla y arena. Fundada en 1703 por
Pedro el Grande, en seguida inició una
rápida expansión demográfica, gracias,
sobre todo, al hecho de convertirse en
capital del Imperio Ruso (1712-1918),
transformándose en un destacado centro
político, comercial, industrial y científico.
A mediados del siglo XVIII su población
se situaba en torno a los setenta mil
habitantes; un siglo después alcanzó el
medio millón. En 1926 superó el millón
y medio, y en la actualidad sobrepasa
muy ampliamente los cuatro millones cuatrocientos mil habitantes, para una superficie de más de 200 kilómetros cuadrados. Por su situación cercana a la
frontera, San Petersburgo ha sido un
punto de contacto tradicional de Rusia
con Occidente.

La ubicación de la ciudad a medio
camino entre un delta y un archipiélago,
ha convertido el agua en una presencia
constante en San Petersburgo. De ahí, la
construcción de más de seiscientos puentes que atraviesan los diversos brazos
fluviales y canales. En el trazado del plano
urbano participaron numerosos arqui-
tectos extranjeros y la ciudad adquirió su
morfología moderna en el siglo XIX, con
un barroco sistema de grandes plazas y
avenidas.

El conjunto monumental se halla emplazado en función de la línea seguida por
el gran Neva (Bolshaya Neva) y está
cruzado por amplias avenidas, las «pros-

pekt» o perspectivas; entre ellas sobresale la renombrada Perspectiva Nevsky (Nevskiy Prospekt), de más de cuatro kilómetros de longitud, que une el Neva con el Almirantazgo. Los barrios exteriores se hallan dispuestos en función de la configuración de las islas o del Neva. La urbanización sigue las líneas férreas a lo largo de las cuales se van escalonando los establecimientos industriales. El transporte urbano se realiza mediante líneas de autobuses, ferrocarriles en el área suburbana y líneas de metro, ya que la circulación fluvial no es eficaz y sólo cumple una función turística. Ciudad de edificios bajos, dominada por agujas doradas, sus atractivos la convierten en la ciudad de

Rusia más visitada por los turistas extranjeros, cautivados por el museo del Ermitage, que expone la pinacoteca de los zares, el palacio del Almirantazgo o la fortaleza de Pedro y Pablo.

Además, San Petersburgo es un centro industrial de primer orden, con industrias relacionadas, en buena parte, con la explotación de la taigá: astilleros, industrias de la madera y metalúrgica (construcción de maquinaria para la explotación forestal y minera). Su activo puerto, en el extremo del golfo, se construyó en tiempos de Pedro I el Grande en el extremo oriental de la isla Vasilyevskiy, si bien se ha ido desplazando hacia abajo: los buques de carga atracan en los diques

excavados en la isla Gutujev, mientras que en la orilla norte se encuentra el puerto de pasajeros y de recreo; el tráfico está asegurado todo el año por los rompehielos. La provincia de San Petersburgo cumple tres claras funciones económicas: el abastecimiento de la ciudad (cultivos hortícolas y explotaciones ganaderas), el ocio y la explotación industrial de los bosques.

Se incluye también en la región económica noroccidental la provincia de Kaliningrado o Kaliningrad, parte de la antigua Prusia Oriental alemana, anexionada a la Unión Soviética tras la Segunda Guerra Mundial, que forma un enclave ruso entre Lituania y Polonia. La capital,

Kaliningrado (antes Königsberg), se fundó en el siglo XIII, aunque, tras ser destruida en la Segunda Guerra Mundial, se reconstruyó casi por entero. Situada a ambas orillas del río Pregolia, en su desembocadura en el Báltico, es hoy un notable núcleo industrial en el que destacan las industrias derivadas de la pesca y la explotación forestal, así como las industrias mecánicas y la reparación naval.

La región de los Urales

Como región económica basada fundamentalmente en las industrias extractivas y energéticas, su denominación no corresponde al territorio de la cordillera, sino que se limita a su parte central y meridional, rebasándola por el oeste. Comprende las provincias que se extienden por ambas vertientes de la cordillera y una parte de Siberia (Perm, Oremburgo u Orenburg, Chelyabinsk, Kurgan, Yekaterinburgo, y la república autónoma de Udmurtia) sobre un territorio superior a los 668.000 kilómetros cuadrados y con una población superior a los dieciséis millones doscientos cincuenta mil habitantes.

La tradición económica industrial de esta región se remonta al siglo XVIII. En nuestro siglo el desarrollo industrial se relaciona con el carbón y el acero, junto con todas las industrias extractivas y energéticas, y las industrias de transformación (maquinaria, químicas). Su principal riqueza es el mineral de hierro. Los yacimientos más productivos se encuentran en los sectores central y meridional de los Urales, en la vertiente este: Tagil-Kusva, Pervouralsk, en la provincia de Yekaterinburgo; Magnitaya, cerca de Magnitogorsk, y Bakaly en la provincia de Chelyabinsk; Orsk-Khalilovo en la provincia de Oremburgo. En conjunto, las reservas de hierro suponen la quinta parte de las de toda Eurasia Septentrional. Así mismo, los Urales ocupan el segundo lugar de la Eurasia Septentrional en cuanto a reservas de mineral de cobre, localizadas sobre todo en la provincia de Yekaterinburgo.

La región acusa, sin embargo, un déficit energético notable: sus necesidades abarcan una parte significativa de los combustibles consumidos en Rusia, cuando su único producto energético notable es el carbón, disperso en varios yacimientos. A principios de la era de los planes quinquenales, la región se unió económicamente al Kuzbass siberiano, con el que intercambiaba mineral por energía. En la actualidad, los Urales se abastecen, además, por una densa red de oleoductos y gasoductos; importan pe-

El núcleo urbano más importante y estratégicamente situado de la región de los Urales es Yekaterinburgo (Sverdlovsk entre 1924 y 1991), cuya población supera el millón de habitantes. Es, así mismo, destacado centro minero-industrial, con grandes plantas metalúrgicas. Arriba, extracción de mineral a cielo abierto, cerca de dicha ciudad.

tróleo de Tatarstán y del oeste de Kazajstán, que es tratado en las refinerías de Perm, Krasnokamsk y Orsk; y gas natural de la región de Bukhara (Uzbekistán), por medio de un gasoducto de 1.965 kilómetros.

A pesar de ser una región con una intensa tradición industrial, su estructura ha cambiado sensiblemente desde la Revolución; actualmente es una de las más importantes bases de la industria pesada de Rusia, con una destacada idustria siderúrgica concentrada en grandes empresas, cuyo progreso ha obligado a importar minerales de otras regiones y que constituye un polo de desarrollo vital para otras industrias, entre las que destacan las construcciones mecánicas (maquinaria pesada para las industrias extractivas, siderúrgica y metalúrgica) y la industria química. Las industrias alimentarias y ligeras están escasamente desarrolladas, debiéndose importar grandes cantidades de artículos de consumo y productos alimenticios. El rigor climático explica, en parte, el escaso desarrollo agrícola, que está concentrado en los sectores de atracción de los centros industriales y en la república autónoma de Udmurtia.

La ciudad más importante es Yekaterinburgo (antes, Sverdlovsk), centro físico y neurálgico de la región, fundada a principios del siglo XVIII. Está situada al pie de las montañas metalíferas, en una vía de paso natural entre las regiones europeas y asiáticas. Su expansión demográfica ha sido notable: de 25.000 habitantes a mediados del siglo XIX pasó a 70.000 en 1915, 443.000 en 1939 y 779.000 en 1959, y en la actualidad supera el millón trescientos mil. Es el segundo centro industrial de los Urales, detrás de Chelyabinsk, con enormes acerías y siderometalurgias (construcción de maquinaria pesada) a las que se añade una importante industria química (plásticos, reactivos químicos, productos farmacéu-

ticos, etc.). Recientemente se han desarrollado diversas industrias ligeras de consumo, como la fabricación de calzado y la confección. La instalación de nuevas empresas está, sin embargo, limitada por las dificultades de abastecer de energía y agua a la ciudad, que cuenta con un embalse en su centro, como las demás viejas ciudades industriales de los Urales, que lo usaban como recurso hidráulico; sin embargo, no puede soportar el actual desarrollo industrial, por lo que en sus cercanías se ha construido la enorme central nuclear de Bieloyarsk, así como la central térmica de Reftinskiy. En torno a Yekaterinburgo se encuentran varias ciudades industriales: Verkhnyaya Pyshma, Sredniy Ural, Berezovskiy.

Chelyabinsk o Cheliabinsk, en la vertiente oriental de los Urales, es el primer centro industrial de la región además de ocupar el primer puesto en número de obreros industriales. Su principal actividad es la siderometalurgia y las industrias de transformación a ella asociadas, aunque también se han ido desarrollando algunas industrias químicas. Capital de provincia, Chelyabinsk posee además una notable función comercial y es un impor-

Vista parcial de la Perspectiva Nevsky, con el edificio del Almirantazgo al fondo, una de las avenidas más conocidas de San Petersburgo, que sobrepasa los cuatro kilómetros de longitud. Edificada sobre las islas del delta del Neva y abierta al Báltico, la ciudad cuenta con más de seiscientos puentes que unen su gran trazado urbanístico.

tante nudo ferroviario. Su expansión demográfica ha ido paralela al desarrollo industrial: en 1867 sólo alcanzaba la cifra de 5.000 habitantes para pasar a 70.000 en 1915, a 689.000 en 1959, y a algo más de un millón cien mil en 1991. En su entorno se hallan tres centros carboníferos: Kopeysk, Korkino y Yemanzhelinsk.

Magnitogorsk, el centro siderúrgico por excelencia, se halla emplazado sobre los Urales. Se empezó a construir en 1929 al tiempo que se levantaba el complejo siderúrgico del mismo nombre, en el que se realiza un ciclo productivo completo, desde la extracción del mineral hasta el acero totalmente elaborado. El complejo, que en principio se abastecía del mineral de Magnitaya, se vio obligado a

importar posteriormente mineral del Kazajstán. En el extremo noroccidental de la región, en plena taigá, se halla la ciudad de Perm, situada sobre el Kama, en la confluencia de la red de oleoductos y gasoductos; cuenta por ello con una refinería de petróleo y un polígono petroquímico. Además, es un gran centro maderero, químico y manufacturero, en una importante encrucijada de comunicaciones entre Moscú y Siberia.

El Medio y Bajo Volga

La región del Volga se halla encajada dentro de los Urales y está en gran parte definida por el papel de su gran curso fluvial. El Volga, que une las regiones de la taigá con las del desierto, presenta un surco agrícola ininterrumpido en la llanura aluvial. Durante mucho tiempo los geógrafos situaron en el Volga, y no en los Urales, el límite de la Rusia europea. Aún hoy se mantiene vivo el contraste entre la orilla occidental, con un poblamiento más denso y regular, y la orilla oriental, con un poblamiento más esporádico, a pesar de que el río es actualmente mucho

más franqueable y ha dejado de ser una barrera que pueda contener el empuje de la población hacia el este.

La región del Volga ocupa 680.000 kilómetros cuadrados y su población se sitúa sobre los veinte millones de habitantes, con una densidad media de 28,5 habitantes por kilómetro cuadrado, y una marcada concentración a lo largo de la vía fluvial. El río, con una pendiente muy suave y regular, es navegable; a pesar de que su régimen limita las posibilidades del transporte, soporta la mitad del tráfico fluvial de toda Eurasia Septentrional y sus instalaciones portuarias son, naturalmente, de gran importancia. La explotación hidroeléctrica ha dado lugar a la construcción de una serie de embalses escalonados y centrales hidráulicas, que han promovido la construcción de nuevas ciudades. Los embalses han permitido mejorar la comunicación fluvial, pues la red de navegación se completó en los años cincuenta con las trece esclusas gigantes del canal Volga-Don. El río permite así mismo la irrigación de las estepas áridas.

Además de la producción hidroeléctrica (30 por 100 del total de Eurasia Septentrional), el petróleo, cuya explotación es aún reciente, es el elemento económico fundamental de la región, que asegura una parte importante de la producción de gas natural y de nafta en bruto. Los yacimientos se encuentran en varias cuencas de desigual importancia, repartidas en más de 1.000 kilómetros de norte a sur, siguiendo en gran parte el curso del Volga y sus afluentes. La cuenca más antigua es la de Bashkiria, en el extremo nororiental, en la que más de cincuenta yacimientos se hallan escalonados a lo largo del curso medio e inferior del Belaya y su afluente, el Ufa. El yacimiento de Tatarstán (decantada hacia la independencia en 1992) fue descubierto y explotado con posterioridad (los primeros sondeos fueron en 1946-1948), pero es el más productivo, ya que suministra la tercera parte de la producción rusa.

La importancia del petróleo en la vida económica de la región del Volga ha sido trascendental. Ha creado empleos, promovido migraciones, originando nuevas ciudades, elevado considerablemente el nivel de vida y provocado una auténtica revolución industrial. El excepcional aumento de la energía puesta a disposición de la industria ha permitido el desarrollo de una potente industria química, tanto de refinerías de base, localizadas en las cuencas, como de grandes polígonos

Arriba, aspecto de una petroquímica en Samara (Kuybyshev, entre 1935 y 1991), la ciudad más destacada de la región del Volga. Samara se ubica en un enorme meandro del gran río ruso, en la confluencia con el curso fluvial que da nombre a la ciudad. Se trata de un importante centro industrial, especializado, casi por completo, en la industria petroquímica, con diversas refinerías y numerosas plantas de transformación de derivados.

petroquímicos que reciben por oleoductos el crudo que no es exportado. La petroquímica ha sido el motor, además, de la implantación de otras ramas que emplean una elevada mano de obra, motivando la formación de grandes aglomeraciones en torno a los campos petrolíferos o a lo largo del Volga, que se extienden de norte a sur.

En el extremo nororiental está Ufá, la capital de Bashkiria, una antigua ciudad textil hoy dedicada plenamente a la industria química y, en menor medida desde los años setenta, a las industrias mecánicas y alimentarias. Kazán, la capital de la república de Tatarstán (antes, Tartaria), es la segunda ciudad de la región. Contaba con 79.000 habitantes en 1867 y empezó a crecer claramente con la explotación de los yacimientos petrolíferos de la región tras la Segunda Guerra Mundial, alcanzando hoy en día el millón de habitantes. Está especializada, además, en las industrias de transformación de productos animales, como los curtidos.

Ulyanovsk (Ulianovsk; Simbirsk hasta 1924), la ciudad natal de Lenin, es, como Ufá, un antiguo centro textil, hoy dedicado a las industrias mecánica y alimentaria. Samara (antes, Kuybyshev), sobre un gran meandro del Volga, es la primera ciudad de la región. Su crecimiento demográfico es muy reciente (de casi cuatrocientos mil habitantes al iniciarse la Primera Guerra Mundial, ha pasado a algo más de un millón doscientos mil hoy día), debido también a la explotación de los yacimientos. Dedicada casi plenamente a la industria petroquímica, con varias refinerías y un gran número de

plantas de transformación de derivados (caucho sintético, abonos, etc.), sólo muy recientemente ha desarrollado la industria mecánica. En sus alrededores se halla una factoría para la producción de automóviles, en convenio con la empresa italiana Fiat, en una nueva ciudad bautizada en su origen Togliatti o Tolyatti, en honor del político italiano epónimo.

Al sur aparecen otras ciudades que forman parte de la aglomeración: Novo-Kuybyshevsk, Chapayevsk, Oktyabrsk y Syzran. Saratov, en una encrucijada de oleoductos y gasoductos, ha desarrollado la industria química (mineral y orgánica) en sustitución de las actividades de origen agrario. Cercana a centrales térmicas y a la central nuclear de Privolzhskiy, posee una refinería y una planta de fabricación de automóviles. Krasnoarmeysk, al sur, es el centro de un gran complejo dedicado a la producción del algodón. Volgogrado o Volgograd, la antigua Tsaritsin y, de 1925 a 1961, Stalingrado, se localiza en la curva que realiza el Volga para dirigirse hacia el sudeste a su desembocadura en el mar Caspio. Con 150.000 habitantes en 1926 y 445.000 antes de la guerra, la ciudad fue prácticamente destruida durante la Segunda Guerra Mundial; tras su reconstrucción, siguió un

La ciudad de Ufá (en la fotografía), fundada en el siglo XII como fortaleza, es la capital de Bashkiria y un gran centro industrial de la región del Volga. Antiguo núcleo textil, en la actualidad Ufá es conocida por la importancia de su sector químico, que se ha visto favorecido por la abundancia de petróleo en la zona, aunque tanto la industria metalúrgica como la alimentaria han experimentado por su parte un notable crecimiento.

considerable aumento demográfico, que se sitúa hoy día en casi un millón de habitantes. En el inicio del delta del Volga se halla Astrakán (Astrakhan o Astraján), que, conocida por su mercado de pieles y sus conservas de pescado (caviar), vive del Caspio y del delta del Volga; el regadío ha permitido, además, el desarrollo de una producción agrícola.

La Rusia europea del Sur

Esta región, con 514.800 kilómetros cuadrados y cerca de veintitrés millones de habitantes, cuenta con una relativamente elevada densidad media de unos 44 habitantes por kilómetro cuadrado pese a la ausencia de grandes núcleos urbanos. Comprende las tierras negras centrales y el sector septentrional del Cáucaso. Los promedios más altos se dan en la franja septentrional, que corresponde a la región de tierras negras (chernoziom), de gran productividad agrícola. Uno de los graneros tradicionales de Rusia, sustenta además una rica ganadería bovina.

Desde la década de los cincuenta se han venido transformando las estructuras industriales y su localización espacial, dando lugar al nacimiento y desarrollo de la industria pesada. En esta evolución han intervenido dos factores; en primer lugar, la puesta en explotación desde 1959 de una de las mayores cuencas ferríferas del mundo, la llamada Anomalía Magnética de Kursk, que se extiende por varias decenas de miles de kilómetros cuadrados y que permite, parcialmente, la extracción al aire libre del mineral; su explotación obligó a crear una nueva industria siderúrgica en el enorme complejo de Novo-Lipetsk. Por otra parte, el gas natural favoreció el desarrollo de una industria química desde 1958, dando lugar a la producción de fibras sintéticas, síntesis orgánicas, caucho sintético, etc. La implantación de las industrias siderúrgica y química ha dado lugar al despegue de ciudades industriales como Kursk, Voronezh, Belgorod, Lipetsk, Novo-Moskovsk.

En el sector meridional se encuentra la región del Cáucaso Septentrional, donde se ubican una serie de entidades autónomas: cuatro repúblicas (Kabardino-Balkaria, Osetia del Norte, Checheno-Ingushia, Daghestán o Daguestán) y dos provincias (Adiguetia o Adigey y Karachaievo-Cherkesia). La línea fronteriza que divide la cordillera entre varios estados responde bien a la oposición física y humana entre las vertientes norte y sur, que ha convertido la línea axial del Cáucaso en un límite macrorregional y, según los criterios, continental (Europa al norte de la línea y Asia al sur de la misma). Además de la agricultura, la mayor riqueza de la región es la explotación de hidrocarburos en los yacimientos de numerosas cuencas que se extienden desde el mar Negro hasta el Caspio. Se ha ido desarrollando una densa red de distribución de combustibles que, junto con la energía hidráulica, permite pensar en una futura industrialización, hoy aún de poca importancia frente al desarrollo turístico de la región.

Los ritmos de crecimiento de las ciudades medianas han ido acordes con su grado de industrialización. Debido al contacto con regiones complementarias eco-

nómicamente, algunos centros continúan siendo mercados rurales, con ferias de ganado y dedicación a la industria del cuero y de la madera. Otros son ciudades-balneario, fundadas en la época zarista, e importantes centros de recreo: en las regiones montañosas, Pyatigorsk, Kislovodsk o Nalchik; en el litoral, Sochi, la primera estación turística de Rusia, fundada a fines de siglo pasado y que se extiende a lo largo de la costa sobre varias decenas de kilómetros, y Novorossiysk, exportadora además de productos petrolíferos.

Las ciudades petrolíferas están diseminadas al pie de la cordillera. El refino de crudo, la petroquímica y el suministro de gas han llevado consigo la diversificación de las actividades industriales, no solamente en las regiones de origen, sino también en la cadena de ciudades nuevas que jalonan la línea transversal desde Rostov a Vladikavkaz (antes Ordhonikidze). Uno de estos núcleos importantes era Grozny, capital de Chechenia, república que en 1992 no firmó el tratado de adhesión a la Federación Rusa; esto le llevó a una guerra abierta con Rusia, lo que asoló la región y destruyó la capital. A pesar de la firma de un tratado que garantizaba, de facto, la independencia de Chechenia (1996), Rusia se escudó en los atentados terroristas e inició en 1999 una durísima ofensiva militar sobre todo el territorio.

Dos ciudades, sin embargo, destacan sobre todo el conjunto: Krasnodar, la Yekaterinodar fundada en 1792 por Catalina II, se ha convertido en la capital de una rica región agrícola que suministra además maquinaria, herramientas y productos químicos; Rostov, la más antigua fundación urbana de la región (1750), emplazada junto a la desembocadura del Don en el mar de Azov, presenta aún un plano en damero en la orilla derecha del río; destruida durante la Segunda Guerra Mundial, tuvo que ser reconstruida en gran parte y hoy posee un millón de habitantes; cumple tres funciones regionales: centro pesquero y agrícola, núcleo básico de la industria ligera del Donbass y el mayor centro universitario y científico de la región Sur.

La Rusia europea del Sur y la región del Volga son dos importantes zonas industriales, debido en parte a la existencia de materias primas, como el hierro y el petróleo, respectivamente. En la página anterior, trabajos de laminado en el complejo metalúrgico de Novo-Lipetsk, en el sur de la Rusia europea; a la derecha, vista parcial del Memorial Mamaev en Volgogrado (Stalingrado, entre 1925 y 1961), gran núcleo ribereño del Volga, donde tuvo lugar la decisiva derrota de las tropas del Tercer Reich alemán durante la Segunda Guerra Mundial.

REPÚBLICAS DE RUSIA

Adiguetia; 7.600 km², 449.000 hab. Capital, Maykop (148.608 hab.)
Baskhkortostan: 143.600 km², 4.055.300 hab. Capital, Ufá (1.082.502 hab.)
Buriata: 351.300 km², 1.052.800 hab. Capital, Ulan Ude (352.530 hab.)
Carelia: 172.400 km², 794.200 hab. Capital, Petrozavodsk (269.485 hab.)
Chechenia: 13.000 km², 921.000 hab. Capital, Grozny (354.000 hab.)
Chuvashia: 18.300 km², 1.359.000 hab. Capital, Cheboksary (419.592 hab.)
Daghestán: 50.300 km², 1.953.000 hab. Capital, Makhachkala (317.475 hab.)
Gorno Altai: 92.600 km², 198.300 hab. Capital, Gorno Altaysk (46.436 hab.)
Ingushia: 6.300 km², 300.000 hab. Capital, Nazrán (71.900 hab.)
Kabardino-Balkaria: 12.500 km², 785.800 hab. Capital, Nalchik (234.547 hab.)
Kalmykia: 75.900 km², 320.600 hab. Capital, Elista (89.695 hab.)
Karachaievo-Cherkesia: 14.100 km², 434.100 hab. Capital, Cherkessk (113.060 hab.)
Khakasia: 61.900 km², 584.000 hab. Capital, Abakan (154.092 hab.)
Komi: 415.900 km², 1.228.100 hab. Capital, Syktyvkar (232.117 hab.)
Mari-el: 23.200 km², 764.700 hab. Capital, Yoshkar Ola (241.601 hab.)
Mordovia: 26.200 km², 962.700 hab. Capital, Saransk (312.128 hab.)
Osetia del Norte: 8.000 km², 650.400 hab. Capital, Vladikavkaz (300.198 hab.)
Tatarstán: 68.000 km², 3.743.600 hab. Capital, Kazan (1.094.378 hab.)
Tuva: 170.500 km², 306.300 hab. Capital, Kyzyl (84.641 hab.)
Udmurtia: 42.100 km², 1.640.700 hab. Capital, Izhevsk (635.109 hab)
Yakutia: 3.103.200 km²,1.081.000 hab. Capital, Yakutsk (186.626 hab.)

Siberia Occidental

En sus 2.427.000 kilómetros cuadrados de territorio, la población —unos trece millones— se halla muy desigualmente repartida. A excepción del Kuzbass, el gran polo de desarrollo industrial de la región, Siberia Occidental es una zona aún poco poblada, afectada por grandes migraciones hacia las áreas occidentales. El Kuzbass es un gran complejo territorial basado en la explotación de la hulla de la cuenca del alto Tom, al pie de los montes Kuznetsk. Se inició en el Primer Plan Quinquenal soviético con la construcción de la ciudad de Novokuznetsk en torno al complejo siderúrgico de la zona, que empezó su producción en 1932 y que comprende un ciclo completo de fabricación (fundición, acero y laminados). El desarrollo de la siderurgia ha supuesto un aumento de la producción de los minerales de hierro locales que son, sin embargo, insuficientes, por lo que debe abastecerse de los procedentes de otras áreas, especialmente del Kazajstán.

El Kuzbass ha servido, además, de impulso para el desarrollo de otras industrias, como la química y la construcción de maquinaria (para la minería y la siderurgia), la última de las cuales ha llegado a adquirir tal importancia que constituye la principal actividad industrial de la re-

gión. Paralelamente, ha sido necesario desarrollar otros recursos energéticos (centrales térmicas e hidroeléctricas) pese a lo cual, Siberia Occidental debe importar energía eléctrica para atender a sus necesidades energéticas.

Este gran polo industrial motivó la aparición de otros centros urbanos, además de Novokuznetsk. Kemerovo, emplazada a orillas del río Tom, enlaza con el Transiberiano y es uno de los principales centros químicos de Rusia (derivados obtenidos de la transformación de la hulla). Destaca así mismo por la construcción de maquinaria especializada para la minería y como importante centro de extracción de hulla y de producción de energía eléctrica de origen térmico. Prokopyevsk, fundada en 1931, produce la tercera parte de la hulla extraída en la cuenca del Kuzbass. Otras ciudades dedicadas a la extracción del carbón son Kiselevsk, Osinniki, Belovo y Anzhero-Sudzhensk. El complejo territorial de Siberia Occidental, definido en el Décimo Plan Quinquenal soviético (1976-1980), se basó en la explotación de los yacimientos de gas natural y de petróleo. Comprende las tres cuartas partes menos pobladas de la región y la explotación de los combustibles fósiles no ha generado, en este caso, centros urbanos sino grandes infraestructuras de transporte.

Los grandes centros urbanos se encuentran alejados de las dos regiones económicas. Novosibirsk es la primera ciudad de la región. Fundada en 1893, con el nombre de Nikolayev, a orillas del Ob, en 1913 contaba con apenas cincuenta mil habitantes que hoy día ascienden ya a casi un millón y medio. Su localización, en la salida de la cuenca del Kuzbass, resultó beneficiosa a partir de la instalación del complejo mineroindustrial; por ello, se convirtió también en un centro metalúrgico (construcciones mecánicas) además de poseer un destacado kombinat textil e industrias químicas. Dos elementos han contribuido a su desarrollo: la central hidroeléctrica, que lleva su nombre, en el Ob, y la ciudad de Akademgorodok, creada en 1958 y dedicada a la investigación científica, donde se encuentra la filial siberiana de la Aca-

Siberia Occidental, situada entre los Urales y el Yenisey, basa su economía en las reservas minerales de la región del Kuzbass, su zona más poblada, y en las explotaciones de los yacimientos de gas natural y petróleo del norte. Abajo, oleoductos en Urengoi; a la derecha, en la página siguiente, perforaciones petrolíferas en Samotlor.

demia de Ciencias. Además, Novosibirsk es un importante nudo ferroviario y el puerto fluvial que comunica con la Rusia europea y el resto de Siberia.

Omsk, fundada en 1782 en la cuenca del Irtysh, es también un importante nudo de comunicación ferroviario y fluvial. Enclavada en un sector rural, ha desarrollado industrias de transformación de productos agrícolas, así como de construcción de maquinaria agrícola. Con la construcción de un oleoducto se creó además una industria petroquímica que emplea los recursos petrolíferos de la región.

Tomsk, fundada en 1604, está hoy estrechamente vinculada al Kuzbass. Además de ciudad industrial (fabricación de maquinaria, transformación de la madera, industria química) es un gran centro universitario —su Universidad data de 1888— de formación de cuadros directivos de la Rusia asiática.

Finalmente, Barnaul, fundada en 1771, a orillas del Ob, se halla en el centro de una región agrícola en el límite occidental del Kuzbass y destaca por ser un nudo ferroviario muy importante, que le ha permitido constituirse en un enclave industrial remarcable (maquinaria pesada, industrias química y textil).

Siberia Oriental

Con una superficie de 4.122.800 kilómetros cuadrados, la región de Siberia Oriental comprende un territorio que se extiende de norte a sur, desde el Ártico hasta las repúblicas de China y Mongolia, a lo largo de más de 3.000 kilómetros. Su densidad de población es extremadamente baja, incluso en los territorios más poblados, pese a contar con algunos núcleos urbanos importantes (Krasnoyarsk, Irkutsk, Ulan Ude, Angarsk). Limita al sur y sudoeste con las montañas del Altai y los montes Sayan, y al sudeste con los montes que rodean el lago Baikal. El sector meridional de Siberia Oriental es un inmenso depósito de agua que vierte principalmente en el Yenisey y sus afluentes, el principal de los cuales es el Angara. La región dispone de más de la cuarta parte de los recursos hídricos de Eurasia Septentrional (centrales hidroeléctricas de Irkutsk y de Bratsk en el Angara). Otras reservas energéticas están constituidas por las cuencas carboníferas de Kansk-Achinsk y de Irkutsk.

Los bosques cubren más de la mitad del territorio y, junto con los recursos energéticos y mineros, constituyen la base del conjunto industrial centrado en Krasno-

yarsk y que se apoya en los cursos fluviales, en el Transiberiano y en el ferrocarril procedente del Kuzbass. Krasnoyarsk o Krasnoiarsk es el principal centro industrial de la región. Fundada en 1607 por los cosacos en la orilla izquierda del Yenisey, donde hoy confluye el Transiberiano, posee una industria muy diversificada: tratamiento de la madera, construcciones mecánicas, industrias ligeras (textil, alimentaria). La conurbación de Irkutsk, por su parte, es una franja de territorio de 15 a 30 kilómetros de anchura a lo largo del Transiberiano, que gravita en torno a la ciudad homónima fundada en 1652. Su base energética es la hulla de la cuenca de Cheremkhovo o Cheremjovo y la energía eléctrica de la central de Irkutsk. En este complejo industrial reside el 20 por 100 de la población de Siberia Oriental, concentrada entre la ciudad de Cheremkhovo y la orilla del lago Baikal. La principal actividad industrial reside en las construcciones mecánicas —maquinaria pesada para la extracción y la metalurgia del oro, uno de los recursos básicos de las regiones colindantes—, así como diversas industrias ligeras. Además de Irkutsk destacan los centros industriales de Angarsk, centro transformador de los yacimientos de sal y sede de la refinería

sobre los oleoductos del Baikal a los Urales, y Usolye Sibirskoye. Por encima del Círculo Polar se encuentra la ciudad de Norilsk, la más septentrional del mundo. En unas condiciones climáticas extremas se creó durante la Segunda Guerra Mundial un centro industrial que produce materiales para la construcción y explota las minas de cobre y níquel.

Al este del Baikal surgieron dos centros industriales a partir de 1930. Ulan Ude, capital de la república autónoma de Buriatia, que se ha desarrollado a partir de la implantación de modernas industrias: construcción de locomotoras y vagones, aserraderos, conservas alimentarias e industria de la madera (complejo para la construcción de casas prefabricadas). La

energía es proporcionada por el lignito del yacimiento de Gusinoozersk, donde se ha construido una gran central térmica. De Ulan Ude parte el ramal del Transiberiano que comunica con la capital de Mongolia, Ulan Bator. Chita es la capital de la provincia homónima, muy rica en toda clase de minerales: plomo, zinc, oro, plata, estaño, etc., así como en hierro y carbón. Esta es la primera región productora de oro de Siberia Oriental y una de las más importantes productoras de estaño de Rusia.

En Siberia Oriental la agricultura está menos desarrollada que en Siberia Occidental, debido al clima extremado y a la gran extensión ocupada por la taigá. Más del 80 por 100 de la superficie dedicada

Siberia Oriental está comprendida entre el valle del Yenisey y las montañas que limitan al este la cuenca del Lena. La presencia de hulla y minerales metálicos ha permitido la implantación de industrias metalúrgicas, entre otras, así como las derivadas de la madera, textiles, alimentarias, refinerías, etc. La agricultura está poco desarrollada, pero la ganadería goza de una gran tradición en Tuva, dedicada ésta a la cría de yaks, como se observa en la fotografía superior derecha. La población, débilmente dispersa en grandes áreas, se concentra en diversas ciudades, como la de Bratsk, arriba a la izquierda.

a la agricultura se encuentra en la estepa meridional y el 75 por 100 de las superficies cerealísticas están al oeste del Baikal. En la región de Krasnoyarsk tienen lugar varios tipos de producciones agroalimentarias: el sector meridional produce trigo de alta calidad y ganado; el eje transiberiano es productor de leche y carne, y el sector más septentrional está dedicado a la obtención de productos animales. Al sur de Krasnoyarsk, la república autónoma de Tuva es una región rural dedicada a la cría de ovejas, caballos, yaks y camellos. La provincia de Irkutsk está menos desarrollada desde el punto de vista agrícola; aunque obtiene buenos rendimientos cerealísticos, depende de las demás regiones para su abastecimien-

to. La actividad del sector oriental del Baikal se reduce fundamentalmente a la cría de ganado ovino.

El Extremo Oriente

Esta enorme región económica, de 6.215.900 kilómetros cuadrados, está compuesta por seis provincias y territorios: Khabarovsk, Primorje o Primorye, Amur, Sajalín o Sakhalin, Kamchatka y Magadan, además de la república autónoma de Yakutia, que ocupa más de la mitad del territorio. Al oeste limita con Siberia Oriental y al sur con Mongolia y China, de la que está separada por el río

Amur. Ésta es la región económica de Rusia con mayor extensión de fachada marítima (Ártico, mar de Bering, mar de Ojotsk, mar del Japón), aunque la mayor parte del tiempo las costas permanecen heladas, salvo en la región meridional. Su población total se acerca a los siete millones de habitantes, más del 70 por 100 de la cual vive en ciudades. El Extremo Oriente está tan urbanizado como lo puedan estar las provincias de San Petersburgo, Yekaterinburgo, Chelyabinsk o la propia Moscú, pero con la diferencia de que aquí las zonas rurales son un auténtico desierto humano. La densidad media de 1,1 habitantes por kilómetro cuadrado enmascara unas densidades rurales en torno a los 0,25 hab./km². El

84 por 100 de la población vive en el sector meridional de la región, donde se encuentran la mayoría de los principales centros urbanos.

Los recursos naturales del Extremo Oriente ruso presentan un potencial considerable, aunque no todos son explotables con facilidad: mineral de hierro en el Amur, hulla en la cuenca del Bureya, petróleo en la isla de Sajalín y en Yakutia (gas natural en Ust-Vilyuysk), oro en la cuenca del Lena, etc. El bosque ocupa el 36 por 100 del territorio (16 por 100 de las reservas forestales de toda Eurasia Septentrional), con grandes reservas en el nordeste (Yakutia y Magadan), aunque no comprenden especies de alta calidad y su explotación es difícil. La economía está poco equilibrada, con regiones y sectores de la producción que se imponen al resto por su dinamismo.

La industria se halla concentrada en el sector meridional y comprende tres grandes ramas. En la industria alimentaria, la principal actividad, destaca sobre todo el sector relacionado con la pesca —en particular de salmón y de ballenas—, que emplea a la cuarta parte de la población y produce una parte importante de las conservas de pescado de Rusia. Las construcciones mecánicas responden sólo en parte a las necesidades de la industria local —construcción y reparación de barcos, motores para embarcaciones, maquinaria agrícola, maquinaria para la industria forestal, la pesca y ferrocarriles—, ya que ha sido concebida en exceso como una industria de base de una región industrial desarrollada. La industria forestal y de la madera emplea al 20 por 100 de los obreros industriales, pese a la dificultad de su explotación; los principales

sectores son la región baja del Amur, el Ussuri y los cursos medios del Zeya y Bureya, así como el sector central de la isla de Sajalín. Los aserraderos se localizan a lo largo de las vías férreas y del Amur, en los cruces de los ríos y de los ferrocarriles, y en los puertos. Por lo que se refiere a las industrias energéticas (combustibles, electricidad y petróleo), tienen importancia local y no ocupan un lugar relevante dentro del contexto regional.

El principal sector agrícola es el meridional, con tierras fértiles, aunque en algunas partes son pantanosas y deben ser mejoradas; el clima es cálido y húmedo, si bien abundan las precipitaciones a finales de verano, que producen una humedad excesiva, cuando no graves inundaciones. En Yakutia sólo el sector central es agrícola y no puede satisfacer las necesidades del nordeste de Rusia. A pesar de los progresos realizados, la agricultura de la región es claramente insuficiente para sus necesidades, por lo que debe importarse gran cantidad de ali-

mentos básicos (cereales, carne y mantequilla) de otras regiones.

Los transportes han sido otra dificultad para el desarrollo económico, parcialmente solventada con el ferrocarril BAM, desde el Baikal hasta el complejo territorial de Yuzhno-Yakutsk, con un ramal hacia el sur que conecta con el Transiberiano. Ya en las planificaciones del régimen soviético se previó aquí la instalación de industrias alimentarias y papeleras. La ciudad de Komsomolsk del Amur está a su vez conectada por ferrocarril al puerto de Sovietskaya Gavan, en el Pacífico. Fundada en 1932 por miembros del Komsomol, se extiende a lo largo de 20 kilómetros en la orilla izquierda del Amur. Está organizada en forma de colonias industriales en torno a las factorías: refinería de petróleo, astilleros, planta siderúrgica, construcciones mecánicas, madereras, etcétera.

El complejo territorial Yuzhno-Yakutsk, al sur de la capital de Yakutia, se halla centrado en el curso alto del Aldan, afluente del Lena, a lo largo del cual se instalaron algunas plantas papeleras; a ellas se añadió la reciente explotación de los yacimientos de hulla de Neriungri, dando lugar a la construcción de dos grandes centrales térmicas. Yakutsk, la capital de la república autónoma de Yakutia, fue fundada en 1632 en la orilla derecha del Lena —para ser trasladada diez años más tarde a su orilla izquierda. Casi aislada, pues sólo comunica con el Transiberiano por carretera, es, sin embargo, un destacado centro cultural y científico. Está emplazada en el centro de una rica región agrícola, básicamente especializada en la industria alimentaria, que cuenta así mismo con una relevante producción de papel y un importante mercado de diamantes. Se abastece energéticamente mediante una central térmica y el gas natural de Ust-Vilyuysk, así como de la central térmica sobre el Vilyuy o Viliui, importante afluente de la izquierda del Lena.

En el litoral pacífico, desde Anadyr hasta Vladivostok, se encuentran algunos puertos de importancia económica variable. Entre ellos destaca Petropavlosk-Kamchatskiy, en la costa oriental de la península de Kamchatka, que concentra el 53 por 100 de la población de la provincia y la mayor parte de la superficie cultivada de su entorno. Su papel económico ha ido en constante aumento, en relación con el progreso de la industria pesquera, y su población se ha quintuplicado desde la Segunda Guerra Mundial. Magadan, fundada en 1933, es la capital y centro cultural e industrial de la provincia homónima. En ella destacan las industrias ligeras y alimentarias, así como la de materiales para la construcción y las industrias mecánicas.

Aparte de la fuente de riqueza tradicional que representan los animales de pieles finas, el subsuelo del Extremo Oriente ruso es potencialmente muy rico (hierro, hulla, petróleo, oro, etc.), aunque presenta todavía dificultades en su explotación. En la fotografía, cantera de diamantes en Yakutia.

Las principales ciudades de Extremo Oriente son Khabarovsk, Komsomolsk del Amur y Vladivostok. Esta última ciudad, capital del territorio de Primorje, es el primer puerto ruso del Pacífico, terminal del Transiberiano e importante base aérea y naval. Arriba, vista nocturna de la bahía del Cuerno de Oro en Vladivostok.

En la parte meridional de la isla de Sajalín se levanta su capital, Yuzhno-Sajalinsk o Yuzhno-Sakhalinsk, comunicada por ferrocarril con los yacimientos petrolíferos del norte de la isla, así como con los puertos de Korsakov y Kholmsk o Jolmsk, y con una central térmica que proporciona la energía para las industrias alimentarias, mecánicas y de construcción.

La isla de Sajalín, así como las Kuriles, que integran una misma provincia (de 87.100 kilómetros cuadrados y 700.000 habitantes) han constituido en más de una ocasión un escollo en las relaciones ruso-japonesas. Por un acuerdo de 1855 Rusia y Japón se repartieron Sajalín, pero en 1875 toda la isla quedó bajo dominio ruso, a cambio de la entrega de las Kuriles a Japón. En 1905, Japón recuperó además el control del sur de Sajalín, a la que denominaba Karafuto, por debajo del paralelo 50°. La derrota de Japón en la Segunda Guerra Mundial permitió a Rusia, a través del estado soviético, reincorporar tanto Sajalín por entero como las Kuriles. Respecto a éstas (56 islas con una extensión global de 15.600 kilómetros cuadrados), surgió un contencioso al supeditar Japón la firma de un tratado de paz, primero con el estado soviético y después con su sucesor ruso, a la devolución del grupo más meridional, integrado por las islas Iturup, Kunashir, Shikotan y Habomai.

Vladivostok es la más importante y la más meridional de las ciudades del Extremo Oriente. Es también la base naval más destacada de Rusia, con su puerto abierto durante todo el año. Cuenta con astilleros para la construcción y reparación de buques, así como con un gran complejo pesquero, además de una actividad notable en las industrias de la madera. A su alrededor se encuentran diversas ciudades industriales y portuarias, entre las que destacan Nakhodka o Najodka, ciudad carbonífera, y el nudo ferroviario de Ussuriysk, fundado en 1867 en la con-

En el mar de Okhotsk u Ojotsk, paralela a la costa siberiana y ubicada al norte de Japón, se encuentra la isla de Sakhalin o Sajalín, rica en maderas, petróleo y carbón. Junto con el archipiélago de las Kuriles, forma una de las provincias rusas de Extremo Oriente, con capital en Yuzhno-Sakhalinsk (en la página siguiente), al sur de la isla.

fluencia de tres ríos, centro de la industria alimentaria regional. Khabarovsk o Jabarovsk, fundada en 1858 antes de la construcción del ferrocarril, se halla emplazada en el interior, en la encrucijada del Amur y el Transiberiano. Es un centro industrial importante con producción de energía térmica a partir de carbones locales, construcciones mecánicas y una refinería de petróleo. Por fin, Blago-veshchesk, capital de la provincia del Amur, fundada en 1856 y localizada en la confluencia del Zeya con el Amur, ha desarrollado, gracias a la energía producida por las centrales térmicas de Raychikhinsk y Bureya, unas relevantes industrias alimentaria y de transformación de la madera.

MODIFICACIONES TERRITORIALES EN ASIA CENTRAL

Asia Central constituye una vasta región, que se extiende desde el mar Caspio hasta la República Popular de China, integrada por un conjunto de países situados en las fronteras septentrionales de Irán, Afganistán y China, y que corresponden a las actuales repúblicas de Uzbekistán, Tadzhikistán, Kirguizistán, Turkmenistán (plenamente asiáticas) y el sector meridional de Kazajstán (república con una porción europea), además de la parte occidental de la provincia china de Xinjiang Uighur. Los territorios de las antiguas repúblicas soviéticas, que a mediados del siglo XIX se incorporaron al Imperio zarista en calidad de colonias y formaron el Turquestán ruso, posteriormente pasaron a denominarse territorios del Asia Central soviética hasta su constitución en repúblicas socialistas integradas en la Unión Soviética. Turkmenistán y Uzbekistán lo hicieron en 1924; Tadzhikistán y Kirguizistán en 1929 y 1936, respectivamente, cuando se segregaron del Uzbekistán, en la que figuraban como repúblicas autónomas, y Kazajstán también en 1936. Su localización periférica en el mapa de la URSS se correspondía fielmente con su alejamiento de los centros de poder soviético, que emplearon el ejército, como había hecho el zar, para reconquistarlos al término de la Revolución y para imponer la colectivización y la sedentarización necesarias a una agricultura incompatible con el nomadismo que practicaban sus gentes. Se trata de sociedades esencialmente rurales —salvo en el caso de Kazajstán con una importante agricultura de regadío en su sector meridional, explotaciones mineras e importantes complejos industriales— que, conforme a la programación de los planes quinquenales, proveyeron a Rusia de alimentos, energía y materias primas —muy especialmente del algodón que necesitaba la industria soviética—, y que difícilmente se avinieron a la movilidad requerida por la industria manufacturera: el apego al medio rural de los ancestros fue un rasgo étnico al que los planificadores soviéticos achacaron repetidamente el fracaso de las iniciativas industrializadoras en la región.

La modernización, aunque muy superficial, les vino como una excrecencia importada de Rusia y tiene su principal escaparate en la capital uzbeka, Tashkent, reconstruida íntegramente tras la destrucción causada por el gran terremoto de 1966. Pero la rusificación, limitada a una minoría que mediatizaba las relaciones entre el poder central y la población, tropezó con barreras infranqueables: las lenguas autóctonas —turkmeno, uzbeko, tadjiko, kirguiso y kazako— y los valores tradicionales del islam, aunque de obediencia sunnita de rito hanafí, cuyo carácter secularizado y pragmático resulta poco permeable al fundamentalismo chiíta de la vecina Irán.

Con la desmembración soviética todos ellos proclamaron la independencia en 1991. Previamente, en 1989, cada una de dichas repúblicas había establecido la cooficialidad de su propia lengua y, al año siguiente, aún dentro de la Unión Soviética, proclamado la soberanía de sus respectivos territorios, lo que significaba la prevalencia de las leyes de la república sobre la legislación federal.

En la ruptura con la URSS, la iniciativa la tomó en casi todos los casos esa minoría rusificada, formada por miembros del PCUS: incluso, en los casos de Uzbekistán, cuya independencia la proclamó el secretario general del partido, Islam Karimov, tras fracasar en el intento golpista que en 1991 se proponía el mantenimiento de la Unión Soviética, o de Kazajstán, donde el presidente Nursultán Nazarbaev se ha convertido en el principal soporte de la Comunidad de Estados Independientes (CEI) y del estrechamiento de relaciones con Rusia en la región. La excepción fue Kirguizistán, que eligió co-

mo presidente al opositor demócrata Askar Akáiev.

La movilización nacionalista no se dirigió contra la minoría rusa, e hizo gala del ya señalado carácter pragmático, que en este caso buscaba ganar para la causa a quienes representaban mayoría entre directivos de empresa, técnicos y personal especializado con capacidad para mantener la producción. El único conflicto étnico grave se produjo en Tadzhikistán, donde tras la independencia las fuerzas progubernamentales comunistas, implantadas en Kumayri (antes Leninabad) y Kuliab, se enfrentaron al Partido del Renacimiento Islámico, con bases en las regiones meridionales. En el proceso, que derivó en guerra abierta, cayó el presidente, se impugnaron las elecciones y se implicó Afganistán. En 1993 este país dio refugio a unos doscientos mil guerrilleros procomunistas tadjikos que recibieron la solidaridad de la minoría uzbeka afgana, dirigida, con la aquiescencia del presidente uzbeko Karimov, por el general Ahmed Sha Masud. Lejos de resolverse, la guerra, caracterizada por fases alternantes,

proseguía tres años más tarde bajo otros liderazgos, la presidencia prorrusa de Emomalí Rajmánov y la mediación de las Naciones Unidas.

La quiebra de la URSS desestructuró temporalmente la economía de la región, aquejada por el estrangulamiento de las líneas de financiación habituales y la interrupción de la política de subvenciones, pero las nuevas repúblicas no se lanzaron a una carrera liberalizadora, salvo en Kirguizistán, que pagó el error con una superinflación de precios similar a la rusa. Al margen quedó Tadzhikistán, arrastrando las consecuencias de la guerra, pero Uzbekistán, Kazajstán y Turkmenistán limitaron las privatizaciones y mantuvieron un control estatal estricto sobre el resto de la economía, con el resultado de que ésta vio atemperado el efecto recesivo de la crisis. La adopción de una nueva política de exportaciones y la búsqueda de socios se convirtieron en temas capitales. Turquía, por su proximidad geográfica, cultural y política, iba a convertirse en el principal inversor en la región, donde en apenas tres años pasaron a operar tres mil empresas turcas, mientras se formalizaba una zona común de libre comercio y se aprobaban proyectos conjuntos para el tendido de gasoductos y oleoductos en dirección a Turquía y la cuenca mediterránea. Kirguizistán, con importantes créditos del FMI, inauguró en 1996 una línea férrea que recuperaba un buen tramo de la antigua ruta de la seda, entre Kazajstán y China, país éste con el que parecía estrechar sus relaciones económicas. El comercio de la región se abrió también a India, Corea del Sur, Japón, Emiratos Árabes Unidos y varios miembros de la Unión Europea. En lo político estas repúblicas asiáticas parecían evolucionar hacia regímenes autoritarios —especialmente dictatorial en el caso de Uzbekistán— decididos a aplicar las reformas exigidas por la nueva realidad del mercado. En su pragmatismo, tampoco parecían renunciar a hacer compatibles la distancia que tomaban de Rusia con una resignada aceptación del arbitraje de la antigua potencia en sus asuntos internos, una evidencia que, en el caso de Tadzhikistán —con una división rusa en su territorio y desde 1996 comprometida con Rusia por un tratado de no agresión que también vincula a China, Kirguizistán y Kazajstán—, no era en absoluto contradictoria con el rumbo de mundialización emprendido por la economía.

Lluís Cànovas Martí
Historiador

Tradicionalmente agrícolas, los países centroasiáticos debieron iniciar un proceso de modernización tras alcanzar la independencia. Entre ellos, Uzbekistán fue el que estuvo mejor preparado para lanzarse a competir en el libre mercado. En la fotografía, campos de algodón cerca de Dushanbe, capital de Tadzhikistán.

TRANSCAUCASIA

La región transcaucásica ocupa la vertiente meridional del Gran Cáucaso (la septentrional pertenece Rusia) e incluye los estados de Azerbaiján, Georgia y Armenia, cuyas fronteras no se ajustan plenamente a su distribución étnica. Con 186.100 kilómetros cuadrados y más de dieciséis millones de habitantes, el 55 por 100 de la población vive en ciudades, once de las cuales superan la cifra de cien mil habitantes. El Imperio Ruso conquistó estos territorios tras largas luchas, que se prolongaron hasta finales del siglo pasado. Por su posición marginal en el contexto ruso, pese a ser el camino tradicional de unión entre Europa y Asia, estos países, como los de Asia Central, vivieron mucho tiempo separadas del mundo ruso; las relaciones con la estepa del norte se establecieron tardíamente. Tras la Revolución Rusa, en 1920 se constituyó la Federación de Transcaucasia y en 1936 las tres repúblicas adquirieron por separado su estatuto federal. En 1991, disuelta la U.R.S.S., se convirtieron en estados independientes.

El marco físico transcaucásico es extremadamente variado. Al norte se imponen las alturas del Gran Cáucaso; la pendiente se abre súbitamente hacia los valles de la llanura de la Cólquida o Kóljida (Georgia), avenada por el río Rioni y con un clima cálido y húmedo, y la depresión del Kura (Azerbaiján), baja y pantanosa, de clima mucho más seco. Al sur, el Pequeño Cáucaso (básicamente en Armenia), en un escalonamiento de altiplanos y montañas con afloraciones volcánicas en su parte central, posee clima seco y estepario. Privilegiada por la naturaleza, Transcaucasia alcanza una densidad media de población superior a 80 habitantes por kilómetro cuadrado.

La distribución de las precipitaciones, determinada en gran medida por el relieve —las montañas actúan como pantallas pluviométricas—, caracteriza, a su vez, las condiciones de explotación agrícola. En las colinas contiguas a las depresiones o en el litoral del mar Negro se cultivan productos hortícolas y viñedos, así como tabaco y plantas colorantes, oleaginosas, medicinales y aromáticas, mientras que en los llanos irrigados se cultiva algodón. La economía transcaucásica ha encontrado serias dificultades para su desarrollo; durante largo tiempo tuvo un carácter colonial, basado en la expoliación de los recursos. Antes de la Revolución Rusa, la única fuente de energía era el petróleo de Bakú y las industrias urbanas eran de tipo artesanal. En el período soviético, la explotación de otras fuentes de energía —gas y equipamiento hidráulico— permitió un desarrollo industrial moderno.

La riqueza petrolífera de Transcaucasia se manifiesta de modo exclusivo en Azerbaiján, donde la explotación de crudo se inició a fines del siglo pasado. A los yacimientos de la península de Apsheron se añadieron los del delta del Kura. Abajo, torres de extracción sobre las aguas del Caspio.

AZERBAIJÁN

Azerbaiján, Azerbaydzhan o Azerbaiyán es el mayor y el más oriental de los estados transcaucásicos. Tiene una extensión de 86.600 kilómetros cuadrados, y una población superior a los siete millones de habitantes. Está centrado en la depresión del Kura, es menos montañoso que los otros dos países, y cuenta con un clima benigno —inviernos templados y veranos cálidos—, aunque la marcada aridez pluviométrica (200-300 milímetros) sólo mengua con la altitud. La población se halla concentrada sobre todo en las orillas de los ríos y del mar Caspio, en especial en la península de Apsheron.

Azerbaiján posee una república autónoma, Nakhichevan o Najichevan, y una provincia autónoma, Nagorno-Karabakh o Nagorno-Karabaj, que constituye, esta última, un foco de problemas por las reivindicaciones nacionalistas, con enfrentamientos entre las poblaciones azerbaijana y armenia que la habitan, que en los últimos años de las década de los ochenta y primeros de los noventa han resultado de una gravedad extrema, con la autoproclamación de independencia de Nagorno-Karabakh en diciembre de 1991.

Las actividades económicas tradicionales eran la agricultura cerealista y la gana-

La ubicación geográfica más allá del Cáucaso, desde la perspectiva central rusa, da nombre a Transcaucasia, que más propiamente se debe denominar Caucasia Meridional. Georgia, uno de los estados independientes de la región, ocupa parte de la vertiente sur de la cordillera, donde se levanta el monte Kazbek (en la fotografía superior), con 5.047 metros de altitud.

dería trashumante, además de la extracción del petróleo de Bakú. En la actualidad, en las tierras bajas del Kura se encuentran extensos cultivos de algodón y tabaco, mientras que en las tierras de secano continúa la producción cerealista, que alcanza la mitad del total producido en Transcaucasia. Algunos sectores irrigados se han especializado en la horticultura para el abastecimiento de los mercados urbanos. Sólo en las tierras más áridas se mantienen los pastos para una ganadería extensiva que no es muy importante, a pesar de hallarse a la cabeza de la producción transcaucásica.

El subsuelo azerbaijano es de una gran riqueza. Desde finales del siglo XIX se explotan los yacimientos petrolíferos de la península de Apsheron, a los que se

añadieron nuevos yacimientos de petróleo y de gas metano en el delta del Kura; el petróleo es exportado vía marítima a través del puerto de Bakú o mediante el sistema de oleoductos y gasoductos que lo distribuyen por toda la región transcaucásica o hasta el puerto georgiano de Batumi, en el mar Negro, para su reexportación. La riqueza metalífera se reduce al sector occidental del país, donde existen yacimientos de hierro y bauxita. La energía es producida en dos grandes centrales hidroeléctricas sobre el Kura (Minguechaur y Shanjor) y en las centrales térmicas urbanas de reducidas dimensiones, que se alimentan de los hidrocarburos locales.

La actividad industrial no empezó a despuntar hasta los años setenta, basada en la riqueza agrícola y minera y en el artesanado urbano tradicional, por lo que posee un marcado carácter urbano, con gran ocupación de mano de obra. Localizadas dispersamente se encuentran las industrias alimentaria (harinera y conservas) y textil (algodón y lana), al tiempo que las demás ramas se hallan fuertemente concentradas en los núcleos urbanos. Gandzha (ex Kirovabad), situada en el extremo occidental, es la segunda ciudad azerbaijana, notable por el extraordinario crecimiento demográfico de los últimos decenios, que se corresponde con su expansión industrial: metalurgia del alu-

Ver síntesis de Azerbaiján en página 1124 y mapa en páginas 1004-1005 y 1127

minio, producción de cemento, maquinaria e industria textil. En el curso bajo del Kura se encuentran los principales complejos de la industria petroquímica: Ali Bairamly, estación situada sobre las tuberías de hidrocarburos, e Imeni 26 Bakinskiy Komisarov (la «ciudad de los 26 comisarios de Bakú») en la desembocadura del río.

Stepanakert (capital de la provincia autónoma del Nagorno-Karabakh o Alto Karabakh) y Najichevan o Nakhichevan (capital de la república autónoma homónima) son centros industriales artesanales con industrias alimentaria y textil. Sumgait, enclavada sobre el Caspio y cerca de la capital, es la tercera ciudad del país gracias a su condición de gran centro siderúrgico y petroquímico.

Finalmente, Bakú es el mayor centro industrial de Azerbaiján, además de su capital y el principal puerto del Caspio, en la entrada de una profunda bahía de la península de Apsheron. El inicio de la explotación del petróleo (1870) le permitió iniciar el camino de la expansión económica y demográfica. En 1867 su población registraba la cifra de 12.000 habitantes; sólo treinta años más tarde había aumentado sus efectivos en cien mil y en 1915 alcanzaba los 237.000. La demografía corría pareja a la explotación del petróleo: en 1872 se extraían 25.000 toneladas que se habían convertido en 1.000.000 en 1885 (la mitad de la producción mundial) y en 7.000.000 al iniciarse la Primera Guerra Mundial. Hasta la Segunda Guerra Mundial, Bakú fue el centro petrolífero por excelencia, para convertirse en la actualidad en un gran símbolo como ciudad pionera. Hoy día, Bakú registra una cifra superior al millón ochocientos mil habitantes y su función de capitalidad ha sido reforzada gracias a su puerto y a las comunicaciones. Como gran centro transcaucásico, su industria se ha diversificado de forma considerable y hoy cuenta con industrias químicas, construcciones mecánicas, industria textil y alimentaria, etc., además de configurar un gran centro cultural y de servicios.

AZERBAIJÁN

Denominación oficial: Azärbaycan Respublikasi
Superficie: 86.600 kilómetros cuadrados
Capital: Bakú (1.800.000 hab.)
Forma de gobierno: República
Unidad monetaria: rublo
Lenguas: azerí; armenio; ruso
Grupos étnicos: azeríes (82,7 %); armenios (5,6 %); rusos (5,6 %)
Religiones: islamismo chiíta (75 %); islamismo sunnita (25 %)
Población: 7.392.000 hab.
Densidad: 86 hab./km²
Ciudades principales: Gandhza (ex Kirovabad, 282.200 hab.), Sumgait (236.000 hab.)
Esperanza de vida: 71 años
Población urbana: 53 %
Alfabetismo: 99 %
Televisores por 100 hab.: 9,8
Médicos por 1.000 hab.: 4,2
Red de carreteras: 30.400 kilómetros
Recursos económicos (miles): algodón (222 tm); trigo (780 tm); arroz (3 tm); tabaco (70 tm); té (4 tm); patatas (200 tm); vid (900 tm); ovinos (5.055 cabezas); bovinos (1.570 cabezas); caballos (33 cabezas); petróleo (10.600 tm); gas natural (7.800.000 m³); hierro (360 tm); acero (228 tm)

A la derecha y arriba, vista nocturna de la ciudad de Bakú, el mayor centro industrial de Azerbaiján y capital de dicho estado. A la derecha, los viñedos de Chakva, en Adzharia, al sudoeste de Georgia, cuya producción, en las vertientes de solana, es elevada y de gran calidad.

GEORGIA

Con 69.700 kilómetros cuadrados y casi cinco millones y medio de habitantes, Georgia o Sakartvelo es el segundo de los estados transcaucásicos en extensión y población. Es también el más montañoso, al estar parte de su territorio ocupado por la vertiente meridional del Gran Cáucaso y el sector noroccidental del Pequeño Cáucaso. Entre las dos cordilleras se extiende la llanura de la Cólquida, cuyo eje fluvial principal es el Rioni, con un clima cálido y húmedo gracias a las influencias oceánicas. Por el contrario, hacia el interior el clima es más seco (600 milímetros anuales, que aumentan con la altitud en el Gran Cáucaso) y continentalizado, con temperaturas más bajas.

La población se halla irregularmente distribuida, con los principales asentamientos en las altitudes medias de la vertiente meridional del Gran Cáucaso y en la llanura de la Cólquida. Las tierras del Pequeño Cáucaso, por el contrario, están prácticamente despobladas. En general, sin embargo, los habitantes se hallan muy diseminados, ya que el porcentaje de población rural alcanza el 57,6 por 100.

Georgia comprende las repúblicas autónomas de Abkhazia o Abjasia y Adzharia y la provincia autónoma de Osetia Meri-

dional o del Sur. Esta última y Abkhazia se rebelaron contra el poder central, declarando la secesión en septiembre y agosto de 1990, respectivamente.

La agricultura georgiana está muy especializada y alcanza el mayor valor de producción de la Transcaucasia. La población agrícola supone el 45,4 por 100 de la población activa. Los principales cultivos son los cereales, el maíz (en los sectores húmedos) y el trigo (en el interior seco); en las tierras bajas subtropicales se cultivan toda clase de frutas y hortalizas, exportadas tradicionalmente a Rusia, especialmente para abastecer a Moscú. En los sectores soleados de las vertientes montañosas se cultiva, además, la vid y el té, mediante la aplicación de una alta tecnología; la producción llega al 90 por 100 del total de Eurasia Septentrional.

Los recursos del subsuelo son variados y de escasa importancia. Destacan los yacimientos de manganeso de Chiatura, los yacimientos de carbón en las vertientes occidentales del Gran Cáucaso, explotado localmente para la producción de energía eléctrica, y de lignito en las del Pequeño Cáucaso. Sin embargo, la mayor parte de los hidrocarburos son conducidos, desde Azerbaiján, a través de oleoductos. La energía procede en su mayor parte de la reciente explotación hidroeléctrica: en el período 1976-1980 fue-

Ver síntesis de Georgia en página 1126 y mapa en páginas 1104-1005 y 1127

ron construidas cuatro centrales sobre el Rioni y el Inguri, a las que cabe añadir el complejo hidroeléctrico de Tskhinvali o Tsjinvali, la capital de Osetia Meridional, al noroeste de Tbilisi.

La industria ocupa al 40 por 100 de la población activa. Con una localización territorial dispersa, se encuentran las industrias alimentarias (harineras, conserveras, aceiteras, elaboración de vino, empaquetado de té, elaboración del tabaco), unidas a las explotaciones agrícolas y ocupando gran cantidad de mano de obra, especialmente femenina. Sólo en los grandes núcleos urbanos se concentra una industria más potente y diversificada.

A pesar de que la población es eminentemente rural, Georgia cuenta con grandes núcleos urbanos, entre ellos cinco ciudades que superan los cien mil habitantes, de las once existentes en toda la Transcaucasia. Kutaisi se halla emplazada en la zona de contacto entre la Cólquida y las vertientes montañosas; es la segunda ciudad del estado por su población y en ella destacan industrias textiles y alimentarias, además de factorías químicas que dependen de los hidrocarburos azerbaijanos, de los que es un centro distribuidor. Batumi, por su parte, es el centro tradicional de exportación del petróleo de Bakú; cuenta con

GEORGIA

Denominación oficial: Sak'aert'velos Respublikis
Superficie: 69.700 km²
Capital: Tbilisi (1.279.000)
Unidad monetaria: Lari
Forma de gobierno: República
Lenguas: georgiano (oficial); ruso
Grupos étnicos: georgianos (70,1 %); armenios (8,1 %); rusos (6,3 %); azerbaijanos (5,7 %); osetos (3 %); griegos (1,9 %); abhasios (1,8 %)
Religiones: cristianismo ortodoxo; islamismo
Población: 5.493.000 habitantes
Densidad: 78 hab./km²
Ciudades principales: Sukhumi (120.000 hab.); Batumi (137.500 hab.); Kutaisi (238.200 hab.)
Esperanza de vida: 73 años
Población urbana: 56 %
Alfabetismo: 99 %
Televisores por 100 hab.: 26,2
Médicos por 1.000 hab.: 5,9
Recursos económicos (miles): trigo (128 tm); maíz (225 tm); patatas (190 tm); uva (500 tm); tomates (160 tm); manganeso (1.100 tm); carbón (500 tm); petróleo (100 tm); acero (500 tm); bovinos (1.110.000 cabezas); ovinos (1.350.000 cabezas); azúcar, vino, cerveza, té, tabaco, tejidos, calzado, petroquímica, automóviles; energía eléctrica (9.300.000 kWh);

Tbilisi (sobre estas líneas) es la capital y principal centro urbano de Georgia. Asentada en el valle fluvial del Kura, en el centro-este del país, forma un núcleo industrial de primer orden, en el que sobresalen los complejos siderometalúrgicos y químicos. Además es un nudo de comunicaciones por ferrocarril y carretera y una bella ciudad donde las construcciones tradicionales alternan con las modernas.

una refinería sobre el mar Negro, además de industrias mecánicas y alimentarias. Rustavi, al sudeste de Tbilisi, es la tercera ciudad de Georgia y el mayor centro de la industria pesada, metalúrgica y química. Por fin, Tbilisi (antigua Tiflis), la capital del estado, se extiende por las dos orillas a lo largo del Kura en un valle estrecho. Tradicional encrucijada de caminos, se halla en una posición central respecto de la región, y muy bien comunicada en todas direcciones. Es la principal ciudad de la Transcaucasia y ha experimentado una notable industrialización en el curso del siglo, en la que destacan, además de la tradicional industria alimentaria, las construcciones mecánicas. Tbilisi es hoy, además de centro administrativo por excelencia, una relevante ciudad industrial.

1126

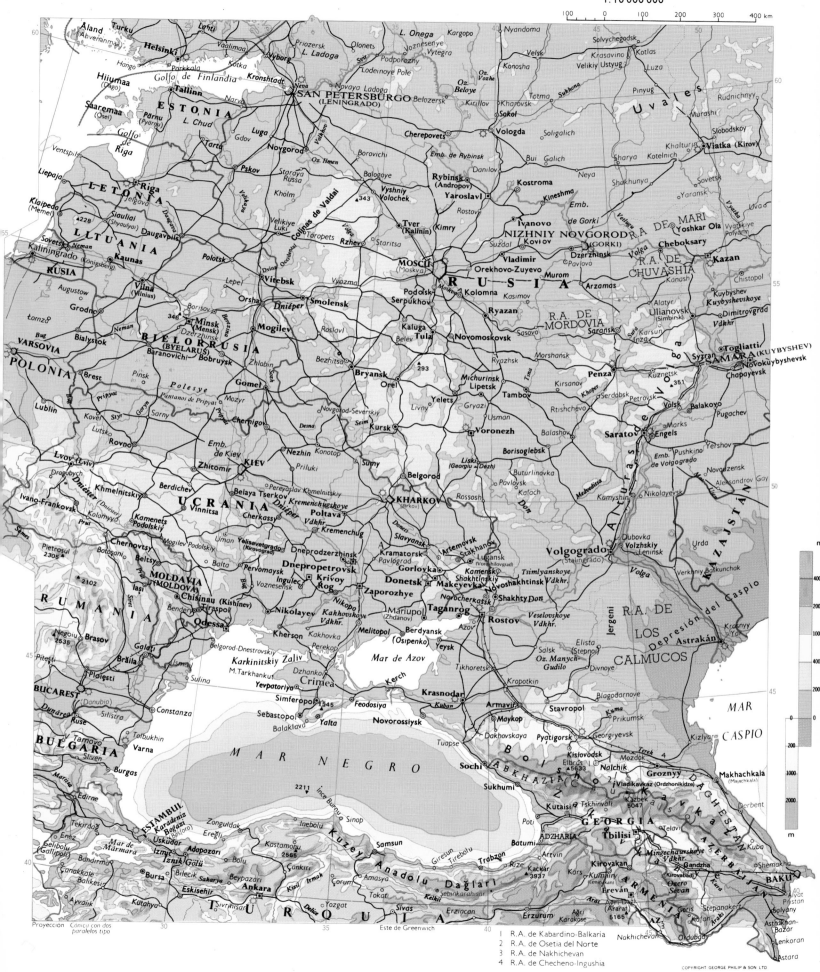

ARMENIA

La Armenia independiente ocupa sólo una pequeña parte de la gran meseta armenia, englobada en Turquía. Tiene una extensión de 29.800 kilómetros cuadrados y es el más meridional, montañoso y pequeño de los países de Transcaucasia. Su población asciende a algo más de 3.700.000 habitantes, lo que la sitúa en segundo lugar de Eurasia Septentrional tras Moldavia, por su densidad de población, que se eleva a los 125 habitantes por kilómetro cuadrado. La altitud media es muy elevada (1.800 metros, con un 40 por 100 de la superficie situada por encima de los 2.000; su máxima altura es el volcán apagado Aragats, con 4.090 metros) y su relieve es extremadamente complejo, lo que provoca una gran diversidad de microclimas dentro de un clima general de tipo continental con inviernos fríos y veranos calurosos y secos, y con una escasa pluviosidad (450 milímetros). Pueden distinguirse tres grandes regiones naturales armenias: las sierras del Pequeño Cáucaso, al norte y sudeste, los relieves volcánicos del noroeste y la llanura aluvial del Ararat.

La Armenia geográfica constituye una amplia región natural entre Anatolia, el Kurdistán y el Cáucaso, que quedó progresivamente repartida entre Turquía y Rusia. En 1991 alcanzó la independencia el sector de Armenia que del Imperio Ruso había pasado a la Unión Soviética, tras un corto período de soberanía propia entre 1918 y 1920. Este país, el único que mantiene el carácter nacional armenio (en Turquía, los armenios fueron víctimas de un atroz genocidio) tiene por capital a Ereván, es pequeño y montañoso y conserva numerosos vestigios históricos de su pasado esplendor. Abajo, una iglesia armenia del siglo XIII.

Ver síntesis de Armenia en página 1130 y mapa en páginas 1004-1004 y 1127

La fisiografía del estado independiente de Armenia está determinada por las altas cordilleras del Pequeño Cáucaso, un conjunto de relieves volcánicos, entre los que sobresale el Aragats, con 4.090 metros, y las cuencas de Ereván y Kumayri así como las llanuras fluviales del Araks y el Kura (esta última a través de algunos de sus afluentes, como el Debet y el Akstafa), en las que se concentran las explotaciones agrícolas. El sector meridional, estrecho y alargado en dirección noroeste-sudeste, esta accidentado por la cordillera de Zanguezur. A la derecha, típico paisaje armenio, pedregoso y accidentado.

La población se halla concentrada en las tierras bajas, en la mitad occidental de la región, junto a los altos valles del Akhuryan y del Razdan. Armenia destaca por su homogeneidad étnica, en la que hay que reseñar la gran mayoría armenia, de más de un 93 por 100. La agricultura, que tiene sus principales sectores en las cuencas de Kumayri y Ereván o Yereván, juega un papel subsidiario dentro de la economía regional, pese a la mecanización y a la irrigación. En los terrenos de regadío destacan los cultivos de algodón, tabaco y árboles frutales; en los de secano, los cereales, patatas y viñas. El subsuelo armenio cuenta con recursos variados, pero no muy ricos. El cobre es su principal riqueza, con importantes yacimientos en Zangezurskiy, Alaverdi y Kafan. La industria experimentó un gran desarrollo después de la Revolución de 1917. Al no contar con grandes recursos materiales, destaca por el uso de mano de obra muy cualificada en la ingeniería mecánica y eléctrica, y por una actividad muy concentrada en las ciudades. La industria alimentaria, por el contrario, se halla más dispersa y sobresale en la elaboración de vino y coñac, conservas de fruta y la manufactura del tabaco.

Armenia es el más urbanizado de los estados transcaucásicos, con un 69 por 100 de población urbana. Más de un tercio de la población total reside en Ereván, la capital, notable muestra de macrocefalia. Otras dos ciudades superan la cifra de cien mil habitantes: Kumayri y Kirovakán. Kumayri, anteriormente Leninakán, fue hasta 1988 la segunda ciudad armenia, con más de 240.000 habitantes. Está situada en el extremo occidental del país, a 1.500 metros de altitud en el altiplano homónimo. Su desarrollo moderno ha sido muy acelerado, destacando como centro de la industria ligera, especialmente textil (géneros de punto). Quedó arrasada en su mayor parte por el terremoto de 1988, pero de inmediato se empezó su reconstrucción. Kirovakán (Karaklis hasta 1935), situada más al este, está especializada sobre todo

ARMENIA

Denominación oficial: Hayastani Hanrapetut´yun
Superficie: 29.800 kilómetros cuadrados
Población: 3.732.000 habitantes
Capital: Ereván (1.400.000 hab.)
Forma de gobierno: República
Lenguas: armenio; ruso; kurdo
Religiones: cristianismo ortodoxo armenio (mayoritario); islamismo
Grupos étnicos: armenios (93,3 %); azerbaijanos (2,6 %); kurdos (1,7 %); rusos (1,6 %)
Ciudades principales: Kumayri (ex Leninakán, 240.000 hab.)
Recursos económicos (miles): patatas (350 tm); algodón (5,9 tm); tabaco (1 tm); fruta (110 tm); vid (100 tm); ovinos (850); bovinos (549); cobre (12,1 tm); vino (100 l); cerveza (4.19 l); ácido súlfurico (3,8 tm); sosa caústica (1,5 tm); energía eléctrica (9.000.000 kW/hora); tejido de lana (3.800 m²); tejido de algodón (10.000 m²); seda (9.200 m²); metalúrgica (1,21 tm); automóviles de turismo (3,1 unidades)

Los hechos de la historia reciente convirtieron a Ereván o Yereván en plaza fuerte de la nacionalidad armenia, al acoger a gran número de refugiados que huían del terror turco. A la izquierda, en el extremo, un habitante de la capital de Armenia, digno representante de su etnia; al lado, una plaza céntrica de Ereván; abajo, en la página anterior, la planta atómica próxima a la ciudad, cuyo funcionamiento fue suspendido temporalmente en 1989 ante el temor a la actividad sísmica; en esta página, monumento a las víctimas del genocidio llevado a térmico por los turcos contra los armenios, en la misma capital.

en la rama química (abonos minerales, fibras sintéticas) y es así mismo un centro turístico importante por sus balnearios.

Ereván o Yereván es la capital y el núcleo urbano más importante del país, con un millón cuatrocientos mil habitantes. En 1867 su población ascendía a doce mil habitantes y antes de la Revolución a treinta mil; ya en 1954 se había situado en los doscientos mil para septuplicarse en los cuarenta años siguientes. Este elevado ritmo de crecimiento demográfico encuentra su explicación en la continua afluencia de armenios desde la diáspora y en la prosperidad económica de la ciudad, cuya diversificada producción industrial (química, metalúrgica, mecánica, alimentaria), a partir de la materia prima recibida de otras regiones de Armenia, supone la mitad del total del país. Emplazada en principio en la orilla izquierda del Razdan, desde 1940 se expandió también por la orilla derecha. El elemento dominante del paisaje y símbolo nacional es el monte Ararat (5.165 metros de altitud, 4.000 metros por encima del nivel de la ciudad), a unos 40 kilómetros dentro ya del territorio turco. Ereván es un centro moderno con edificios de escasa altura, debido a los frecuentes terremotos de la región, como el de 1988.

Otras ciudades menores, que merecen ser mencionadas, son Alaverdi y Kadzharan, centros de la metalurgia del cobre, y Echmiadzin, sede de la Iglesia Armenia, que recibe un gran número de visitantes.

Armenia apoya la libre determinación del Nagorno Karabakh (Arzaj o Artsakh en lengua armenia), un territorio montañoso de 4.400 kilómetros cuadrados y unos doscientos mil habitantes en su mayoría armenios, integrado por la fuerza a Azerbaiján y que se autoproclamó independiente en diciembre de 1991. Los núcleos más importantes del Karabakh son la capital, Stepanakert (55.000 habitantes), y Shusha.

ASIA CENTRAL

Esta enorme región de 3.994.400 kilómetros cuadrados, fronteriza con Rusia, China, Afganistán e Irán, es un territorio que combina desiertos con altas montañas en dos unidades básicas: la llanura turanocaspiana y las alineaciones orográficas de tipo alpino ubicadas en el corazón del continente.

El clima, cálido y seco en general, está fuertemente condicionado por el relieve; ante la ausencia de barreras orográficas sufre la penetración de las influencias siberianas, mientras que la barrera orien-tal recoge la humedad procedente de las masas del oeste y fertiliza las vertientes de los macizos.

Esto explica también la concentración de la población en los valles y oasis del Pamir y Tien Shan. Región eminente-mente agrícola, con el cultivo del algodón en un destacado papel, el descubrimiento de yacimientos minerales permitió la in-troducción del modelo soviético de desa-rrollo con grandes obras públicas y la implantación de industrias pesadas, como objetivo preferente.

Asia Central está formada por las suaves elevaciones de Kazajstán, al norte, las llanuras turanocaspianas, al oeste, y las estribaciones septentrionales del Himalaya, al sur, donde se localiza la región de Pamir. En ella se alza, con 7.495 metros, el pico más alto de la zona (fotografía inferior). Su orografía la constituyen formaciones esquistosas paleozoicas en las que los movimientos tectónicos han dejado sentir sus efectos. A la derecha, imagen de satélite de la región, obtenida con rayos infrarrojos.

KAZAJSTÁN

Denominación oficial: Qazaqstan Respublikasy
Superficie: 2.717.300 kilómetros cuadrados
Población: 16.987.000 habitantes
Capital: Astaná (280.200 hab.)
Forma de gobierno: República
Lenguas: kazako (oficial); ruso, alemán
Grupos étnicos: kazakos (39,7 %); rusos (37,8 %); alemanes (5,8 %); ucranianos (5,4 %); tártaros (2,0 %)
Religiones: islamismo sunnita (mayoritario); cristianismo ortodoxo
Ciudades principales: Karaganda (608.600 hab.); Chimkent (438.800 hab.); Semipalatinsk (344.700 hab.)
Recursos económicos (miles): trigo (12.500 tm); cebada (6.850 tm); patatas (2.300 tm); remolacha azucarera (900 tm); bovinos (8.313 mil cabezas); ovinos (33.000 mil cabezas); carbón (126.543 tm); gas natural (7.885 mill. m³); petróleo (21.741 tm); hierro (17.300 tm); uranio (2,8 tm); fosfatos (700 tm); energía eléctrica (81.293.000 kW/h)

UZBEKISTÁN

Denominación oficial: Uzbekiston Jumhuriyati
Superficie: 447.400 kilómetros cuadrados
Población: 21.700.000 habitantes
Capital: Tashkent (2.119.900 hab.)
Forma de gobierno: República
Lenguas: uzbeko (oficial); ruso
Grupos étnicos: uzbecos (71,4 %); rusos (8,3 %); tártaros (4,7 %); kazakos (4,1 %); tadjikos (2,4 %); karakalpakos (2,1 %); coreanos (0,9 %)
Religiones: islamismo sunnita (mayoritario)
Ciudades principales: Samarkanda (370.500 hab.); Namangan (319.200 hab.); Andizhan (298.300 hab.)
Recursos económicos (miles): trigo (950 tm); arroz (500 tm); algodón (3.913tm); uva (480 tm); bobinos (527,5 mill. cabezas); ovinos (840,7 mill. cabezas, de ellos 493 mill. de karakul); gas natural (41,6 mill. m³); carbón (470 tm); lignito (453 tm); petróleo (110 tm); uranio (27 tm); energía eléctrica (50.900 mill. kW/h)

TURKMENISTÁN

Denominación oficial: Türkmenistan Jumhuriyati
Superficie: 488.100 kilómetros cuadrados
Población: 3.714.000 habitantes
Capital: Ashjabad (416.000 hab.)
Forma de gobierno: presidencial
Lenguas: turkmeno (oficial); ruso, uzbeko
Grupos étnicos: turkmenos (72 %); rusos (9,5 %); uzbekos (9 %); kazakos (2,5 %)
Religiones: islamismo sunnita (mayoritario)
Ciudades principales: Chardzhou (166.400 hab.); Tashauz (117.000 hab.); Mary (94.900 hab.)
Recursos económicos (miles): trigo (500 tm); cebada (150 tm); maíz (180 tm); algodón (737 tm); uva (145 tm); ovinos (540,5 cabezas); gas natural (60.107 mill. m³); petróleo (480 tm); azufre; tugsteno; sales (bromo, sodio, yodo); energía eléctrica (13.100 mill. kW/h); química; petroquímica

TADZHIKISTÁN

Denominación oficial: Jumhurii
Tojikistan
Superficie: 143.100 kilómetros
cuadrados
Población: 5.705.000 habitantes
Capital: Dushanbe (602.000 hab.)
Forma de gobierno: República
Lenguas: tadjiko; ruso
Religiones: islamismo sunnita
(mayoritario); cristianismo ortodoxo
Grupos étnicos: tadjikos (62,3 %);
uzbekos (23,5 %); rusos (7,6 %);
tártaros (1,4 %)
Ciudades principales: Khodzhent
(163.000 hab.); Kulyab (79.300 hab.)
Recursos económicos (miles): algodón
(382 tm); vid (85 tm); patatas (100 tm);
ovinos (2.550 cabezas); caprinos (760
cabezas); caballos (53 cabezas);
petróleo (100 tm); gas natural
(93.000 m³); cemento (400 tm);
fertilizante (50 tm)

KIRGUIZISTÁN

Denominación oficial: Kyrgyzstan
Respublikasy
Superficie: 198.500 kilómetros
cuadrados
Población: 4.482.000 habitantes
Capital: Bishkek (631.300 hab.)
Lenguas: kirguiso; ruso
Religiones: islamismo sunnita
Grupos étnicos: kirguisos (52,4 %);
uzbekos (12,9 %); rusos (21,5 %);
ucranianos (2,5 %); minorías kazakas, de
alemanes del Volga deportados en 1941,
y tadjikas
Ciudades principales: Osh (238.000 hab.)
Recursos económicos (miles): remolacha
azucarera (200 tm); algodón (38 tm);
patatas (300 tm); vid (30 tm); tabaco
(60 tm); ovinos (9.000 cabezas); bovinos
(1.002 cabezas); caprinos (300 cabezas);
caballos (310 cabezas); antimonio (3 tm);
petróleo (113 tm); gas natural (1.102.000
m³); automóviles (14,8 unidades);
cerveza (310 hl)

SOLAR DE PUEBLOS TURCOS E IRANIOS

Asia Central es una zona con características harto diferenciadas con respecto al resto de Eurasia Septentrional. No sólo comprende algunos de los territorios incorporados en último lugar al Imperio Ruso, sino que su población autóctona se aparta sensiblemente de la mayoría eslava dominante en Eurasia Septentrional.

A medida que progresaron en el corazón de Asia con el remoto propósito de superarlo y llegar a las cálidas riberas del mar Arábigo, las fuerzas zaristas se encontraron con diversos pueblos allí establecidos desde antaño. De dichos pueblos unos eran nómadas y otros sedentarios, pero todos presentaban estrechos vínculos de lengua y religión. Se trataba del conjunto de pueblos turcos orientales, entre los que se hallaban mezclados los restos de antiguas avanzadas iranias, con las que compartían el islam y muchas costumbres.

Cuando el poder soviético sustituyó a la estructura imperial zarista, se encontró en Asia Central con comunidades totalmente ajenas a las directrices bolcheviques. A fin de evitar la desmembración del estado y para satisfacer mínimamente los derechos nacionales de los pueblos oprimidos por el zarismo, compartimentó Asia Central en una serie de entes políticos de base étnica. Así, Kazajstán, Uzbekistán, Turkmenistán y Kirguizistán agrupan las etnias turcas orientales, mientras que Tadzhikistán corresponde a la única etnia irania de la zona. Después del frustrado golpe de estado de agosto de 1991 y de la disgregación de la U.R.S.S., estos países alcanzaron su independencia.

KAZAJSTÁN

El Kazajstán o Kazakhstan (también se usa la adaptación toponímica de Kazakistán) es un inmenso territorio de 2.717.300 kilómetros cuadrados, el segundo en extensión de Eurasia Septentrional tras Rusia, lo que explica su estructuración en dieciséis grandes provincias, y sólo tiene una población algo inferior a los diecisiete millones. Se halla al sur de los Urales, ocupa el sector septentrional de Asia Central y comprende, al oeste, la cuenca baja del río Ural. Se extiende desde la desembocadura del Volga y el sector nororiental del Caspio hasta las altas cordilleras del Altai y el Tien Shan. El Kazajstán fue tradicionalmente un país pobre, transitado por una pobla-

ción nómada con una economía de subsistencia basada en la ganadería extensiva y la trashumancia. Sin embargo, el desarrollo del potencial de recursos del Kazajstán, muy diversos por su gran extensión, fue uno de los objetivos soviéticos que se plasmó, entre otros aspectos, en la construcción de una infraestructura de comunicaciones para conectar lo que fue una región aislada con los núcleos europeo y siberiano.

Con una posición central en el macrocontinente eurasiático, el clima kazako es acentuadamente continental (la oscilación térmica anual puede alcanzar, en el desierto, los 90 °C) y muy árido, con una gradación pluviométrica de norte a sur desde los 300-350 milímetros de la región septentrional, beneficiada por una cierta influencia de los aires húmedos del oeste, hasta los 100 milímetros registrados en el desierto. La sequía está además

Sobre estas líneas, el lago Baljash en una imagen del satélite Landsat 1, a 914 kilómetros de altitud. Situado junto a la árida meseta de Betpak Dala, al oeste, y el desierto de Sary-Ishikotrau, al sur, el Baljash es un lago poco profundo y sin emisarios, que, como le ocurre al mar de Aral, está en peligro de desecación, sobre todo en el sector oriental.

acentuada por la acción de los vientos secos y cálidos que soplan en verano, por lo que ha sido necesario no sólo emprender grandes obras de regadío, sino también efectuar la plantación de árboles para proteger el suelo. Sólo en el sector sudoriental las condiciones climáticas se ven atemperadas por el relieve.

El relieve se compone de cuatro elementos estructurales: la meseta kazaka, en el centro del país, de gran altitud en los

Ver síntesis de Kazajstán en página 1132 y mapa en páginas 1004-1005 y 1138

En Kazajstán, país definido en el pasado por una tradicional economía pastoril de subsistencia, el extinto régimen soviético realizó un gran esfuerzo para desarrollar tanto la industria como la agricultura. Ello se acompañó con la inmigración de grandes contingentes humanos, procedentes de Rusia en gran parte. A la derecha, operaria de una fábrica de algodón en Alma Ata, de procedencia europea.

sectores medios (1.565 metros); al norte, la extensión de la llanura de Siberia Occidental; al sudoeste, la extensión de la llanura turanocaspiana; y el reborde montañoso oriental (parte del cinturón de plegamientos terciarios de Eurasia Septentrional) de gran complejidad: la vertiente septentrional del Tien Shan al sur, la cordillera Zailysky-Alatau al nordeste, las alineaciones paralelas de Dzungaria y Tarbagatay al norte, y las estribaciones montañosas del Altai, que encierran la cuenca alta del Irtysh, al nordeste.

Las condiciones climáticas imponen una red hidrográfica muy pobre, formada por cursos, no siempre permanentes, que alimentan diversas cuencas endorreicas. Al norte, aparecen los grandes ríos de la cuenca ártica (Irtysh, Ishim, Ubagan, afluente del Ob). El lago Baljash o Balkhash, a 340 metros de altitud y con 20.000 kilómetros cuadrados de superficie, posee una escasa profundidad media (6 metros). La vegetación sigue la gradación longitudinal de los suelos, de las tierras negras septentrionales a los suelos castaños y los suelos de desierto del sur. Al norte domina la estepa arbustiva, en el centro la estepa propiamente dicha, y en el desierto las especies xerófilas. En los montes orientales se produce una rápida transición hasta alcanzar el bosque siberiano de coníferas, formando una auténtica taigá. En las mayores altitudes se encuentran prados de tipo alpino y, muy localmente, tundra.

Desde la Segunda Guerra Mundial, el Kazajstán cuenta con un ritmo de crecimiento demográfico rápido, superior a la media de Eurasia Septentrional, gracias a la inmigración procedente de los países del sector europeo, que han aportado, además, una estructura demográfica joven, con una elevada tasa de natalidad. La importancia de la inmigración se refleja así mismo en la composición étnica de la población, con un 38 por 100 de rusos (el Kazajstán fue el único país de Eurasia Septentrional, aparte de Rusia, que tuvo hasta fecha reciente una mayoría rusa, superada ya por los kazakos con un 40 por 100) y por un 5,4 por 100 de

ucranianos. La densidad de población media ronda los 6 habitantes por kilómetro cuadrado, muy inferior a la media de Eurasia Septentrional. Aún más notable es la desigual distribución de la población, que se halla básicamente concentrada en los sectores septentrionales y del sudeste, al tiempo que el sector central y el meridional son grandes desiertos con densidades inferiores a 1 habitante por kilómetro cuadrado. En el norte y a orillas del Caspio, la población, formada por rusos, bielorrusos y ucranianos, alcanza una densidad de 10 hab./km²; al sudeste, donde se halla enclavada la capital y las ciudades más importantes, en las vertientes montañosas se alcanza una densidad de 200 hab./km². La industrialización y la colonización agrícola han supuesto, desde los años sesenta, un cambio radical en los modos de vida y en los asentamientos. Así, junto a la casi desaparición del

nomadismo, se han formado grandes ciudades y la población urbana alcanza ya el 57 por 100 de la población total.

Dos tercios de la superficie total son aptos para la agricultura. A la existencia de una buena base (tierras negras y suelos castaños) hay que añadir, sin embargo, un acusado y crónico déficit hídrico. El esfuerzo estatal ha permitido alcanzar logros notables, aunque no siempre en consonancia con las previsiones: la campaña oficial de colonización supuso, en el período 1945-1960, la roturación de 25,5 millones de hectáreas; en los años sesenta y ochenta la producción se sextuplicó respecto al período 1949-1953 y la producción kazaka de cereales supuso entonces un 11,5 por 100 del total de la antigua Unión Soviética. Estos logros responden no sólo a la extensión, sino también a las obras de regadío (como el canal del Irtysh a Dzhezkazgan, más de

1.000 kilómetros por el interior de la estepa) y a la racionalización y mecanización de las explotaciones. Junto a la persistencia de la ganadería tradicional (ovejas y cabras), hoy se halla introducida una ganadería moderna (vacuno, porcino y aves de corral) que ha convertido el país en un gran productor de carne. La colonización de las tierras vírgenes llevó, sin embargo, a una explotación de tipo extensivo que produjo una baja rentabilidad general. Por ello, se impulsaron también grandes planes en el terreno industrial. Los recursos mineros, de gran diversidad, son más abundantes en las regiones montañosas que en las llanuras, si se exceptúa el petróleo y el gas natural de la depresión caspiana. En la cercanía de los Urales y en la meseta del Kazajstán se encuentran grandes reservas de mineral de hierro; más importantes aún, por su abundancia, son los yacimientos de car-

bón —el Kazajstán es el tercer productor de Eurasia Septentrional, tras el Donbass ucraniano y el Kuzbass ruso—; el cobre se halla presente en múltiples yacimientos y su producción alcanza el medio millón de toneladas.

El esfuerzo de inversión infraestructural en Kazajstán ha sido de gran alcance; junto a la de comunicaciones, en la que destaca la construcción de miles de kilómetros de líneas de ferrocarril (de especial importancia fue la construcción, iniciada en 1930, del Turksib que enlaza el Turkestán con el Transiberiano), hay que señalar la inversión en fuentes de energía autóctonas para potenciar el desarrollo industrial. Tres cuartas partes de la electricidad son de origen térmico gracias a la multiplicación de centrales en las áreas hulleras, ya que la hidroelectricidad es muy restringida y sólo merece ser señalada la gran central de Sulbin, sobre el

Desde la Segunda Guerra Mundial, uno de los objetivos prioritarios de la planificación económica entonces vigente fue el dotar a Kazajstán de los recursos hídricos precisos para fertilizar sus tierras y potenciar así la producción agrícola. Entre las diversas obras emprendidas sobresale el canal del Irtysh a Dzhezkazgan, de más de 1.000 kilómetros de longitud a través de la estepa. Arriba, estación de distribución de un canal de irrigación.

Irtysh; la central nuclear de Shevchenko constituyó a su vez un nuevo impulso en esta progresión espectacular de la producción energética, base del desarrollo industrial kazako.

La industria pesada, especialmente la siderúrgica, ya contaba con cierta tradición, pero el impulso definitivo lo constituyó la construcción de enormes kombinats siderometalúrgicos en distintas regiones. La diversificación industrial fue un hecho con el traslado de 250 factorías de la Europa soviética ante la amenaza de la invasión alemana durante la Segunda Guerra Mundial. Gracias a ello, se implantaron construcciones mecánicas, industria química, producción de cemento e industrias ligeras. Existen tres grandes complejos territoriales de producción: la región de Mangyshlak, en torno a la ciudad de Shevchenko, está organizada sobre la base de la producción petrolífera

y de gas natural, con factorías petroquímicas que tratan parte del petróleo extraído, en tanto que el resto es distribuido mediante oleoductos; la región de Povlodar-Ekibastuz, a lo largo del Irtysh y del canal que llega a Karaganda, explota el carbón y el cobre y recientemente refina el petróleo de Siberia; la región de Karatau-Dzhambul, al sur, en torno a la ciudad de Dzhambul, tiene una producción diversa (industrias mecánicas, cemento, abonos minerales, productos alimenticios) apoyada por la central térmica de dicha ciudad. Otros centros dispersos son el petroquímico de Guryev, el centro de industrias ligeras de Uralsk, junto a los Urales, y el centro de Aktyubinsk, con importantes industrias petroquímica y siderúrgica.

Alma Ata o Alma-Ata, la antigua Vierni, conoció un crecimiento demográfico espectacular gracias al desarrollo de los ser-

Alma Ata, antigua capital de Kazajstán, es un centro comercial, agrícola e industrial donde se elaboran productos textiles, químicos, mecánicos y alimentarios. Situada en un área de notable actividad sísmica, cuenta con un complejo de edificaciones de nueva planta y amplias avenidas al estilo de las ciudades más modernas, en las que no faltan los servicios necesarios para el ocio.

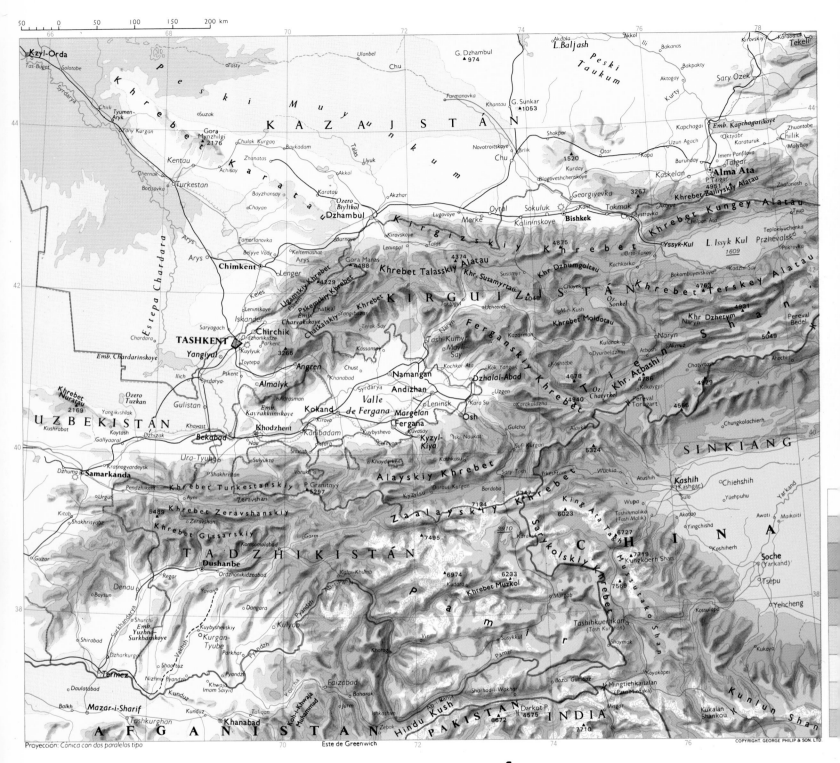

Proyección: Cónica con dos paralelos tipo   Este de Greenwich   COPYRIGHT GEORGE PHILIP & SON LTD.

vicios e instituciones culturales, y a una industria mecánica y ligera bastante diversificada. Situada próxima al límite con Kirguizistán, la ciudad se desarrolló rápidamente
desde la construcción del ferrocarril Tur-
kestán-Siberia que la conecta con Tashkent
y Novosibirsk. En 1997 Alma Ata perdió
su condición de capital en beneficio de Ak-
mola (antigua Tselinogrado), núcleo de cerca de trescientos mil habitantes situado en
el centro norte del país, que en 1998 adop-
tó el nombre de Astaná.

UZBEKISTÁN

Uzbekistán es el tercer estado del Asia
Central en extensión (447.400 kilómetros cuadrados) y el primero por su población (cerca de veintidós millones de habitantes), cuya distribución es muy irregular,
con, por ejemplo, tan sólo algunos núcleos
aislados a lo largo del curso bajo del
Amudarya. Comprende 11 provincias y
la república de Karakalpakia.

Uzbekistán, montañoso en los extremos este
y sudeste y apenas accidentado y desértico
en el resto, cuenta con una desarrollada
actividad agrícola que se localiza en los
valles de Tashkent y Fergana, y que da
origen a numerosos mercados frutícolas,
como el de Samarkanda (a la derecha,
abajo). El centro urbano más importante es
la capital, Tashkent, que en su historia
reciente ha sufrido el impacto de violentos
seísmos. A la derecha, arriba, vista parcial
de la ciudad.

1138

Ver síntesis de Uzbekistán en página 1132 y mapa en páginas 1004-1005 y 1138

La agricultura emplea al 45,6 por 100 de la población activa y representa el 60 por 100 del valor producido en toda Asia Central. Cerca de cuatro quintas partes de la superficie están constituidas por desiertos, por lo que la agricultura se halla básicamente concentrada en los valles regados de Tashkent y Fergana. La necesidad del regadío ha supuesto una gran inversión infraestructural en la densa red de canales de Fergana o en la regulación del curso del Chirchik.

Más de la mitad de la superficie agrícola se destina al cultivo del algodón —cuya producción suponía anteriormente el 80 por 100 del total soviético—, una buena parte del cual es manipulado localmente. La morera es cultivada en alternancia con el algodón por su empleo para la cría de gusanos de seda. En las áreas de regadío se han implantado recientemente cultivos hortícolas e incluso de arroz en el delta del Amudarya. En las tierras de secano marginales se cultivan cereales, cuya producción alcanza la mitad de toda la región. La producción ganadera es así mismo notable, especialmente concentrada en la ganadería ovina y caprina, y supone más de la mitad de la producción de carne y leche del conjunto total de la región de Asia Central.

El recurso mineral más importante es el gas natural, con enormes reservas en Gazli, en pleno desierto del Kyzylkum, (Peski Kyzylkum) de donde parte una densa red de gasoductos. Los yacimientos de petróleo, en el sector oriental del valle de Fergana, son de menor entidad, pero imprescindibles, junto con el carbón, para la producción de energía eléctrica, ya que todas las centrales son de tipo convencional.

La industria pesada fue en un primer momento básicamente siderúrgica, si bien posteriormente se ha ido orientando hacia el sector químico, especialmente los abonos minerales. La industria mecánica existente se halla subordinada al sector textil (maquinaria para el hilado y tejido del algodón). Sólo en la década de los setenta se inició una industria ligera de conservas alimentarias y productos artesanos.

Tashkent, la capital del estado, con más de dos millones cien mil habitantes, es la primera ciudad de Asia Central. Un terremoto en 1956 forzó la construcción de una ciudad totalmente nueva. El segundo lugar lo ocupa Samarkanda, con cerca de cuatrocientos mil habitantes. También son importantes Namangan y Andizhan, en torno a los trescientos mil habitantes, Bukhara y Fergana, con unos doscientos mil habitantes, y Nukus, con más de ciento cincuenta mil, que es la capital de la república autónoma de Karakalpakia.

TURKMENISTÁN

Turkmenistán es el segundo estado de Asia Central en extensión (488.100 kilómetros cuadrados) y el menos poblado, con alrededor de cuatro millones de habitantes. Es también el menos montañoso, ya que sólo cuenta con las estribaciones septentrionales del Kopet-Dag iraní. El conjunto de la región es eminentemente árido, comprendiendo casi toda la extensión del desierto de Karakum (Peski Karakum). La población se halla, por tanto, necesariamente concentrada en los oasis, a lo largo de los ríos o en el litoral. Turkmenistán es el país más urbanizado de Asia Central, pese a contar con tan sólo tres ciudades que rebasen los cien mil habitantes.

El terreno posee escasas cualidades para la agricultura y sólo es apto para un pastoreo extensivo. La construcción del canal de Karakum, que transporta las aguas del Amudarya hasta el Kopet-Dag a lo largo de 840 kilómetros y sigue prolongándose hasta el mar Caspio, permitió en 1980 aumentar la superficie de regadío hasta las 900.000 hectáreas. El cultivo más destacado es el algodón, del que Turkmenistán es el segundo productor de Eurasia Sptentrional, tras Uzbekistán. Es, así mismo, importante la producción de seda y hay que señalar, además, el rápido desarrollo de la horticultura y los frutales.

La mayor y casi única riqueza del subsuelo es el petróleo, cuya producción representa el 18 por 100 del total de Eurasia Septentrional. La industria no está especialmente desarrollada, pero sí es remarcable, máxime teniendo en consideración las pocas posibilidades que ofrece el medio. Cuenta con industrias químicas (abonos minerales) y ligeras (textil, alimentaria y fabricación de vidrio a partir de las arenas del desierto). A pesar de los esfuerzos realizados, Turkmenistán sigue siendo exportador de materias primas (petróleo, gas natural, algodón).

Ashkhabad o Ashjabad, con alrededor de cuatrocientos mil habitantes, es la capital, fundada en 1881, aunque se desarrolló especialmente tras la Segunda Guerra Mundial. Situada al pie del Kopet-Dag y sobre el ferrocarril transcaspiano, es un centro administrativo de industrialización reciente en el que destacan las construcciones mecánicas, la producción de cemento y vidrio, la industria textil y las conservas alimentarias. Otros centros destacables son Krasnovodsk, con sesenta mil habitantes, sobre el Caspio, que se extiende a lo largo de la costa y es un centro de la industria química; Tashauz, con más de cien mil habitantes, cerca del

delta del Amudarya, centro de la industria ligera (fabricación de vidrio, desmotado del algodón); Mary, por debajo de cien mil habitantes, nudo de comunicaciones en pleno desierto, que posee una de las centrales térmicas más importantes y cuenta con industrias química y textil; y Chardzhou, que supera los ciento cincuenta mil habitantes, junto al Amudarya, que es la segunda ciudad del país, desarrollada en torno a su refinería de petróleo y a las más septentrionales de Neftezavodsk.

Ver síntesis de Turkmenistán en página 1132 y mapa en páginas 1004-1005 y 1138

TADZHIKISTÁN

Tadzhikistán, Tadjikistán o Tayikistán es el estado más pequeño de Asia Central (143.100 kilómetros cuadrados), y también el más montañoso, al encontrarse parte de su territorio en el macizo del Pamir. Con algo más de cinco millones y medio de habitantes y una densidad superior a los 39 habitantes por kilómetro cuadrado, la población se halla desigualmente distribuida y básicamente asentada en las tierras más bajas y accesibles, como la salida del valle de Fergana o la cuenca alta del Vakhsh, tributario del Amudarya. Los asentamientos son dispersos; en Tadzhikistán se da el índice más elevado de población rural de toda Eurasia Septentrional, con un 68,5 por 100. El país comprende la provincia autónoma de Gorno-Badakhshán (Gorno-Badajshán), que tiene su capital en Khorog, con poco más de doce mil habitantes.

Menos de la mitad del territorio es cultivable, aunque se halla intensamente explotado. Al tradicional producto de la seda, el desarrollo del regadío ha permitido añadir el cultivo del algodón. Los cultivos de hortalizas, frutas, patatas y cereales tienen una importancia meramente local. La ganadería permite el

La aridez del suelo de Turkmenistán ha representado un gran obstáculo para el desarrollo de su economía. Accidentado en el límite sur por las estribaciones de la cordillera Kopet-Dag (arriba) y ocupadas casi todas sus llanuras por el desierto de Karakum, su actividad agrícola se concentra en los oasis y nuevas áreas irrigadas con las aguas del canal de Karakum. Ello ha permitido un notable incremento de la producción agraria, en la que destaca el cultivo del algodón (a la derecha).

Ver síntesis de Tadzhikistán en página 1133 y mapa en páginas 1004-1005 y 1138

autoabastecimiento, especialmente de ovinos y caprinos. Los recursos del subsuelo son aún poco conocidos; téngase en cuenta que el Pamir no se cartografió correctamente hasta el tercer decenio del siglo XX. El recurso más explotado es la hidroelectricidad, destacando el enorme embalse natural del glaciar Fedchenko, de 1.000 kilómetros cuadrados, y la serie de embalses artificiales construidos sobre los ríos Vakhsh y Piandzh. En el período 1976-1980 la producción hidroeléctrica se triplicó, por lo que Tadzhikistán es actualmente un exportador de energía a los países vecinos deficitarios. La naturaleza del territorio plantea serias dificultades a las comunicaciones y, por ello, se ha tendido más a la construcción de carreteras que a la de vías férreas, de las que sólo cuenta con 480 kilómetros, ya que las acusadas pendientes requieren inversiones muy costosas.

La actividad industrial se halla centrada en las áreas pobladas en torno a Khodzhent (antes, Leninabad), núcleo artesano y agrícola de ciento sesenta mil habitantes, que ha orientado su actividad económica hacia las ramas mecánica, textil y alimentaria. Es la segunda ciudad del país, emplazada en la salida del fértil valle de Fergana, donde se encuentran los centros de Buston, Matcha y Proletarsk (desmotado de algodón), Ura-Tyube e Isfara (conservas de frutos), Kayrakkum (tapices) y Kanibadam (madera). Dushanbe (entre 1929 y 1961, Stalinabad), con unos seiscientos mil habitantes, es la capital y la primera ciudad del país. Es una ciudad nueva (que significa «lunes», el día tradicional de mercado), pues se fundó en 1925, y constituye un moderno centro de servicios que ha desarrollado, además, una industria de construcciones mecánicas, de hilado y tejido de algodón y seda, y de conservas alimentarias. Tursunzade, la antigua Regar, posee una destacada manufactura de aluminio y fábricas de cerámica; Kurgan-Tyube es importante en el sector textil y cuenta con grandes plantas químicas; y Kulyab posee industrias ligeras (textiles y alimentarias) y producción de cemento.

La bella ciudad arbolada de Dushanbe, bajo estas líneas, fundada en 1925, es el centro comercial e industrial más importante de Tadzhikistán. En los últimos decenios, han experimentado en ella notable desarrollo la elaboración de tejidos, las construcciones mecánicas y la industria alimentaria.

Las estribaciones occidentales del Tien Shan constituyen la orografía de Kirguizistán (derecha), donde forman una compleja serie de elevaciones, separadas por fosas tectónicas y valles fluviales, entre las que sobresale, en la frontera con China, la cumbre más importante del sistema, el pico Pobedy.

1143

KIRGUIZISTÁN

En el extremo oriental de Asia Central, Kirguizistán o Kirguisistán (198.500 kilómetros cuadrados y cerca de cuatro millones y medio de habitantes), compone un país fronterizo y muy montañoso, ceñido por las cordilleras Alay o Alai y Tien Shan. La población se halla asentada en los extremos occidental y septentrional del país, concentrada sobre todo en las laderas del valle de Fergana y en la vertiente septentrional del Tien Shan, en el valle del Chu y junto al lago Issyk Kul (Ozero Issyk Kul). La abundancia de pastos permite una enorme riqueza ganadera, que ha sido la fuente económica tradicional. Aún hoy persiste cierta forma de trashumancia actualizada, pues se aplican modernos métodos de comunicación y estaciones volantes, con predominio del ganado lanar.

Menos de una décima parte de la superficie es apta para la agricultura. Aquí se ha

El terreno de Kirguizistán, muy accidentado, dio origen a una economía tradicional basada en el pastoreo nómada de montaña, que se mantiene en la actualidad, pero con sistemas de explotación más modernos. La fotografía muestra un pastor kirguís ataviado a la usanza tradicional, en el marco de un típico paisaje de su país.

realizado un esfuerzo notable en inversiones de regadío que ha permitido el cultivo del algodón, el tabaco, las hortalizas y las frutas. La industria inició su despegue con la transferencia de plantas industriales desde la Europa soviética durante la Segunda Guerra Mundial. Junto a las más tradicionales industrias textil y alimentaria, hoy se encuentran factorías de construcciones mecánicas (tractores). La industria se halla concentrada en los dos núcleos principales: en torno a Osh (más de doscientos mil habitantes), en las laderas de Fergana, donde, junto a las actividades agrícolas y mineras, se ha desarrollado la fabricación de cemento, tejidos

y conservas alimentarias; y en el valle del Chu, en torno a Bishkek (ex Frunze), la capital administrativa, que reúne las construcciones mecánicas, la mayor parte de fábricas textiles y algunas plantas de cemento, a las que se ha venido a añadir la reciente explotación turística de las orillas del Issyk Kul. A finales del siglo pasado Bishkek era una pequeña aldea con apenas siete mil habitantes. Hoy supera ampliamente el medio millón, un tercio de la población urbana del país, y reúne la industria de transformación de los productos agrícolas del valle, además de ser el principal nudo de comunicaciones.

Los kirguises sólo constituyen la mitad de la población del estado, mientras que el resto lo constituyen minorías inmigradas. Entre éstas destacan por su número los rusos (21,5 por 100 del total) y los uzbekos (12 por 100). Con estos últimos se produjeron graves enfrentamientos étnicos en 1990, en la zona de Osh. Otros grupos minoritarios son los alemanes del Volga, deportados por Stalin en 1941, los kazakos y los tadjikos.

Ver síntesis de Kirguizistán en página 1133 y mapa en páginas 1004-1005 y 1138